RC×S×木
構造デザイン入門

REINFORCED CONCRETE

×

STEEL

×

WOOD

STRUCTURAL DESIGN GUIDE

X-Knowledge

CONTENTS
目次

※本書は建築知識創刊60周年を記念し、ご好評いただいたエクスナレッジムック「[RC×S×木]構造デザイン入門」(2013年7月刊)を加筆・修正のうえ、再編集したものです。

COLUMN

カバーデザイン／鎌内文（細山田デザイン事務所）
本文デザイン／細山田デザイン事務所
カバーイラスト／Yo Hosoyamada
カバーイラストの建築物／「Peanuts」意匠：前田圭介（UID）、
構造：小西泰孝（小西泰孝建築構造設計）※P68参照

巻頭1

構造をイメージするテクニックは5つ

建築基準法における耐震設計の基本をつかめば、計画建物の構造上の問題も見えてきます！

[飯嶋俊比古]

STEP 1 構造設計とは壊れない建物を設計することではない

大ざっぱにいうと、小中地震時には建物重量の0.2倍の水平力、
大地震時（震度6強クラス）には1.0倍の水平力が建物にかかる［図1］。
建物重量と同じ力が横からかかったときに壊れない建物をつくるのは、
コスト・使い勝手のうえからも、非現実的な話。
そのため、耐震性のクライテリア（性能基準）を区分し［表］、
大地震に対しては、建物が壊れることで地震エネルギーを吸収し、
かつ、倒壊はさせないことで人命を守る、という設計を行う［※1］。

図1 | 大地震時にかかる力とは?

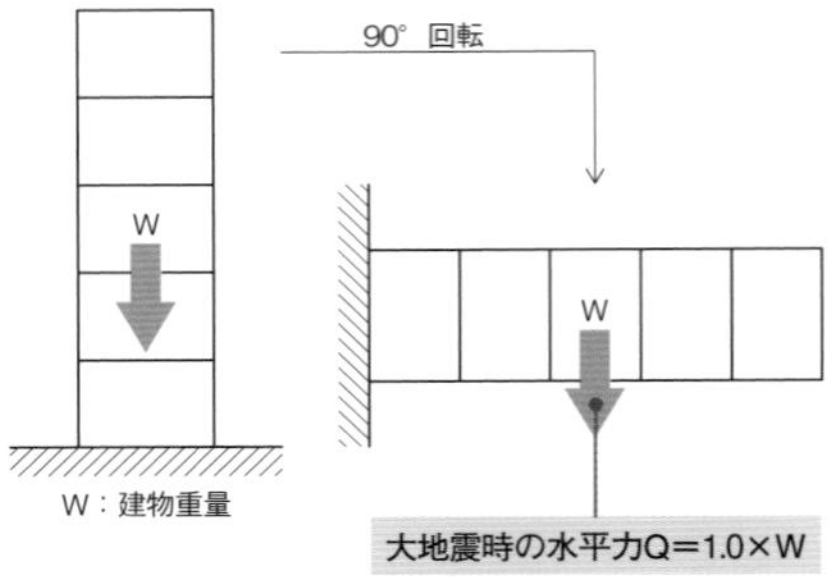
90° 回転
W
W
W：建物重量
大地震時の水平力Q＝1.0×W

地盤を垂直にし、建物をキャンティレバーに見立てて考えると、大地震時の水平力が建物に与える影響の大きさが、直感的に分かる

表 | 耐震設計の考え方（建築基準法）

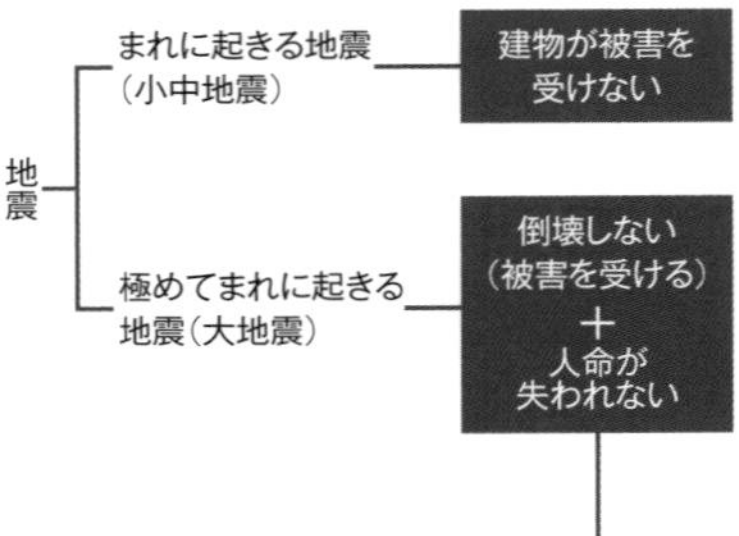
地震
まれに起きる地震（小中地震）
建物が被害を受けない
極めてまれに起きる地震（大地震）
倒壊しない（被害を受ける）
＋
人命が失われない

「柱、梁、壁はひび割れだらけで壊れてもよいが、建物は倒れてはいけない」というのが大地震時の耐震設計の基本

STEP 2 変形は一定以下に抑える

建物に鉛直荷重や水平力が作用すると
応力（軸力、曲げモーメント、せん断力）が生じ、建物はその力に応じて変形する［図2］。
ラーメン構造の建物の場合は地震時にせん断変形し、その度合いが大きいと
ラーメンフレームから仕上材が落ちたり、ガラスが割れたりしてしまう［図3］。
せん断変形の度合いは角度（層間変形角γ）で表すことができ
建築基準法では建物の層間変形角を1／200以下とするよう定めている［※2］。

図2 | 部材は「力」に応じて変形する

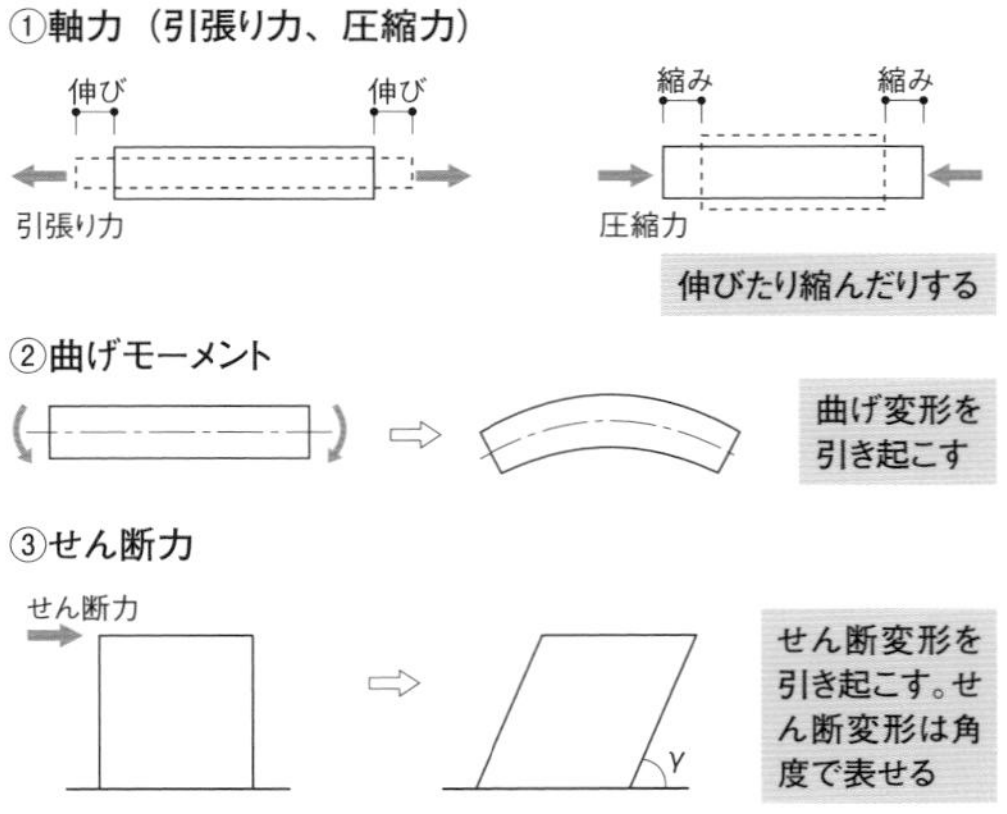
①軸力（引張り力、圧縮力）
伸び
伸び
引張り力
縮み
縮み
圧縮力
伸びたり縮んだりする
②曲げモーメント
曲げ変形を引き起こす
③せん断力
せん断力
γ
せん断変形を引き起こす。せん断変形は角度で表せる

図3 | 地震時のラーメンの変形

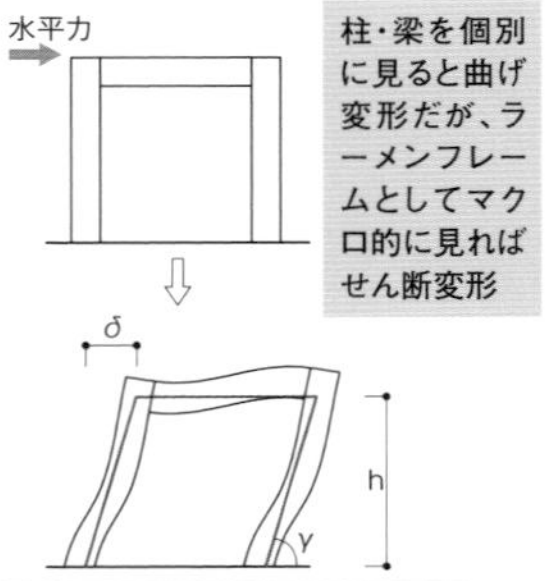
水平力
柱・梁を個別に見ると曲げ変形だが、ラーメンフレームとしてマクロ的に見ればせん断変形
δ
h
γ

層間変形角γ＝層間変位δ／高さh≦1／200

注：RC はもともと断面が大きく、層間変形角はあまり問題にならない

※1：地震力は正負に繰り返す荷重。建物に一定の耐力を保持しつつ、繰り返し損傷させることで地震エネルギーを吸収できる。この原理で、小地震と大地震とでは水平力で5倍の差があるが、小さな地震力の1.2～2.8倍程度に耐える強度があれば大地震時に建物は倒壊しない（≠無被害）

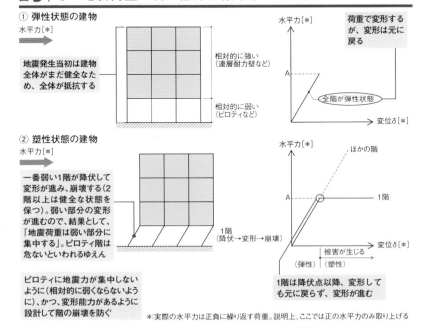

STEP 3 被害は硬い部材に集中する——耐力・剛性バランスが重要

安全な構造の基本はバランスがとれていること［※3］。部材の耐力と剛性のバランスが悪いと被害が大きくなる［図4］。耐力とは「強いか・弱いか」、剛性とは「硬いか・柔らかいか」［※4］を意味しており、この2つはまったく異なる概念だ。

耐力が大きいと大きな荷重に耐えられ、剛性が高いと変形が小さい。

「硬い=強い」「柔らかい=弱い」という常識は、構造の理解を妨げる。

硬くて弱いものや柔らかくて強いものも存在し、そもそも強さと硬さに比例関係はない。

図4｜なぜ硬い部材に水平力が集中するのか

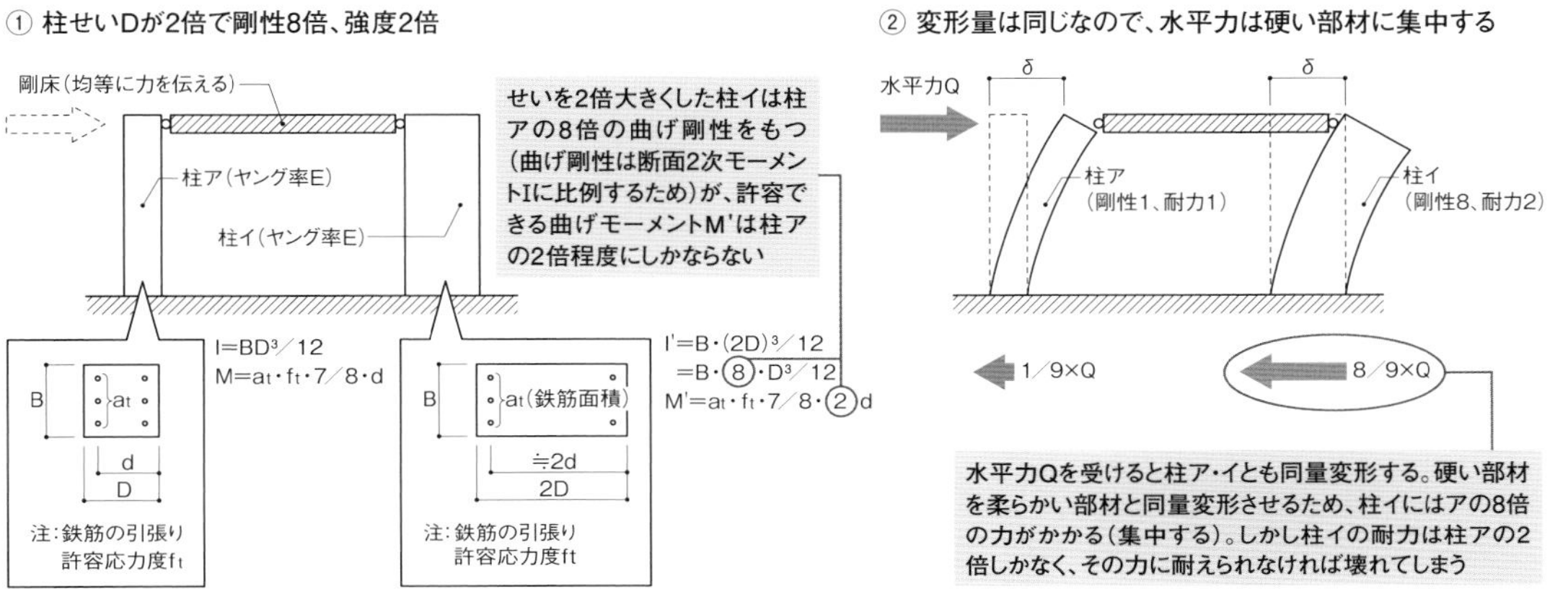

① 柱せいDが2倍で剛性8倍、強度2倍
剛床（均等に力を伝える）
柱ア（ヤング率E）
柱イ（ヤング率E）
せいを2倍大きくした柱イは柱アの8倍の曲げ剛性をもつ（曲げ剛性は断面2次モーメントIに比例するため）が、許容できる曲げモーメントM'は柱アの2倍程度にしかならない
I=BD³／12
M=at・ft・7／8・d
B
at
d
D
注：鉄筋の引張り許容応力度ft
I'=B・(2D)³／12
=B・⑧・D³／12
M'=at・ft・7／8・②d
B
at（鉄筋面積）
≒2d
2D
注：鉄筋の引張り許容応力度ft
② 変形量は同じなので、水平力は硬い部材に集中する
水平力Q
δ
δ
柱ア（剛性1、耐力1）
柱イ（剛性8、耐力2）
1／9×Q
8／9×Q
水平力Qを受けると柱ア・イとも同量変形する。硬い部材を柔らかい部材と同量変形させるため、柱イにはアの8倍の力がかかる（集中する）。しかし柱イの耐力は柱アの2倍しかなく、その力に耐えられなければ壊れてしまう

STEP 4 被害は弱い階に集中する——立面的な剛性バランスが重要

地震時のように建物に横から押す力（水平力）が働くと、建物は横に変形することで押す力に抵抗する力を生み出す。押し続けると、剛性率［※5］の低い（相対的に弱い）階が最初に降伏［次頁※6］する。

さらに押すと、それ以外の階は健全な状態を保ったまま、降伏した階の変形だけが進む。抵抗力はそれ以上大きくならない（建物に作用する水平力は増えない）が層崩壊を引き起こし、人命が失われることにつながるので、特に注意が必要になる。

図5｜なぜ地震荷重は弱い部分に集中するのか

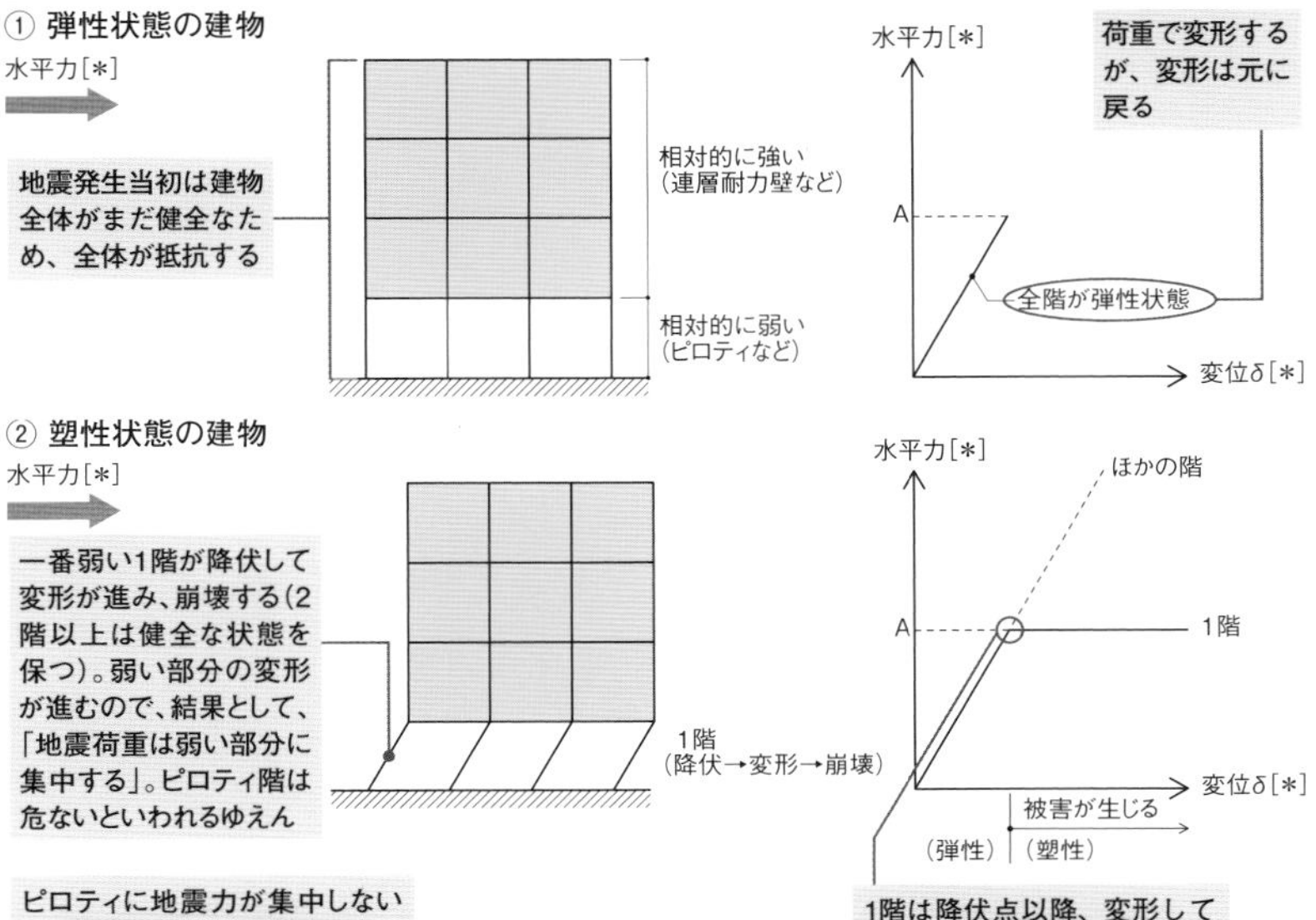

① 弾性状態の建物
水平力[*]
地震発生当初は建物全体がまだ健全なため、全体が抵抗する
相対的に強い（連層耐力壁など）
相対的に弱い（ピロティなど）
水平力[*]
荷重で変形するが、変形は元に戻る
A
全階が弾性状態
変位δ[*]
② 塑性状態の建物
水平力[*]
一番弱い1階が降伏して変形が進み、崩壊する（2階以上は健全な状態を保つ）。弱い部分の変形が進むので、結果として、「地震荷重は弱い部分に集中する」。ピロティ階は危ないといわれるゆえん
1階（降伏→変形→崩壊）
水平力[*]
ほかの階
A
1階
変位δ[*]
被害が生じる
（弾性）
（塑性）
ピロティに地震力が集中しないように（相対的に弱くならないように）、かつ、変形能力があるように設計して階の崩壊を防ぐ
1階は降伏点以降、変形しても元に戻らず、変形が進む
*：実際の水平力は正負に繰り返す荷重。説明上、ここでは正の水平力のみ取り上げる

※2：ラーメン構造で階高hを高くした場合、柱は地震時に曲げ変形するので変位δが増え、せん断変形（層間変形角）も大きくなる。変形を抑えるには柱・梁断面を大きくする必要があり、鉄骨の場合は特にコストアップする｜※3：建物の重心（重さの中心）と剛心（硬さの中心）のずれ（偏心距離⇒偏心率）を少なくすることも必要。ペントハウスやセットバックなど荷重の偏りや耐震壁の偏在をなくすことでバランスがよくなる。木造なら4分割法を満足させることが多い｜※4：材料の硬さを表すのがヤング率Eで、値が大きいと硬い。鋼材のEと比べ、コンクリートは1／10、木は1／30程度。同じ材料なら断面が大きいほうが硬い｜※5：建築物の階（層）ごとの水平剛性のバランスの度合い

STEP 5 荷重はすべて地盤へ伝達させる

鉛直荷重（建物自重や積載荷重）や水平力（風圧力や地震力）など建物にかかる荷重は、
構造部材を介して地盤に伝達される［図6］。
そのため、基礎に近い部材ほど荷重が集中し、必要な断面も大きくなる（床や小梁は各階で床荷重を支えるだけなので、上下階で断面は変わらない）。
構造設計では、荷重を伝達するように構造部材を物理的につなぎ、
接合部には作用応力（軸力、せん断力、モーメント）を伝達する性能をもたせる［図7～9］。

図6 鉛直荷重の支持部材

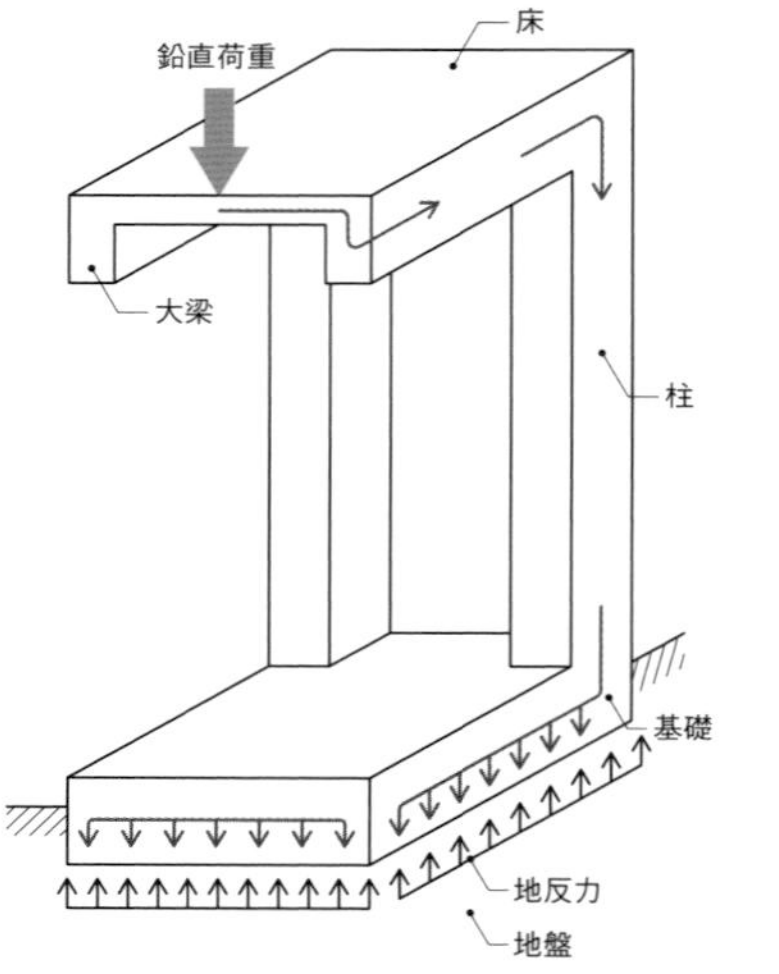
床
鉛直荷重
大梁
柱
基礎
地反力
地盤

人や物を支える「床」→床を支持する「大梁」→大梁を支持する「柱」→柱を支持する「基礎」。基礎から地盤へと荷重が伝達される

図7 水平力に抵抗する部材（水平力抵抗要素）

① ラーメンフレーム

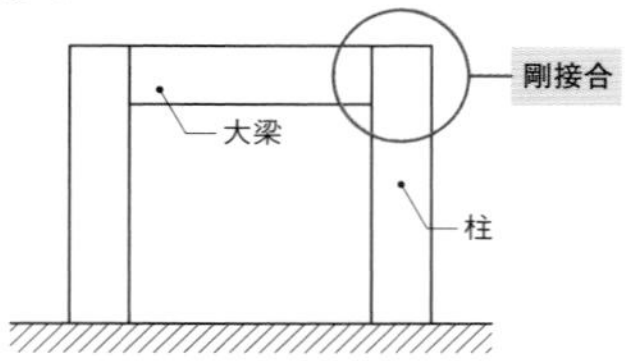
剛接合
大梁
柱

柱と大梁は剛接合とする。ピン接合では水平力が作用すると横に変形し、抵抗できない

② 耐力壁

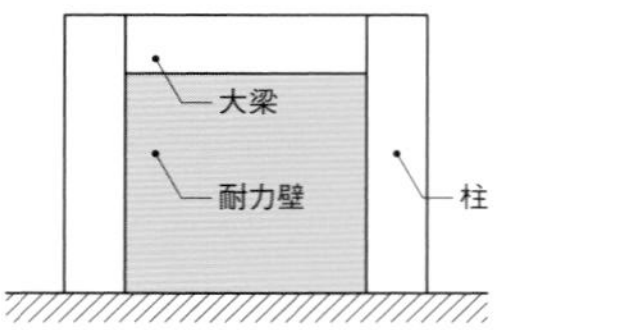
大梁
耐力壁
柱

柱と大梁がピン接合でも耐力壁を併用すれば、水平力に抵抗できる。ラーメンフレームに耐力壁を併用するとさらに効果的（耐力壁付きラーメン構造）

③ 筋かい

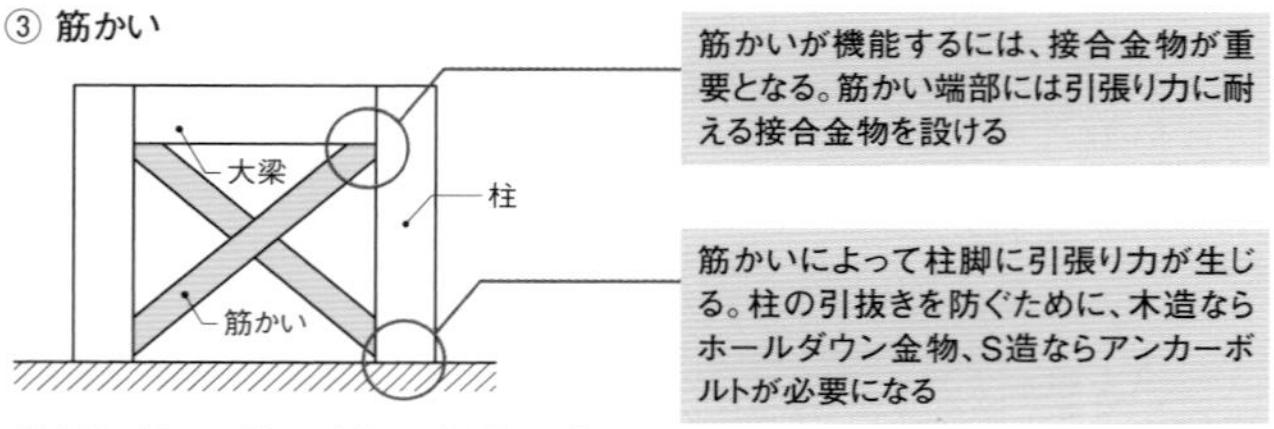
大梁
柱
筋かい
筋かいが機能するには、接合金物が重要となる。筋かい端部には引張り力に耐える接合金物を設ける
筋かいによって柱脚に引張り力が生じる。柱の引抜きを防ぐために、木造ならホールダウン金物、S造ならアンカーボルトが必要になる

耐力壁の代わりに筋かい（ブレース）を設けて水平力に抵抗するもの。耐力壁による空間が閉鎖的であるのに対し、ブレースは開放的

図8 水平力の流れ

① ラーメンフレーム　② 筋かい

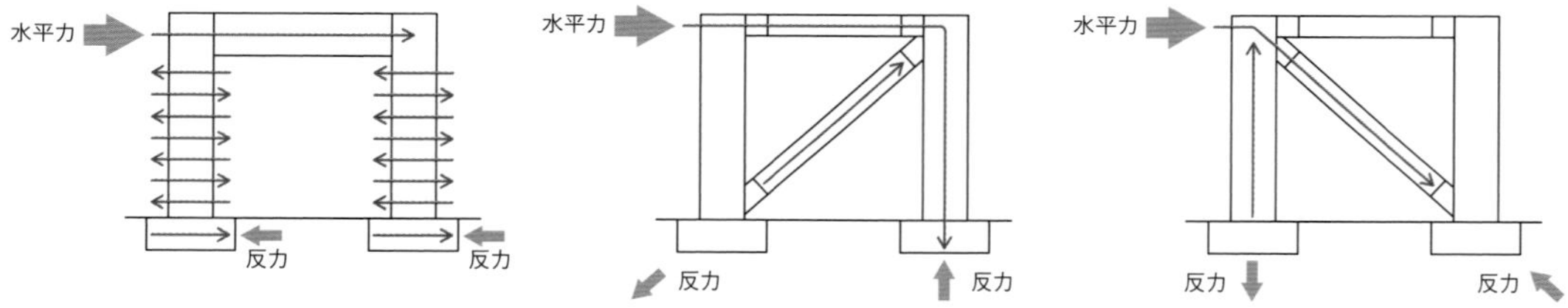
水平力
反力
反力
水平力
反力
反力
水平力
反力
反力

図9 荷重を支えるだけでない、床の重要な役割

水平力が作用したとき建物に硬い床があれば、建物の平面はゆがまずに済む。また、水平力をすべての水平力抵抗要素［図7］に伝達できる

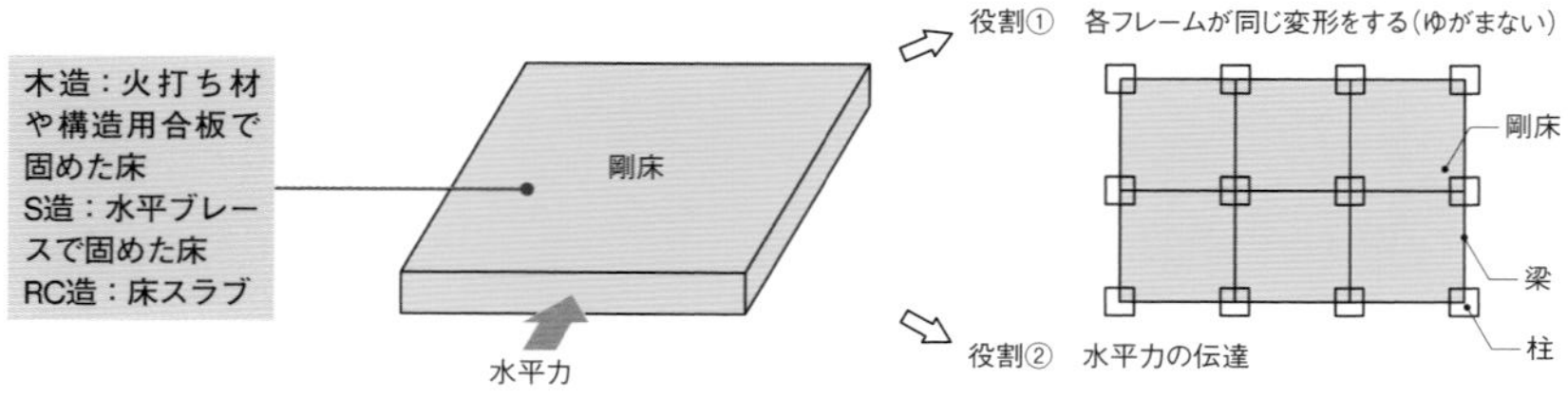
木造：火打ち材や構造用合板で固めた床
S造：水平ブレースで固めた床
RC造：床スラブ
剛床
水平力
役割① 各フレームが同じ変形をする（ゆがまない）
役割② 水平力の伝達
剛床
梁
柱

※6：降伏とは弾性から塑性に移行する現象。弾性・塑性はバネばかりをイメージするとよい。「1のおもり（荷重）を作用させると1伸び、荷重を戻すと伸びが戻る」。この荷重と伸びが比例している状態が弾性。「おもりがある重さになった時（降伏点）に比例関係から外れ、バネの伸びは戻らなくなる」。この状態が塑性。塑性化すると荷重は一定（荷重は増加しない）なのに変形だけが進む

COLUMN

見落としがちな構造形式選定と法手続き

「構造種別」と「架構形式」の長所・短所を認識し【表1】、適切に組み合わせる【表2】と合理的な構造形式が実現する。

法手続きが落とし穴になる？

構造形式により、必要な法手続きは異なる。想定外の法手続きが求められるとその影響は大きいので、構造形式を決める際にはこの点も考慮したい。

たとえば、確認特例の有無、構造計算適合性判定（以下、適判）の要・不要について、確認特例対象である4号建築物【※1】かどうか、適判が必要な建物かどうかは、建物の規模と構造種別はもちろん、構造計算【※2】も関係する。ここでは、構造設計者や検査機関などと打ち合わせを綿密に行うべき例を挙げる。

1―木造3層スキップフロア

2層部分の一部に1.4mを超える空間を設けて階と見なされると、3階建てとなり、4号建築物ではなくなる（ルート1の構造計算を要求される）。

2―RC造ボックスカルバート

ボックスカルバート【※3】でも梁間方向に壁があり、ルート1の壁量を満足していれば、適判は不要（ルート1）。しかし、梁間方向に壁のない完全なボックスカルバートの場合は、ルート3の構造設計になるので、適判対象となる【※4】。なお、ルート3では、パネルゾーンの検討が必要となるため、住宅でも壁・床厚は少なくとも300㎜程度となる。大スパンだとさらに厚くなる。

3―RC壁式構造＋木造屋根

基本的にRC壁式構造の屋根はRCでなければならない【※5】。2階建て以上で屋根を木造とする場合はルート3の設計をしなくてはならず、適判対象となる。

4―階高3.5m超のRC壁式構造

2階建て以上の建物で階高3.5mを超えると、ルート3が要求されるので、適判対象となる。

5―RC造純ラーメン構造

RC造純ラーメン構造で、壁がまったく存在しない場合、検査機関などによっては、ルート1ではなくルート3が求められ、適判対象となる場合があるので、事前に確認したい【※4】。［飯嶋俊比古］

表1 | 構造種別と架構形式

①「構造種別」ごとの得手・不得手

構造種別	木造	S造	RC造
コスト	◎ 安い	○ 中間	△ 高い
工期	○ 中間	◎ 短い	△ 長い
耐火性能	△ 燃え代設計が必要	○ 耐火被覆が必要	◎ 不燃性材料
建物重量	◎ 軽い（3～4kN／㎡）	○ 中間（6～10kN／㎡）	△ 重い（10～15kN／㎡）
経済スパン	○ 中（3～4m程度）	◎ 大（6～8m程度）	◎ 大（6～8m程度）
解体の容易さ	◎ 容易	○ 中間	△ 大変
耐久性	△ メンテナンスによる	○ さび止め塗装が必要	◎ 高い
柱・梁の大きさ	◎ 小（スパンが小さいので）	○ 中	△ 大

注：上記以外に遮音性、居住性、温熱環境などについても比較・検討したうえで、構造種別の当たりをつける

②「架構形式」でつくれる空間が違う

架構形式	ラーメン構造	ラーメン構造＋耐震要素［*1］	軸組［*2］＋耐震要素［*1］	壁式構造［*3］	壁式ラーメン構造［*4］
耐震性確保の方法	― 変形能力	― 変形能力＋強度	― 強度	― 強度	― 変形能力
空間の自由度	◎ 自由な間取り	○ 耐震要素による制約あり	△ 自由度小	△ 自由度小	○ 各戸内での自由度は高い
空間の大きさ	◎ 大きい	◎ 大きい	△ 小さい	△ 小さい	◎ 大きい
柱・梁の大きさ	△ 大きい	△ 大きい	○ 小さくなる傾向	◎ なし（壁内に隠れる）	△ 大きな壁状の柱型が出る（壁柱）

＊1：耐震要素（耐力壁、ブレース［筋かい］など）｜＊2：ピン接合（ブレース構造、木造在来軸組構法）｜＊3：木造2×4工法、スチールハウス、RC壁式構造（≦5階建て）など｜＊4：高層マンション向き｜注：「架構形式」はX・Y方向で異なるものを採用することも可能

表2 | 構造種別×架構形式を決める

構造種別／架構形式	ラーメン構造	ラーメン構造＋耐震要素	軸組＋耐震要素	壁式構造	壁式ラーメン構造
木造	特殊工法のみ	特殊工法のみ	在来軸組構法（戸建住宅など）	2×4工法（戸建住宅など）	―
S造	自由な間取り・ファサードが求められる建物に最適	一方向ラーメン×他方向ブレースとすれば経済的	ブレース構造となり経済的	スチールハウスなど小規模建物に向く	―
RC造	自由な間取り・ファサードが求められる建物に最適	高い耐震性が求められる建物に向く	―	中低層（≦5階建て）向き。プランは固定されるが、柱・梁型は出ない	羊羹型の高層マンション向き

注：「構造種別」「架構形式」を上下階などで変える混構造は、変形や力の流れなどが明快な構造計画とし、構造が変わる部分が弱点とならないよう構造的な配慮が必要である

※1：①特殊建築物でその用途に供する床面積≦200㎡、②木造：階数≦2、延べ面積≦500㎡、高さ≦13m、軒高≦9m、③非木造：階数＝1、延べ面積≦200㎡｜※2：①許容応力度等計算（ルート2、適判の除外のただし書きがある）・保有水平耐力計算（ルート3）・限界耐力計算を行ったもの、②ルート1で大臣認定プログラムによるもの、は適判対象。対象建築物の詳細は法20条、令36条の2、平19国交告593号｜※3：ボックスラーメン構造。並列した壁の上部・下部を水平材でつなぎ、ロ形の構造架構としたもの。壁を柱、水平のつなぎ材を大梁として考える｜※4：平19国交告593号｜※5：平13国交告1026号

巻頭2

重量で柱・梁の概略が分かる

建築物という大きなモノをハンドリングするには、その重さを知り、かかる力を把握することが重要です[※1]。一般的には、重力・地震力・風圧力の組み合わせで建築物に必要な骨組が決まります。

[加藤征寛]

STEP 1 地盤が支えられる重さをcheck!

地耐力qa kN/m² ≒ **表1の値**

どんな建物も、「地盤」の上に載せることに変わりはない。

まず、敷地がどんな地盤で、どれくらいの建築物を支えることができるのか（地耐力がどの程度か）を把握する［表1］。

表1 | 地盤ごとの地耐力の目安

地盤の種類	地耐力の目安（kN/㎡）
①粘土質地盤	20〜 30kN/㎡（≒2〜 3t/㎡）
②砂質地盤	30〜 50kN/㎡（≒3〜 5t/㎡）
③ローム層	50〜100kN/㎡（≒5〜10t/㎡）

注：令93条では、さらに細かな分類で地耐力が示されている

地耐力は、最終的に地盤調査［124頁参照］を行い決定する。小中規模建築物の設計初期段階では、大ざっぱに表1の数値を頭に入れておくだけで十分

STEP 2 建物の重さ（重力）をcheck!

①建物総重量を求める

建物総重量 kN ＝（**2〜R階面積×表2の値**）＋（**1階面積×表2の値**）

（上部構造重量）（基礎重量）

上式での面積は施工床面積をいう

②建物総重量から接地圧を求める

接地圧q kN/m² ＝ **建物総重量** kN ÷ **基礎の底版面積** m²

接地圧q＜地耐力qa・・・直接基礎
接地圧q＞地耐力qa・・・杭や地盤改良が必要

建物の骨組を決定づける「重力」とは、簡単にいえば「建築物の重さ」のこと。

建築物の重さは構造種別によって大きく変わる［表2］。

建物総重量は、上部構造重量と基礎（1階床）重量を合算したものになる［図1］。

建物総重量が分かれば、接地圧qが求められるので、地耐力qaの値と比較する［図2］。

直接基礎が可能か、杭や地盤改良など何らかの工事が必要になるかをイメージできる。

表2 | 構造種別ごとの重さの目安

構造種別			施工床面積当たりの重量［*］
上部構造	木造	一般	2〜 3kN/㎡（≒0.2〜0.3t/㎡）
		被覆型耐火構造	4〜 5kN/㎡（≒0.4〜0.5t/㎡）
	S造	乾式床（RCスラブなし）	3〜 4kN/㎡（≒0.3〜0.4t/㎡）
		湿式床（RCスラブあり）	6〜 8kN/㎡（≒0.6〜0.8t/㎡）
	RC造	純ラーメンなど軽い	12〜15kN/㎡（≒1.2〜1.5t/㎡）
		壁が多いなど重い	15〜20kN/㎡（≒1.5〜2.0t/㎡）

構造種別	施工床面積当たりの重量［*］
基礎（1階床）	8〜20kN/㎡（≒0.8〜2.0t/㎡）

*：固定荷重、積載荷重、壁などすべての合計の目安。軽めの建物であれば小さい数字、重めであれば大きな数字を適宜選択

図1 | 建物総重量

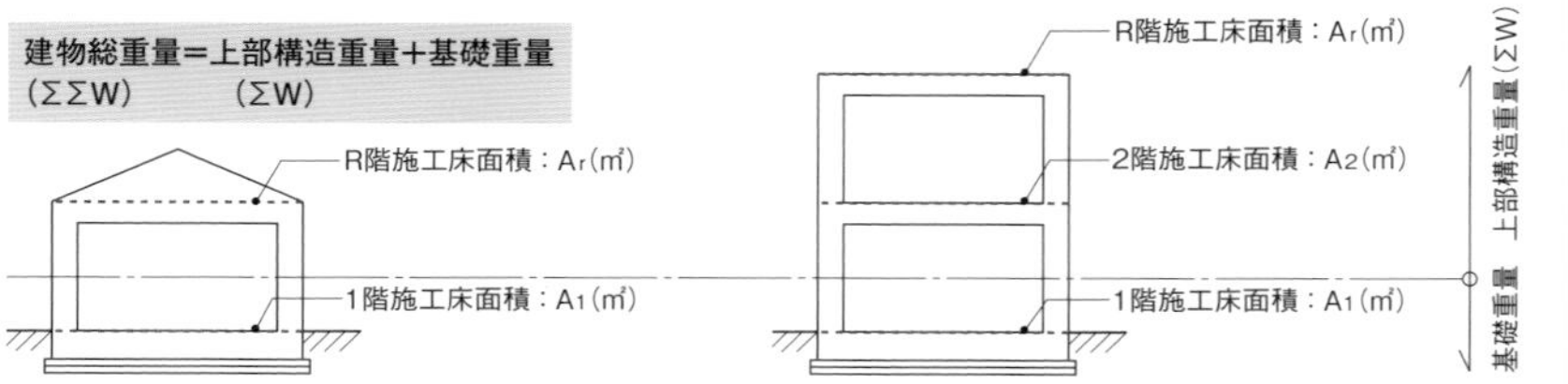

※1：本稿は定量的に把握する事を目的としており、決して精算解を求めるためのものではない（精算解は構造設計者に任せればよい）

図2 | 実践! 建物総重量と接地圧を求める

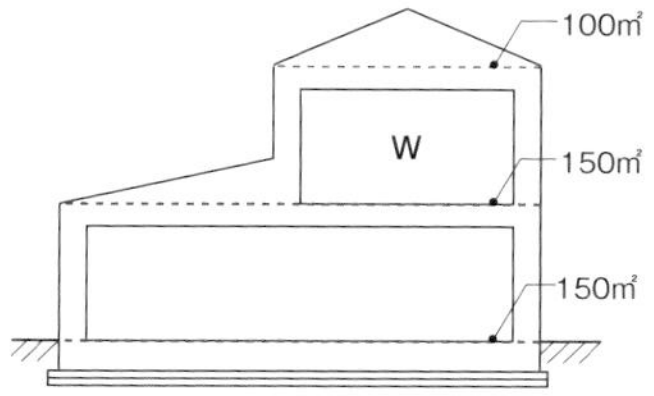

	面積[*]	単位重量	重量
R階	100㎡	3kN／㎡	300kN
2階	150㎡	3kN／㎡	450kN
1階	150㎡	8kN／㎡	1,200kN

*：施工床面積

木造2階建てで1・2階の施工床面積が各150㎡、R階施工床面積が100㎡の場合

Ⅰ 上部構造重量(A)
100㎡×3kN／㎡＋150㎡×3kN／㎡＝750kN(≒75t)

Ⅱ 基礎(1階)重量(B)
150㎡×8kN／㎡＝1,200kN(≒120t)

Ⅲ 建物総重量(A＋B)
750kN＋1,200kN＝1,950kN(≒195t)

Ⅳ 接地圧
1,950kN／150㎡＝13kN／㎡

STEP 3 建物にかかる地震力をcheck!

地震力 kN ＝ **上部構造重量** kN ×0.2[※2]

一般的に、建物にかかる地震力と風圧力では、地震力のほうが大きい［※3］。また、建築物は地盤に定着している以上、かかる力は下層になればなるほど大きくなる。つまり、地上階では1階の柱壁に生じる応力が最も大きくなる［図3・4］。1階の柱壁にかかる地震力は、上部構造重量の20%と考えればよい。

図3 | 1階柱にかかる地震力

$Q_1 = \Sigma W \times 0.2$
(20%)

Q_1：地震時1階に発生する層せん断力
ΣW：上部構造重量

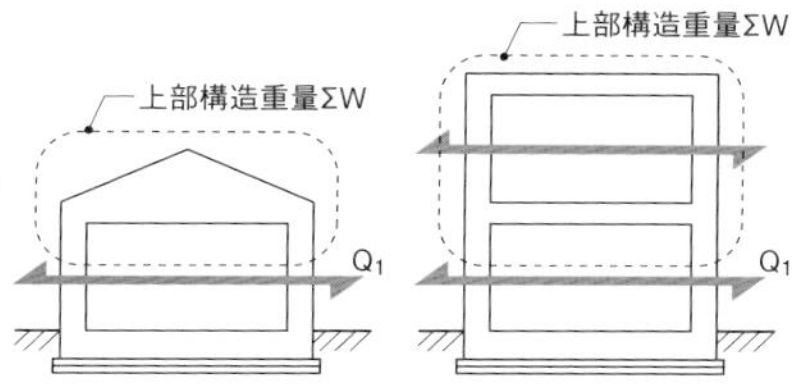

図4 | 実践! 1階柱にかかる地震力を求める

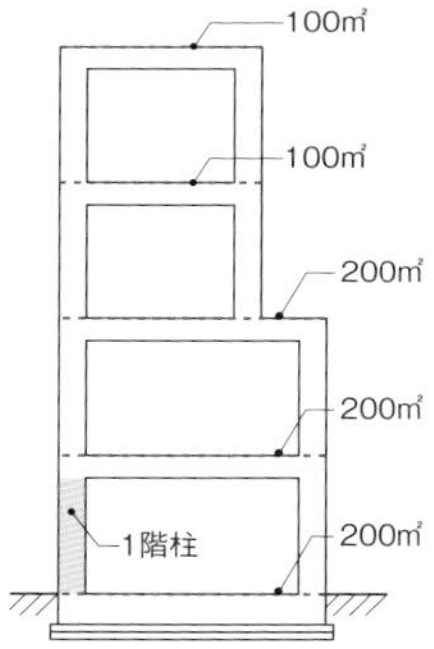

	面積[*]	単位重量	重量
R階	100㎡	15kN／㎡	1,500kN
4階	100㎡	15kN／㎡	1,500kN
3階	200㎡	15kN／㎡	3,000kN
2階	200㎡	15kN／㎡	3,000kN
1階	200㎡	20kN／㎡	4,000kN

*：施工床面積

RC造4階建てで
1〜3階の施工床面積が各200㎡、
4〜R階の施工床面積が各100㎡の場合

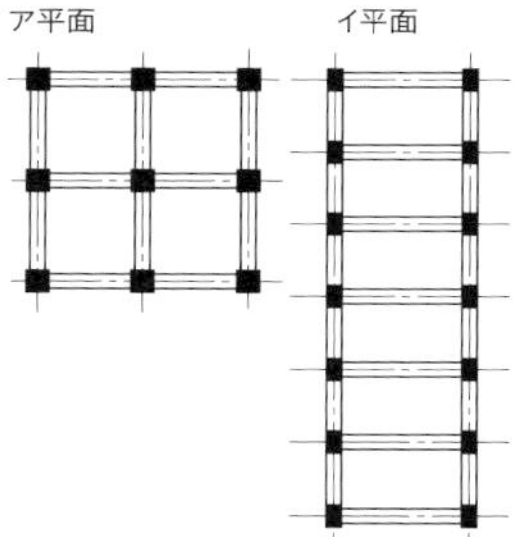

Ⅰ 上部構造重量
(100×2＋200×2)㎡×15kN／㎡＝9,000kN(≒900t)

Ⅱ 1階の柱壁にかかる地震力
9,000kN×0.2＝1,800kN(≒180t)

Ⅲ 1階柱の1本に生じるせん断力
ア 平面の場合：1,800kN÷柱9本≒200kN
イ 平面の場合：1,800kN÷柱14本≒129kN

STEP 4 RC造の場合　建物の梁・柱断面を略算でcheck!

1――RC造の梁断面の略算法

①曲げモーメントを求める

単純梁の曲げモーメントM kNm ＝
1／8× **単位荷重w** kN／m × **スパンL** m ²

②曲げモーメントから梁断面を求める

梁幅B mm × **梁せいD** mm ² ＝ **単純梁の曲げモーメントM** Nmm ÷1.5

境界条件により1／8〜1／12。

1／12は連梁の場合や柱の剛性が高い場合

単位荷重＝床荷重×梁の荷重負担幅[10頁図5]。

RC造の梁を設計する場合の床荷重は10kN／㎡程度で考える

部材にかかる力の大きさが分かれば、その力に耐えるのに必要な部材の断面サイズが分かる。

梁などの細長い材の断面は、重力や地震力によって生じる曲げモーメントなどで決まることが多い。

RC造において梁の概略サイズを求めるには、C(N／㎟)という指標（許容曲げモーメント係数［※4］)を使う。

$C=M/(B\times D^2)=1.5$となるよう、梁幅Bと梁せいDを決めればよい［上式、10頁図6］。

※2：0.2は建築基準法でいう「地震層せん断力係数」であり、地震に対する安全率を高くするなら、0.2〜0.3程度の間で適宜使い分ける
※3：建物重量が軽い場合は、地震力よりも風圧力のほうが大きくなる場合があるが、ここでは省略する
※4：梁の断面サイズ（B×D）と存在応力（曲げモーメントM）の関係を示す数値。「鉄筋コンクリート構造計算規準・同解説〈2018〉」(日本建築学会）にも示されている

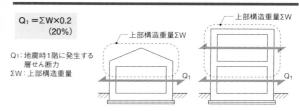

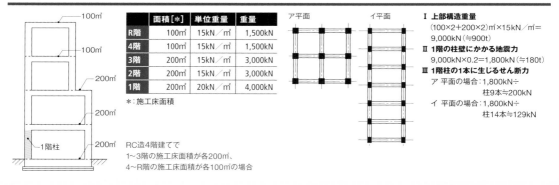

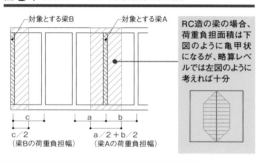

図5 | RC造の梁の荷重負担幅

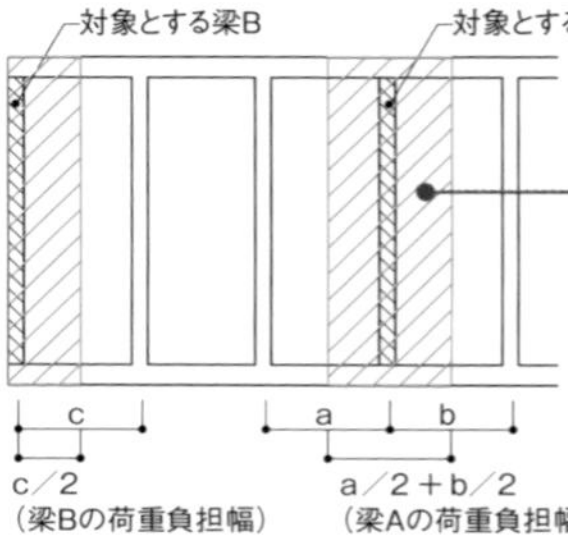
対象とする梁B
対象とする梁A
c
a
b
c／2
（梁Bの荷重負担幅）
a／2＋b／2
（梁Aの荷重負担幅）

RC造の梁の場合、荷重負担面積は下図のように亀甲状になるが、略算レベルでは左図のように考えれば十分

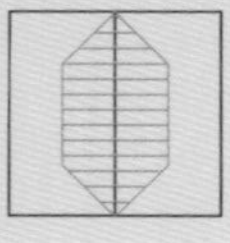

図6 | 実践! RC造の梁サイズを求める

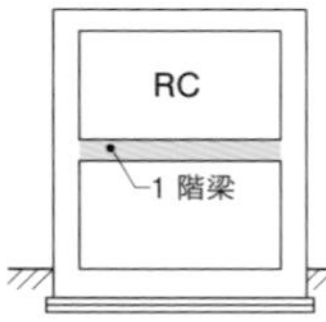
RC
1 階梁

床荷重が10kN／㎡［※7］、梁の荷重負担幅が4m、梁のスパンが7mの単純梁の場合

Ⅰ 梁の曲げモーメントM
M=1／8×10kN／㎡×4m×（7m）^{2}=245kNm

Ⅱ 梁の幅B・せいD
指標C=M／（B×D^2）=1.5より、
B×D^2=163,333,333㎜^{3}
ゆえに、梁幅Bを400㎜とすれば、梁せいDは650㎜程度必要。逆に梁せいDを450㎜程度に抑える場合には、梁幅Bは850㎜程度必要となる

2――RC造の柱断面の略算法

①曲げモーメントを求める

柱の曲げモーメントMc kNm ≒ α（1.2〜1.5）× **柱のせん断力Qc** kN × **階高H** m ÷2

②曲げモーメントから柱断面を求める

柱幅B ㎜ × **柱せいD** ㎜ ^{2} = **柱の曲げモーメントMc** N㎜ ÷2.0

係数αは反曲点の位置で異なるが、1.2〜1.5の間でみておけば十分［※5］。柱のせん断力は9頁図4参照

RC造の柱も、C（N／㎟）という指標で概算サイズを算出できる。純ラーメンの場合、地震力により柱に生じる曲げモーメントで断面が決まる場合が多く、柱幅がBで柱せいがDとすると、C=M／（B×D^2）=2.0（柱の鉄筋量を増やして断面を小さくするなら2.5）程度で断面を決めるとよい。

図7 | 実践! RC造の柱サイズを求める

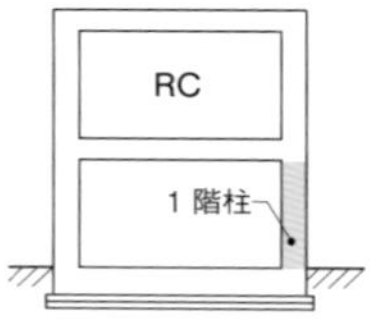
RC
1 階柱

階高が4m、柱1本当たりに発生するせん断力Qcが129kNの場合［9頁図4イ平面参照］（αを1.2として算定）

Ⅰ 地震時柱に発生する曲げモーメントMc
Mc≒1.2×129kN×4m÷2≒310kNm

Ⅱ 柱の幅B・柱のせいD
指標C=M／（B×D^2）=2.0より、
B×D^2=155,000,000
ゆえに、柱幅Bを600㎜とすれば柱せいDは550㎜程度必要になり、柱せいDを450㎜程度に抑える場合には、柱幅Bが800㎜程度必要になる

STEP 5 S造の場合　建物の梁断面を略算でcheck！（断面2次モーメントを求める）

①変形量を求める

単純梁の変形δ ㎜ ≧ **たわみ制限値** ㎜ = **梁スパンL** ㎜ ÷300

鉛直荷重に対するたわみはスパンの1／300以下に抑える

②変形量から断面2次モーメントを求める

断面2次モーメントI ㎜^{4} ≧5／384× **単位荷重w** N／㎜ × **梁スパンL** ㎜ ^{4} ÷（ **ヤング係数E** N／㎟ × **単純梁の変形δ** ㎜ ）

たわみの公式で両端ピンの場合。係数は梁の境界条件により、1／384（両端固定）〜5／384の間で適宜使い分ければよい。また、鋼材のヤング係数E=2.05×10^{5}N／㎟

S造の梁の断面は、重力に対し変形（たわみ制限）で決まることが多い。そこで、変形δがたわみ制限値以下になるような断面2次モーメントをもつ鋼材をカタログで選べば、サイズが分かる。断面2次モーメントは単純梁の変形δを求める公式［※6］を応用して求める。

図8 | 実践! S造の梁サイズを求める

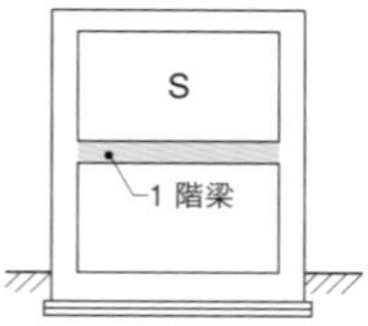
S
1 階梁

床荷重が6kN／㎡［※7］、梁の荷重負担幅が2m、梁のスパンが6mの単純梁の場合

Ⅰ 梁のたわみ制限値
6,000㎜÷300=20㎜

Ⅱ 梁の断面2次モーメントI
単純梁の変形δを求める公式を応用すると、
I=5／384×w×L^4／（E×δ）
I≧5／384×0.006N／㎟×2,000㎜×（6,000㎜）^{4}÷（2.05×10^{5}N／㎟×20㎜）=49,390,244㎜^{4}=4,939㎝^{4}
断面2次モーメントIがこの数値以上になる鋼材をカタログから選ぶ（梁幅Bと梁せいHが分かる）

※5：反曲点の位置が階高中心付近であればα=1。ただし現実的には、柱上下に取り付く梁の剛性やスパンなど、部材の境界条件により、柱頭寄りや柱脚寄りの位置となり、αは1.2〜1.5の間の値になると考えておけばよい｜※6：単純梁の変形δ=5／384×単位荷重w×スパンL^4÷（ヤング係数E×断面2次モーメントI）｜※7：梁のみを設計するための床荷重。RC造の梁は10kN／㎡、S造の梁は6kN／㎡、木造の梁は2kN／㎡程度を想定しておけば問題ないだろう。8頁表2で示した単位重量は、建物全体の荷重（固定荷重、積載荷重、壁などすべての合計）を施工床面積で割った平均荷重なので、ここでいう床荷重とは異なることに注意

図9｜ピッチ変更による梁断面

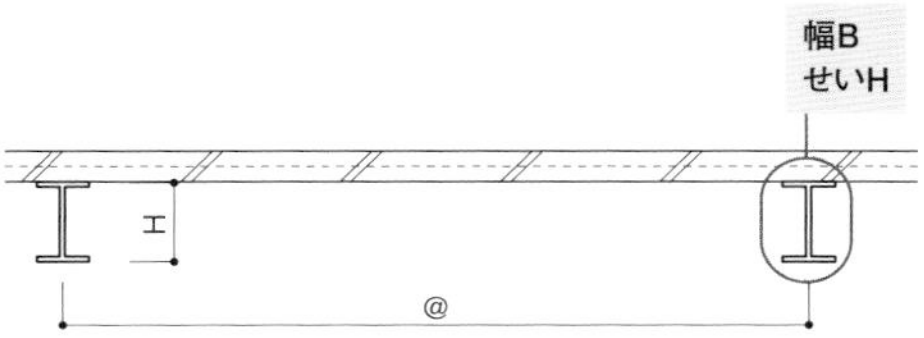

右頁の式より、単位荷重wと断面2次モーメントIは比例関係にあり、梁せいを抑えるなら単位荷重wを小さくすればよいことが分かる。梁ピッチを半分にすればIも半分になるので、梁せいも小さくできる

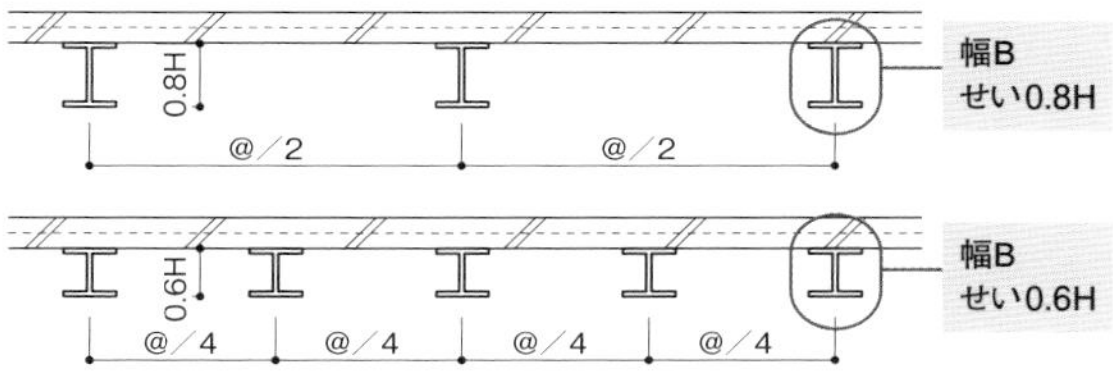

STEP 6 木造の場合　梁断面・壁量を略算でcheck！

1――木造の梁断面の略算法

①変形量を求める

単純梁の変形δ ㎜ ≧ **たわみ制限値** ㎜ ＝ **梁スパンL** ㎜ ÷250÷2

②変形量から求めた断面2次モーメントより梁断面を求める

梁幅B ㎜ × **梁せいH** $㎜^3$ ＝ **断面2次モーメントI** $㎜^4$ ×12［※8］

一般流通材の梁幅（105、120など）から梁せいを求める。断面2次モーメントIはS造と同様に求める

木造の梁もS造の梁と同様に、断面サイズは変形で決まることが多い。よって概略サイズであれば、たわみの公式より求めるだけで十分だ。ただし、木造の梁はクリープ変形［※9］のおそれがあるので、たわみの制限値をあらかじめ1／2倍して断面を決める。それにより、クリープ変形後も使用上支障のないたわみに抑えることができる。

図10｜実践! 木造の梁サイズを求める

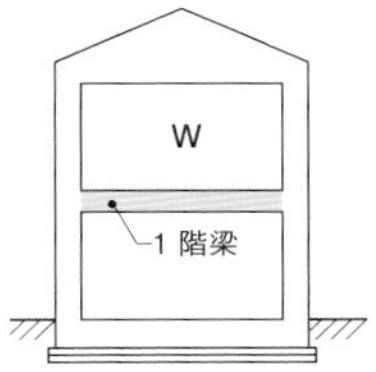

床荷重2kN／㎡［※7］、梁荷重負担幅1m、梁スパン5mの単純梁の場合。集成材E120使用（E＝1.2×10^4N／㎟）

Ⅰ 梁のたわみ制限値
5,000㎜÷250÷2＝10㎜

Ⅱ 梁の断面2次モーメントI
I≧5／384×0.002N／㎟×1,000㎜×$(5,000㎜)^4$÷（1.2×10^4N／㎟×10㎜）＝135,633,681$㎜^4$＝13,564$㎝^4$

Ⅲ 梁幅B・せいH
B×H^3＝13,564$㎝^4$×12＝162,768$㎝^4$
梁幅B＝10.5㎝の場合は、梁せいH＝24.9㎝→27㎝となり、B＝12㎝の場合はH＝23.8㎝→24㎝となる

2――木造の壁量の略算法

1階の必要耐力壁長さ m ＝ **1階耐力壁にかかる地震力** kN ÷（**1.96**kN× **壁倍率** ）［※10］

1階耐力壁にかかる地震力＝上部構造重量（kN）×0.2

4号建築物などの壁量計算と同様、大規模や耐火木造の場合も、壁量の略算にはまず上部構造の総重量をイメージする。

図11｜実践! 耐火木造の壁量を求める

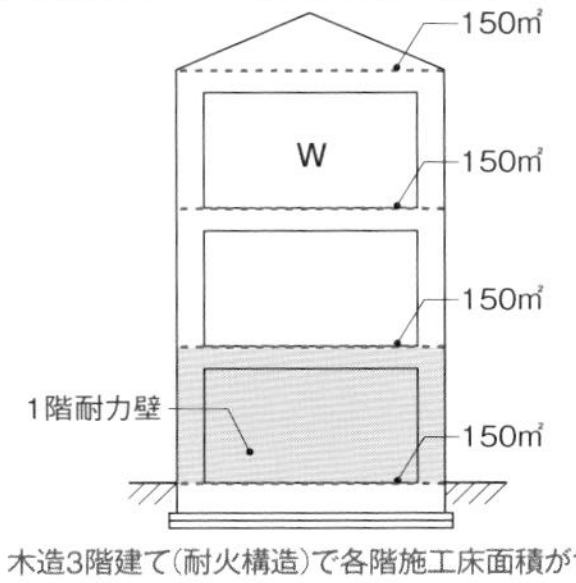

木造3階建て（耐火構造）で各階施工床面積が150㎡の場合（壁倍率7または10［※11］の耐力壁使用）

	面積［*］	単位重量	重量
R階	150㎡	4.5kN／㎡	675kN
3階	150㎡	4.5kN／㎡	675kN
2階	150㎡	4.5kN／㎡	675kN
1階	150㎡	10.0kN／㎡	1,500kN

*：施工床面積

Ⅰ 1階の壁にかかる地震力
（150×3）㎡×4.5kN／㎡＝2,025kN
2,025kN×0.2＝405kN（≒40t）

Ⅱ 1階に必要な耐力壁の総長
壁倍率7の場合、405kN÷（1.96kN／m×7）≒30m
壁倍率10の場合、405kN÷（1.96kN／m×10）≒20m

※8：矩形断面の場合の断面2次モーメントIの公式（I＝BH^3／12）を応用したもの
※9：一定の荷重下で時間とともに進行する永久変形。常時荷重下では初期たわみの2倍たわむと考える
※10：壁倍率は1～5（詳細計算による場合は7）まで。壁倍率1の耐力壁の許容せん断耐力は1.96kN（≒0.2t）
※11：壁倍率10は5倍の耐力壁を2枚並べた二重耐力壁など。耐火木造の場合は壁倍率7でも耐力壁必要長さが非常に長くなり、倍率10～20の耐力壁を採用する例が多い

RC
S
W

柱を細くしたい！

柱の最も重要な役割は、鉛直荷重を支持すること。また、水平力（地震力や風圧力）に抵抗するという役割もあります。柱など部材の断面は、どんな力がどうかかるかで大きく変わります。断面をコントロールするには、まず力と断面の関係を知ることからはじめましょう。

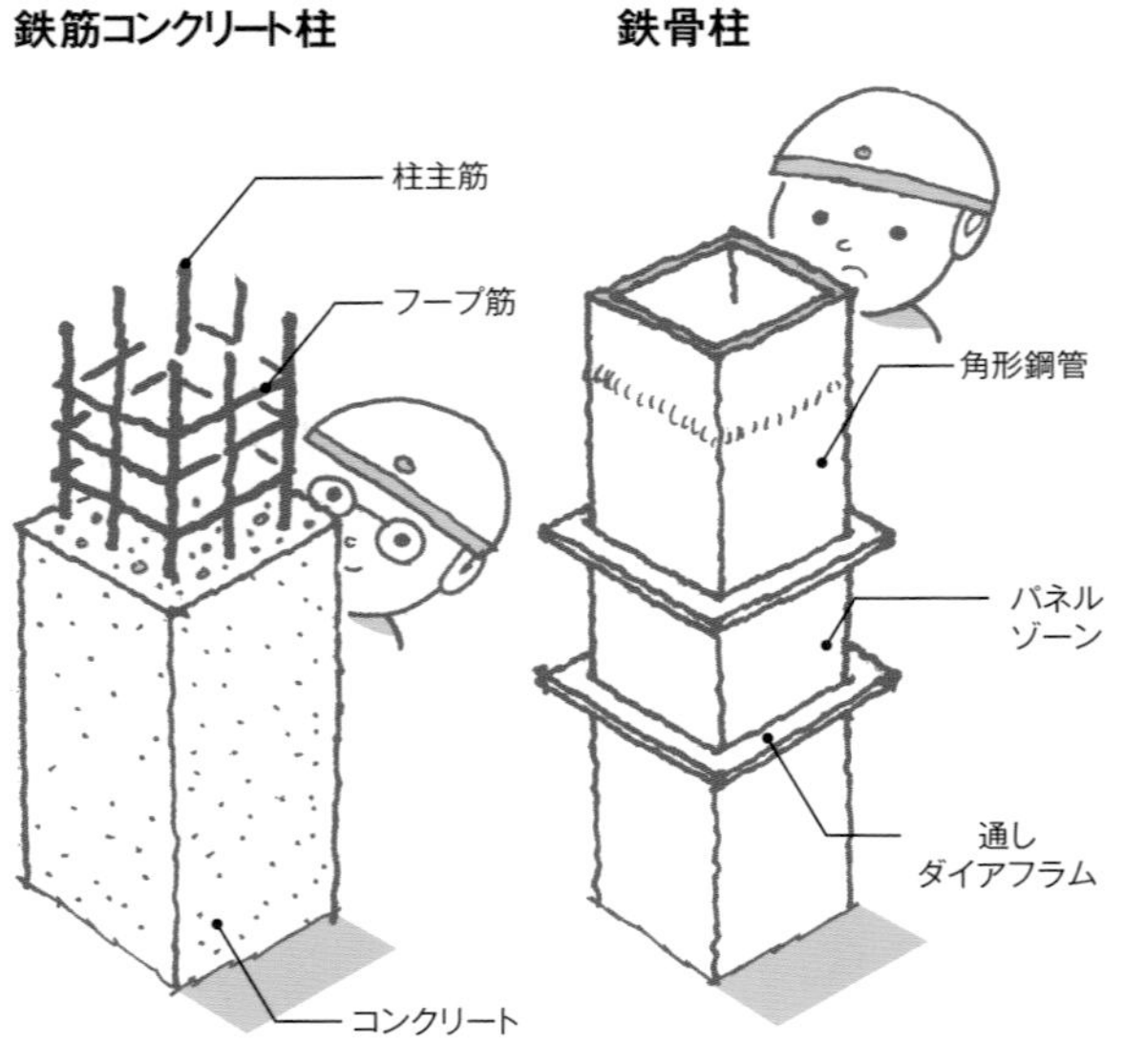

鉄筋コンクリート柱
柱主筋
フープ筋
コンクリート
鉄骨柱
角形鋼管
パネルゾーン
通しダイアフラム

階高3m、スパン7m程度なら、鉄筋コンクリート柱で600〜700㎜角、鉄骨柱は350〜400㎜角の断面になる

純粋な**ラーメン構造**では、柱が**鉛直荷重**のほかに**水平力**（地震力や風圧力）も100％負担するので、**軸力**に加えて**曲げモーメント**も生じる。**ブレース構造**の場合は、ブレースの取り付く柱に大きな**軸力**（圧縮力または引張り力）が発生する。

　ラーメン構造で柱に曲げモーメントが発生する場合は、**断面係数Z**［※1］を大きくして曲げに対する抵抗力を確保する必要があるので、断面は大きくなる。

　ブレース構造の場合は、主に軸力が問題になるので、柱断面は比較的小さくできる。ただし軸からの**偏心**［※2］や、接合部が完全なピンでない場合があり、多少の曲げモーメントが発生する。また、圧縮力が大きいと座屈するため、柱の細さにも限界がある。

断面コントロール法

部材断面を決定するのは、**荷重**（応力）**条件**、**支持条件**、**部材条件**の3つ。これらの条件をコントロールすれば、断面を小さくできる。

1 荷重条件のコントロール

柱の荷重条件をコントロールするには、①**床荷重**を減らす、②**負担面積**［※3］を小さくする、③負担する**水平力**を小さくする、という方法がある。

　①の床荷重とは、積載荷重ではなく固定荷重のこと（屋根を含む）。固定荷重を減らすには、コンクリートやモルタルをできる限り使わない（または薄くする）ことが肝要。S造では湿式床か乾式床かで重量がかなり異なる［**表**］。コンクリートには、防音や防水、水平剛性確保など多くのメリットがあるが、柱を細くするためには、コンクリートを省略するのも1つの手である。

　②の負担面積を小さくするには、小梁の架け方を工夫して柱に流れる荷重をコントロールする、柱を増やして1本当たりにかかる荷重を減らす、などの方法がある。

　③は、水平抵抗要素（耐力壁やブレ

表｜床固定荷重の例

①湿式床（合成デッキスラブ）の場合（kN／㎡）

タイルカーペット仕上げ	0.40
・タイルカーペット	（0.06）
・合板（㋐5.5+12）	（0.14）
・パーティクルボード（㋐20）	（0.20）
鋼製床下地	0.05
デッキ上コンクリート（㋐105）	2.52
合計	**2.97**

②乾式床（鋼製床）の場合（kN／㎡）

タイルカーペット仕上げ（①同等）	0.40
鋼製床下地	0.30
合計	**0.70**

骨組設計用の床積載荷重1.3kN／㎡（住宅の場合）を加えると、湿式床は乾式床の2倍の重さになる

※1：曲げ強度に影響を与える。Z＝BD²／6（矩形断面。B＝材幅、D＝材せい）｜※2：柱梁の軸心とブレース心がずれること｜※3：当該柱が鉛直荷重を支える範囲｜※4：剛性が高いほうに応力が集中する｜※5：告示では、壁の多いRC造内に配置する単独柱は、負担する軸力の最低でも0.05倍の水平力に耐えられるよう定められている。水平力の大部分をRC壁に負担させれば、柱は鉛直荷重のみを考えればよいが、大地震時に壁が破壊した場合、次に地震力を負担するのは柱。余震などに備え最低限の水平耐力を確保することが求められる

ース）を増やし、細くしたい柱にかかる水平力を減らすこと。たとえば、鉄骨柱とRC耐力壁（または鉄骨ブレース）が共存する場合、**水平力の大半は水平剛性の高いRC壁に流れる**ので、鉄骨柱は鉛直荷重のみで設計できる[図1、※4・5]。壁を設けられない場合は、ほかの柱を太くすることで、細くしたい柱に流れる水平力を小さくすることも可能。ただし、壁ほど剛性の差が大きくないので、効果は薄い。柱に細幅のH形鋼を使い、1方向にだけ強くすることで水平力を負担させる方法もある[図2、※6]。

2｜支持条件のコントロール

支持条件とは、具体的には**柱上下の接合条件**（境界条件）と、**座屈に対する補剛間隔**（柱長さ）である。柱は細く長いと座屈しやすくなる。上下の接合条件をピンから剛にする[※7]ことで端部を拘束すれば、座屈長さが短くなる→座屈耐力が上昇（座屈しにくい）→断面を小さくする、という操作が可能である。

3｜部材条件のコントロール

部材条件である「**材料強度**」を上げれば、柱断面を小さくできる。ただし、通常選択可能な範囲でいえば、鉄骨ならSS400をSN490に、コンクリートならFc24をFc30〜36にするくらいで、強度の向上はたかだか2割程度。前述の荷重条件と支持条件の2つを操作するほうが、断面決定のうえでは有効である。この2条件で断面を決定した後、「もう少し細くしたい」ときに、材料強度を上げてひとまわり小さくするといった「最後のひと押し」と考えたほうがよいだろう。

細い柱は座屈検討が重要になる

基本的に**圧縮材**[※8]である柱には、**座屈**の問題がつきまとう。脆性破壊[※9]である座屈が生じれば、床を支持できず、建物が崩壊するおそれがある。そのため、細い柱が求められる場合には、最悪のケースを考えて梁を大きくし、柱が座屈しても梁が踏ん張り、床の崩落に進展しないようにするなどのフェイルセーフを確保すべきである。

RC柱の場合、鉄筋の加工限界と打設の困難さから、最小見付けは300㎜程度となり、極端に細長い柱になることはあまりない。それでも座屈は生じるので、極端に細い柱[※10]は軸力を割増しして設計する[※11]。

柱をずらすと断面に影響が出る

動線計画上、柱を細くするだけでは事足りず、柱をずらしたい、というケースもあるだろう。グリッドからずらした柱が大梁と接合しない場合は、ラーメン架構をつくれないので、その柱は水平力を負担できない。つまり、全体の柱本数が同じでも、**水平力を負担できる柱が減る**ため、1本当たりの応力が大きくなり、柱が太くなる[図3]。また、**吹抜け**などがある場合も同様だが、大梁にもスラブにもつながっていない柱は、ラーメンをつくれないだけでなく、**座屈を拘束できない**ので、柱断面はさらに大きくなる可能性があり、注意が必要である。［萩生田秀之］

図1｜ブレースを入れて柱を細くする

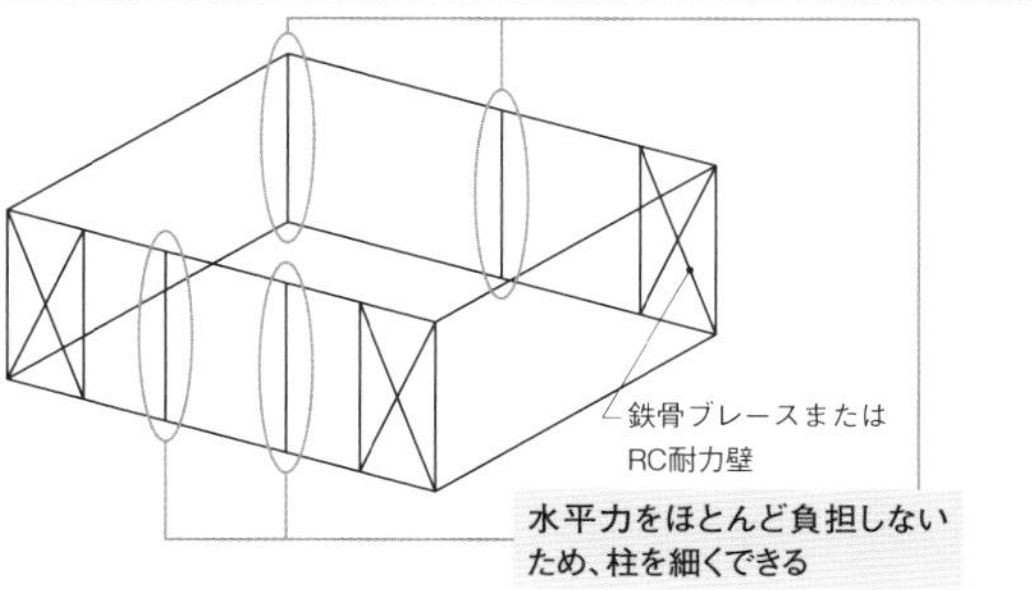

鉄骨ブレースまたは
RC耐力壁
水平力をほとんど負担しないため、柱を細くできる

図2｜H形鋼を使い、ほかの柱を細くする

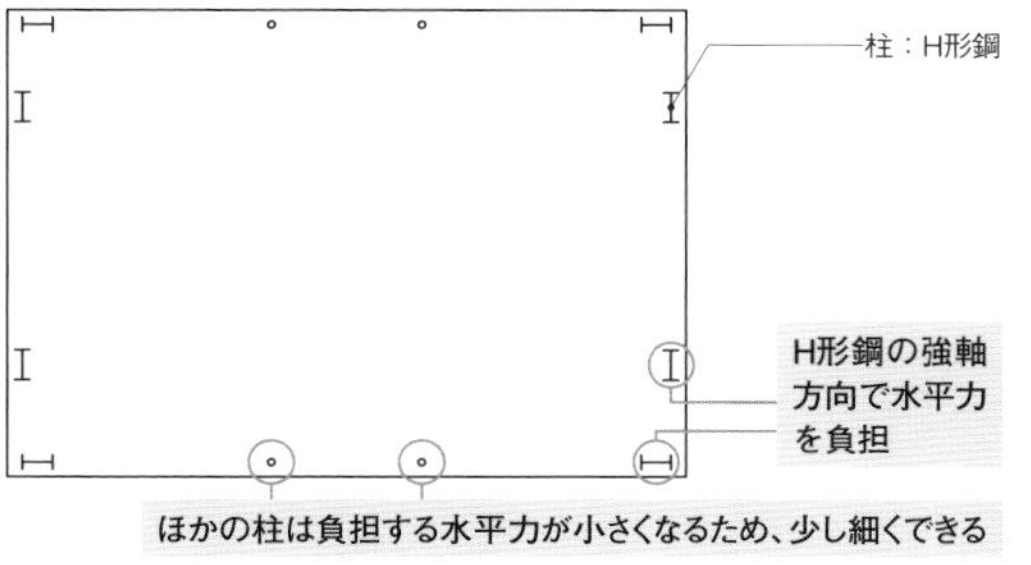

柱：H形鋼
H形鋼の強軸方向で水平力を負担
ほかの柱は負担する水平力が小さくなるため、少し細くできる

図3｜柱をずらす際の注意点

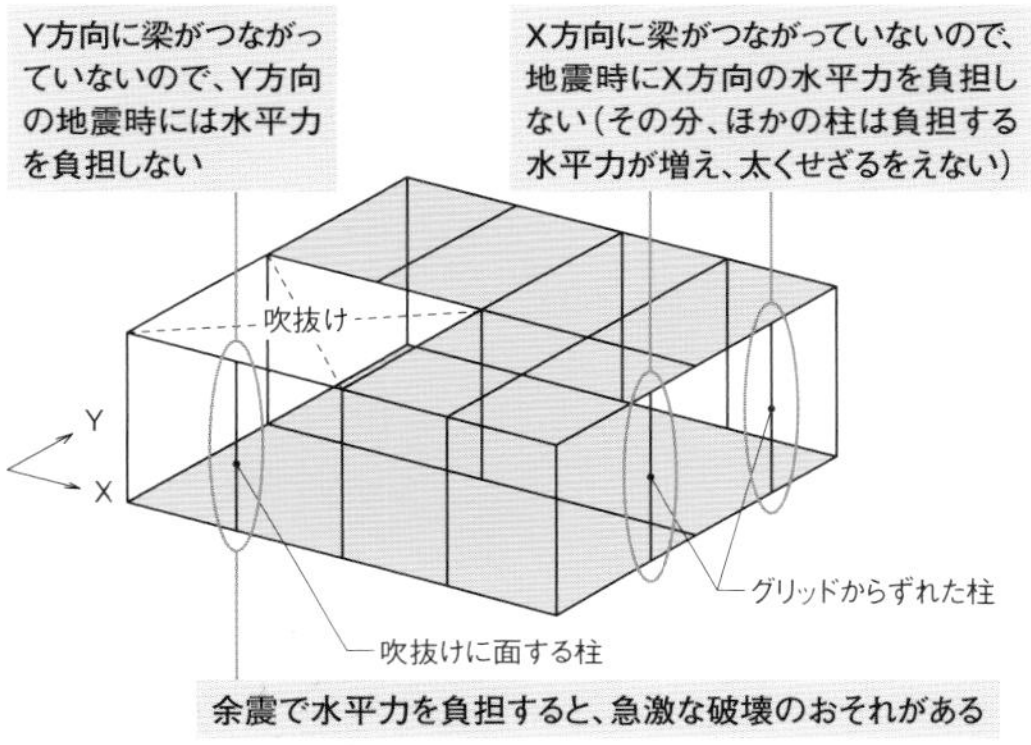

Y方向に梁がつながっていないので、Y方向の地震時には水平力を負担しない
X方向に梁がつながっていないので、地震時にX方向の水平力を負担しない（その分、ほかの柱は負担する水平力が増え、太くせざるをえない）
吹抜け
Y
X
グリッドからずれた柱
吹抜けに面する柱
余震で水平力を負担すると、急激な破壊のおそれがある

※6：H形鋼には方向性（強軸と弱軸）があり、ブレースの代わりに強軸方向に水平力を負担させる｜※7：柱脚・柱頭がピンの状態（自由に回転可能で曲げモーメントが発生しない）のとき座屈長さはL。剛の状態（回転が拘束され曲げモーメントが発生する）での座屈長さは0.5L｜※8：柱など材軸方向に圧縮力を受ける部材｜※9：急激に耐力が落ちて破壊に至る現象。逆に最大耐力に達した後も変形（エネルギーを吸収）しながらゆっくり破壊に至る現象は「靭性破壊」という｜※10：h／Dが15以上。h＝柱長、D＝柱の最小幅｜※11：割増し係数を乗じることが求められる

S造 柱を細く、さらに少なく！

data

名称：地表のいえ
意匠：前田圭介／UID
構造：小西泰孝／小西泰孝建築構造設計
写真：上田宏

直径38㎜の柱で建物を支持する

構造計画で柱を細くするには、さまざまな方法が考えられる。柱の本数を増やす、強度と剛性が高い材料を使う、ラーメン構造では

なくブレース構造とする、階高を小さくする、柱頭・柱脚の固定度を高める、などである。この中で効果が高いのは、階高を小さくする方法である。柱の圧縮耐力（オイラーの座屈荷重）は、階高の2乗に反比例するからである。たとえば4mの階高を半分にすると、同じ柱でも圧縮耐力は4倍となる。柱頭・柱脚の固定度を高める方法は、計算上の階高が小さくなるため、同様の効果が得られる。

「地表の家」では、この特性を生かし、2階を基礎から1.1m浮かせて構造階高を極端に低くした層を設け、直径38㎜の小径柱で建物を支持する構造計画とした。さらに柱を鉛直ではなく、少し角度を付けることでブレースの役割を与え、より柱を細く、かつ壁のない層を形成している。傾斜をもった直径38㎜の柱は軽々と建物全体を持ち上げ、自身は周辺に植えこまれた木々のスケールに同化した。

2階のボリュームが軽快に宙に浮かぶ外観。1階の柱の存在感をいかに消すかがカギとなる。ガラスサッシュのサイズ、足元の植栽のスケールを意識し、慎重に1階の柱サイズと配置を決定した

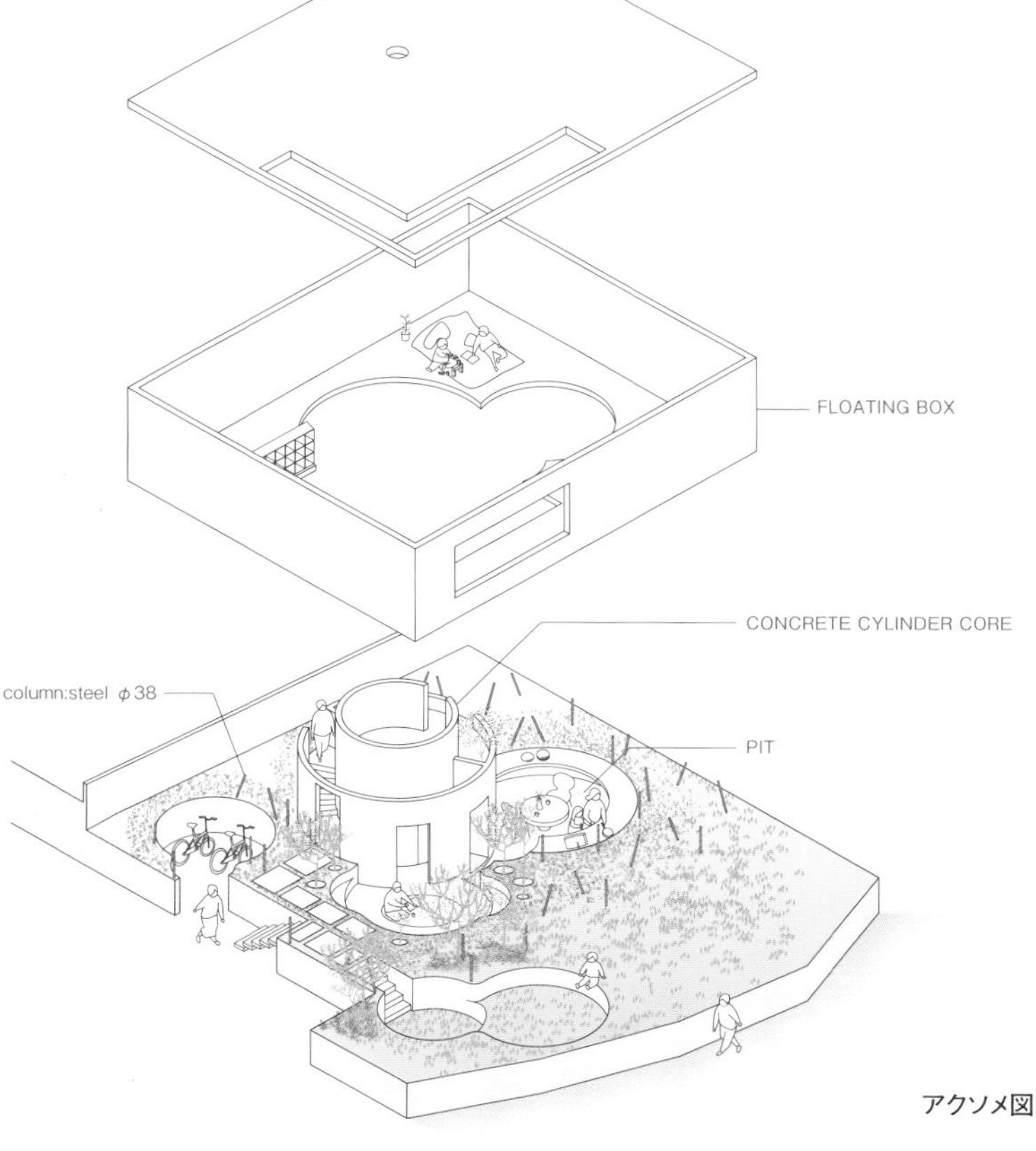
FLOATING BOX
CONCRETE CYLINDER CORE
column:steel φ38
PIT

アクソメ図

構造は、2階のボックス（ブレース）構造、1階の小径柱構造、半地下のRC基礎構造の3つの要素からなる

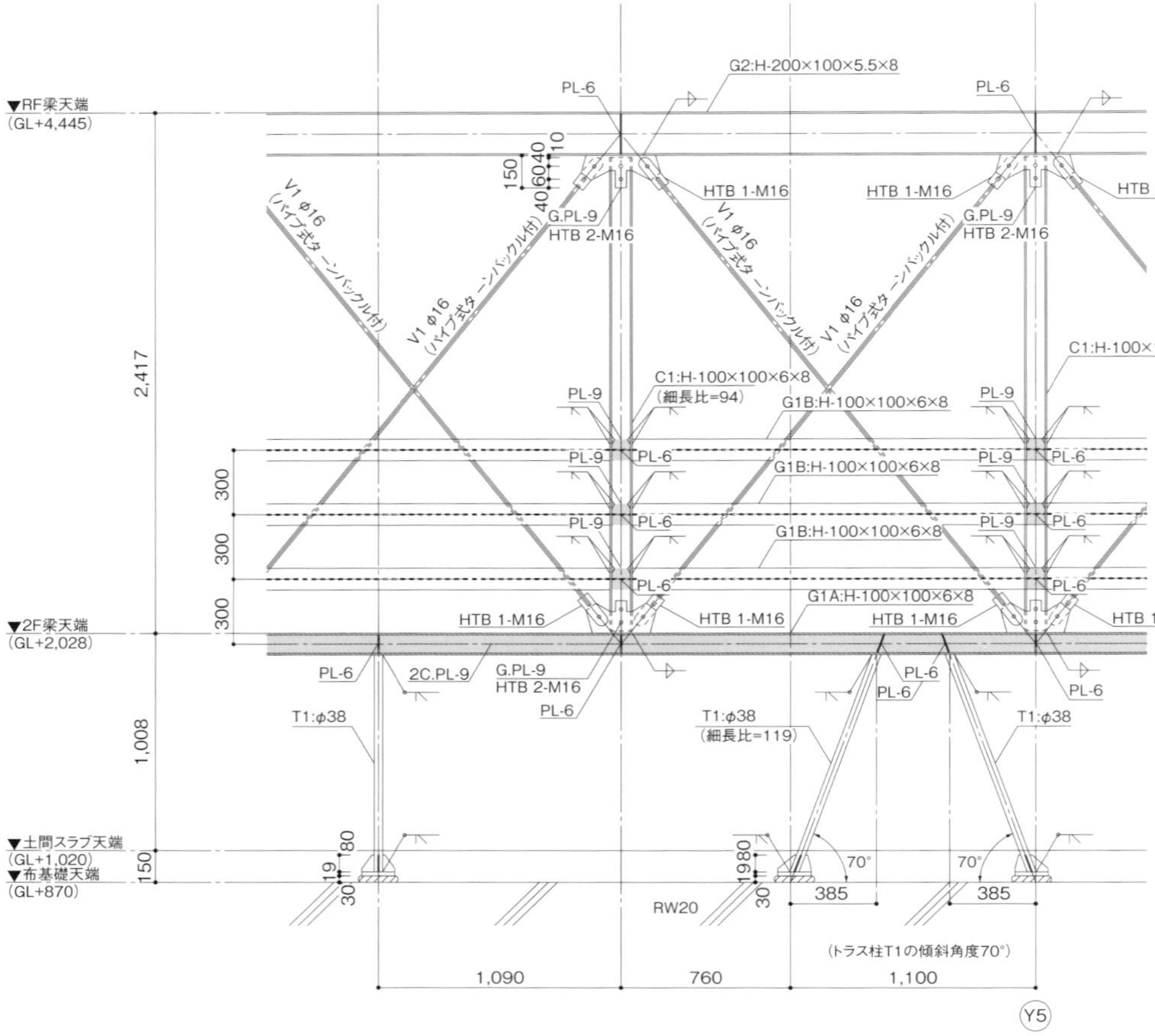
▼RF梁天端
(GL+4,445)
▼2F梁天端
(GL+2,028)
▼土間スラブ天端
(GL+1,020)
▼布基礎天端
(GL+870)
G2:H-200×100×5.5×8
PL-6
HTB 1-M16
G.PL-9
HTB 2-M16
V1 φ16
(パイプ式ターンバックル付)
C1:H-100×100×6×8
(細長比=94)
G1B:H-100×100×6×8
G1A:H-100×100×6×8
PL-9
2C.PL-9
T1:φ38
(細長比=119)
RW20
70°
385
(トラス柱T1の傾斜角度70°)
2,417
1,008
300
150
1,090
760
1,100
Y5

X5通 鉄骨詳細図[S=1：40]

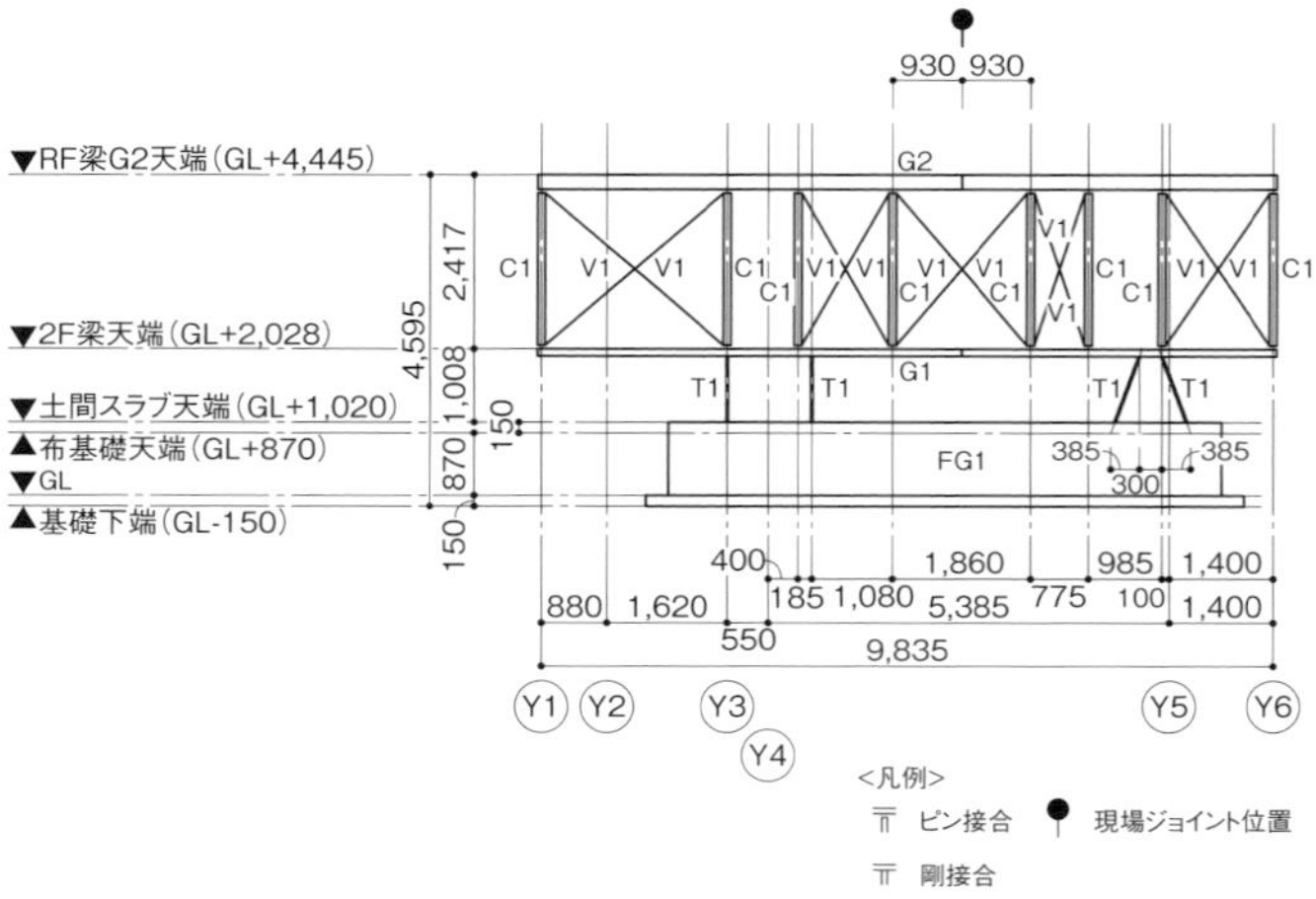
▼RF梁G2天端(GL+4,445)
▼2F梁天端(GL+2,028)
▼土間スラブ天端(GL+1,020)
▲布基礎天端(GL+870)
▼GL
▲基礎下端(GL-150)
930 930
G2
G1
C1
V1
T1
FG1
4,595
2,417
1,008
870
150
385
300
400
1,860
985
1,400
185
1,080
5,385
775
100
880
1,620
550
9,835
Y1 Y2 Y3 Y4 Y5 Y6
<凡例>
ピン接合
現場ジョイント位置
剛接合

X1通軸組図[S=1：200]

2階は、標準的な階高でかつ外周面に壁が配置されるため、丸鋼を用いた一般的なブレース構造としている。1階に柱を分散して配置し、2階床のスパンを小さくすることで、2階の鉄骨梁せいを100㎜に抑えている

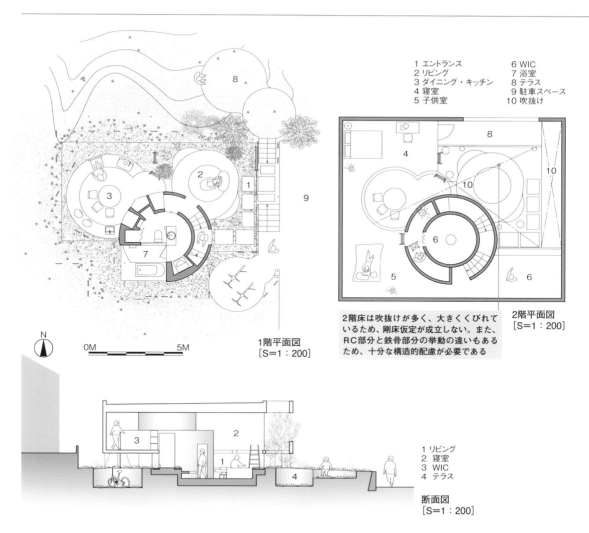

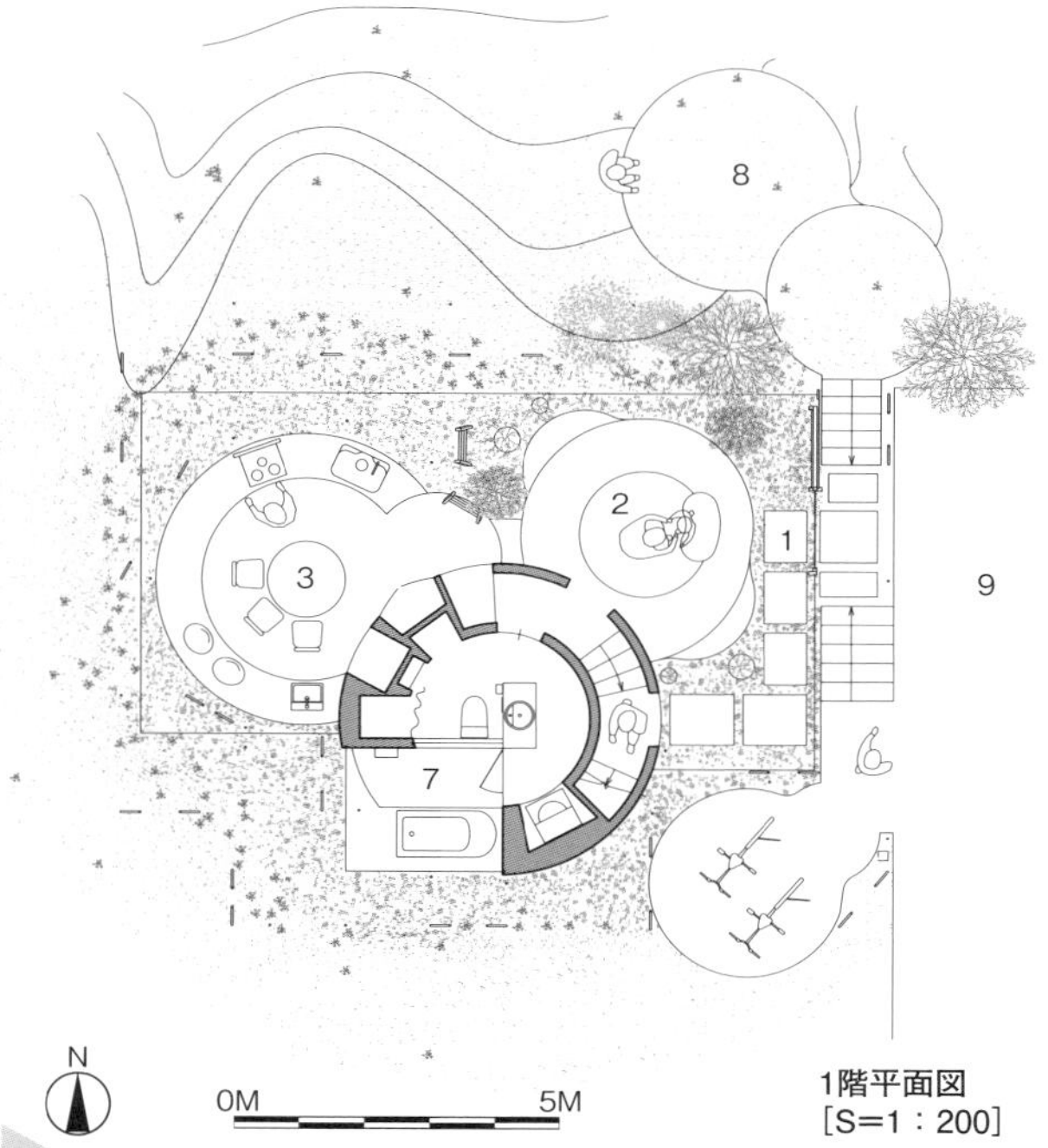
1
2
3
7
8
9
N
0M
5M

1階平面図
[S=1：200]

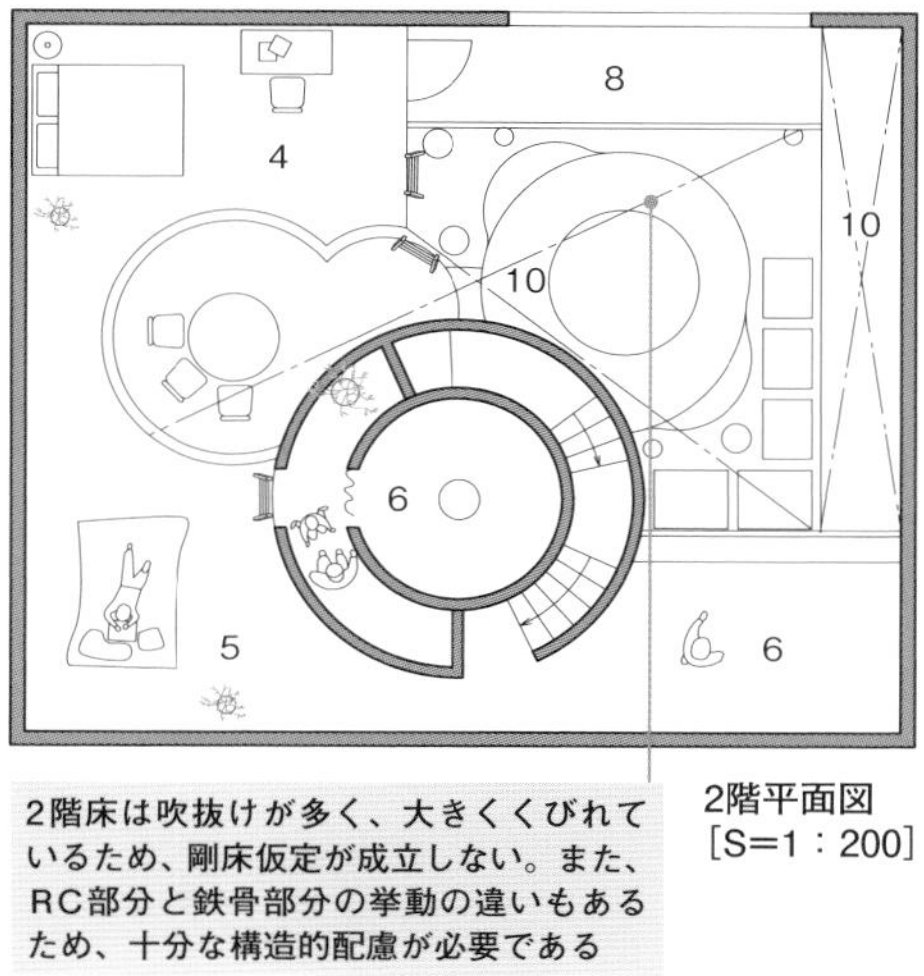
1 エントランス
2 リビング
3 ダイニング・キッチン
4 寝室
5 子供室
6 WIC
7 浴室
8 テラス
9 駐車スペース
10 吹抜け
2階床は吹抜けが多く、大きくくびれているため、剛床仮定が成立しない。また、RC部分と鉄骨部分の挙動の違いもあるため、十分な構造的配慮が必要である

2階平面図
[S=1：200]

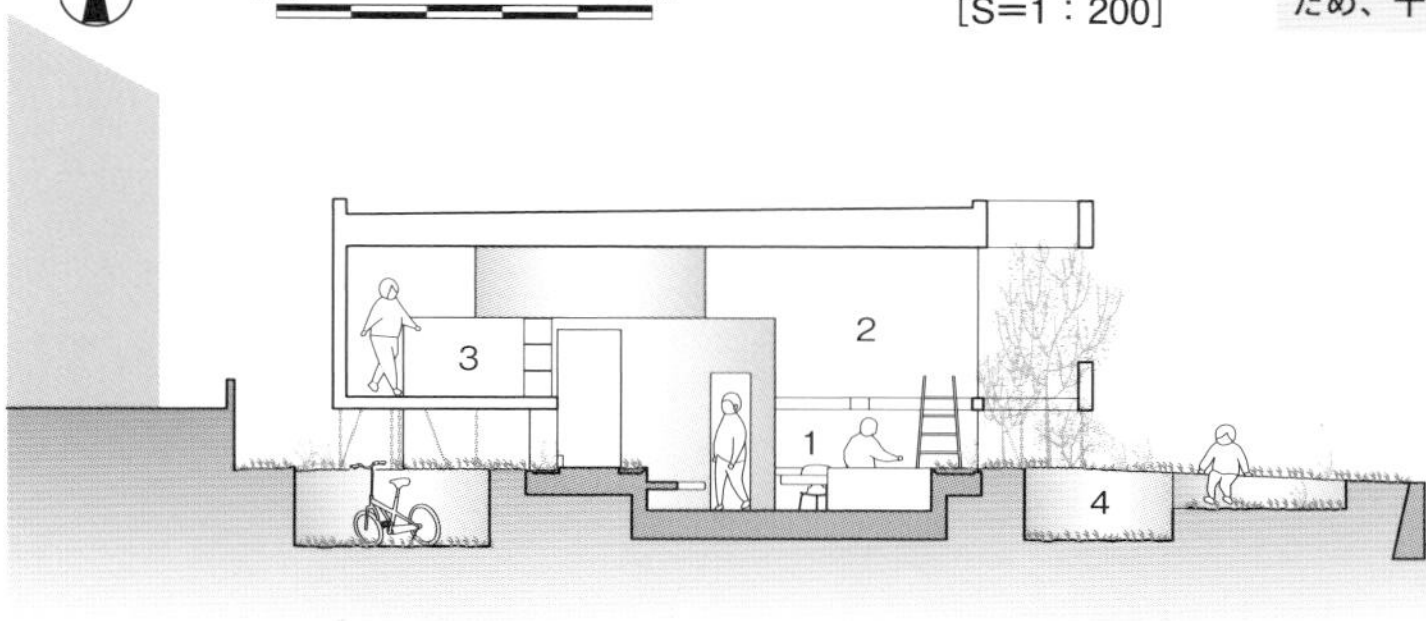
1 リビング
2 寝室
3 WIC
4 テラス

断面図
[S=1：200]

半地下の1階に立つと、目線にはちょうど1階柱（φ38）と2階床（H-100×100）が見える。いずれも圧迫感のないスケールに落ち着いている

最小限の柱で自由な空間をつくる

data

名称：傘の家
意匠：手塚貴晴＋手塚由比／手塚建築研究所
構造：大野博史／オーノJAPAN
写真：木田勝久／FOTOTECA

4本の柱だけで屋根を支える

屋根を支える最小限の柱本数は?と問われたら、答えは3本になる。しかし、3本脚の椅子が偏荷重には不安定なように、配置次

第ではバランスを崩して転倒してしまう。4本をバランスよく配置することが合理的な解となろう。

傘の家は中庭まわりに配置された4本の柱だけで屋根を支えるように計画された、鉄骨造平屋の住宅である。その柱に接続された片持ち梁により屋根を支持しているため、自由な平面、自由な立面を実現している。構造から解放された外周部は3辺が開口部として計画され、1辺が収納の一部として有効活用されている。

4本柱を計画する際、水平力の方向によって柱の応力が1.4倍近く増加することには注意が必要である。また、不静定次数が低いため、1本の柱に不具合があった場合でも、建物に影響がでないように、ほかの構造形式よりも柱の安全性を高めておく必要がある。

ここでは、鉄骨柱に無垢材130㎜角を採用し、十分な安全性を付与している。

屋根は緩勾配の方形となっており、現場で微調整ができるように垂木を木造で計画している。さらに、垂木と合板を一体化することで、水平剛性を確保し、屋根の厚みを抑えている

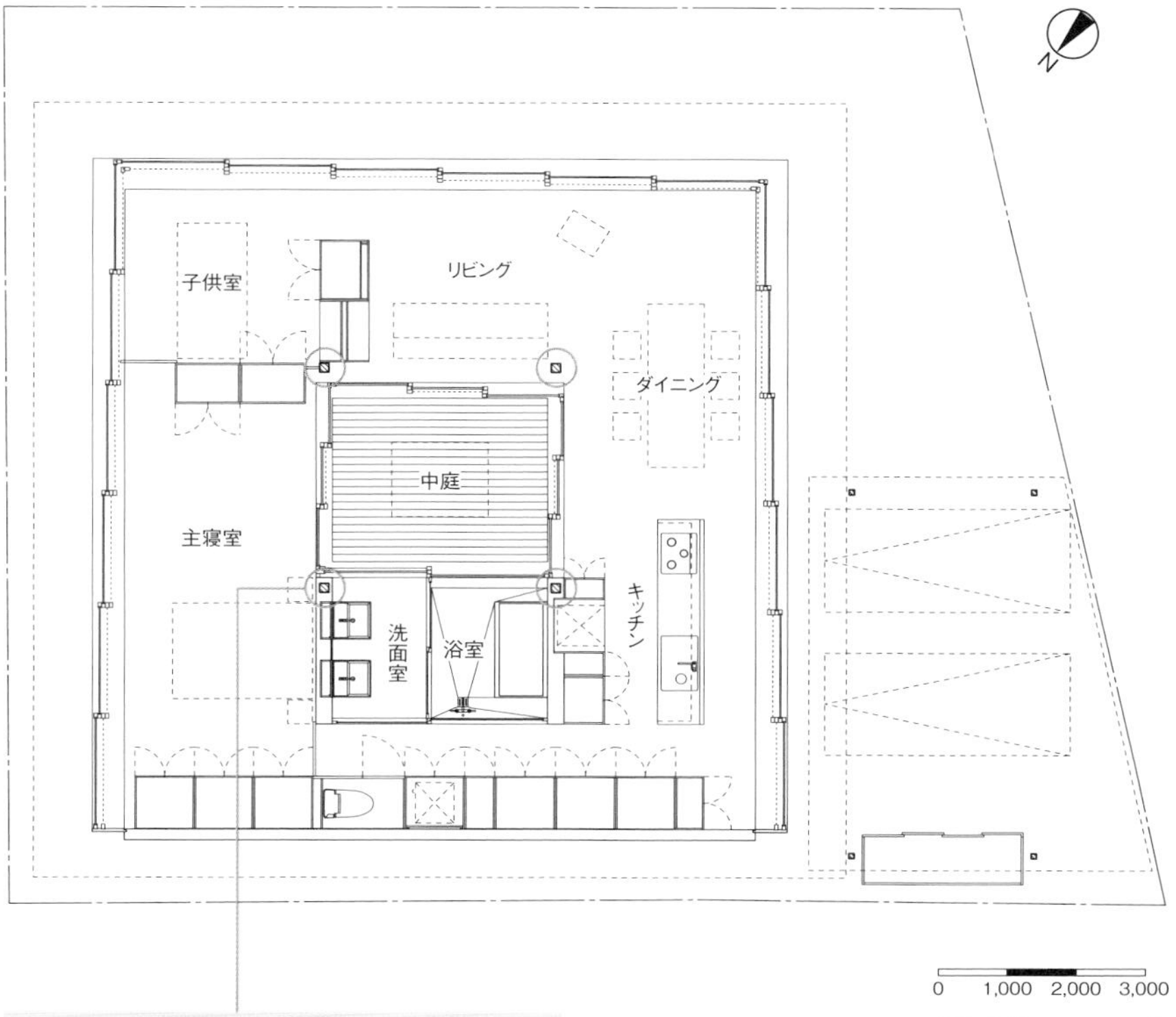

子供室
リビング
ダイニング
中庭
主寝室
キッチン
洗面室
浴室
N
0 1,000 2,000 3,000

平面図［S=1：150］

柱は建物中央に配置された中庭の四隅にしかなく、外周には構造体が一切ない。屋根の鉛直荷重は、この4本柱とそこからのキャンチレバー梁（片持ち梁）によって支持され、水平荷重は柱と梁で構成された、ラーメンフレームで抵抗する構造形式である

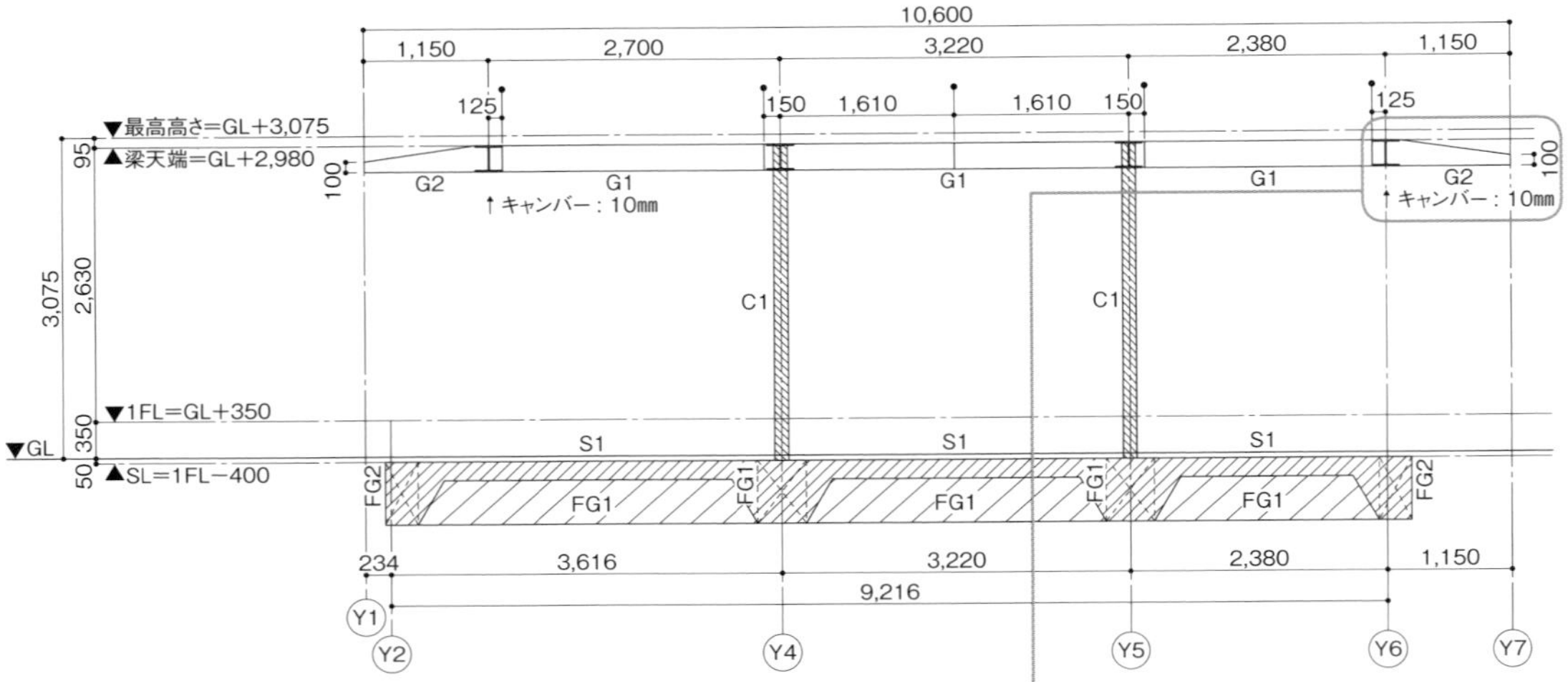

X3,X4通り軸組図［S=1：100］

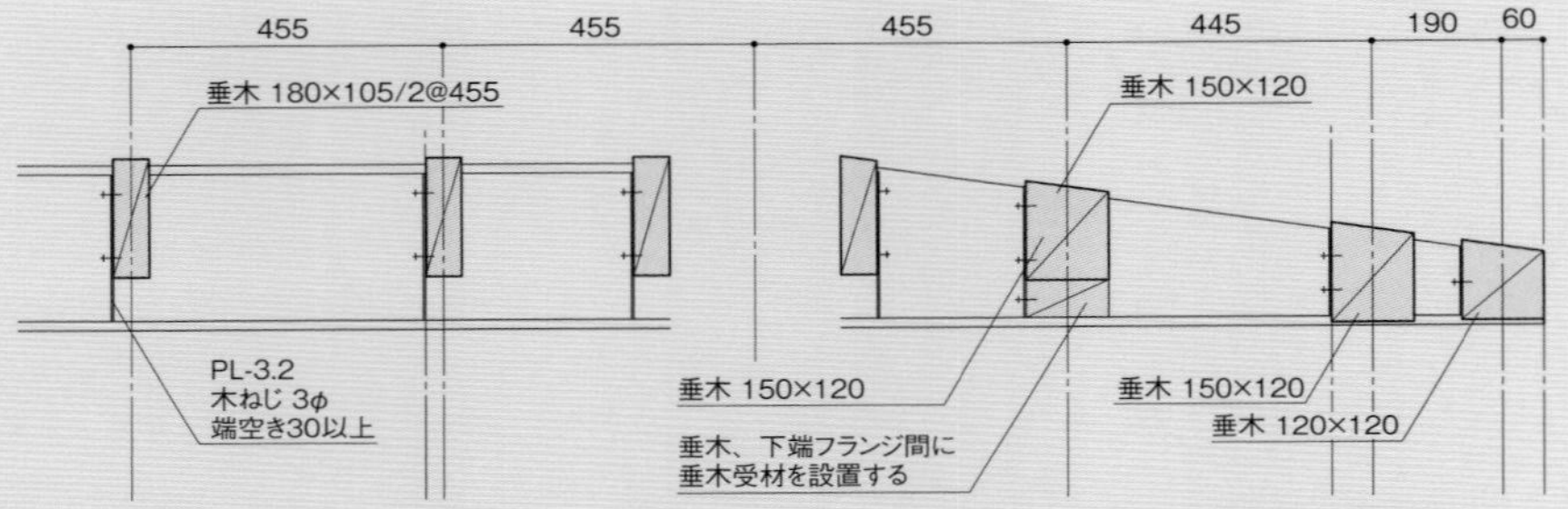

垂木接続詳細図［S=1：20］

屋根先端の厚みを薄くするため、キャンチレバー先端はテーパー形状をしている。
また、主要な梁を鉄骨で構成し、母屋などの二次部材は木造にしている

屋根の仕上げ材までに木の調整代を設けておくことで、現場で柔軟な対応が可能となっている。鉄骨の継手は、中庭梁中央部と片持ち梁の根元としている

中庭の四隅に柱を設置。外壁には構造材がないため、自由なデザインが可能となっている

柱の断面は施工性も考える

RC S W

部材断面は、大まかにいうと荷重（応力）条件、支持条件、部材条件の3つで決まりますが、実際には施工性も含め、建築のあらゆる要素が複雑にからみ合って決定されます。必要な部材断面は構造設計によって最終的に確定しますが、基本設計を進めるうえでも、「建物規模と断面の関係」の感覚をつかむことが重要です。

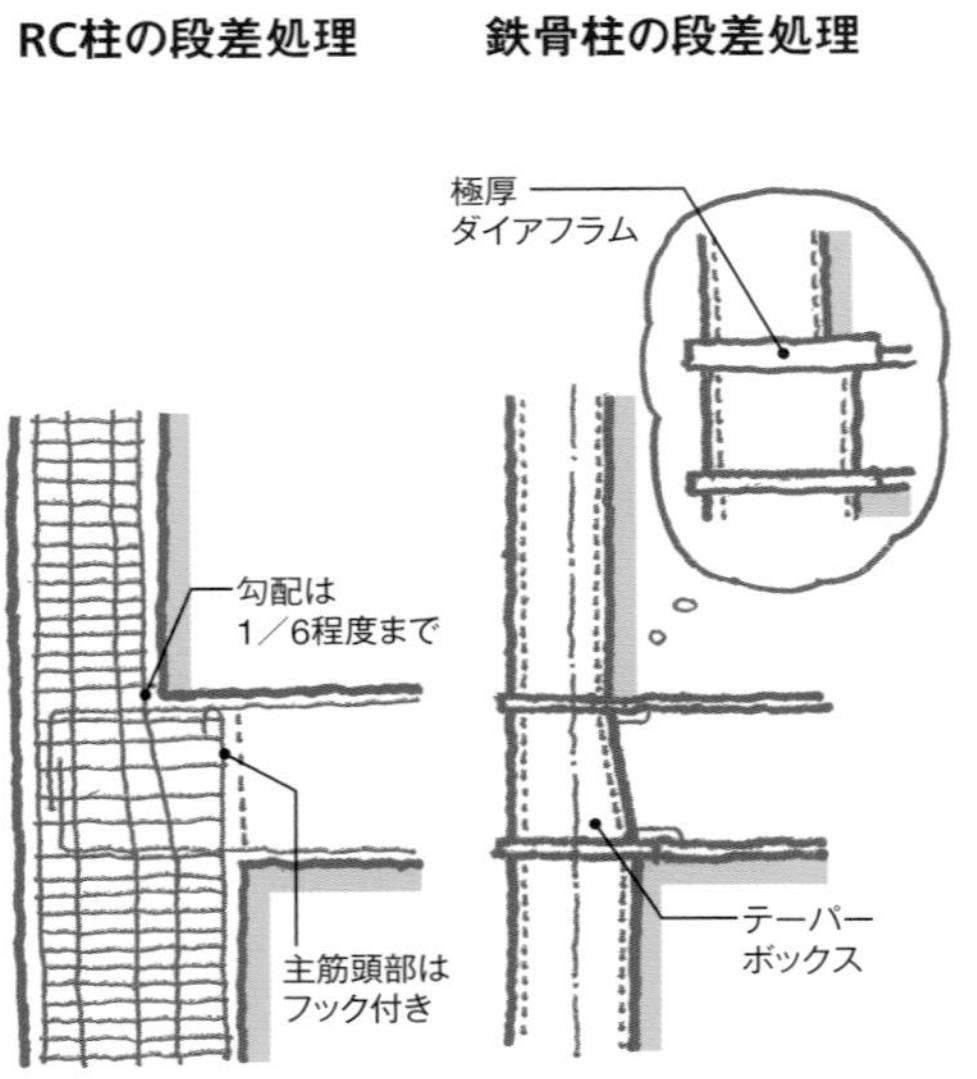
RC柱の段差処理
鉄骨柱の段差処理
極厚
ダイアフラム
勾配は
1／6程度まで
主筋頭部は
フック付き
テーパー
ボックス

鉄骨柱の段差処理は、テーパーボックスを用いて行う。最近では、工作にも手間のかからない極厚のダイアフラムを使う方法も開発されている

断面の決定要因は大きく3つ。このうち「**荷重**（応力）**条件**」は荷重そのものと床の負担面積に依拠するのに対し、「**支持条件**」と「**部材条件**」にはスパン・階高・梁の取付け位置、梁部材との断面の大きさの比など、細かいパラメータが非常に多い。RC造の場合はこれらに加え、配筋条件（鉄筋量）にも左右される（COLUMN参照）。

　ここでは、パラメータを絞り、柱の断面が階によってどのように変わるかをみることにする。

柱の断面は階数でどう変わる？

　多層の建物では下階にいくほど、負担する軸力、地震時に作用するせん断力が大きくなる。したがって、階数が増えれば柱の断面は大きくなるのが一般的だ。ただし、階数（高さ）が同じでも建物のプロポーション（**塔状比**）によって、柱断面は変わる可能性がある。建物が塔状に細長いと地震時に作用する軸力が大きくなるため、柱断面が大きくなる可能性がある。

柱断面は階高でどう変わる？

　柱断面は階高によっても変わる。端的にいうと、階高が高いとその分**曲げモーメント**が大きくなるので、断面も大きくなる。詳しく説明しよう。

　地震力がかかると柱の上下に曲げモーメントが発生するが【※】、上下の曲げモーメントの合計は、柱の長さ（階高）に比例する。片持ち柱（梁）の先端に集中荷重が作用していることをイメージしてみよう【図1①】。高さ（長さ）に比例して、支持点に作用

図1｜階高と力の関係

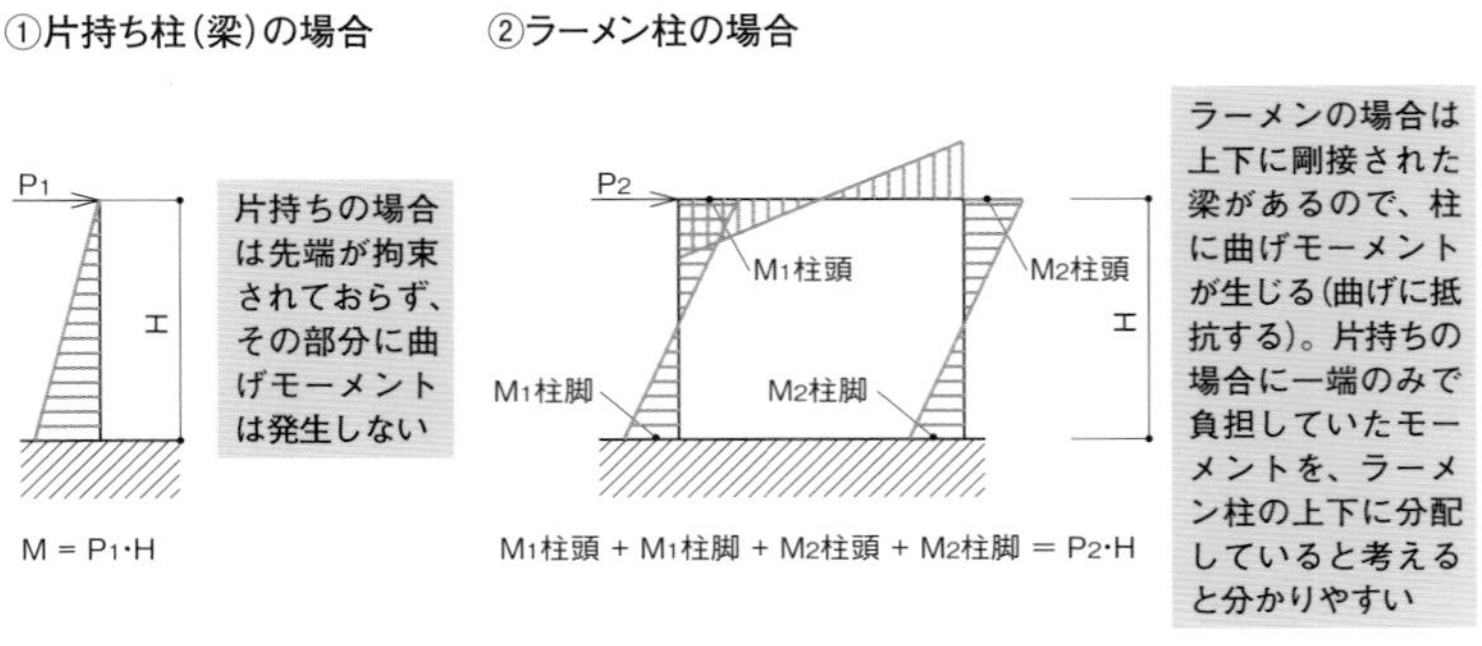
①片持ち柱（梁）の場合
②ラーメン柱の場合
P1
H
片持ちの場合は先端が拘束されておらず、その部分に曲げモーメントは発生しない
M = P1·H
P2
M1柱頭
M2柱頭
M1柱脚
M2柱脚
H
M1柱頭 + M1柱脚 + M2柱頭 + M2柱脚 = P2·H
ラーメンの場合は上下に剛接された梁があるので、柱に曲げモーメントが生じる（曲げに抵抗する）。片持ちの場合に一端のみで負担していたモーメントを、ラーメン柱の上下に分配していると考えると分かりやすい

※：地震力は重量の集中する床に作用すると考える。床に地震力が作用すると、その力はせん断力として柱が負担する。せん断力が作用する＝柱の上下に曲げモーメントが発生する

するモーメントが大きくなることが理解できるだろう。この原理と同様に、ラーメン柱が長いと発生する曲げモーメントが大きくなり［図1②］、その断面は大きくなる傾向にある。

施工面での合理性も考慮

多層の建物の場合、上階の柱ほど負担する軸力・せん断力とも小さくなるので、基本的には柱断面は小さくなる傾向にある。ただし、断面を変える場合、RC・鉄骨ともに仕口部での納まりが複雑になるので、各階ごとに断面を変えることは**施工面での合理性**を損なうことになる。少なくとも2〜3層は同寸法の断面形状とし、応力の小さい階は鉄筋を減らす、鉄骨の板圧を薄くするなどして、調整（経済設計）することが望ましい［タイトルイラスト］。

そこで、多層建物の柱の断面や配筋・板厚が各階における応力（軸力・せん断力・曲げモーメント）の差や施工性により、どの程度変わるのかを、応力解析のうえシミュレーションした。スパン・階高・構造種別をパラメータとした6パターンとし、4×4スパンのラーメン構造で解析を行った結果が表である。そこから次のことがいえる。

- 階高の大きいパターン②では、前述のように、小さいパターンに比べ各階とも柱に作用する応力が大きくなるので、①に比べ断面がひと回り大きくなる
- 階高は同じでスパンが大きくなる場合は、梁端部における長期の曲げの影響で柱断面が大きくなるが［図2］、シミュレーションでもスパン大の③がスパン小の①より大きくなった。ただし階高の違いによる断面の差ほどは大きくならない。S造の場合も同様の結果が得られている。

［萩生田秀之］

図2｜スパン大は応力・断面大

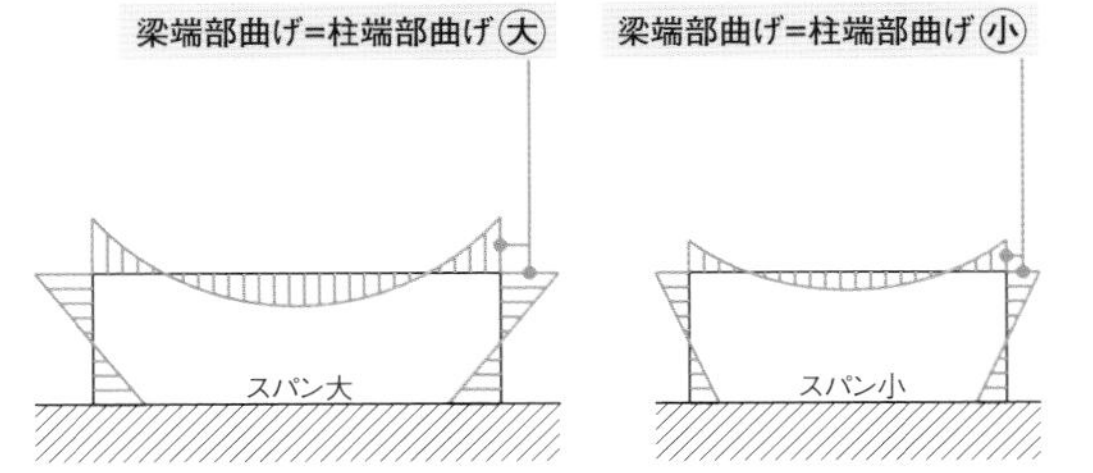

スパンが大きくなると、梁端部の曲げモーメント＝柱の曲げモーメントが大きくなる→柱の断面が大きくなる

表｜断面算定シミュレーション

		RC造①（スパン小、階高小）	RC造②（スパン小、階高大）	RC造③（スパン大、階高小）	S造①（スパン小、階高小）	S造②（スパン小、階高大）	S造③（スパン大、階高小）
パラメータ	階数	6階					
	構造	RC造			S造		
	X方向スパン	7.0m	7.0m	9.0m	7.0m	7.0m	9.0m
	階高	3.0m	4.5m	3.0m	3.0m	4.5m	3.0m
断面算定	6階	600×600 12-D22	750×750 12-D25	650×650 12-D25	□-350×350×9	□-450×450×12	□-400×400×9
	5階	600×600 12-D22	750×750 16-D25	650×650 16-D25	□-350×350×12	□-450×450×19	□-400×400×12
	4階	600×600 16-D22	750×750 16-D25	650×650 16-D25	□-350×350×16	□-450×450×19	□-450×450×16
	3階	700×700 16-D22	800×800 16-D25	750×750 16-D25	□-400×400×16	□-500×500×19	□-450×450×16
	2階	700×700 16-D22	800×800 20-D29	750×750 16-D29	□-400×400×16	□-500×500×19	□-450×450×19
	1階	700×700 16-D25	800×800 20-D32	750×750 20-D29	□-400×400×22	□-500×500×22	□-500×500×19

断面の大きなRC柱は100㎜刻み程度で絞る。断面が小さな鉄骨柱は既製品を利用し50㎜ずつ絞る

共通事項：［用途］事務所ビル、［積載荷重］1.8kN／㎡、［仕上荷重］1.0 kN／㎡、［スラブ］RC-㋐200、S-合成デッキ㋐50＋100、［Y方向スパン］6m
注：紙幅の都合上、鉄筋はY方向のみ掲載

COLUMN

RC柱断面は配筋で決まる

鉄筋を増やせばよい？

RC造の部材断面は、配筋条件（鉄筋の量）によっても変わる。鉄筋の量を増やせば多少は断面を小さくできるが、簡単な話ではない。

鉄筋相互の間隔確保や、梁筋との干渉を考えると、むやみやたらと鉄筋を増やすことはできない。しかも、大半のラーメン構造では、保有水平耐力計算が求められる［※］。保有水平耐力計算は、地震動が建物に作用したときの部材の破壊過程をシミュレーションする解析・計算方法だが、鉄筋を増やしすぎると理想的な破壊形式（靭性破壊＝エネルギーを吸収する破壊）にならないので、注意が必要である。

柱の断面を小さくしたいからといって、鉄筋を増やせばよいという単純なことではないことだけは覚えておいてほしい。

［萩生田秀之］

※：ラーメン構造を採用する建物規模は、一般的には壁が少ない靭性型なので、保有水平耐力計算を求められることが多い。靭性型とは、大地震時に層は崩壊しないが、部材を降伏させてエネルギーを吸収させるような形式。耐力壁を多く設ける強度型とは対照的な形式である

梁せいを抑えたい

RC
S
W

大梁の断面は、硬さ（剛性）と強さ（耐力）で決まります［※1］。負担荷重の大きさや支持長さ（スパン）などにもよりますが、一般的な梁せいは、RC造ではスパンの1／10、S造で1／15〜1／12程度。その梁せいを満足することでおおよその剛性と耐力が得られるとされています。

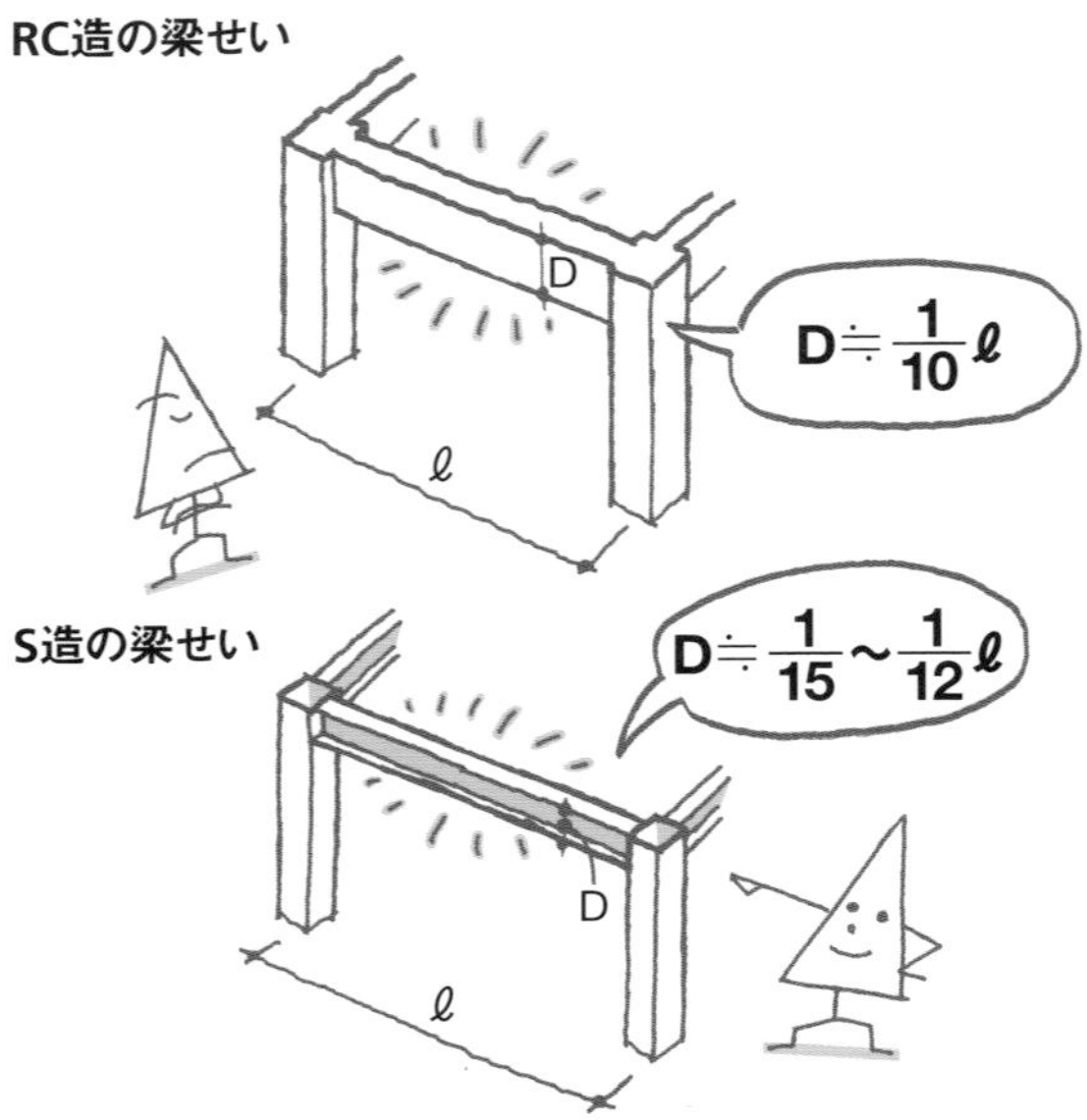

RC造の梁せい
D
$D \fallingdotseq \frac{1}{10}\ell$
ℓ
S造の梁せい
$D \fallingdotseq \frac{1}{15} \sim \frac{1}{12}\ell$
D
ℓ

RC造の梁せいはスパンの1／10で、S造の梁せいはスパンの1／15〜12。同じスパンならS造のほうが梁せいは小さくなる

梁には**大梁**と**小梁**があり、どちらも床の荷重（鉛直荷重）を負担する役割をもつ（小梁は**26頁**参照）。大梁は、床仕上げから始まり、下地（合板など）、根太、小梁、大梁、柱と続く力の流れのなかで、力を柱へ直接伝達する。また、柱とともにラーメンフレームを構成して水平力を負担する梁を特に大梁という場合もある［※2］。つまり大梁・小梁の別は、**どのような荷重を受けているかの違い**であって、スパンの大小とは関係がない［図1］。

長方形断面のほうがよい理由

RC造では、柱の断面を正方形や円形にすることが多いが、梁は縦長の長方形断面にするのが一般的である［※3］。これには力のかかり方が関係している。

ラーメン架構の**柱**は鉛直荷重のほかに水平荷重を負担するが、地震や風はあらゆる方向から作用するため、**点対称の断面形状**にするのが合理的だ。一方、**梁**は主に鉛直荷重を負担するので、上から下へ向かう荷重に対応した**長方形断面**が合理的である。図2からも、梁幅よりせいを大きくしたほうが、強度・剛性とも向上し、かつ経済設計の面でも効果があることが分かる。

それでも梁せいを抑えたい

とはいえ、高さ条件が厳しい場合などに梁せいを抑えたくなるのも現実だ。以下にその対処法を紹介する。

1｜荷重を減らして梁せいを抑える

梁の負担する**床荷重**、**地震荷重**を減らせば、梁せいは抑えることができる。荷重そのものを減らすには、コンクリート床のふかしをなくしたり、屋上庭園などの土を薄くしたりするほか、S造の場合はデッキスラブによるコンクリート床から乾式床にする、などの方法が有効である［12頁表参照］。

また、梁の本数を増やして**梁1本当たりの負担荷重を減らす**という考え方もある。最も効果的な方法はスパンを短くすること、そうすれば梁の鉛直たわみは劇的に減る。図3中のたわみを求める式から分かるように、単純梁の

図1｜大梁と小梁の違い

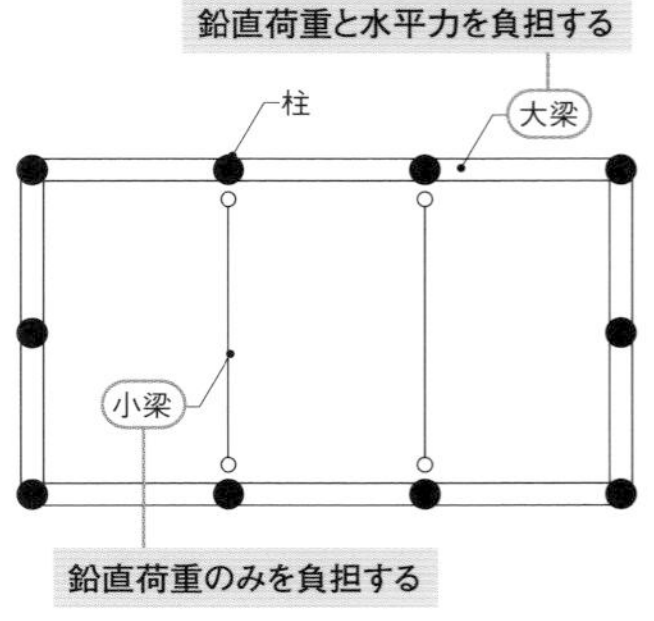

鉛直荷重と水平力を負担する
柱
大梁
小梁
鉛直荷重のみを負担する

※1：所定の耐力のほか、床のたわみ（鉛直荷重）と柱の水平変位（水平荷重）を抑えられる剛性をもつ断面とする
※2：特殊な建物ではラーメンフレームを構成している梁、つまり水平荷重を負担する梁を大梁と呼び、小梁との役割を明確に分けて用いる場合が多い
※3：S造では梁にH形鋼（既製品）をよく用いる。梁幅と梁せいの関係から広幅・中幅・細幅に大別され、大梁は中幅、小梁は細幅から選ぶことが多い。中幅・細幅とも梁せいが幅より長い縦長の断面形状である

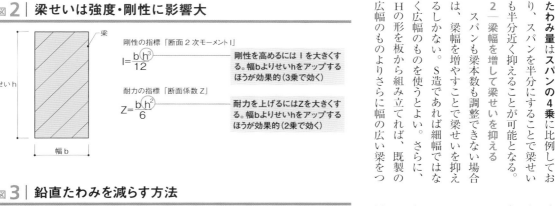

たわみ量は**スパンの4乗**に比例しており、スパンを半分にすることで梁せいも半分近く抑えることが可能となる。

2｜梁幅を増して梁せいを抑える

スパンも梁本数も調整できない場合は、梁幅を増やすことで梁せいを抑えるしかない。S造であれば細幅ではなく広幅のものを使うとよい。さらに、Hの形を板から組み立てれば、既製の広幅のものよりさらに幅の広い梁をつくることも可能だ。RCの場合なら梁を偏平にして配筋を増やし、せいを抑えることができる【図4】。

3｜梁せいは変えず床厚を抑える

梁せい自体を小さくせずに、床全体の厚みを抑える方法はある。スラブ上に配管スペースを確保する集合住宅などでは、**逆梁**にすることで床全体の厚みを抑えられる。注意したいのは梁貫通の有無。梁を避けた位置に設備配管を設けられない場合には、梁に孔（スリーブ）をあけることになるが、その大きさは梁せいに応じて決まる。鉄骨の場合は梁せいの40%まで、RCの場合は梁せいの1／3までにすることが多く、スリーブ直径が200㎜だと鉄骨梁では500㎜以上、RC梁では600㎜以上のせいが必要になる。配管に勾配がつく場合はさらに要注意だ。梁貫通が多くなる場合には、鉄骨なら**トラス梁**にして隙間に配管することも検討したい。

最後に、**RC梁では変形が長期的に進行する**ため、鉄骨梁のようには単純に梁せいを抑えられないということを理解しておいてほしい。長期的な変形は、ひび割れによるたわみ、クリープによるたわみ、乾燥収縮によるたわみが複合的に作用して生じる。**梁せいを抑えるほど長期的な変形は大きくなる**ので注意を要する【※4】。［大野博史］

図2｜梁せいは強度・剛性に影響大

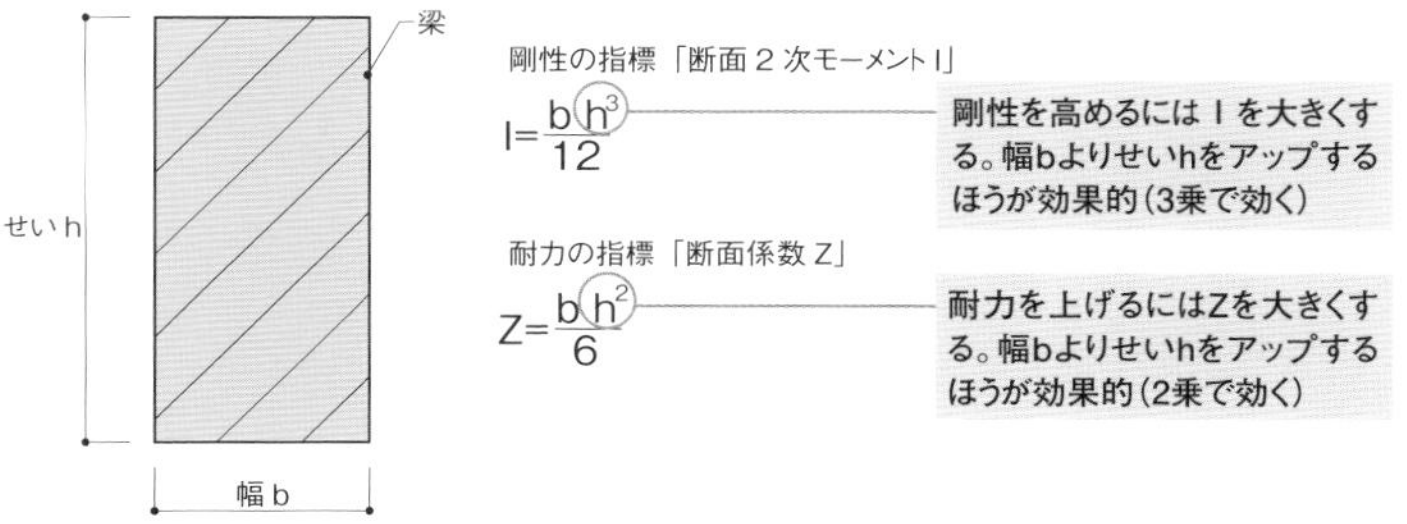
梁
せいh
幅b
剛性の指標「断面2次モーメントI」
I=bh³/12
剛性を高めるにはIを大きくする。幅bよりせいhをアップするほうが効果的(3乗で効く)
耐力の指標「断面係数Z」
Z=bh²/6
耐力を上げるにはZを大きくする。幅bよりせいhをアップするほうが効果的(2乗で効く)

図3｜鉛直たわみを減らす方法

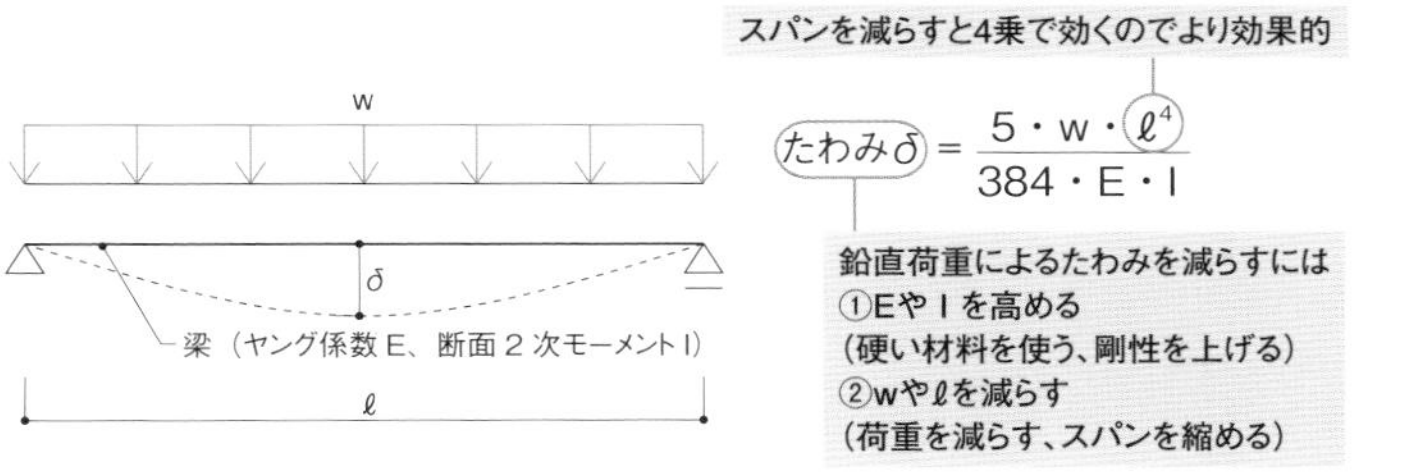
スパンを減らすと4乗で効くのでより効果的
w
たわみδ = 5・w・ℓ⁴ / 384・E・I
δ
梁（ヤング係数E、断面2次モーメントI）
ℓ
鉛直荷重によるたわみを減らすには
①EやIを高める
（硬い材料を使う、剛性を上げる）
②wやℓを減らす
（荷重を減らす、スパンを縮める）

図4｜梁せいを下げた場合の影響

①鉄骨梁の場合

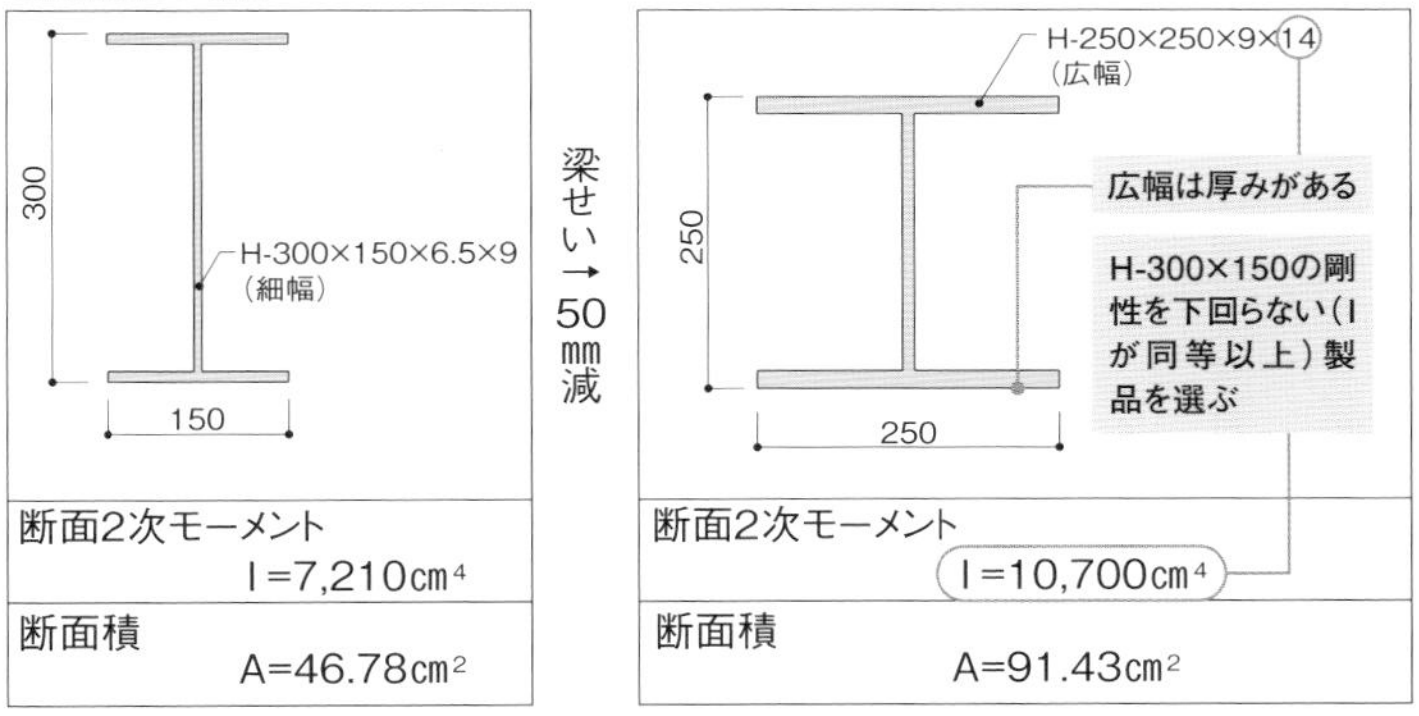
300
H-300×150×6.5×9
(細幅)
150
梁せい→50㎜減
H-250×250×9×14
(広幅)
250
広幅は厚みがある
H-300×150の剛性を下回らない(Iが同等以上)製品を選ぶ
250
断面2次モーメント
I=7,210㎝⁴
断面積
A=46.78㎝²
断面2次モーメント
I=10,700㎝⁴
断面積
A=91.43㎝²

梁せいを抑えるため、鋼材表でIが同等以上の広幅もの（既製品）を選ぶ。広幅は厚みがあり、断面積が増えてコストアップする（梁せいを50㎜下げると鉄骨量は2倍になる）

②RC梁の場合

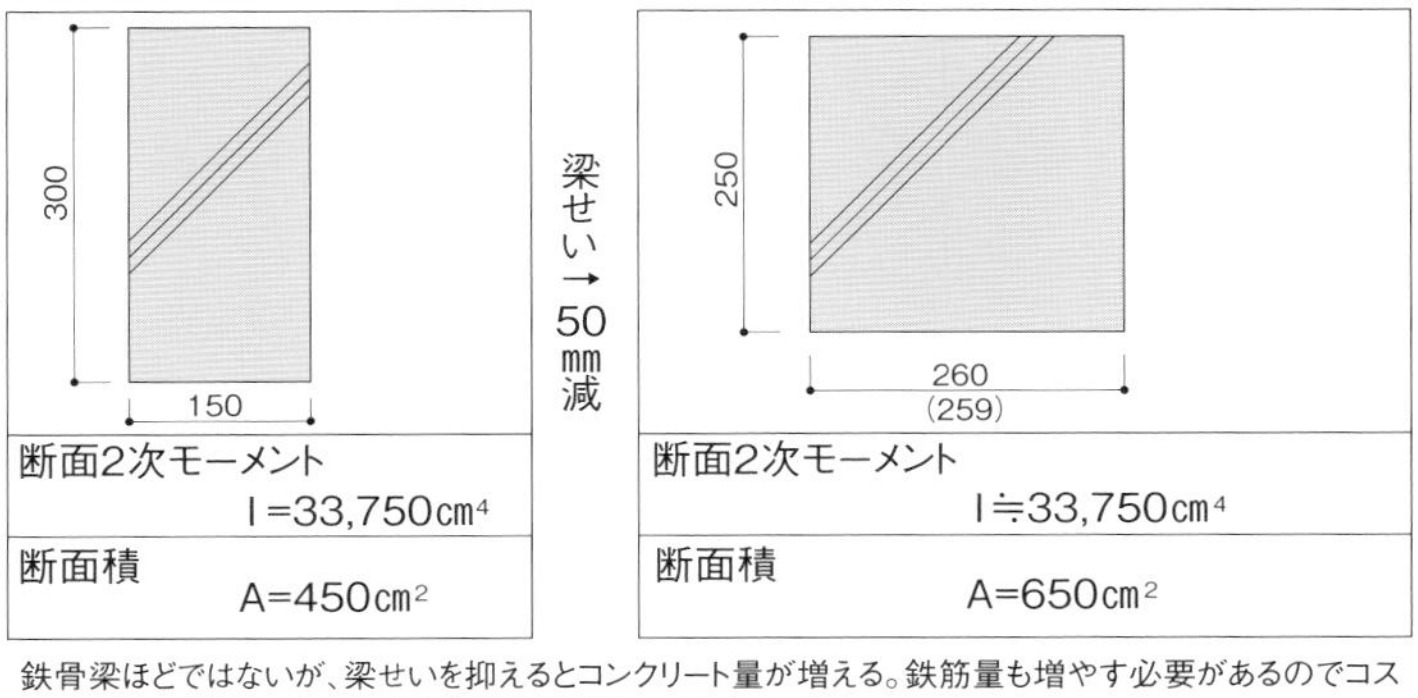
300
150
梁せい→50㎜減
250
260
(259)
断面2次モーメント
I=33,750㎝⁴
断面積
A=450㎝²
断面2次モーメント
I≒33,750㎝⁴
断面積
A=650㎝²

鉄骨梁ほどではないが、梁せいを抑えるとコンクリート量が増える。鉄筋量も増やす必要があるのでコストアップする（梁せいを50㎜下げると鉄筋量は1.3倍になる）

※4：仮に梁せい500㎜と1,000㎜の長期たわみ倍率を計算すると、前者が2.97倍、後者が2.23倍。梁せい500㎜のほうが33%多く長期変形する

RC
S
W

邪魔な小梁をなくしたい

小梁のせいは仕様規定を満足したうえで、RCの場合はスパンの1／15～1／10程度、鉄骨の場合は1／20～1／15程度とします。ただし、負担荷重による影響を大きく受けるため、これはあくまでも目安と考えてください。

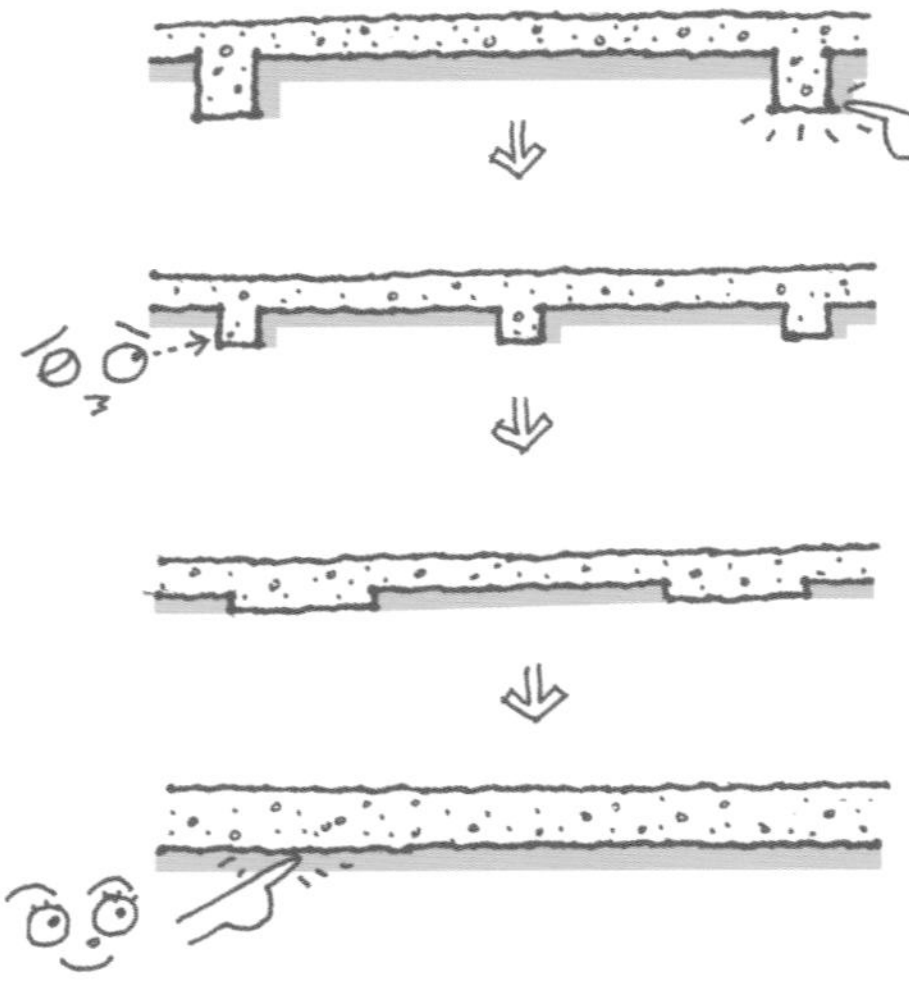
小梁のせいが大きくて邪魔なら、小梁を密に配する、幅を広くする、スラブを厚くする、などして対処ができる

ラーメンフレームにおける**大梁**が**鉛直荷重**［※1］と**水平力**を負担するのに対し、**小梁**は**鉛直荷重だけ**を支持する［※2］。小梁は、大梁と比べ支持する床面積が狭く負担荷重も小さいが、その分、鉛直荷重のなかでも積載荷重の影響を受けやすい。

　単位面積当たりの積載荷重は部屋の用途ごとに決められているが、実際の部屋には動線となる廊下状の場所、本棚のような重たい家具が置かれる場所などが混在する。つまり、廊下を支持する小梁も本棚を支持する小梁も混在するので、小梁設計用の積載荷重は大きめの値で設定されている。一方、大梁は負担面積が広く、前述のような荷重のばらつきは吸収されるので、大梁設計用の積載荷重の値は小梁より小さくなっている［※3］。

小梁で床断面が決まる

小梁が支持するのは、**床スラブ**や床を支持する**根太**など（小梁は大梁によって支持されている）。そのため、小梁の配置・本数によって床の断面が決まる。小梁どうしの間隔が広いと床は厚くなり、狭いと薄くできる。高さ規制が厳しい建物密集地では、断面が制約を受けることも多く、床の厚みを決定する小梁の配置計画は重要である。柱などと同様、小梁についても計画当初から意識しておきたい。

　実務上、**小梁**の断面は、耐力（強度）ではなく**剛性**（硬さ）で決定されることのほうが多い。建物の居住性能に影響する床振動は、鉛直荷重を支持する床と梁の剛性によって決まる。建築基準法でも**床振動を抑制する目的**で「**スパン・梁せい・床厚みの関係**」「**たわみの制限**」の仕様規定がある［**表1**］。この規定値はRC造や木造についてはクリープ［※4］がふまえられているが、S造では最低限の値（1／250）だ。そのため住宅など軽量な床の場合は（振動を感じやすいため）、**2倍程度の性能**（1／500）を目指したほうがよいだろう。

　ここで、7×10mのRC床を支持する小梁について、床厚との関係をシミ

表1 | 仕様規定（床振動対策）

①梁

	スパンと梁せいの関係（D／ℓ）	たわみ制限（δ／ℓ）
木造	>1／12	<1／500
S造	>1／15	<1／250
RC造	>1／10	<1／2,000

②スラブ

	スパンとスラブ厚の関係（t／ℓx）	たわみ制限（δ／ℓx）
RC造	>1／30	<1／4,000

t：スラブ厚、ℓx：スラブの短辺方向の有効長さ

※1：床や天井材、梁自重などの固定荷重と、部屋の用途で決まる積載荷重とを合わせた鉛直方向の荷重（設計用床荷重）
※2：屋根の小梁は、多雪区域では雪による鉛直荷重を支持する。一般地域でも風が吹き抜けるときに作用する鉛直上下方向の吹上げ、吹下げ荷重も負担することに注意が必要
※3：令85条で、室の種類・部材ごとに1㎡当たりの積載荷重が示され、床や小梁など負担面積の小さな部材の計算用には大梁より大きい値が設定されている。住宅の居室の場合、床・小梁用が1,800N、大梁用が1,300N。事務室は床・小梁用が2,900N、大梁用が1,800N

ュレーションする【表2】。小梁を省略するには300㎜のスラブ厚が必要。逆に、小梁の数を増やすほどスラブは薄くできるが、**重量床衝撃音**（LH）が下階に伝わらないよう、薄さには限度（150㎜厚程度）がある。また、表2中の案はいずれも力学的な合理性を備えるが、コンクリート立米数と型枠面積を目安に経済性を比較すると、B案が有利である（立米数が小さいものは小梁せいが大きくなる）。また、大梁との関係でいえば、短手に荷重を負担させるC案のほうが大梁断面を小さくすることができる。

せいを抑える／小梁をなくす

小梁のせいを抑えるには小梁の幅を大きくする方法がある。コンクリートの場合は、スラブを厚くして小梁自体をなくすことも可能だ。

ここではS造の床を例に説明しよう【表3】。床下地材を構造用合板15㎜厚とすると、それを支持するために455㎜間隔の根太が必要だが、24㎜厚の構造用合板を使えば根太は900㎜間隔で済む。仮にこの根太のせいが必要十分あれば、小梁は不要になる。大梁の間隔が7mのとき、そのスパンを飛ばすことができる根太は、計算上、軽量溝形鋼[-300×75×3.2@455。かなり大断面の根太である。このように小梁をなくしても根太のせいが大きければ、床断面は大きくなる。一方、大梁の間に2本の小梁を架けると、小梁はH-244×175、根太はC-100×50×20×3.2@455となる。小梁の量を増やし1m間隔とすると、小梁はH-175×175になる。この場合、下地合板を24㎜厚にすることで根太は不要となる。さらにPL-6㎜を両側にはさみ込んだ鋼板サンドイッチパネルであれば、梁せいは150㎜まで小さくすることが可能となる【※5】。

そのほか、**梁端部の接合方式を変える**ことでも、たわみを抑え梁せいを小さくできる。通常、小梁の両端部は回転に対して自由に動くピン接合としてボルト接合される。これを**剛接合**とし、隣の小梁を連続させるとたわみが抑えられ、結果として梁せいを小さくすることが可能になる【図、※6】。

［大野博史］

表2 小梁×スラブ厚シミュレーション

	小梁（㎜）	スラブ（㎜）	荷重の流れ		RC量	型枠量
A 小梁なし	—	㋐300	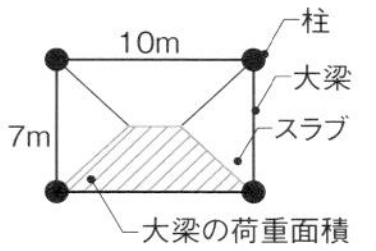10m 7m 柱 大梁 スラブ 大梁の荷重面積	スパン大の大梁がスパン小の大梁より多くの荷重を負担することになり非効率	30㎥	135㎡
B 小梁（短手）	（1本）900×300	㋐200	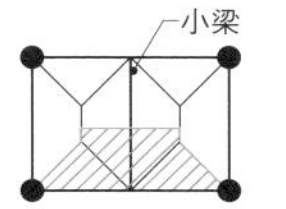小梁	同上	25㎥	149㎡
	（2本）700×350	㋐150			22㎥	152㎡
	（3本）700×250	㋐120［*］			18㎥	151㎡
C 小梁（長手）	1,000×350	㋐150	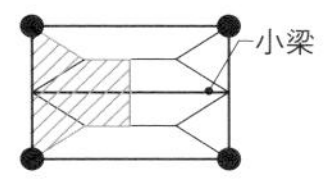小梁	スパン小の大梁が多くの荷重を負担するので効率がよい	23㎥	157㎡

*：計算値。衝撃音を下階に伝えないようにするには150㎜

表3 S造の床厚シミュレーション

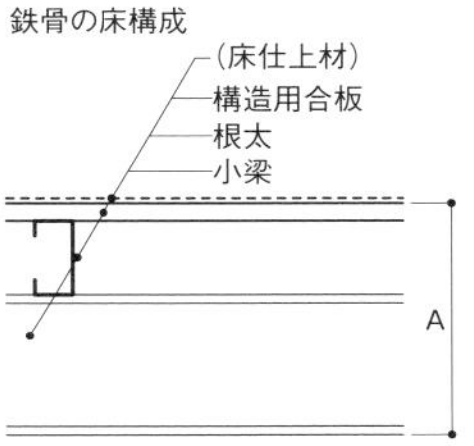
鉄骨の床構成
（床仕上材）
構造用合板
根太
小梁
A

大梁間隔7m	小梁など	根太	下地［*］	A寸法
A 小梁なし	なし	[-300×75 @455	㋐15	315
B 小梁2本	H-244×175	C-100×50×20 @455	㋐15	359
C 小梁6本	H-175×175	なし	㋐24	199
D 鋼板サンドイッチパネル	H-150×150（両面PL-6）	なし	なし	㋐162

*：A～Cは構造用合板

図 たわみを抑えて梁せいを抑える

①通常の小梁のたわみ

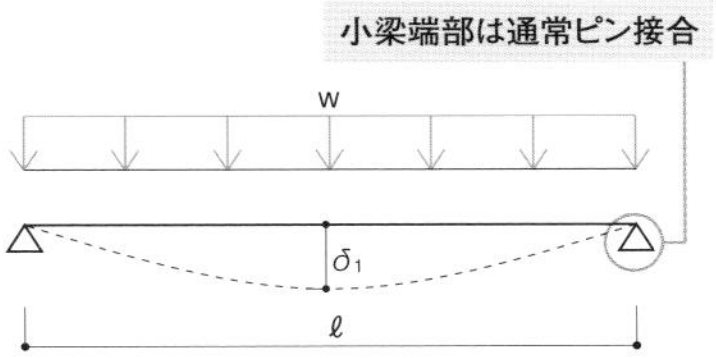
小梁端部は通常ピン接合
w
δ1
ℓ

$$\delta_1=\frac{5}{384}\cdot\frac{w\cdot\ell^4}{EI}$$

②連梁とした場合のたわみ

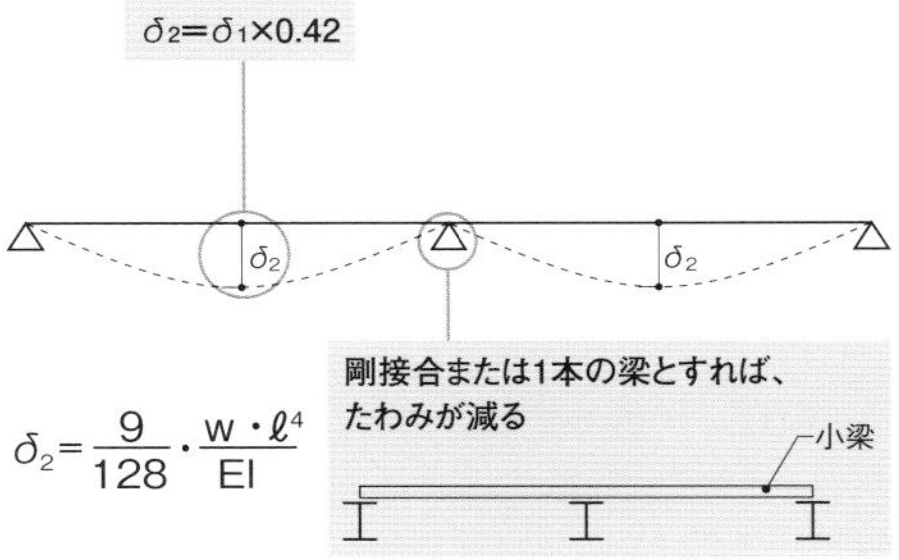
δ2=δ1×0.42
δ2
δ2
剛接合または1本の梁とすれば、たわみが減る
小梁

$$\delta_2=\frac{9}{128}\cdot\frac{w\cdot\ell^4}{EI}$$

※4：コンクリートや木にはクリープ変形（一定荷重のもと、時間の経過とともにひずみが増大する現象）が生じる
※5：根太をなくす場合は、床の不陸調整を行う部材を別途設ける
※6：たわみ式で比較すると片側剛接合で0.42倍、両側剛接合で0.2倍のたわみになる。なお、連続する小梁がない場合は剛接合にしても回転は拘束されないので、片側ピン接合と考える。また、雪などの偏分布荷重に対して、連続する小梁による剛接合評価は有効ではないので要注意

小梁のない大空間をつくりたい

data

名称：美浜打瀬小学校
意匠：小嶋一浩＋赤松佳珠子／CAt
構造：今川憲英、川村大樹／TIS&PARTNERS
写真：小林浩志

ボイドスラブで開放的な空間を実現

構造設計は、意匠設計からの要望によって構造工法を確定することが多い。たとえば、

・内部空間の柱を減らし、かつ目

立たなくしたい
・小梁を減らす、もしくはなくしたい
・スパンを飛ばして均一な空間をつくりたい
・階高は、増やしたくない
などを同時に実現する際には、ボイドスラブが有効である。ボイドスラブは、コンクリートスラブに鋼製の中空管を打ち込むことで、床重量の大部分を占めるコンクリート自重を軽減し、通常の床スラブより大スパンを可能にする工法である。

オープンスクール形式の美浜打瀬小学校では、空間の性能として「開放性、採光、連続性、一体感、音響性能」などが求められた。梁がなく厚いボイドスラブを、厚い外周の壁と細い鉄骨柱で支える架構で、採光と開放性の非常に高い空間を実現した。その結果、遮音性能、耐振性能が高い、均一な空間となっている。

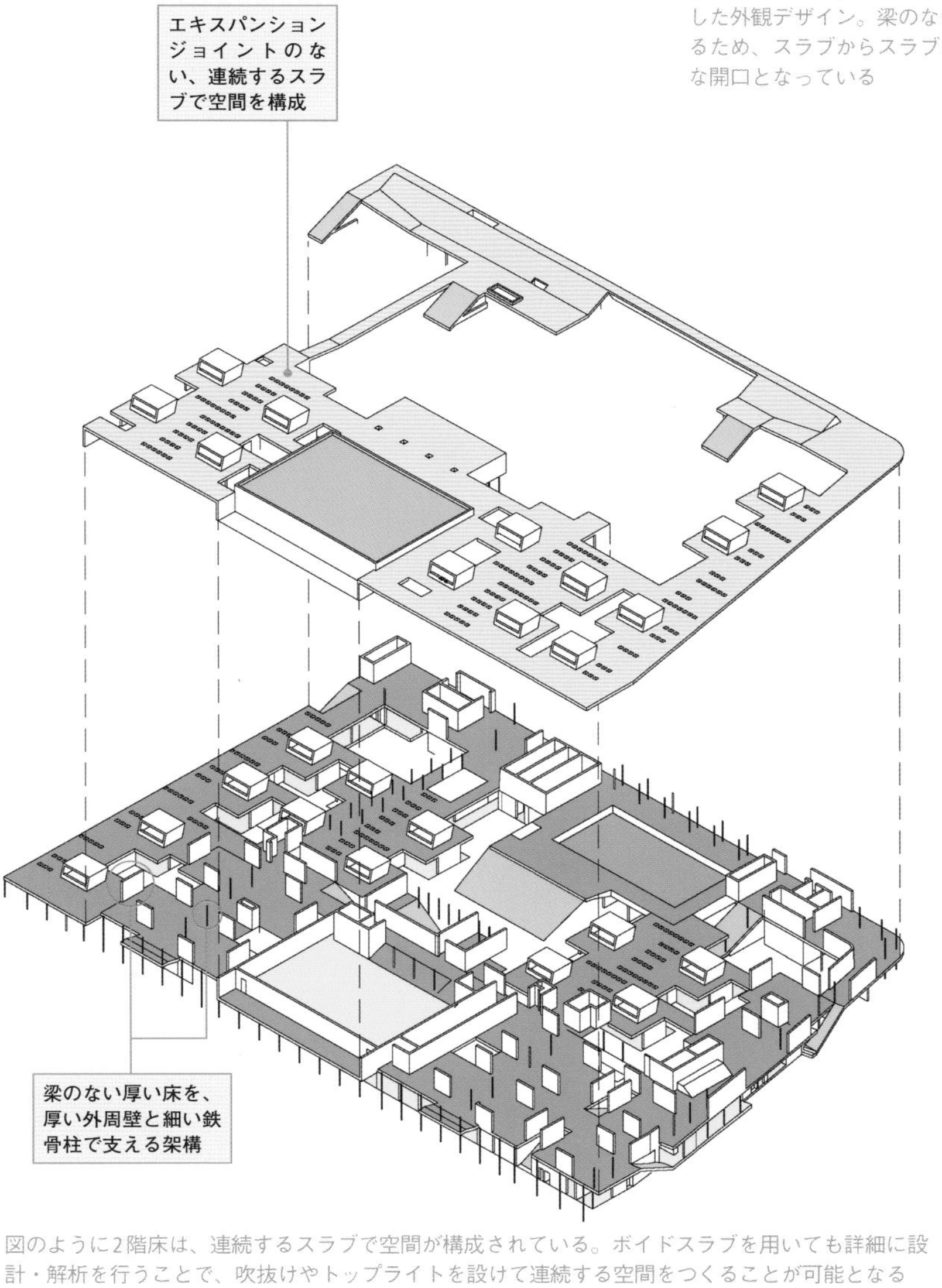

エキスパンションジョイントのない、連続するスラブで空間を構成
梁のない厚い床を、厚い外周壁と細い鉄骨柱で支える架構

図のように2階床は、連続するスラブで空間が構成されている。ボイドスラブを用いても詳細に設計・解析を行うことで、吹抜けやトップライトを設けて連続する空間をつくることが可能となる

厚いボイドスラブの水平ラインを生かした外観デザイン。梁のない架構であるため、スラブからスラブまでの大きな開口となっている

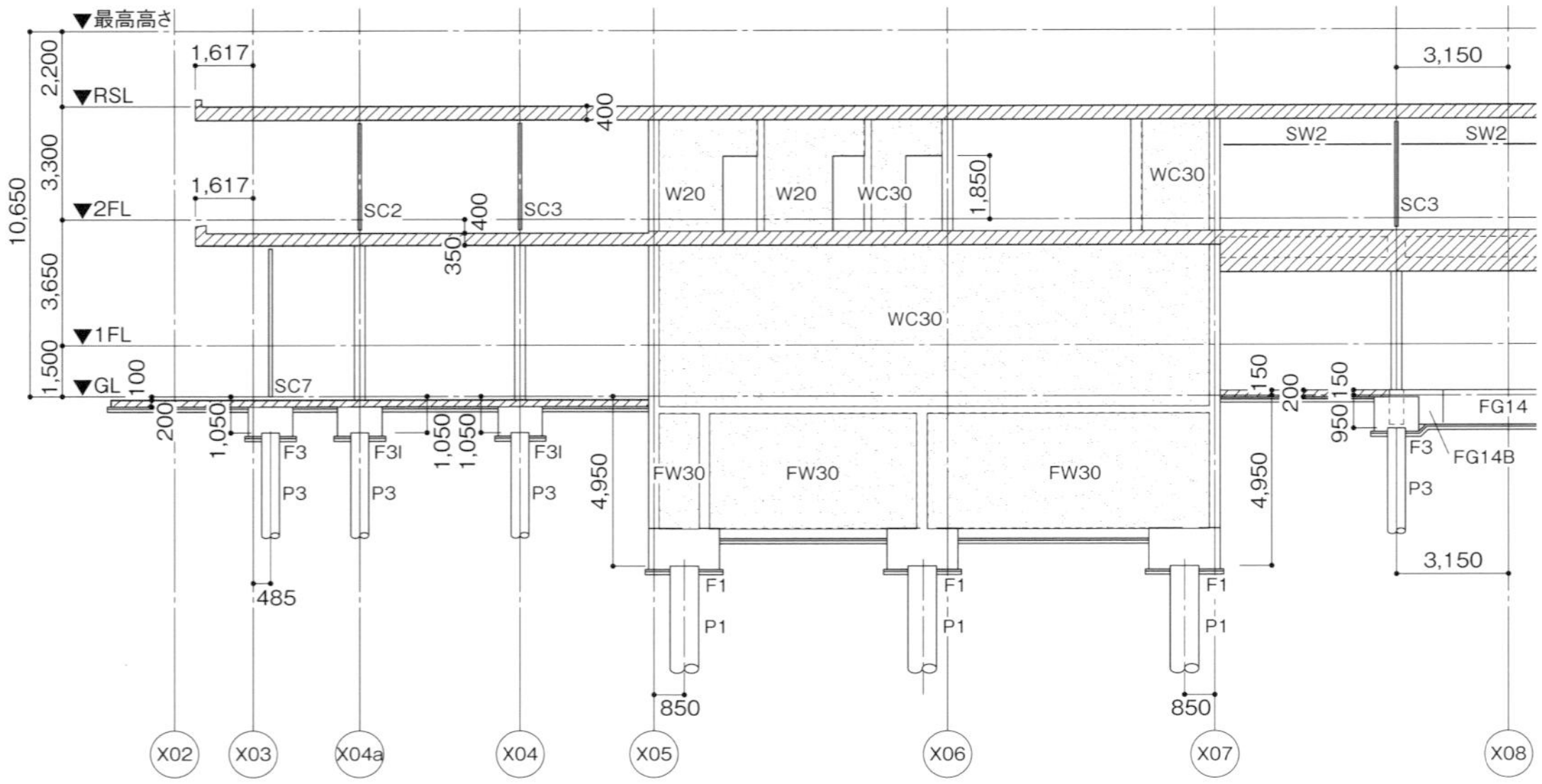

Y02通り 軸組図［S＝1：300］

型枠解体後の空間。天井の孔はトップライト部分

ボイドスラブの中空管の配置状況。写真は、厚さ400㎜のボイドスラブ、中空管は、250φ-400@。上端の鉄筋は中空管によっても支えられるため、配筋の乱れが少ない

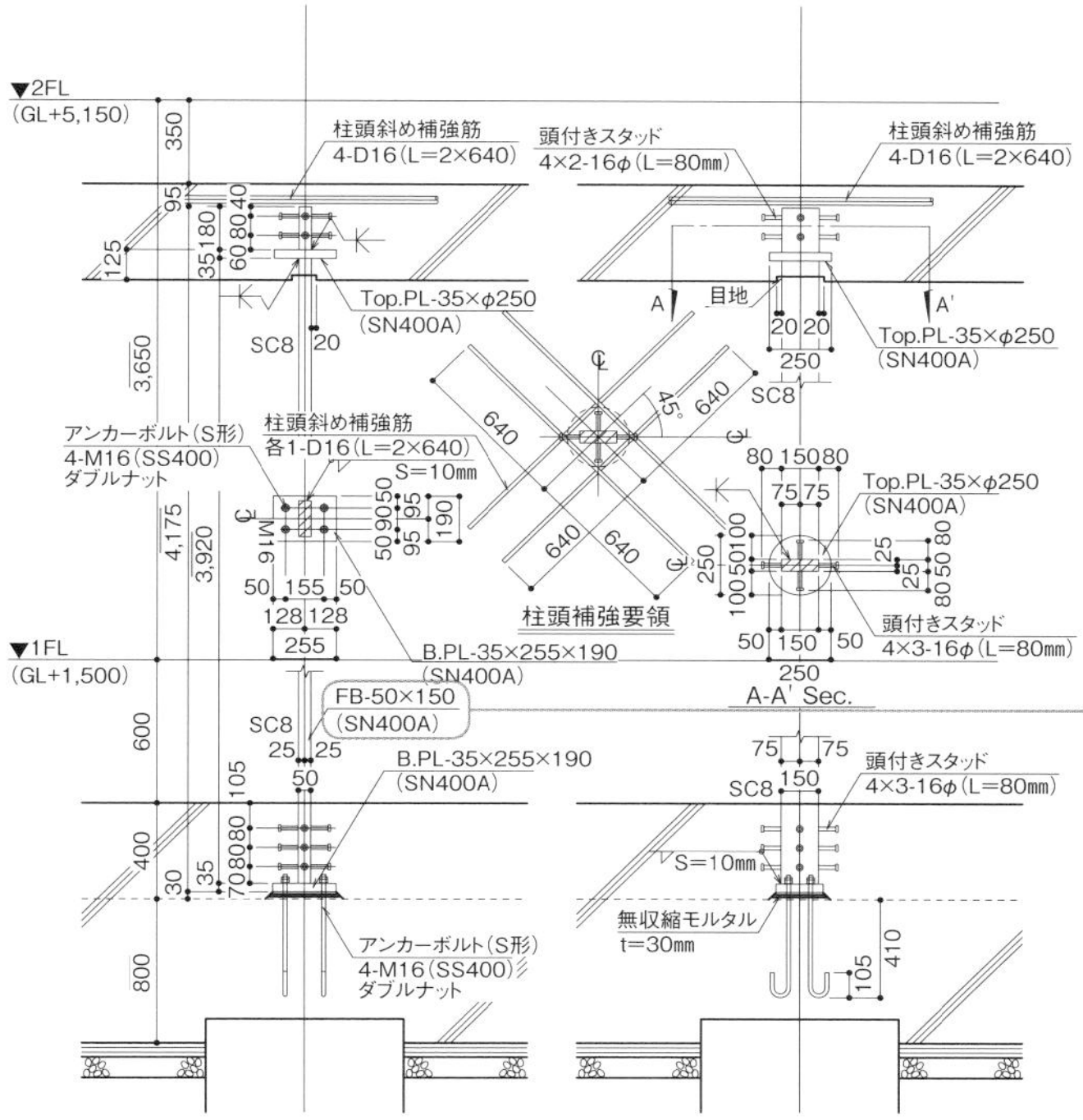
▼2FL
(GL+5,150)
柱頭斜め補強筋
4-D16(L=2×640)
頭付きスタッド
4×2-16φ(L=80mm)
柱頭斜め補強筋
4-D16(L=2×640)
Top.PL-35×φ250
(SN400A)
目地
Top.PL-35×φ250
(SN400A)
SC8
アンカーボルト(S形)
4-M16(SS400)
ダブルナット
柱頭斜め補強筋
各1-D16(L=2×640)
S=10mm
Top.PL-35×φ250
(SN400A)
柱頭補強要領
頭付きスタッド
4×3-16φ(L=80mm)
▼1FL
(GL+1,500)
B.PL-35×255×190
(SN400A)
A-A' Sec.
FB-50×150
(SN400A)
B.PL-35×255×190
(SN400A)
頭付きスタッド
4×3-16φ(L=80mm)
S=10mm
無収縮モルタル
t=30mm
アンカーボルト(S形)
4-M16(SS400)
ダブルナット

鉄骨柱は、地震力などの水平力を外周の厚い壁に負担させることで、鉛直力のみを負担する。そのため、細く目立たないもの(FB-50×150、丸鋼80φなど)とすることができた

鉄骨柱断面詳細図[S=1：50]

RC S W

スラブ厚は構造性能＋αで決まる

スラブの厚みは、構造性能はもちろん、遮音性（重量床衝撃音対策）、断熱性、遮蔽性、耐火性［※1］など、必要とされる性能に応じて決定されます。一般に、スラブが厚くなるほど各性能は高まります。

基本

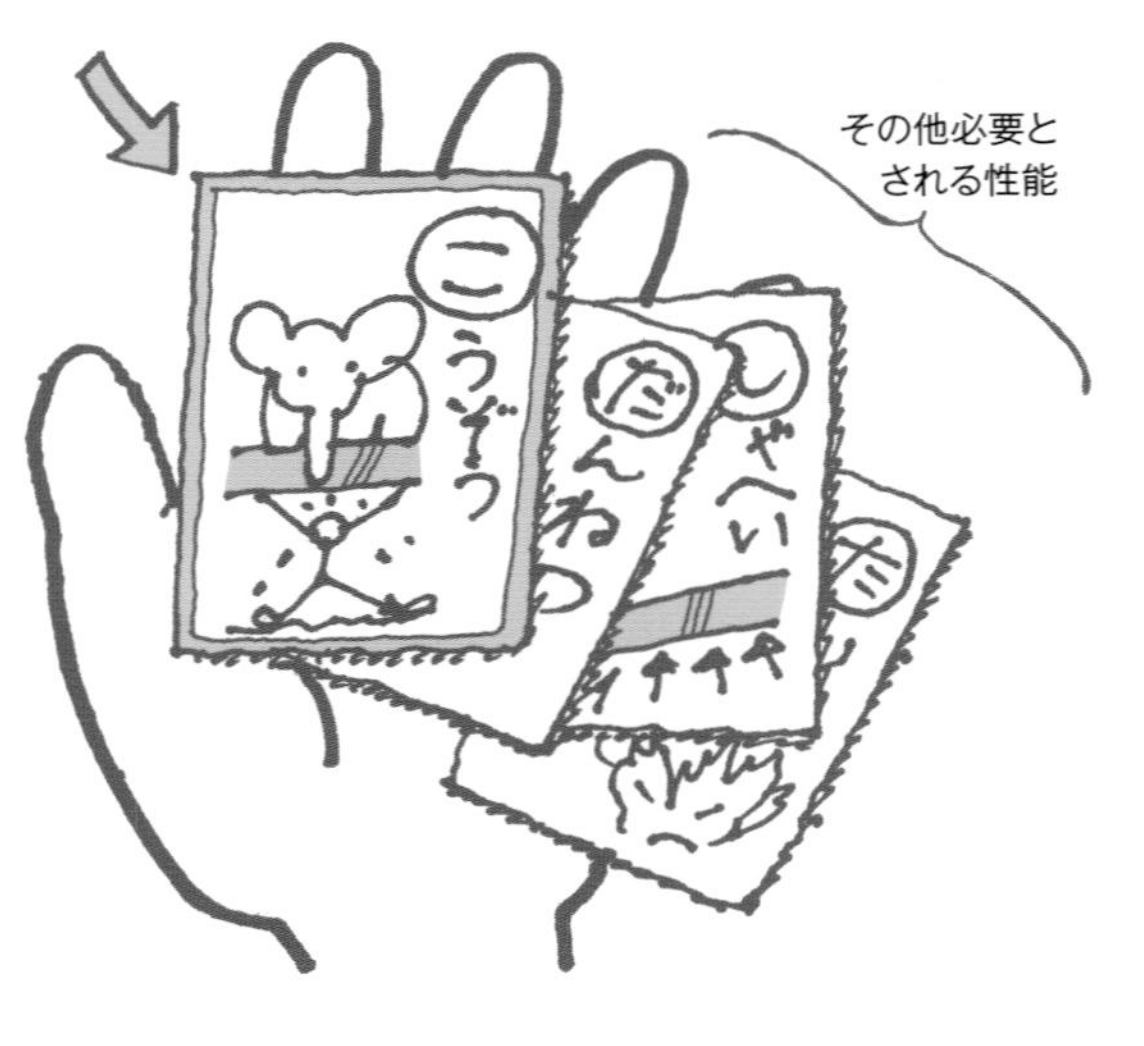

スラブの設計は、構造性能はもちろん、建物用途や建築主の要望に応じた性能を確認したうえで行う

床スラブに面外力や面内力が作用すると、スラブは変形する。スラブの**面外力**とは**鉛直荷重や地震時の上下動**。面外力によってスラブには曲げモーメントが生じ、図1①のように変形する。一方、スラブの**面内力**とは**地震荷重や風荷重などの水平力**。面内力が生じると、スラブは図1②のように変形する。

床スラブに必要な構造性能

床スラブの主な役割は積載荷重などの鉛直荷重［※2］を支えること。そのためには、**耐力**（壊れない）と**剛性**（変形しない）、双方の確保が必要だ［※3］。地震時の上下動も含め、スラブの面外方向に荷重（面外力）が作用する場合に必要な耐力・剛性を、特に**面外曲げ耐力・面外曲げ剛性**という。

またスラブは、地震力・風圧力など水平力が作用した場合の水平力抵抗要素としても重要な役割を果たしている。特に、鉛直面の水平力抵抗要素（耐力壁やブレースなど）が平面的に集中して配置されていたり、上下階でその位置がずれていたりする場合は、スラブに大きな面内力が発生する（水平力は面内せん断力として耐力壁などに伝達される）ので［図2］、スラブの**面内せん断耐力**と**面内せん断剛性**が必要となる。面内せん断力が大きい場合はスラブを厚くするが、厚さや重量増などが問題になる場合は、鋼板を設けるなどして厚みを抑える。

スラブ厚はどう決める？

スラブは、有害な**たわみ**、**ひび割れ**、**振動障害**を防ぐためにも、在来型枠工法では厚さ80㎜以上（軽量コンクリートの場合は100㎜以上）、かつ、有効スパンによって決まる値以上とする［図3］（ここから、スパンはスラブ厚から決まる、ともいえる）。有効スパンに対し、条件以下の値となる場合は、たわみ量の制限［※4］を満たす必要がある。

なお、スラブ厚80㎜とは、最低かぶり厚（30㎜程度）にシングル配筋D10（XY方向）程度で、面外曲げ耐力が小さく、スラブスパンも確保できない。よほどスラブ厚を抑えたいときに限られるだろう。一般的には、ダブル配筋（D10またはD13@200、XY方向）としたうえで、150㎜厚以上は確保したい［図4］。これならスパン（短辺方向、梁内法長さ）を3～4m程度にできる。

スラブ厚を抑えたいという要望の理由としては、天井高さの確保のほか

※1：平12建告1399号で、加熱時間2時間の場合はRC造で厚さ10㎝以上、1時間の場合は7㎝以上、と最低厚さが定められている
※2：スラブそのものの重量や天井・床仕上げなどの仕上荷重（固定荷重）のほか、床に載る人なども含めた積載荷重などがある
※3：スラブの鉛直振動による不快感や設備機器への影響も、剛性を確保することで防ぐことができる（耐振動性能）

に、地盤が悪いときなどの建物軽量化が挙げられるだろう。その場合は、比重の小さい**軽量コンクリート**［※5］の使用も考えるとよい。

デッキプレート使用時の注意点

S造やRC造（SRC造含む）で工期短縮などを目的とする場合は、**デッキプレート**を使用する。デッキプレートは、日本最初の超高層ビル「霞が関ビル」（1968年竣工）以来使用されており、底面がフラットのもの（フラットデッキ）と波型のもの（Uデッキ）がある［図5］。

フラットデッキはスラブとして**2方向性**を有するが、**Uデッキ**は**1方向**にのみ力が伝達される。また、Uデッキは薄くなっている部分で面内せん断耐力が決まるため、フラットデッキに比べて**面内せん断力の伝達性能**が低い。加えて、Uデッキは薄い部分に沿ってひび割れが発生することもあるため、鉄筋量を増やすなどの**ひび割れ対策**が求められる。コスト的にはUデッキのほうが、コンクリート量も低減でき経済性を有するが、以上のような問題点もあるので注意が必要である。

デッキプレートは一般に仮設材であるが、コンクリートスラブと一体化した本設材として使用することもある（合成床版と呼ばれ、形状は波型となる）。この場合、スラブの鉄筋はデッキプレートの効果により低減することができ、経済的な設計が可能となる。ただし、コンクリート面の**ひび割れ**が問題になる場合や、**想定を超える積載荷重**や**火災時間**に対する冗長性（プラスアルファとなる余力）がないので、注意を要する。

［朝川剛］

図1 スラブに作用する面外力・面内力

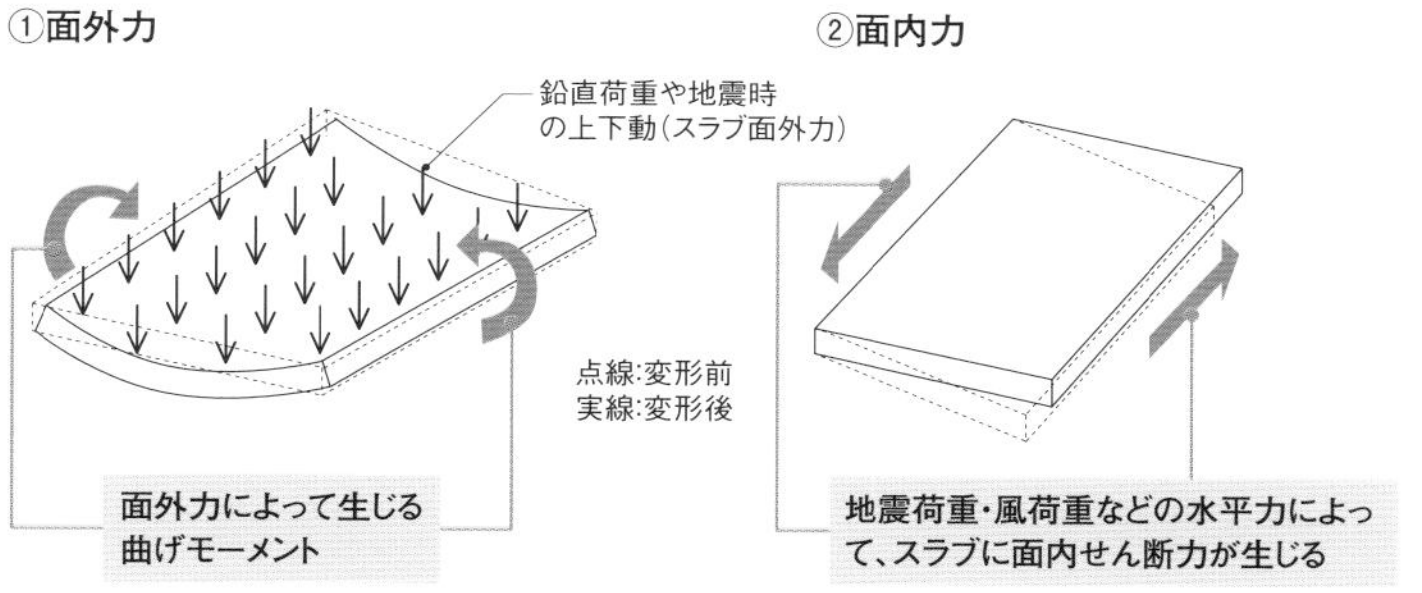
①面外力
②面内力
鉛直荷重や地震時の上下動（スラブ面外力）
点線：変形前
実線：変形後
面外力によって生じる曲げモーメント
地震荷重・風荷重などの水平力によって、スラブに面内せん断力が生じる

図2 大きな面内せん断力がかかる場合

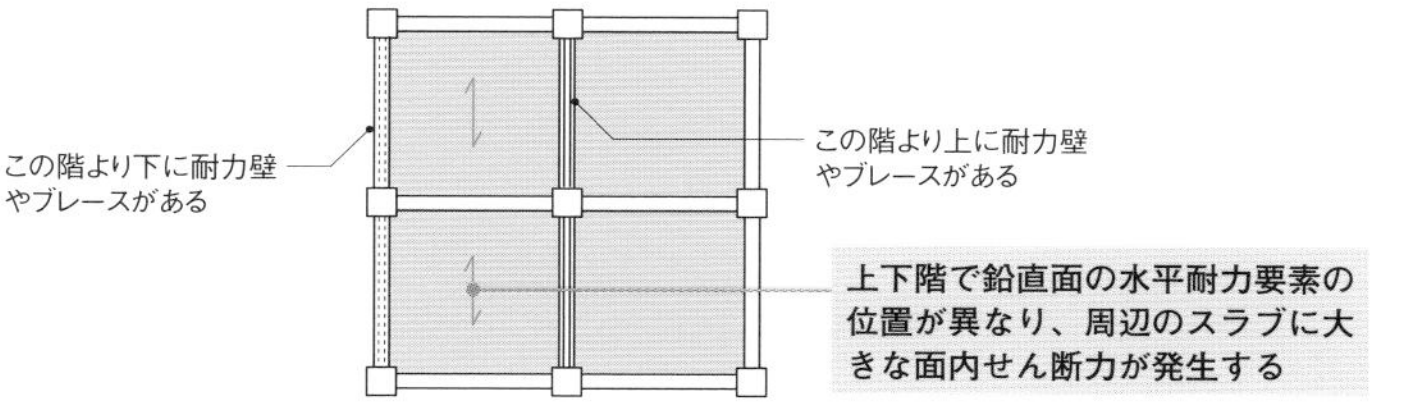
この階より下に耐力壁やブレースがある
この階より上に耐力壁やブレースがある
上下階で鉛直面の水平耐力要素の位置が異なり、周辺のスラブに大きな面内せん断力が発生する

図3 スラブの必要厚さ

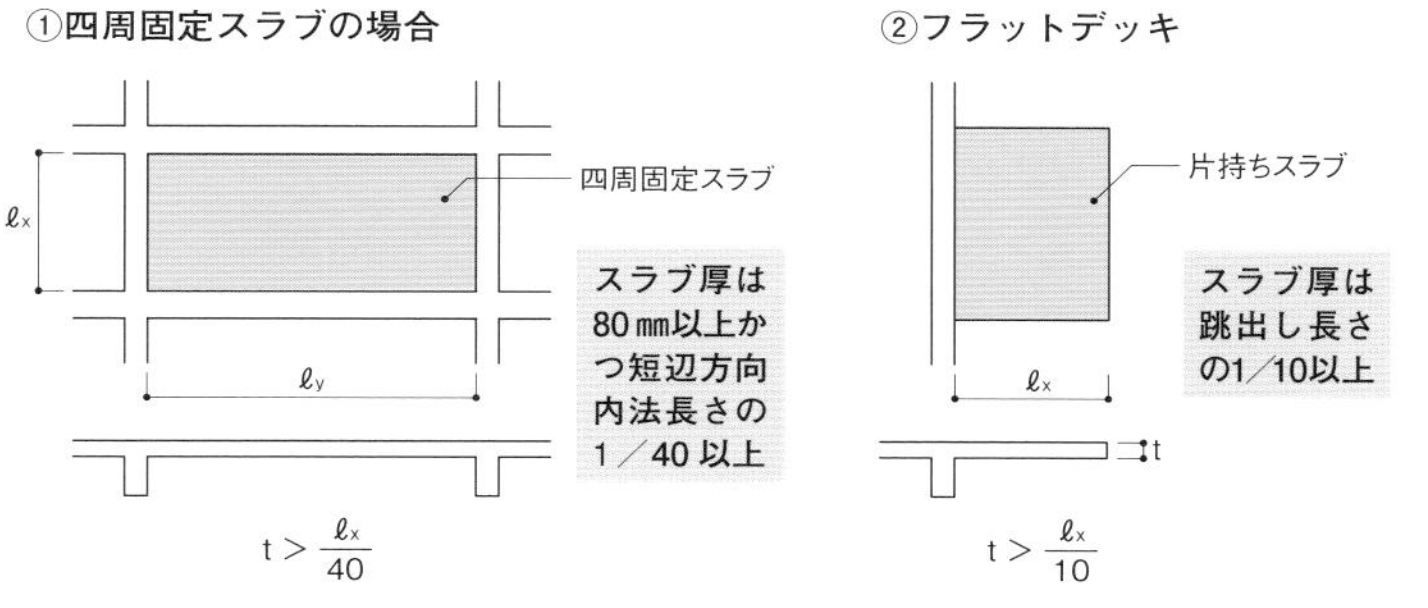
①四周固定スラブの場合
②フラットデッキ
四周固定スラブ
片持ちスラブ
スラブ厚は80㎜以上かつ短辺方向内法長さの1／40以上
スラブ厚は跳出し長さの1/10以上
ℓ_x
ℓ_y
t
$t > \frac{\ell_x}{40}$
$t > \frac{\ell_x}{10}$

図4 配筋と最小厚さ

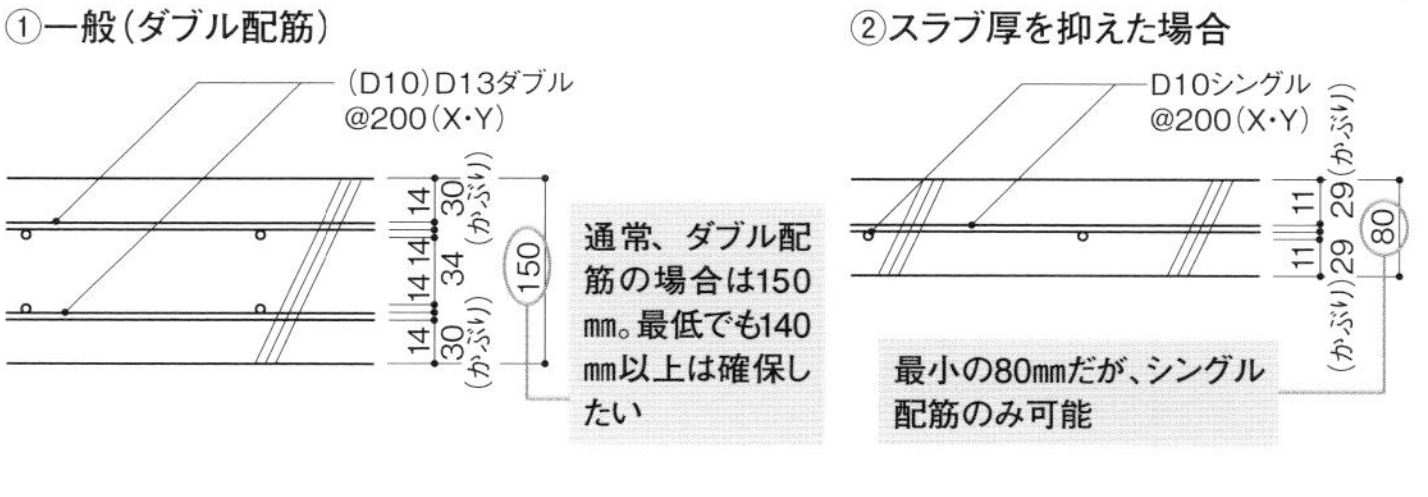
①一般（ダブル配筋）
②スラブ厚を抑えた場合
(D10)D13ダブル @200（X・Y）
D10シングル @200（X・Y）
通常、ダブル配筋の場合は150㎜。最低でも140㎜以上は確保したい
最小の80㎜だが、シングル配筋のみ可能
14 14 14 14 30 34 30 150 （かぶり）
11 11 29 29 80 （かぶり）

図5 デッキプレートの種類

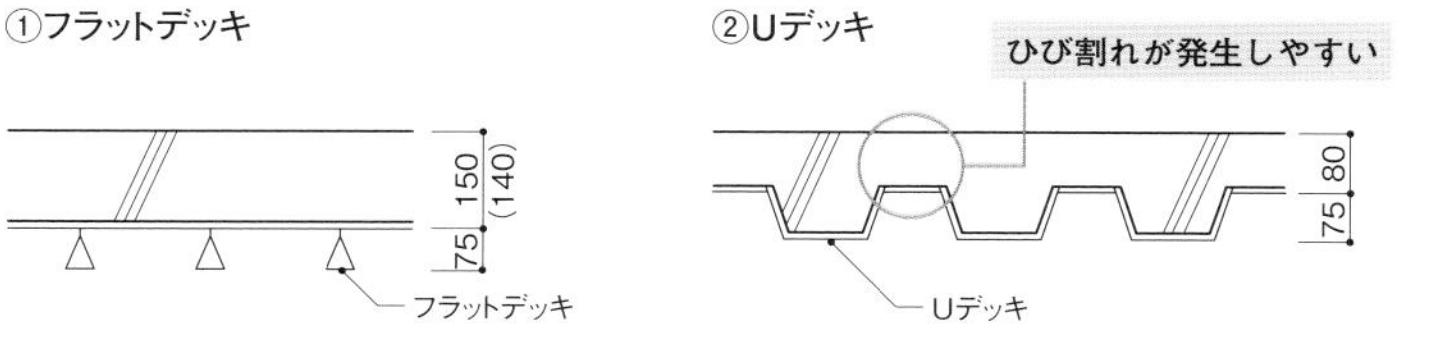
①フラットデッキ
②Uデッキ
ひび割れが発生しやすい
150 (140)
75
80
75
フラットデッキ
Uデッキ

※4：弾性たわみに対して、ひび割れ、クリープ、乾燥収縮、端部筋の抜出しによるたわみの増大を考慮する。なお、たわみの規定は有効スパンの1／250以下。長期たわみ量は弾性たわみの16倍と設定されているため、長期たわみを1／250以下とする場合、弾性たわみは1／4,000以下としなくてはならない
※5：比重1.7程度のものもある（一般のコンクリートは比重2.3）

COLUMN

床の段差は配筋、柱梁の納まりに注意

段差の処理が肝要

床スラブは、構造性能と施工性の点からフラットであることが理想である。とはいえ、集合住宅であればユニットバスなどの水廻りやバルコニー、事務所であればOAフロアなど、建築計画上、床スラブに段差をつける必要が生じるケースは多い【図1】。

梁がないところに段差を設けるとき、RC造（床スラブの型枠として普通型枠を用いる場合）はよいが、S造（床スラブの型枠としてデッキプレートを用いる場合）だと、デッキプレートの方向によっては、仮設の鉄骨小梁を設けないと施工できない場合もある【図2】。

また、床スラブレベルを一部のみ上げるのなら、低いレベルでスラブをフラットに施工し、部分的にスラブ上端増打ちを行うことも考えられる【図3】。この場合、増打ちによる重量増が構造上問題ないことを確認しておく必要がある。

段差の処理方法は段差寸法に応じ、配筋要領（配筋方法）が異なる【図4】。段差寸法が50㎜を超えると鉄筋が混み合うので、斜めにハンチ【※1】を設けるなど寸法に余裕を持たせないと、コンクリートを適切に打設できない。段差部分の配筋要領は段差寸法による適用範囲を確認し、大きな段差が生じる場合は、事前に構造設計者に相談したい（床スラブピットのような配筋になることもある）。

床段差がある場合、最も低い床に合わせて全体の梁レベルを決めると施工上無理がなく、納まりも単純化できる。ただ、それだと梁下空間が減り建築計画上の合理性を欠くので、各床に応じてそれぞれの梁レベルを決めることになる。その際、特にS造では、梁と柱の仕口の納まりなどが窮屈になる場合もあるので、計画的に梁レベルを設定する必要がある。なかには梁の中間部分で床スラブが取り合うことも考えられるが、この場合、一般的に構造計算上考慮されている床スラブによる梁の曲げ剛性の増大効果が見込めない場合があるので、注意を要する【図5、※2】。

また、スラブに面内せん断耐力と面内せん断剛性（33頁図1参照）が求められる場合には、床スラブの段差部が弱点となるため、構造設計上、特に配慮が必要だ【※3】。段差部分の変更などについては、構造設計者にも確認のうえ行うのがよいだろう。［朝川剛］

図1 | 集合住宅の床段差の例

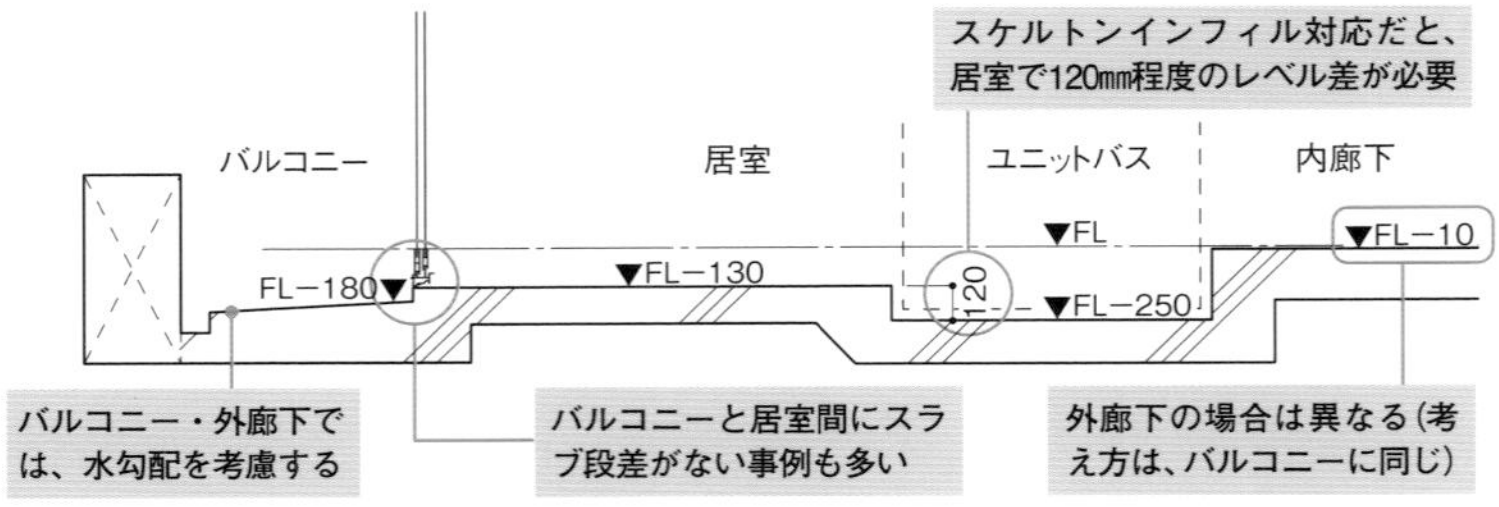
スケルトンインフィル対応だと、居室で120㎜程度のレベル差が必要
バルコニー
居室
ユニットバス
内廊下
▼FL
▼FL−10
FL−180▼
▼FL−130
120
▼FL−250
バルコニー・外廊下では、水勾配を考慮する
バルコニーと居室間にスラブ段差がない事例も多い
外廊下の場合は異なる（考え方は、バルコニーに同じ）

図2 | S造の床段差

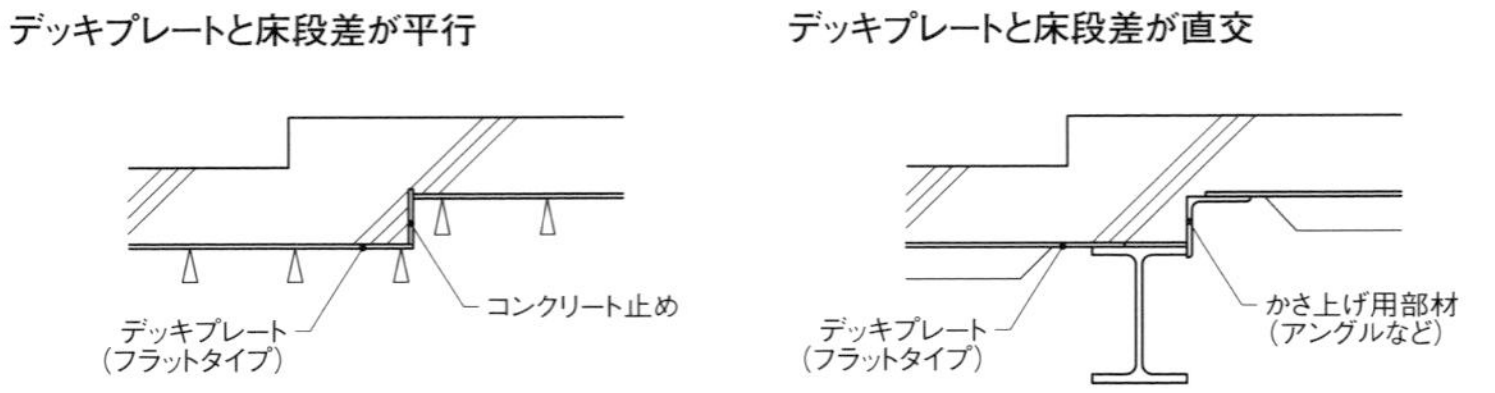
デッキプレートと床段差が平行
デッキプレート（フラットタイプ）
コンクリート止め
デッキプレートと床段差が直交
デッキプレート（フラットタイプ）
かさ上げ用部材（アングルなど）

図3 | 部分的な床段差（スラブかさ上げ）

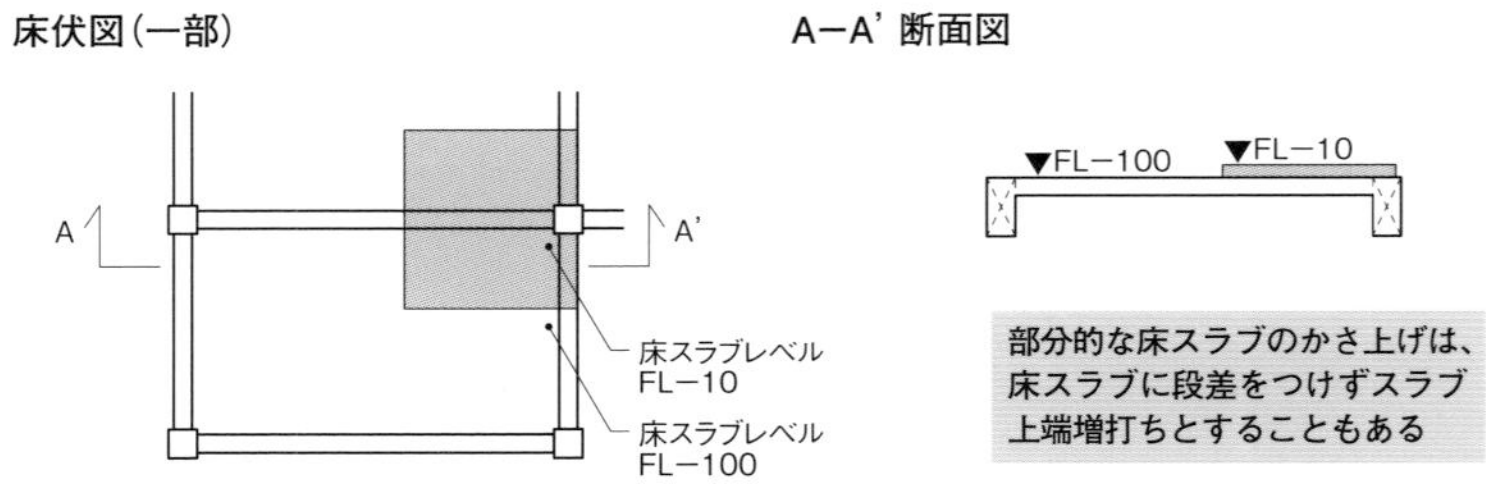
床伏図（一部）
A
A'
床スラブレベル FL−10
床スラブレベル FL−100
A−A' 断面図
▼FL−100
▼FL−10
部分的な床スラブのかさ上げは、床スラブに段差をつけずスラブ上端増打ちとすることもある

図4 | 床段差の配筋要領

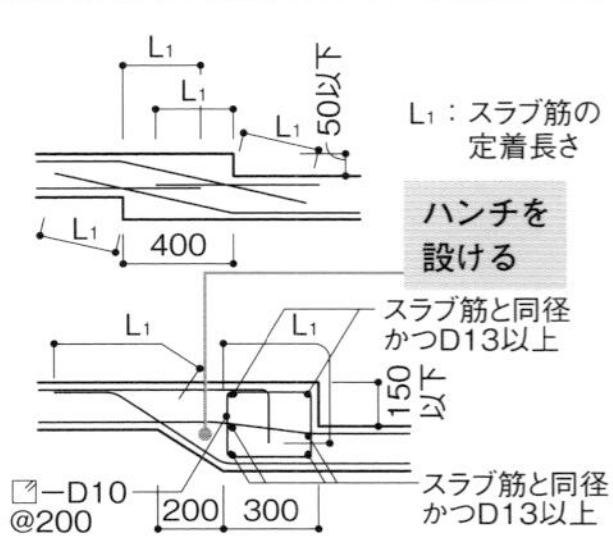
L₁
L₁
L₁
50以下
L₁：スラブ筋の定着長さ
L₁
400
ハンチを設ける
L₁
L₁
スラブ筋と同径かつD13以上
150以下
□−D10 @200
200
300
スラブ筋と同径かつD13以上

図5 | 曲げ剛性の増大効果

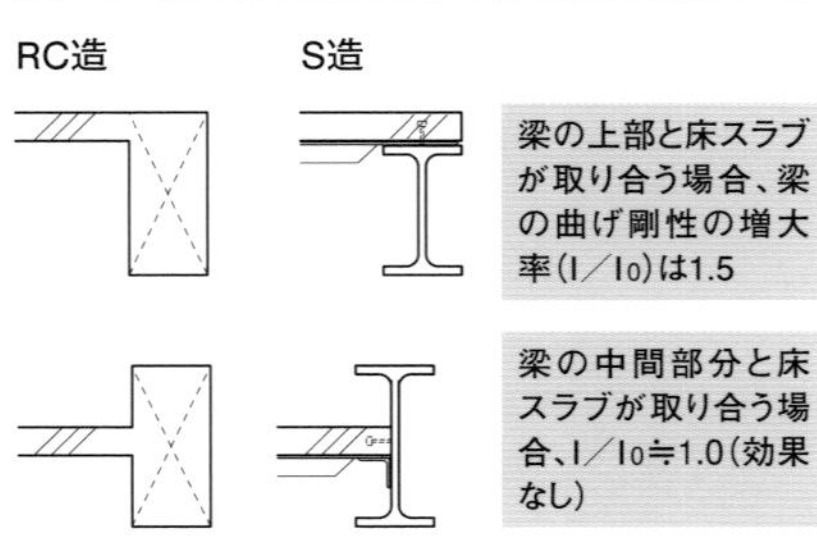
RC造
S造
梁の上部と床スラブが取り合う場合、梁の曲げ剛性の増大率（I／I0）は1.5
梁の中間部分と床スラブが取り合う場合、I／I0≒1.0（効果なし）

※1：RC部材端部で局部的に増加する圧縮応力を緩和するもの（三角形状）
※2：一般に考慮される床スラブによる梁の曲げ剛性増大率（I／I0）は、両側床スラブの場合2.0程度、片側スラブの場合1.5程度。図5下のように梁の中間で床スラブが取り合うとき、曲げ剛性が増大しない場合があるので注意を要する
※3：スラブの面内せん断力が大きい場合は、床スラブレベルが大きく異なる部分を無視しても面内せん断力が伝達できるかを検証するなど、構造設計上の配慮を行う

COLUMN

片持ちは構造上細心の注意が必要

片持ちの持たせ方

片持ち形式は、端部の一方が固定、一方が自由となる静定構造。静定構造の計算式は単純で、応力・変形とも手計算できるが、固定部分の境界条件が剛であることが大前提。回転固定が確保できないと崩壊に至ることも考えられるからだ。剛接合となるよう、RC造なら配筋、S造なら溶接や高力ボルト接合などの設計監理・施工が重要となる。

また、片持ち梁・片持ちスラブは、そこに生じる曲げモーメントを負担する部材を設け、片持ち部分に連続させるのが基本【図1①】。図1②のように直交梁に曲げモーメントを負担させる場合は、そのねじれ剛性・ねじれ耐力の詳細な検討が必要だ。

片持ち梁・片持ちスラブには、

①静定構造なので、冗長性（安全の余裕度）がない

②地震時の上下動震動（±1G程度）を考慮する必要がある

③RCスラブでは上端鉄筋（主筋）が下がりやすく、耐力低下が懸念される

といった留意点がある。許容応力度計算を行う場合は、安全率を1.5倍以上とした余裕ある構造設計が原則だ。

きめ細やかな設計監理を

床スラブは片持ち長さに対し1／10の厚み以上と定められ、梁せいは1／4（RC造）、1／8（S造）以上とするのが一般的。ただし、片持ち梁はその間隔により負担する重量が異なるので、各条件に応じた検討が必要となる。

また、先端部のたわみが大きく、揺れが生じやすい片持ち形式では耐力だけでなく、剛性も重要となる。特にRC造では、弾性たわみとは別に、ひび割れ・クリープ・乾燥収縮・端部筋の抜出しによりたわみが増大する【※1】。このような長期的な変形は弾性変形の10倍以上となることがあり、注意を要する。

歩行振動による共振も起きやすい。一定以上の剛性の確保は必要だが【※2】、さらに居住性能に配慮するなら、片持ち先端部に制振装置を設けて共振を防ぐことも可能だ。そのほか、風などでたわみが増すと、屋根など居住性能が問われない部位でも不具合（仕上材が動きに追従できず損傷してしまうなど）が生じる。以上より、片持ちのたわみは、片持ち長さの1／250以下と規定されるが、同時に、仕上材の追従性（目地幅の確保など）も重要となる。意匠にも影響するので注意したい。

繰り返しになるが、片持ち構造には冗長性がなく、無理をすればコストアップとなり経済性も損なう。施工上のミスも大事故につながりやすく、細心の注意が求められる。RC造なら定着長さの確保のほか、スラブの上端鉄筋位置が下がらないようにする。S造では、片持ち梁と連続する部材、双方の剛接を確保するため施工順序【※3】も含めて注意を要する。

建築計画上許容できるなら、先端に間柱など鉛直部材を入れることも検討してほしい【図2】。先端に片持ち材と同等な鉛直部材を設ければ、曲げモーメントは半減し、冗長性も確保される。同等部材でなく細い柱を設けるだけでも（座屈対策は必要）、各階の片持ち部材が地震時にばらばらに挙動するのを防ぎ、仕上材への影響も緩和できる。［朝川剛］

図1｜片持ち梁の納まり（左:RC造、右:S造）

①基本（スラブ・梁を連続させる場合）

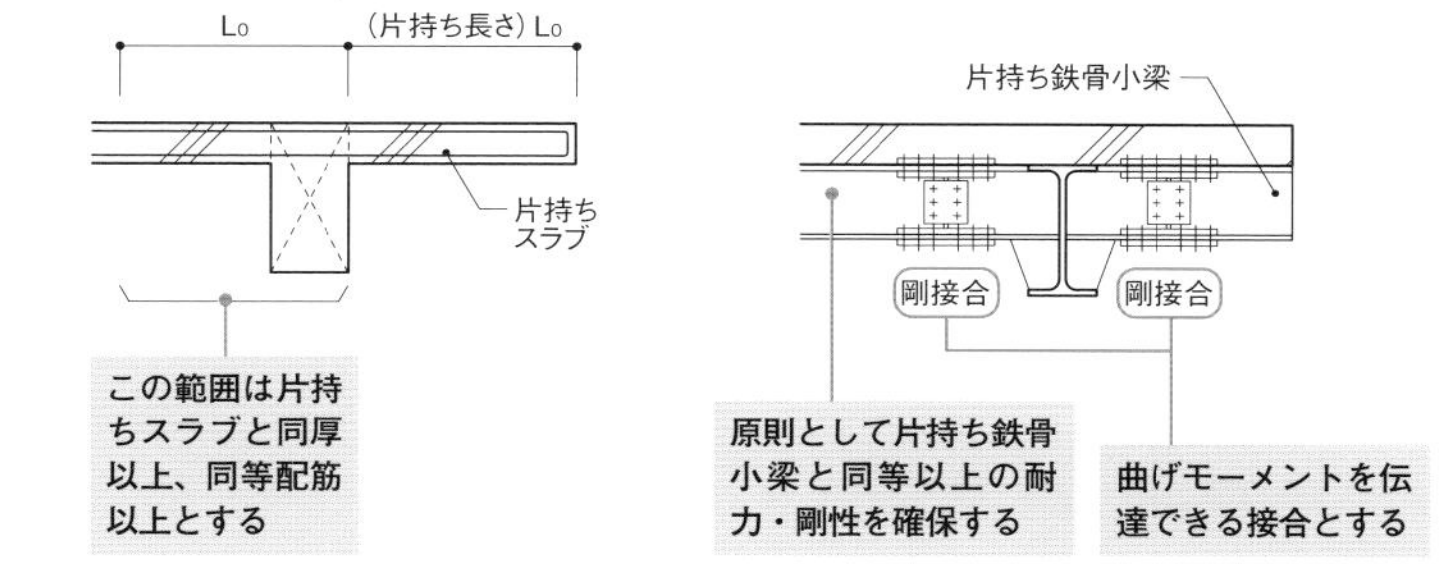

L0
（片持ち長さ）L0
片持ちスラブ
この範囲は片持ちスラブと同厚以上、同等配筋以上とする
片持ち鉄骨小梁
剛接合
剛接合
原則として片持ち鉄骨小梁と同等以上の耐力・剛性を確保する
曲げモーメントを伝達できる接合とする

②スラブ・梁を連続させない場合

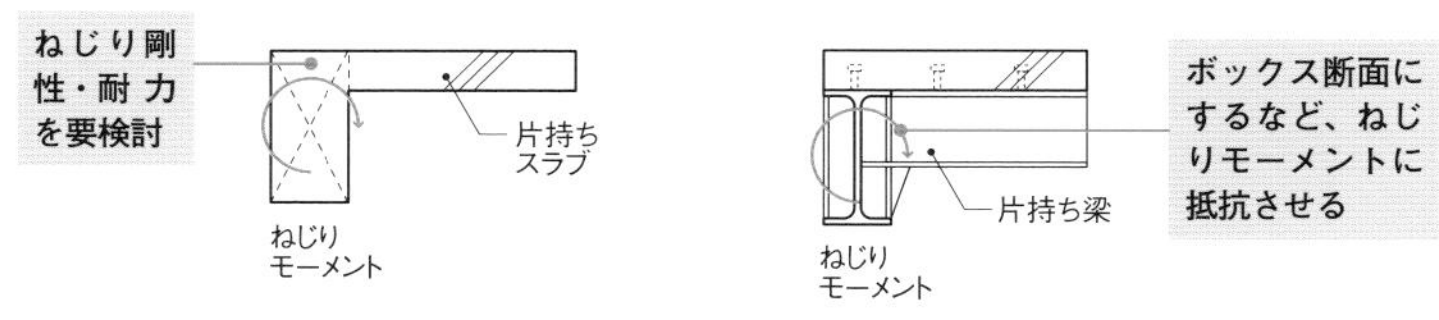

ねじり剛性・耐力を要検討
片持ちスラブ
ねじりモーメント
ボックス断面にするなど、ねじりモーメントに抵抗させる
片持ち梁
ねじりモーメント

図2｜鉛直部材の効果

断面図

M図（左：先端間柱なし、右：先端間柱あり）

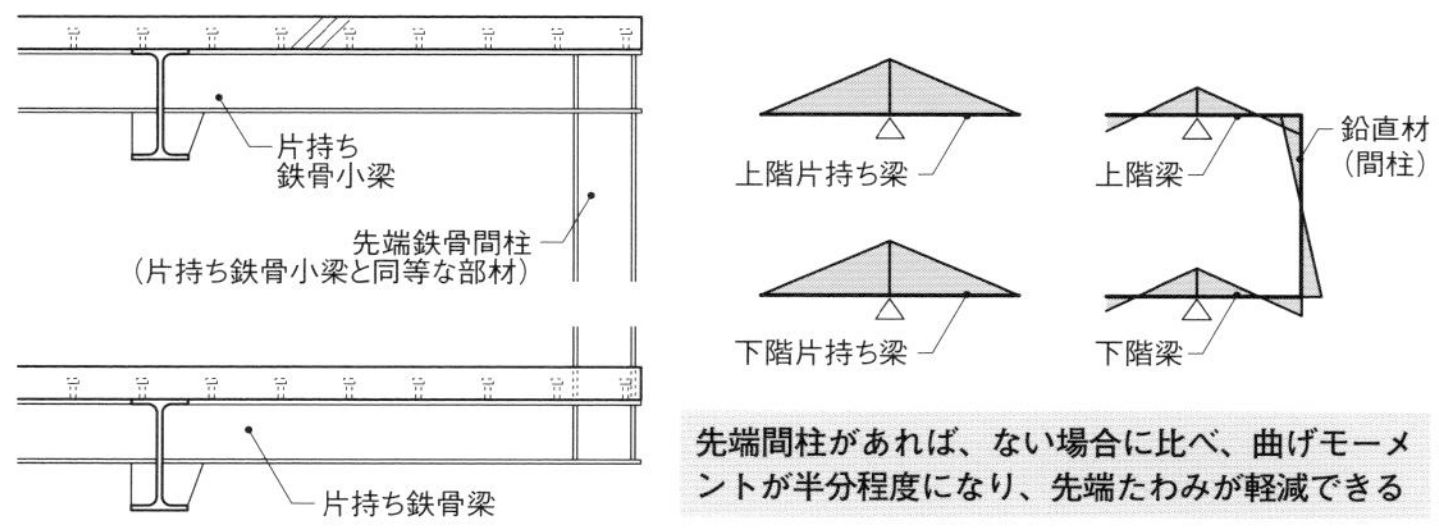

片持ち鉄骨小梁
先端鉄骨間柱
（片持ち鉄骨小梁と同等な部材）
片持ち鉄骨梁
上階片持ち梁
下階片持ち梁
上階梁
下階梁
鉛直材（間柱）
先端間柱があれば、ない場合に比べ、曲げモーメントが半分程度になり、先端たわみが軽減できる

※1：S造では、RC造のようなたわみの増大を考慮する必要はないが、RC床スラブによる鉄骨梁の曲げ剛性増大率を期待してたわみ計算を行っている場合は、RC造と同様に注意が必要となる

※2：少なくとも固有振動数5Hz以上となるような剛性が必要。固有振動数fは、単純梁などと同様に、鉛直荷重時の先端たわみδから算出する（$f[\mathrm{Hz}]=6.20/\sqrt{\delta}[\mathrm{cm}]$）

※3：片持ち梁と連続する部材の剛接合など、元端を固めてから片持ち梁本体を施工する

RC S W

スパンはどこまで飛ばせるか

スパンとは支点間距離のこと。部材を支えている点と点の間隔をスパンとよぶので、大梁のスパンといえばそれを支える柱と柱の距離をいいます。同様に、小梁を支えるのは大梁、根太を支えるのは小梁、下地材を支えるのは根太なので、大梁や小梁、根太の間隔についてもスパンといいます。

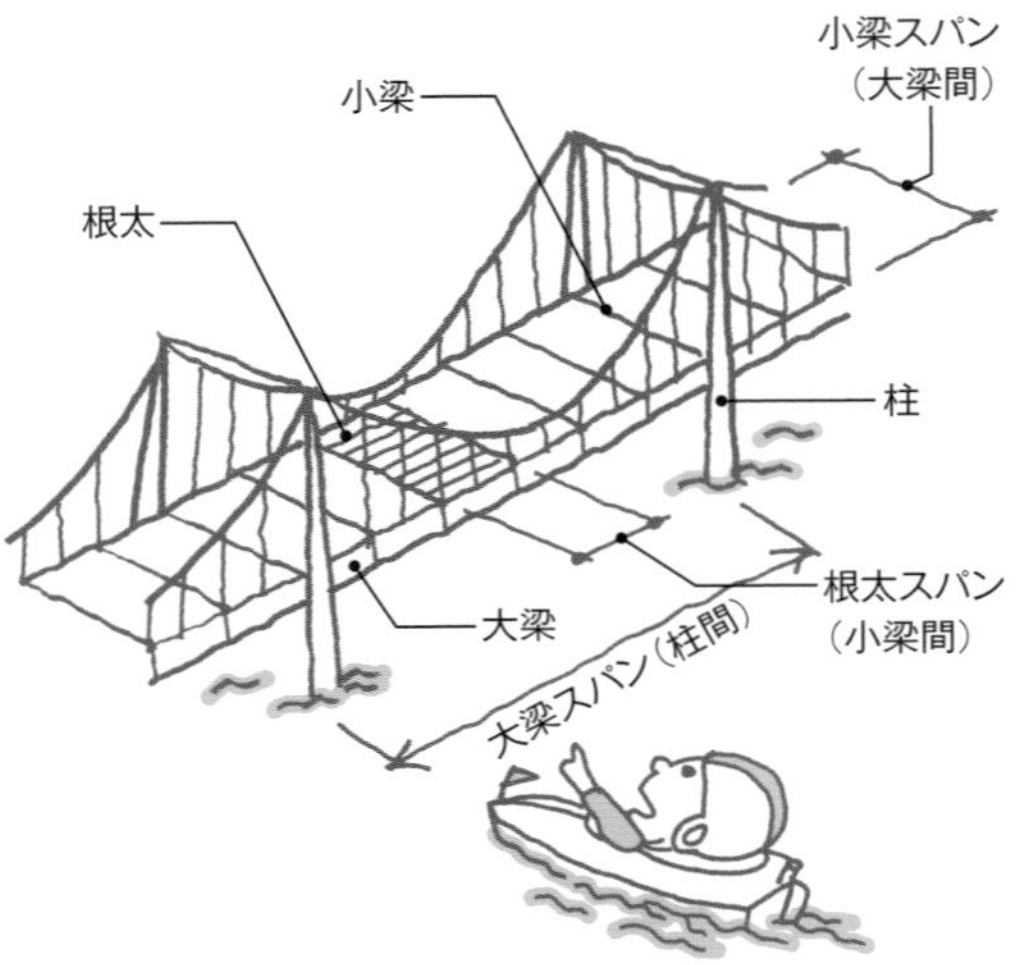

小梁スパン（大梁間）
小梁
根太
柱
根太スパン（小梁間）
大梁
大梁スパン（柱間）

橋を見れば分かるように、100mを超えるスパンも存在する。一般の建築物ならほぼカバーできる長さだろう

スパンをいくつに設計するか

「もう少しこの梁のスパンを飛ばせないか?」という質問を受けることがある。それは「その梁を支持している部材の距離を長くする」ということで、支持する部材が柱であれば、柱相互の距離（間隔）を広げるということである。結果、柱の本数を減らすことになるため、梁の性能だけでは決定できない質問である。当然ながら小梁のスパンをとばす場合は、大梁の間隔を広げることになり、大梁本数を減らすことにつながる。

「梁のスパン」については、使用目的に応じた最適な寸法で設計することがまず求められる。橋であれば、支点は少ないほうがよく、スパンは長くなる。体育館や工場では、必要な内部空間を確保できるよう、柱相互の距離を決める。比較的壁の多い住宅では無理に柱を減らす必要はないため、梁のスパンは4～6m程度にすることが多い。橋の例でも明らかなとおり、100mを超えるスパンは現実に存在するので、大スパンが物理的に可能なことは容易に想像できるだろう。どのようなスパンであっても、構造設計では安全性能（耐力）を確保し、使用方法に応じた居住性能（振動、たわみ）を満足するような架構形式、材料、断面を選択することになる。

「経済的なスパン」はなぜ経済的?

建築設計上、いわゆる**経済的なスパン**とは、**6～10m**（S造・RC造ラーメン構造の場合）程度のスパンをいう。これを超えてスパンが長くなると、梁断面は大きくなる。その梁と接続する柱も同様に大きくなるため［※1］、部材量が増えて経済性が損なわれるとされる。鉄骨の場合は、運搬可能な長さ（7～8m）を超えると梁をジョイントでつなぐことになり、仮設工事が生じて工事費が増える［図1］。一方でスパンを短くしすぎると、使用する部材量は少なくなるが、柱の本数や接合個所が増えるため、手間が増えて結果的にコストがかかってしまう。

それでもスパンを飛ばしたい

建築の使用目的によってはロングスパンが求められる場合もある。ここではスパンを広げる手法をいくつか紹介したい。

1｜設計条件を調整する

梁が負担する荷重を少なくするために、床の重量を減らす方法や設計クラ

※1：梁スパンが大きくなることで増加する梁の曲げ応力と、柱が負担する曲げ応力は同値になるため、柱の断面は大きくなる。また、スパンが長くなると梁の剛度も小さくなり、層間変位が大きくなるので、柱断面を大きくしてそれを防ぐ必要がある

イテリア【※2】の設定を見直す方法。たとえば人が載らない屋根（梁）であれば、振動にあまり配慮する必要がないので、梁の変形は大きくてもよく、仕上げを軽量化することもできる。

2 たわみを抑制する

梁の断面を大きくして断面性能を高め、ロングスパンに対応させる方法。あるいは梁の本数を増やして負担荷重を減らすとともに、スラブのように面的な応力伝達が可能な配置にする方法【※3】。そのほか、使用材料をより硬いものに変え、たわみを抑制する方法もある。鋼材はヤング率（硬さを表わす指標）がRCの10倍、木の20倍程度と硬い素材である。

3 架構形式を変える

直線状の梁から山形梁やトラス梁などに形状変更し、曲げ応力を軸力に変換して応力伝達する方法【※4】。吊構造などの構造形式もロングスパンに有効である【図2】。

梁をロングスパン化した場合は、特に居住性能が問題になる。目安として**梁のたわみ角**（δ/ℓ［スパンℓに対するたわみδの割合］）があり、建築基準法では、鉄骨が1/250、RCが1/2000、木なら1/500以下と規定されている【※5】。ただし、これはあくまでも標準的なスパンの場合と考えたい。仮に1/250で設計した場合、5mの梁で20㎜の変形量だったものが、20mの梁では80㎜も変形することになる。これでは居住性に支障をきたすのは明らかだろう。

また、大スパンの梁は風や雪などの変動的な荷重でも変形しやすいため、内部仕上げや開口部に及ぼす影響も大きくなる。工場の屋根や庇など、変形しても内部空間に与える影響が少ないものは別だが、一般に**変動荷重による変形が10㎜を超える場合**は、屋根と内部壁の納まりを変形に追従するようにしたり、変形を逃がす機構を設けたりしなくてはならず、**意匠にも影響が出る**。逆に、想定される変形を元にして梁の必要剛性を設定して対応させることもできる。

［大野博史］

図1 経済的なスパンはどこから決まる?

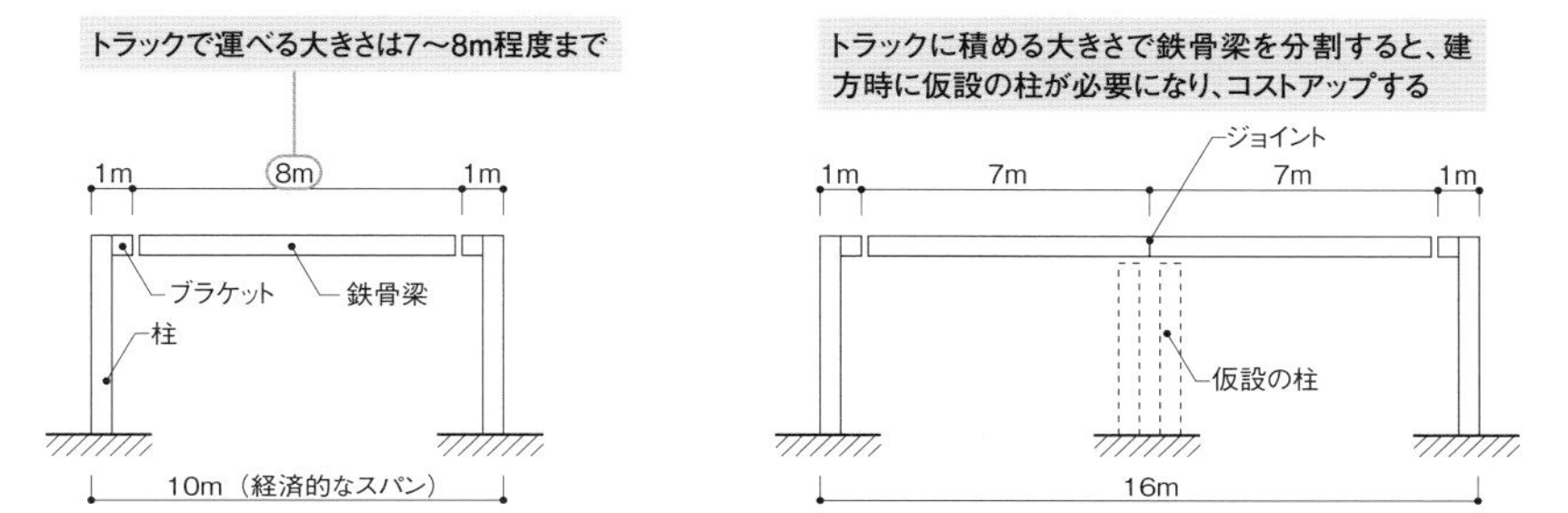

トラックで運べる大きさは7〜8m程度まで
1m
8m
1m
ブラケット
鉄骨梁
柱
10m（経済的なスパン）
トラックに積める大きさで鉄骨梁を分割すると、建方時に仮設の柱が必要になり、コストアップする
ジョイント
1m
7m
7m
1m
仮設の柱
16m

図2 スパンを飛ばす―方法と問題点

①梁の架構形式を変えてスパンを飛ばす

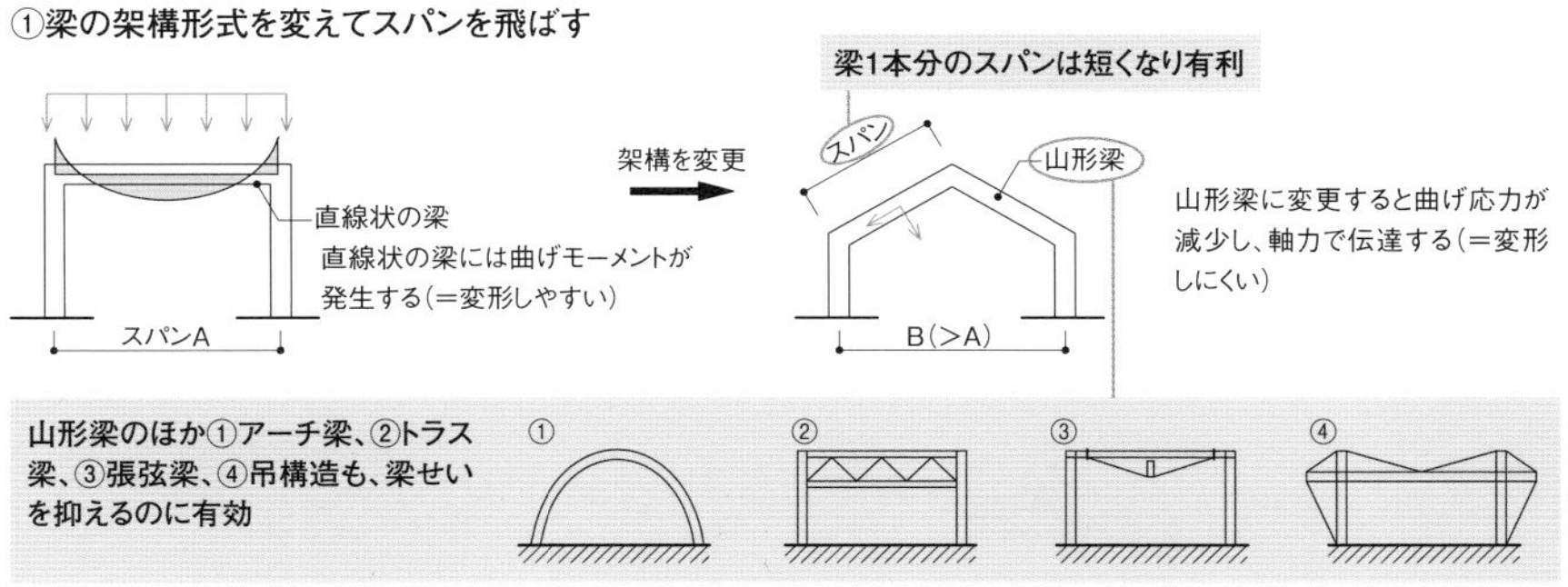

梁1本分のスパンは短くなり有利
架構を変更
スパン
山形梁
直線状の梁
直線状の梁には曲げモーメントが発生する（＝変形しやすい）
山形梁に変更すると曲げ応力が減少し、軸力で伝達する（＝変形しにくい）
スパンA
B（>A）
山形梁のほか①アーチ梁、②トラス梁、③張弦梁、④吊構造も、梁せいを抑えるのに有効
①
②
③
④

②ラーメン構造でスパンを飛ばすと柱も大きくなる

ピン接合
ピン接合
矢印方向の梁（外周部以外）を両端ピンで小梁扱いとした（最大24mスパン）
外周にラーメンフレーム（柱・大梁）を設ける。大梁スパンは2〜3.6m

ラーメンフレームで大梁のスパンを飛ばすと柱も大きくなる［※1］。そこでロングスパンの梁を両端ピン接合の小梁扱いとし、別の場所に水平力を負担するラーメンフレームを設けた。ピン接合にすると、柱には長期荷重時の曲げ応力が生じず、軸力だけを負担すればよいため、断面も小さくできる。また、ラーメン構造を構成する梁スパンを短くして層間変位も小さくした
物件名：オージー技研東京支店（意匠：手塚建築研究所、構造：オーノJAPAN）

※2：たわみや安全率など満足すべき条件
※3：梁をたくさん入れて、スラブのように面的な働きをさせる
※4：そのほか張弦梁なども有効。軸力に変換することで、梁は変形しにくくなる
※5：平12建告1459号第2。δ/ℓ≦1/250（S造の場合）

スパンを飛ばして室内外を一体化

data

名称：トレーの家
意匠：手塚貴晴＋手塚由比／手塚建築研究所
構造：大野博史／オーノJAPAN
写真：木田勝久／FOTOTECA

意匠デザインから選ばれたS造

本来、住宅は壁の多い用途形式であり、居室自体もそれほど大きくないため、木造で作ることが合理的な建物である。逆にいうと、

鉄骨造の住宅とはそのような条件から外れた空間をもっていることになる。このトレーの家がまさにそうである。一方向にしか壁がなく、2階は間仕切る壁がないため、屋根は長手方向で約11ｍのロングスパンとなっている。

構造形式は、壁のない方向をラーメン構造、直交方向をブレース構造で計画している。ブレースの配置は外壁部のみ。鉄骨住宅の場合、ヒートブリッジの問題もあり、外壁厚みを薄くすることができない。よって、そこにブレースを集めることで、代わりに内壁を薄くしている。

梁が長尺の場合、雪や風により発生する上下方向の変動荷重の影響を受けやすい。このため、梁の下部に可動開口部がある場合は要注意である。ここでは、木サッシュを受ける上枠の彫りこみ寸法とかかり寸法を調整し、梁の変位に追従するよう計画している。

アルミサッシュなどの場合、建具の納まりで許容できる変動変異が小さいため、構造断面を小さくするのは難しい。今回の場合は、建具が木製サッシで調整が可能であったため、15㎜程度の上下動に追従できる納まりが実現し、梁せいを250㎜に抑えている

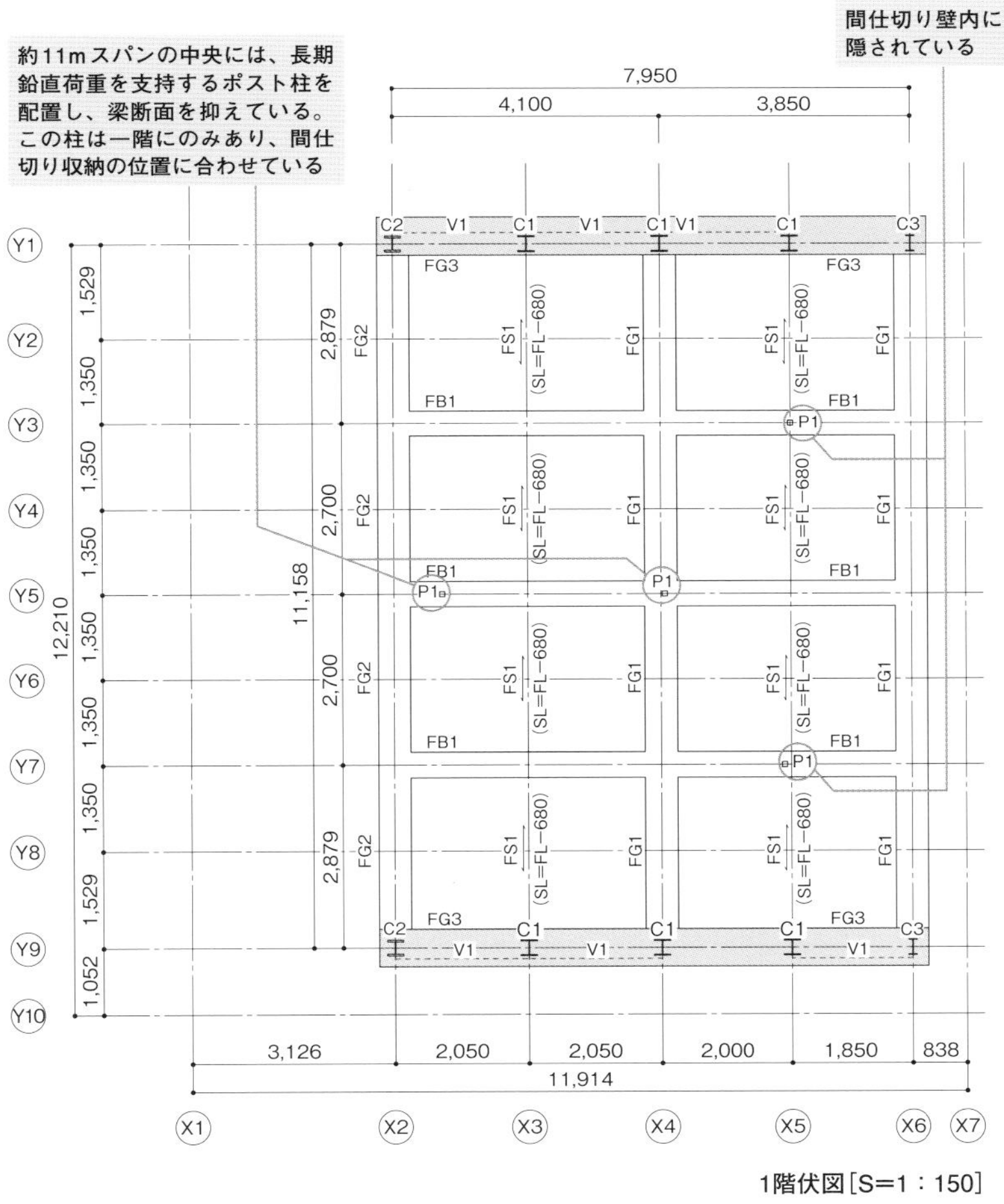
約11ｍスパンの中央には、長期鉛直荷重を支持するポスト柱を配置し、梁断面を抑えている。この柱は一階にのみあり、間仕切り収納の位置に合わせている
間仕切り壁内に隠されている
7,950
4,100
3,850
C2
C1
C3
V1
FG1
FG2
FG3
FB1
FS1
(SL=FL−680)
P1
Y1
Y2
Y3
Y4
Y5
Y6
Y7
Y8
Y9
Y10
1,529
1,350
1,052
12,210
11,158
2,879
2,700
3,126
2,050
2,000
1,850
838
11,914
X1
X2
X3
X4
X5
X6
X7

1階伏図[S=1：150]

隣地側に壁があり、その直交方向に大開口が計画された住宅建築。構造的にはX方向をブレース構造、Y方向をラーメン構造とした、極めて一般的な構造形式を採用している

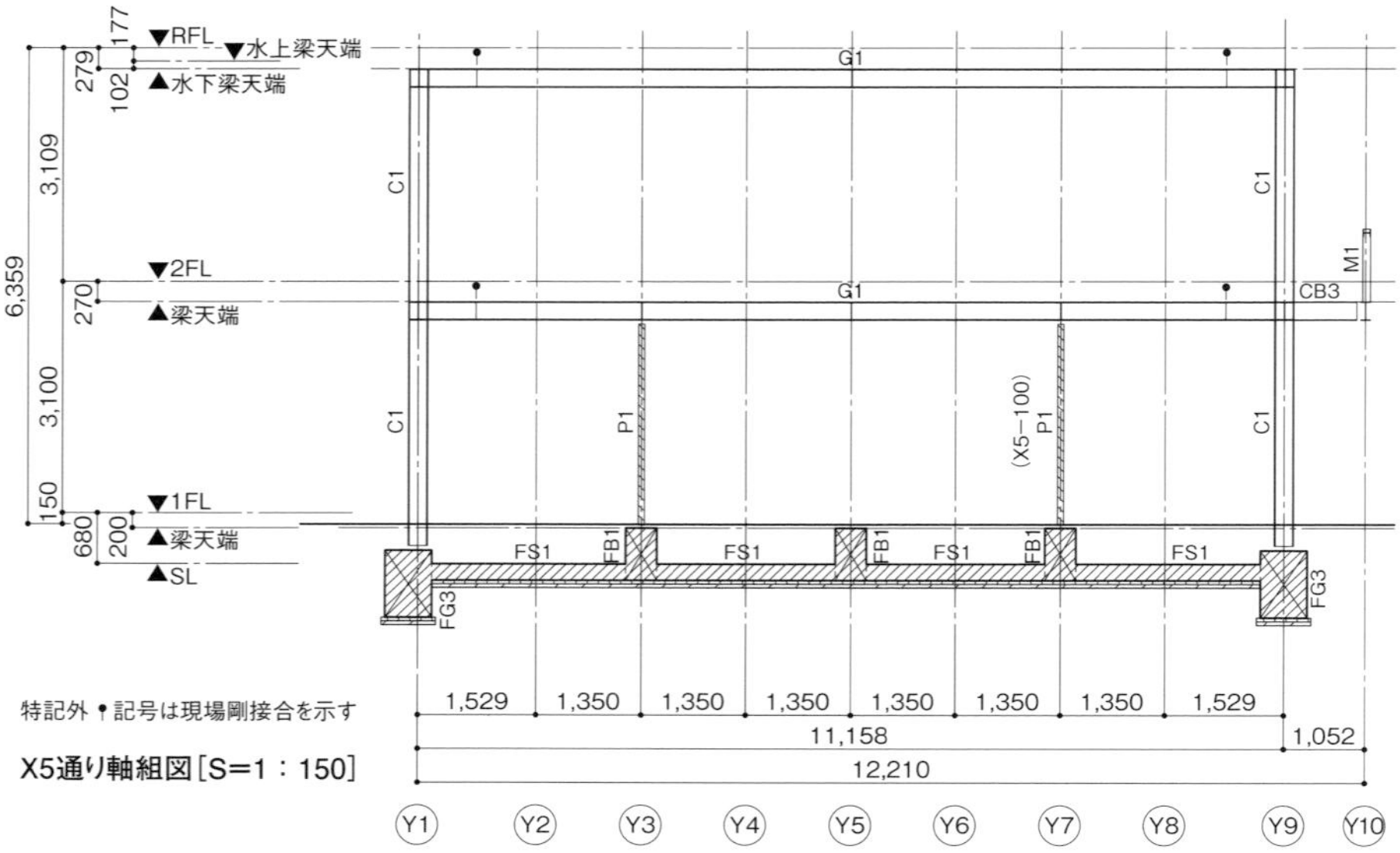

▼RFL
▼水上梁天端
▲水下梁天端
▼2FL
▲梁天端
▼1FL
▲梁天端
▲SL
177
279
102
3,109
6,359
270
3,100
150
680
200
G1
C1
M1
CB3
P1
(X5−100)
P1
FB1
FS1
FG3
特記外 ↑ 記号は現場剛接合を示す
1,529
1,350
1,350
1,350
1,350
1,350
1,350
1,529
11,158
1,052
12,210
Y1
Y2
Y3
Y4
Y5
Y6
Y7
Y8
Y9
Y10

X5通り軸組図［S=1：150］

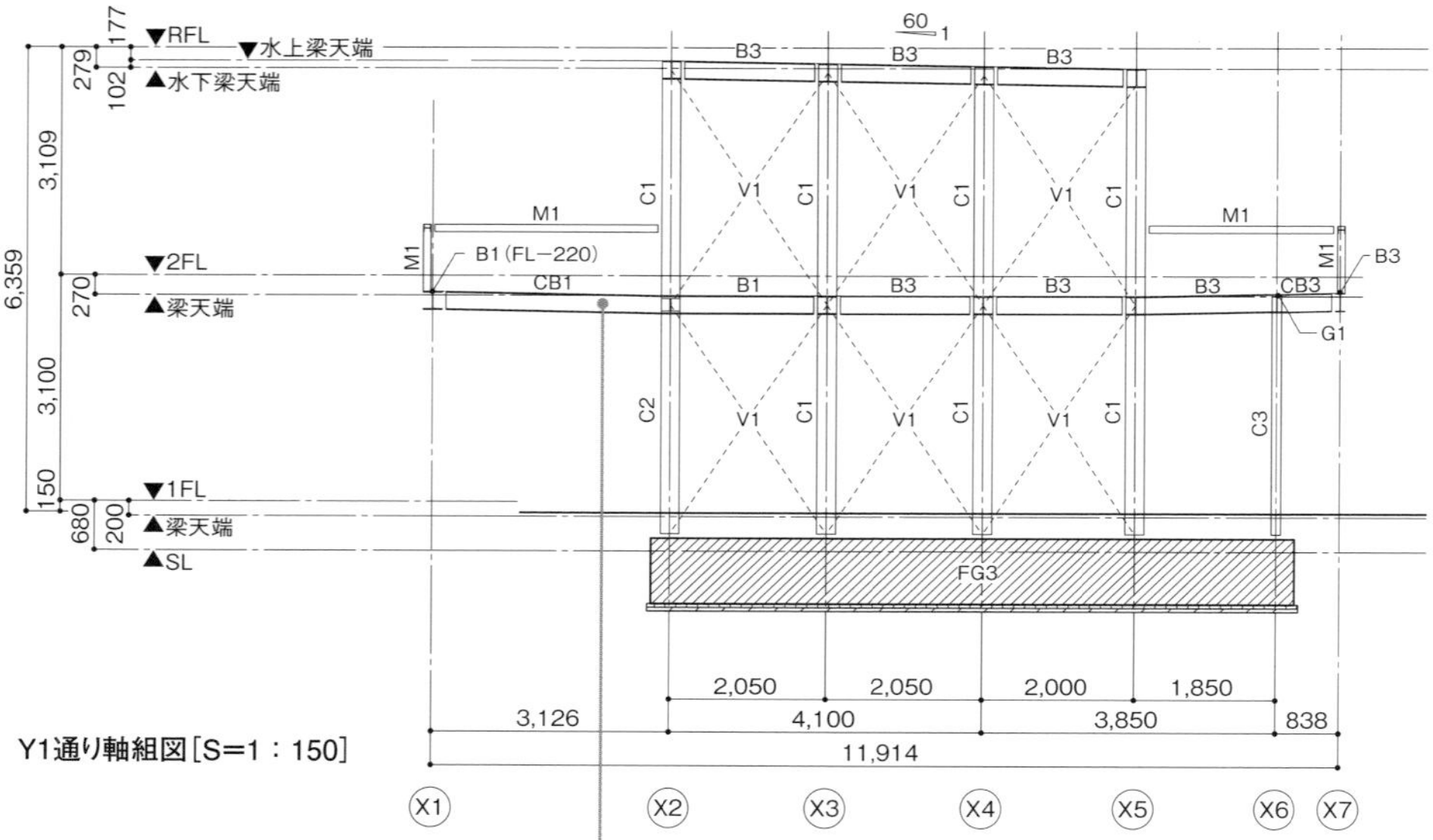

▼RFL
▼水上梁天端
▲水下梁天端
▼2FL
▲梁天端
▼1FL
▲梁天端
▲SL
177
279
102
3,109
6,359
270
3,100
150
680
200
60
1
B3
C1
V1
M1
B1(FL−220)
CB1
B1
CB3
G1
C2
C3
FG3
2,050
2,050
2,000
1,850
3,126
4,100
3,850
838
11,914
X1
X2
X3
X4
X5
X6
X7

Y1通り軸組図［S=1：150］

本体から跳ね出したテラスは、柱、梁からの片持ち梁として設計されている

各階の構造の厚みを抑えるため、スラブを梁内に落とし込んでいる。梁ウェブにフラットデッキを支持するピース材を設けて、デッキを落とし込むことで、スラブレベルを下げることが可能。コンクリートスラブと鉄骨梁の接合は、別途鉄筋によるシアーコネクターを配置した

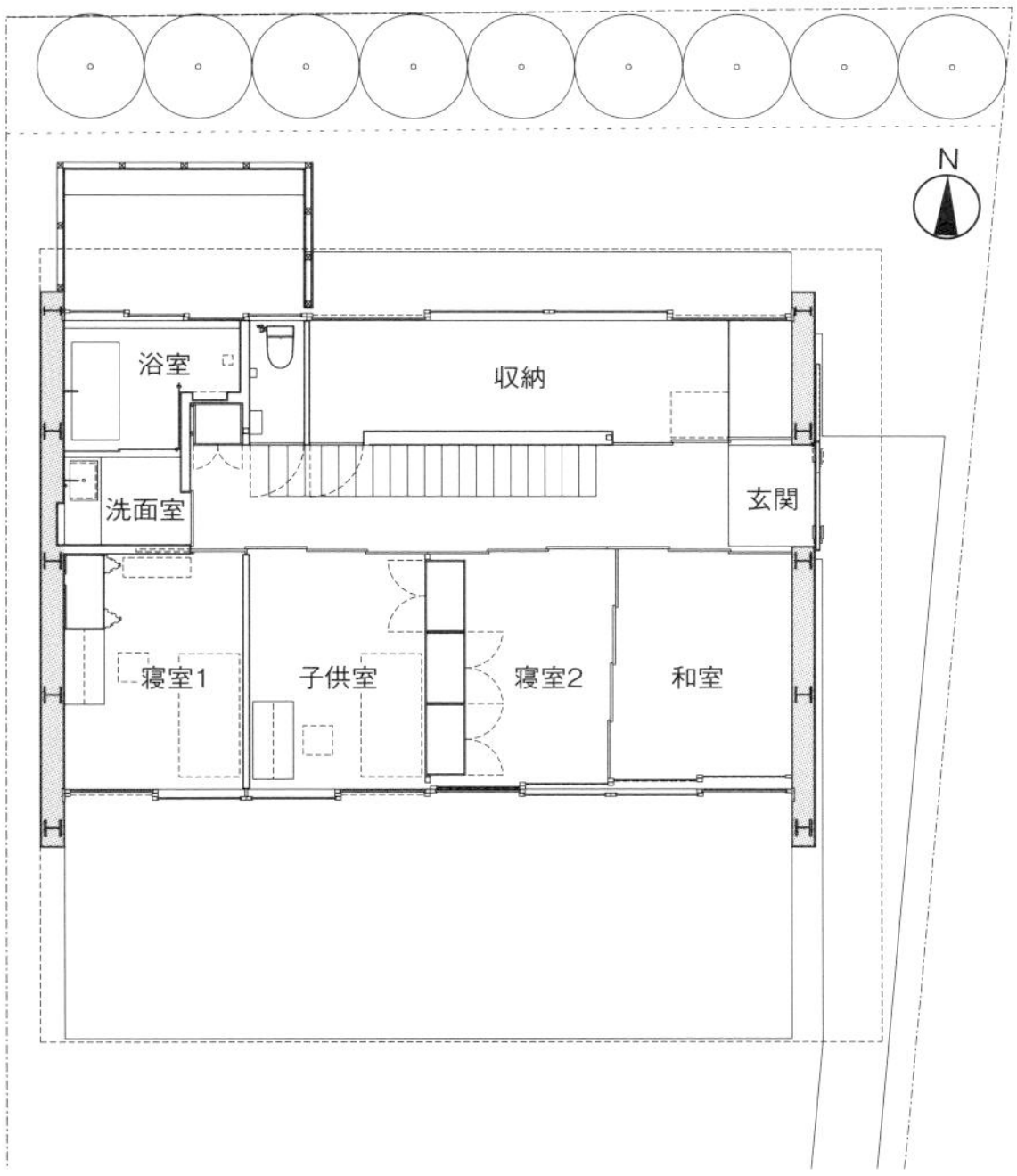

1階平面図［S=1：200］

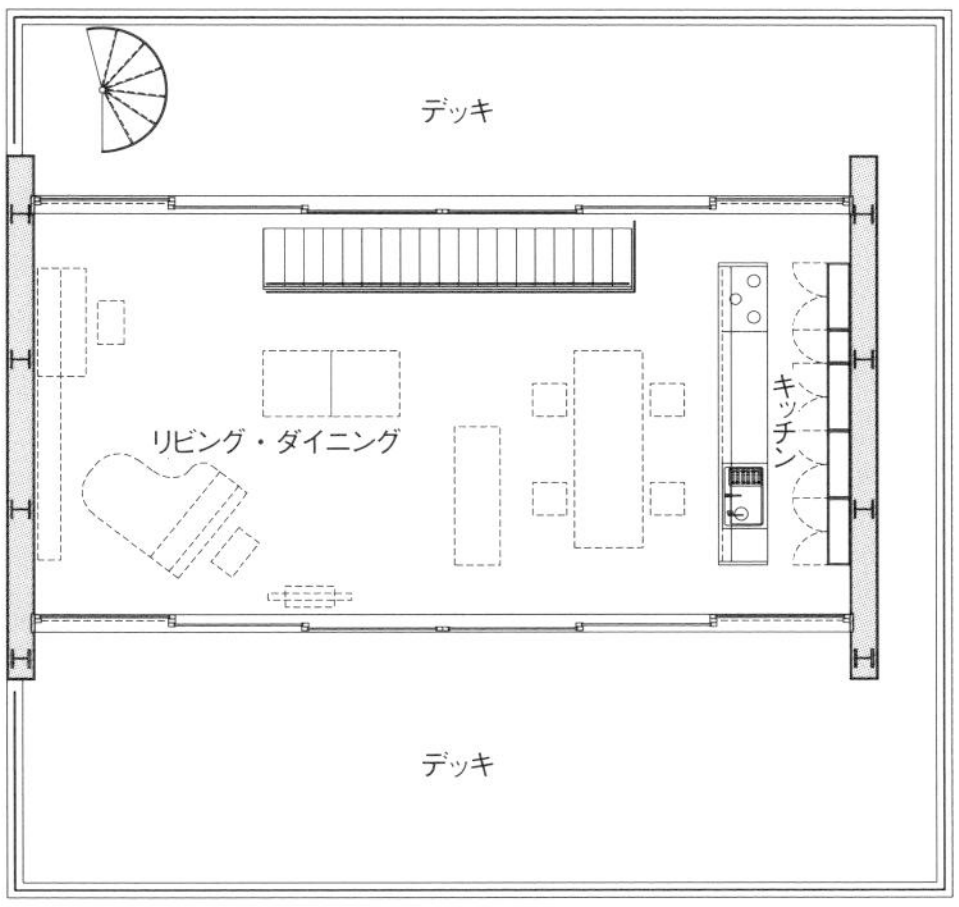

2階平面図［S=1：200］

1階、2階ともに床から天井までの木製サッシがはいっている

伝統的大工技術で大空間の実現

伝統技術と折板構造の融合

自然環境に溶け込むものづくりを理念とした建築家による住宅で、優れた伝統技術を持つ職人らによってつくられている。

data

名称：葉山一色の家
意匠：林美樹／Studio PRANA
構造：山田憲明／元 増田建築構造事務所　現 山田憲明構造設計事務所
写真：前田誠一（42頁）、林美樹氏（44・45頁）提供

鉄骨梁・構造造用合板・集成材などを用いずに、4間×4間（7・28m×7・28m）の広さのＬＤＫを無柱空間にすることが、構造計画上の最大の課題となった。この課題を踏まえ、伝統的大工技術を活かした折板構造を用いることで大空間を実現している。

対角線上にクロス梁をかけ、一方を折り目にして棟をつくると、折り目の梁は棟木になり、もう一方の梁は山形状の合掌となる。

力の流れをみてみると、鉛直荷重には合掌が突っ張って棟木を支えるため、合掌梁は圧縮軸力が主体となる。この合掌梁の圧縮軸力は、隅角部で水平方向のスラスト（軸力）となって屋根を開こうとするが、外周軒桁の引張軸力がこれを抑える。

また、軒桁の引張軸力は、もう一対の隅角部で突っ張り材となる棟木の圧縮軸力とつり合い、最終的に架構全体の力が立体的につり合う仕組みとなっている。

これらによって部材断面は小さく抑えられ、10m以上のスパンとなる棟木も合掌との接合部で継手を設けることができた。また、大断面集成材や鉄骨にせず、流通サイズの製材を使用することが可能になっている。

木造屋根には耐力壁の性能や間隔に見合った水平構面の性能が必要で、通常は、屋根面に構造用合板を張ってこの性能を確保している。しかし本構造では、正方形平面に対して梁がクロスにかけられることで水平トラスが形成され、構造用合板を張らなくても水平構面の性能を確保できる。そのため、スギ野地板の化粧露しも可能となる。

屋根形状は、意匠・力学・ロフト配置などの多様な条件を踏まえ、多角的な検討の上決定された

クロス梁による折板構造

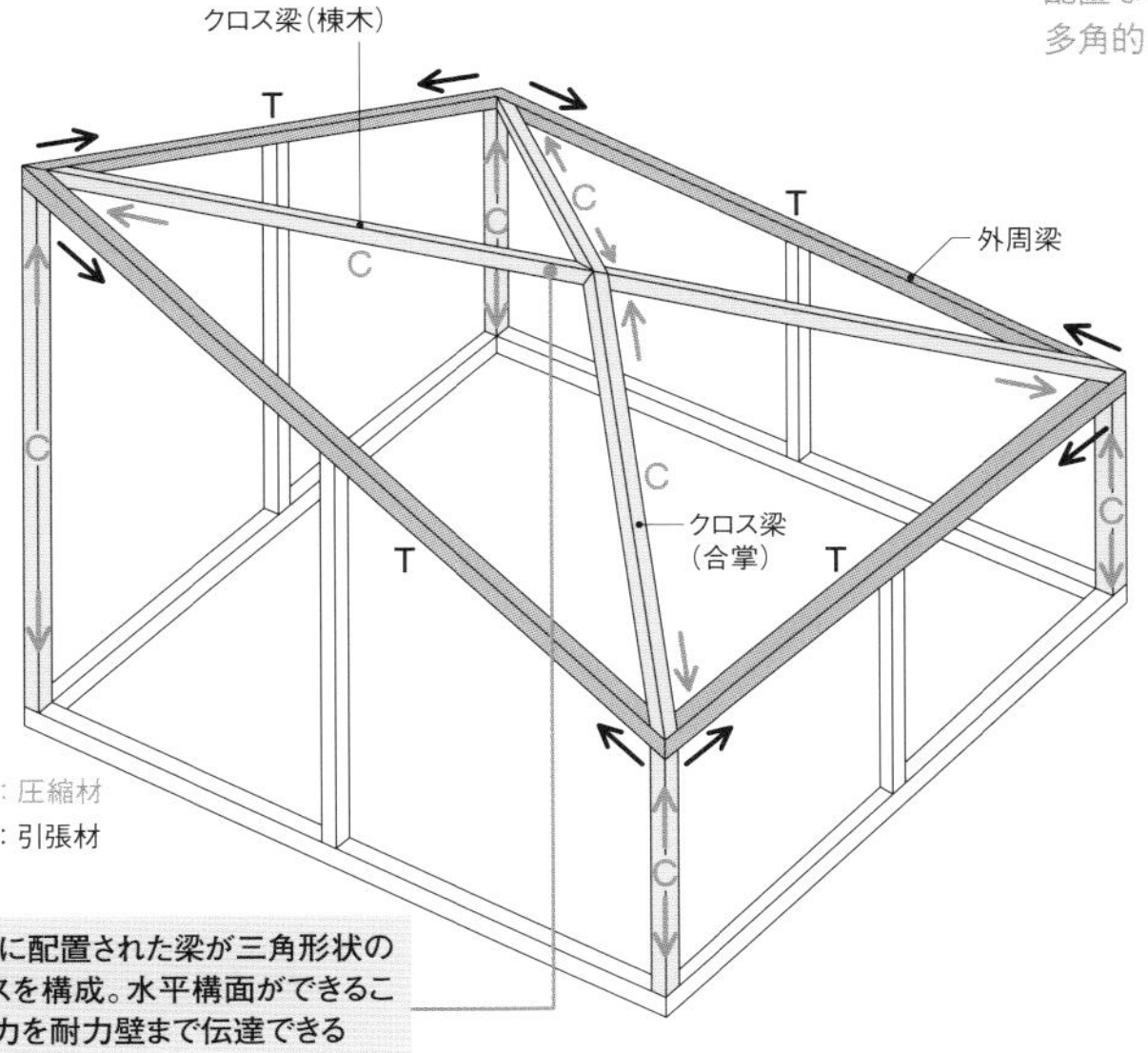

クロス梁（棟木）
T
T
外周梁
C
C
C
C
C
クロス梁
（合掌）
T
T
C
C
C：圧縮材
T：引張材

対角線上に配置された梁が三角形状の平面トラスを構成。水平構面ができることで水平力を耐力壁まで伝達できる

上図は、屋根の鉛直荷重によってクロス梁と外周梁に発生する軸力と、各接合部での力のつり合いをあらわしている。突っ張り材となるクロス梁には圧縮軸力、拘束材となる外周梁には引張軸力が生じ、架構全体の力が立体的につり合う

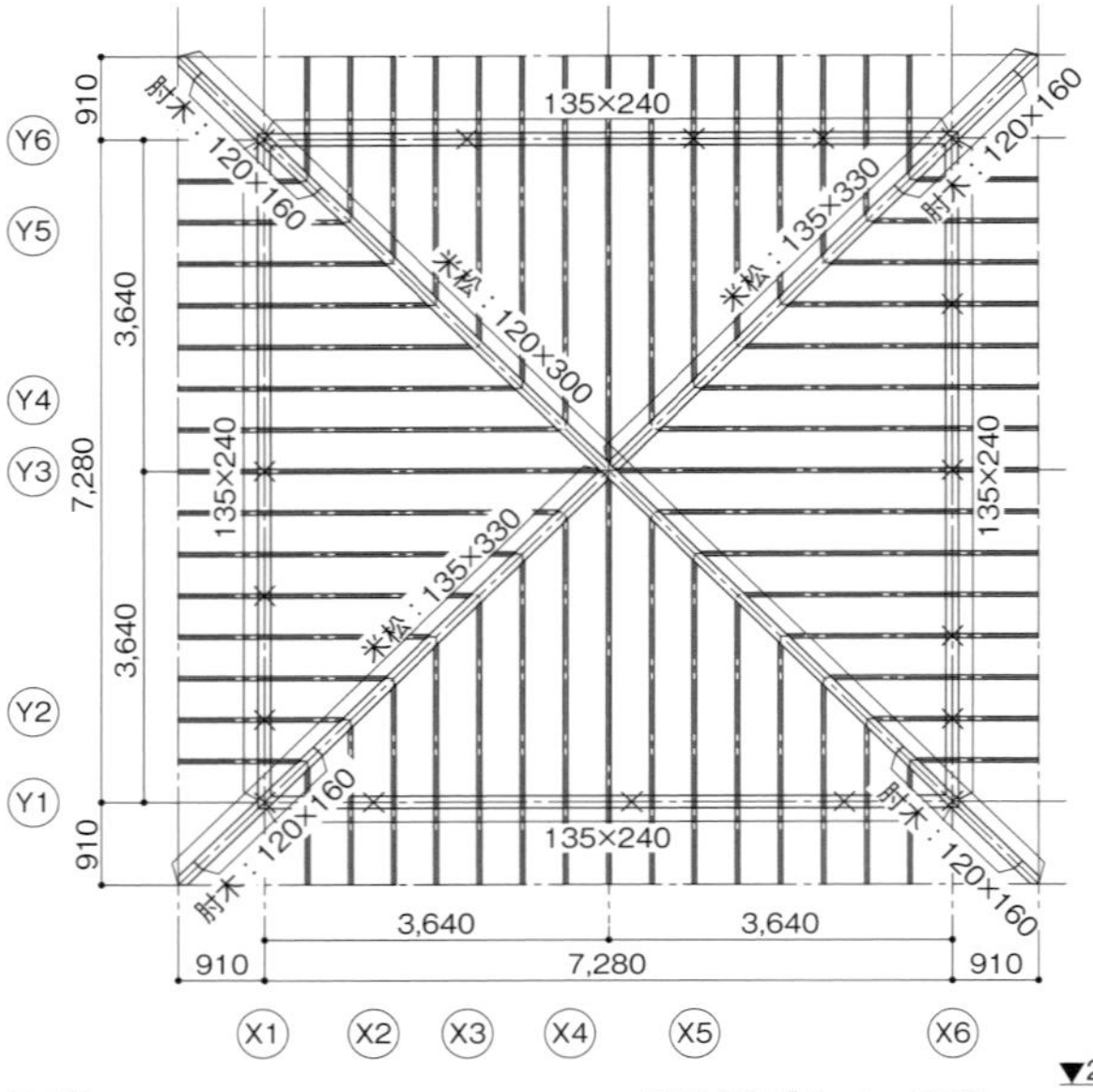

■凡例

種類	樹種	寸法	備考
梁	特記無は杉	図示	
垂木	杉	50×150	
×			2階 柱

※特記なき木材は杉とする

屋根伏図［S=1：150］

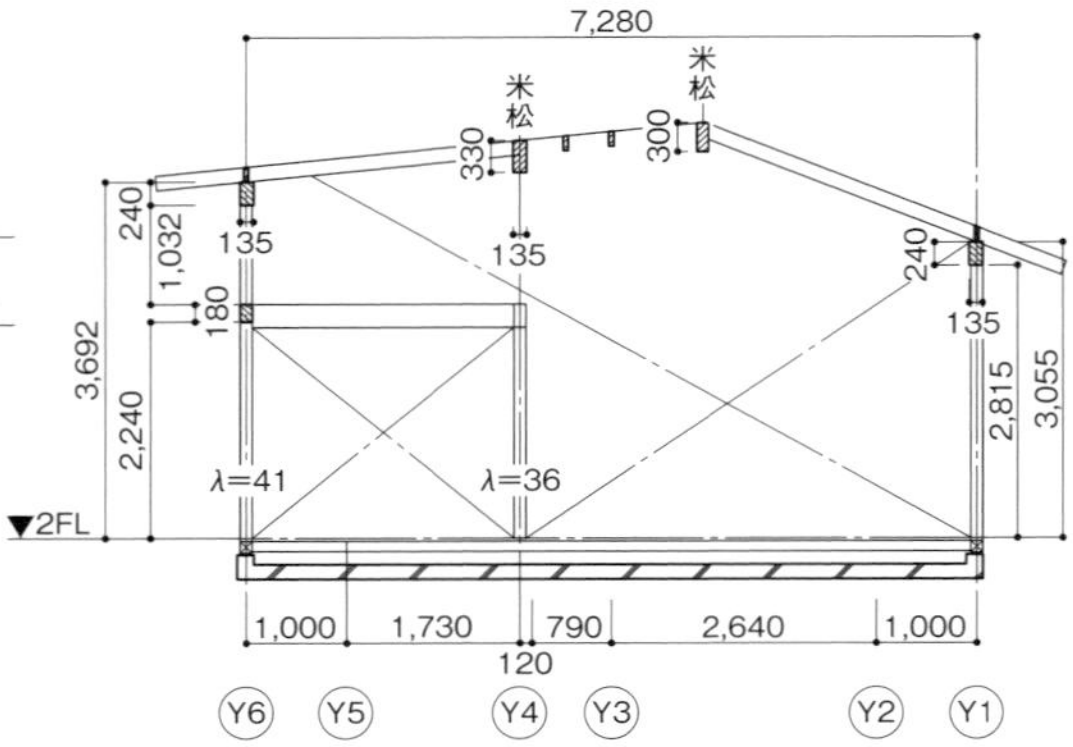

X5通り軸組図［S=1：150］

クロス梁に垂木が架けられた段階の建方風景である。屋根構造としてはこの段階で完結している。垂木の上にはスギ化粧野地板が張られる。この後の工程で、軸組には左官仕事によって木舞下地の土塗壁がつくられ、主な耐震要素となる

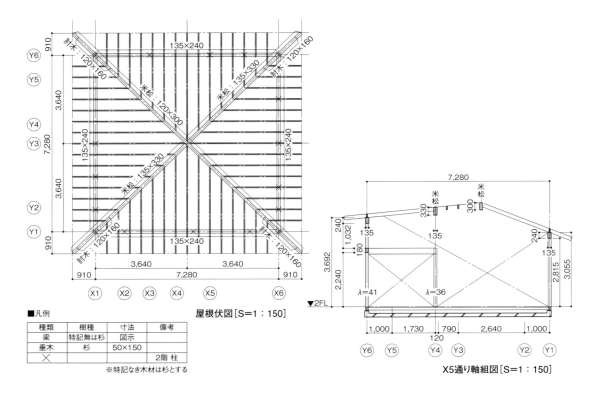

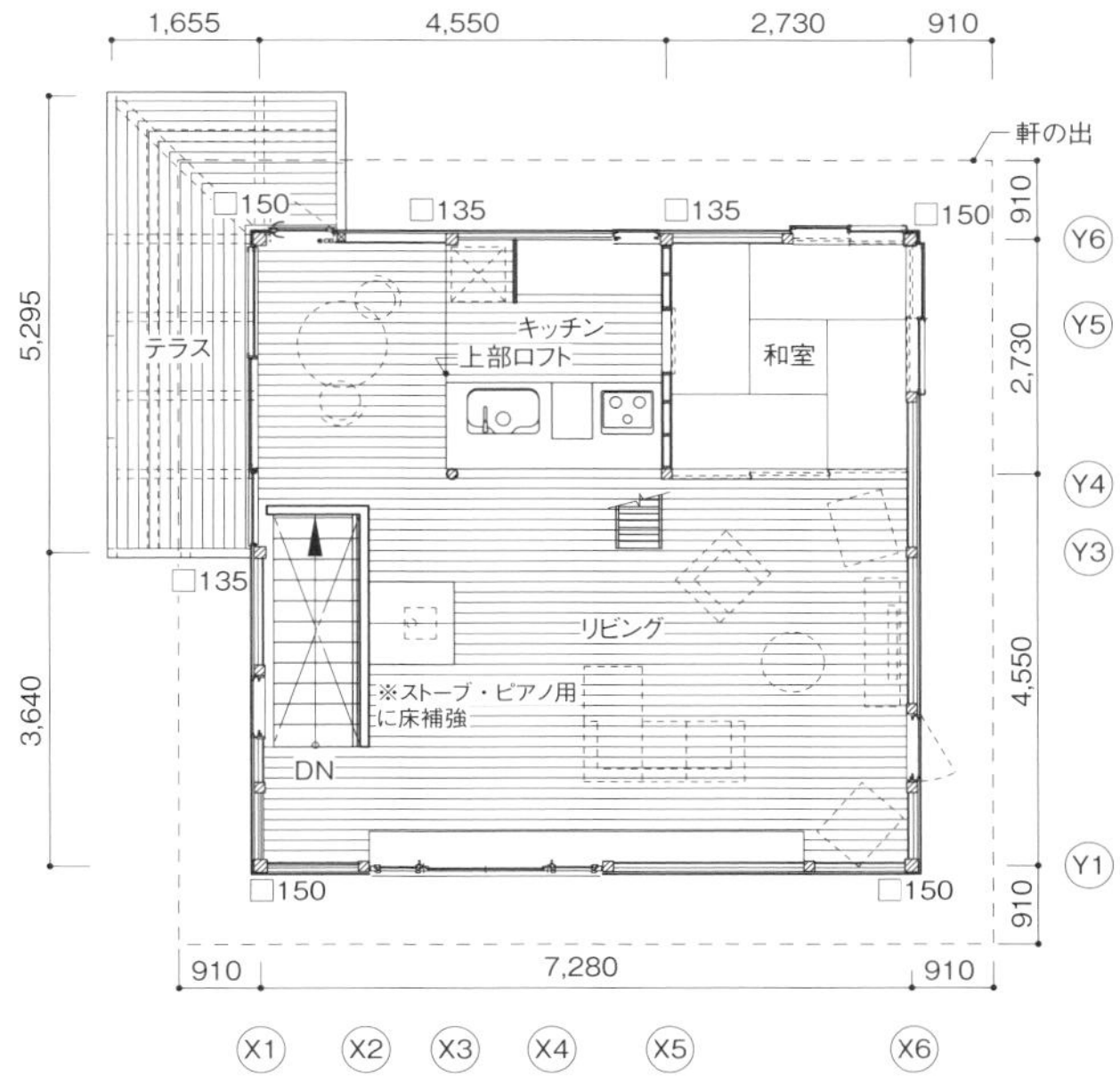
1,655
4,550
2,730
910
軒の出
□150
□135
□135
□150
910
Y6
Y5
Y4
Y3
Y1
5,295
テラス
キッチン
上部ロフト
和室
2,730
□135
リビング
3,640
※ストーブ・ピアノ用
に床補強
4,550
DN
□150
□150
910
910
7,280
910
X1
X2
X3
X4
X5
X6

平面図［S=1：150］

山形状に配置された合掌が棟木を支持する、クロス梁の構成としくみがわかる

建築家が製作した模型である。クロス梁・外周軒桁・垂木の構成がよくわかる。屋根勾配は何度も建築家と協議を行い決定された

この構造は各部材が様々な角度で接合されるため、木の特性を踏まえた高度な施工技術が要求され、優れた大工技術を持つ棟梁が木工事を行った。写真は棟梁が製作した1／2モックアップで接合部の協議をしている検討風景である

組立式木造ラーメン

data

名称：東北大学大学院環境科学研究科エコラボ
意匠：佐々木文彦／ササキ設計
構造：山田憲明／元 増田建築構造事務所　現 山田憲明構造設計事務所
写真：今野貴之／フォトスタジオ モノリス（46・50頁）

スギ間伐材で地産地消

大学所有の農場で伐採されたスギ間伐材を、構造材に使った研究・教育施設である。長さと太さが限られるスギ間伐材を用いて、8mスパンの床、4.2mの階高、空

間の開放性が必要とされる延床面積1千㎡規模の木造建築を実現するため、平角柱・ダブル梁・方杖・掘立柱による「組立式木造ラーメン」を考案した。平角柱150×360を東西方向8m、南北方向2m間隔に建ててダブル梁105×390で挟み、接合部付近に方杖を入れて抵抗できる門型ラーメン構造としている。これにより鉛直・水平荷重時の応力・変形を小さく抑え、隣接スパンへの連続性が生まれることで、跳ね出しやスパン中間位置での継手配置を可能にしている。

さらに、4.2mもの階高を有する1階の水平荷重時応力・変形を低減し、柱の座屈条件を改善するため、木柱に沓金物《くつかなもの》を履かせてRC基礎に埋め込む「掘立柱」式の柱脚を採用している。

3・11東北地方太平洋沖地震では震度6強だったが、エコラボはガラス1枚割れず、地震後は大学の震災対策本部が置かれた。

組立式木造ラーメン構造とすることで耐力壁のない開放的な空間を実現している。ホール中央に見えるのは、段板と蹴込板を連続した鉄板でつくり、ねじりや水平方向の剛性をもたせた鉄骨吊り階段である

構造システム図

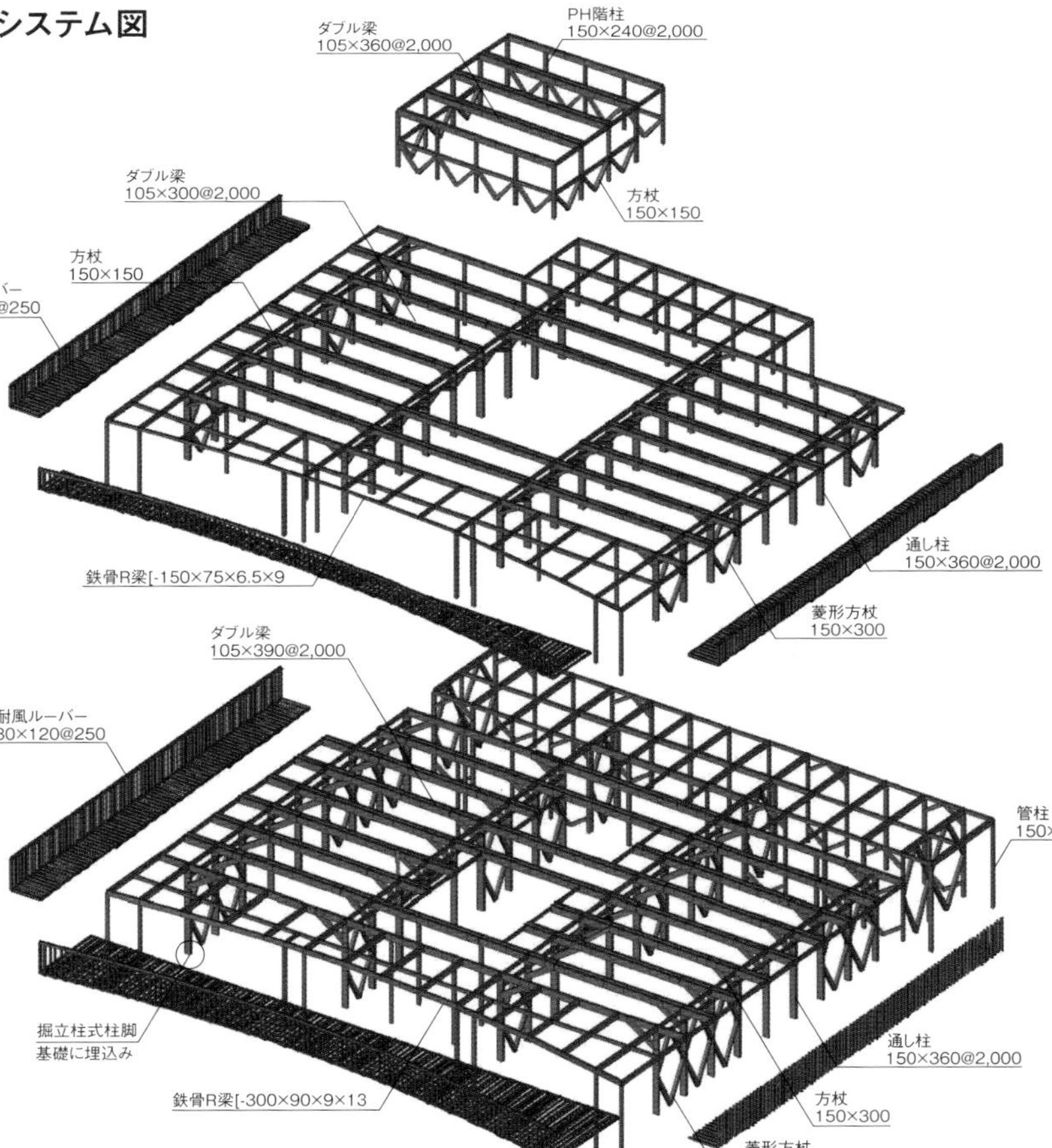
ダブル梁
105×360@2,000
PH階柱
150×240@2,000
方杖
150×150
ダブル梁
105×300@2,000
方杖
150×150
耐風ルーバー
30×120@250
通し柱
150×360@2,000
鉄骨R梁[-150×75×6.5×9
菱形方杖
150×300
ダブル梁
105×390@2,000
耐風ルーバー
30×120@250
管柱
150×150
掘立柱式柱脚
基礎に埋込み
通し柱
150×360@2,000
鉄骨R梁[-300×90×9×13
方杖
150×300
菱形方杖
150×300

組立式ラーメン構造化のプロセス

標準スパン8mと耐力壁のない開放的な空間を合理的に成立させるために、鉛直と水平荷重という両方の荷重支持性能を同時に飛躍的に向上させる構造として、平角柱・ダブル梁・方杖による組立式ラーメン構造を考案した。連続するフレームが空間のリズムを生み、下弦材のないすっきりとした開放的な空間をつくり出している。梁をダブルにすることで、柱や方杖との接合を簡素にできるとともに、柱への断面欠損を極力少なくして隣接スパンへの梁の連続化や跳ね出しを合理的に行っている。さらに柱を基礎に埋め込む「掘立柱」にて柱脚の固定度を高めて鉛直・水平荷重の応力を大幅に低減しつつ、小径柱の座屈条件を改善している

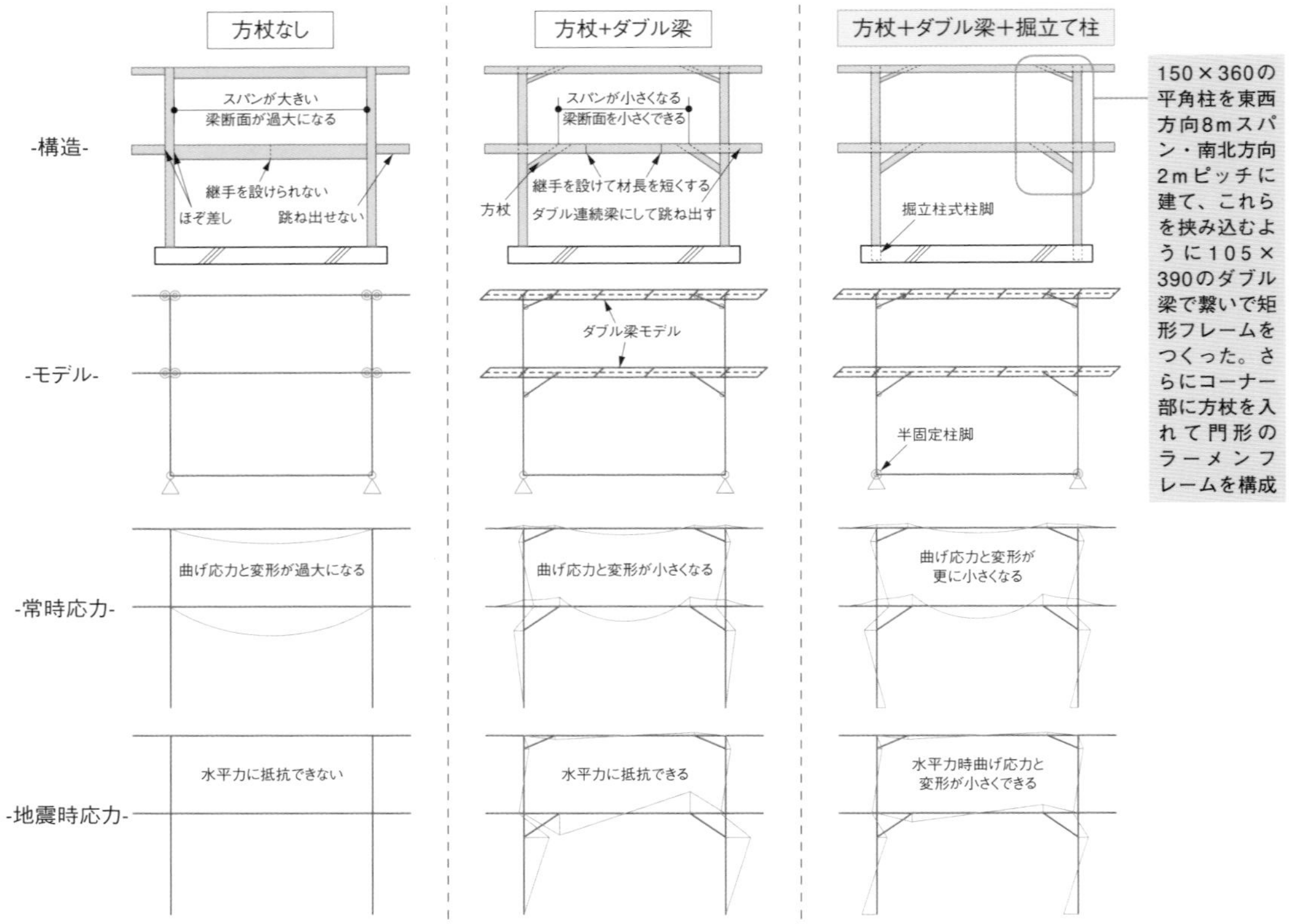

方杖なし
方杖+ダブル梁
方杖+ダブル梁+掘立て柱
-構造-
スパンが大きい
梁断面が過大になる
継手を設けられない
ほぞ差し
跳ね出せない
スパンが小さくなる
梁断面を小さくできる
継手を設けて材長を短くする
方杖
ダブル連続梁にして跳ね出す
掘立柱式柱脚
150×360の平角柱を東西方向8mスパン・南北方向2mピッチに建て、これらを挟み込むように105×390のダブル梁で繋いで矩形フレームをつくった。さらにコーナー部に方杖を入れて門形のラーメンフレームを構成
-モデル-
ダブル梁モデル
半固定柱脚
-常時応力-
曲げ応力と変形が過大になる
曲げ応力と変形が小さくなる
曲げ応力と変形が
更に小さくなる
-地震時応力-
水平力に抵抗できない
水平力に抵抗できる
水平力時曲げ応力と
変形が小さくできる

2m間隔に建てた平角柱150×360をダブル梁105×390で挟み、接合部付近に方杖を入れて門型ラーメン構造をつくっている。ダブル梁の継手は方杖から持ち出した応力の小さくなる位置に設け、追掛大栓継手を採用している

各部材の接合は仕口加工を施してウッドタッチによる応力伝達を主体とし、ボルトやドリフトピンで固定している。柱頭部では各部材が立体的に交差するため、建方手順を踏まえた接合部設計が重要である

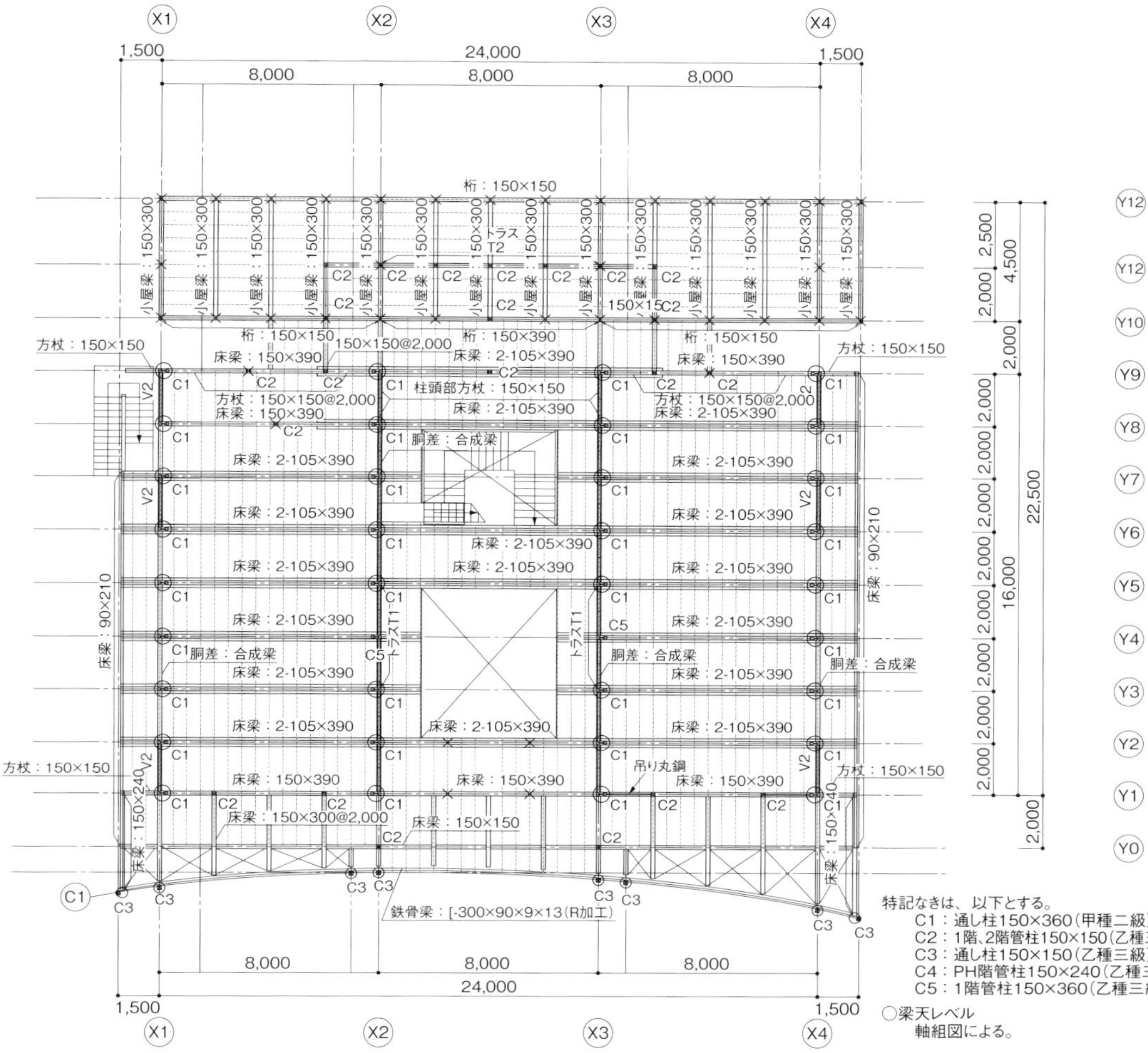

特記なきは、以下とする。
C1：通し柱150×360（甲種二級）
C2：1階、2階管柱150×150（乙種三級）
C3：通し柱150×150（乙種三級）
C4：PH階管柱150×240（乙種三級）
C5：1階管柱150×360（乙種三級）
○梁天レベル
軸組図による。

2階伏図［S＝1：300］

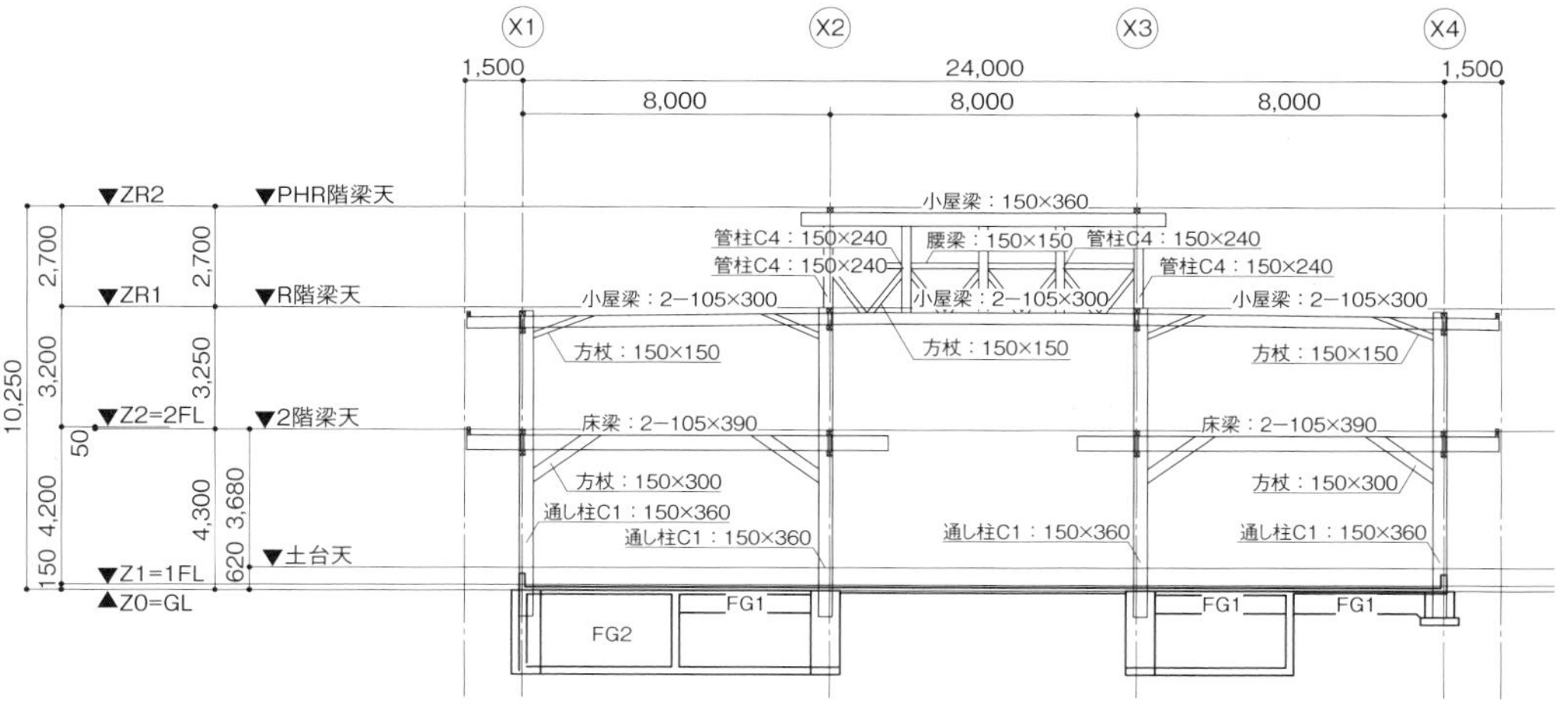

Y7通り軸組図［S＝1：300］

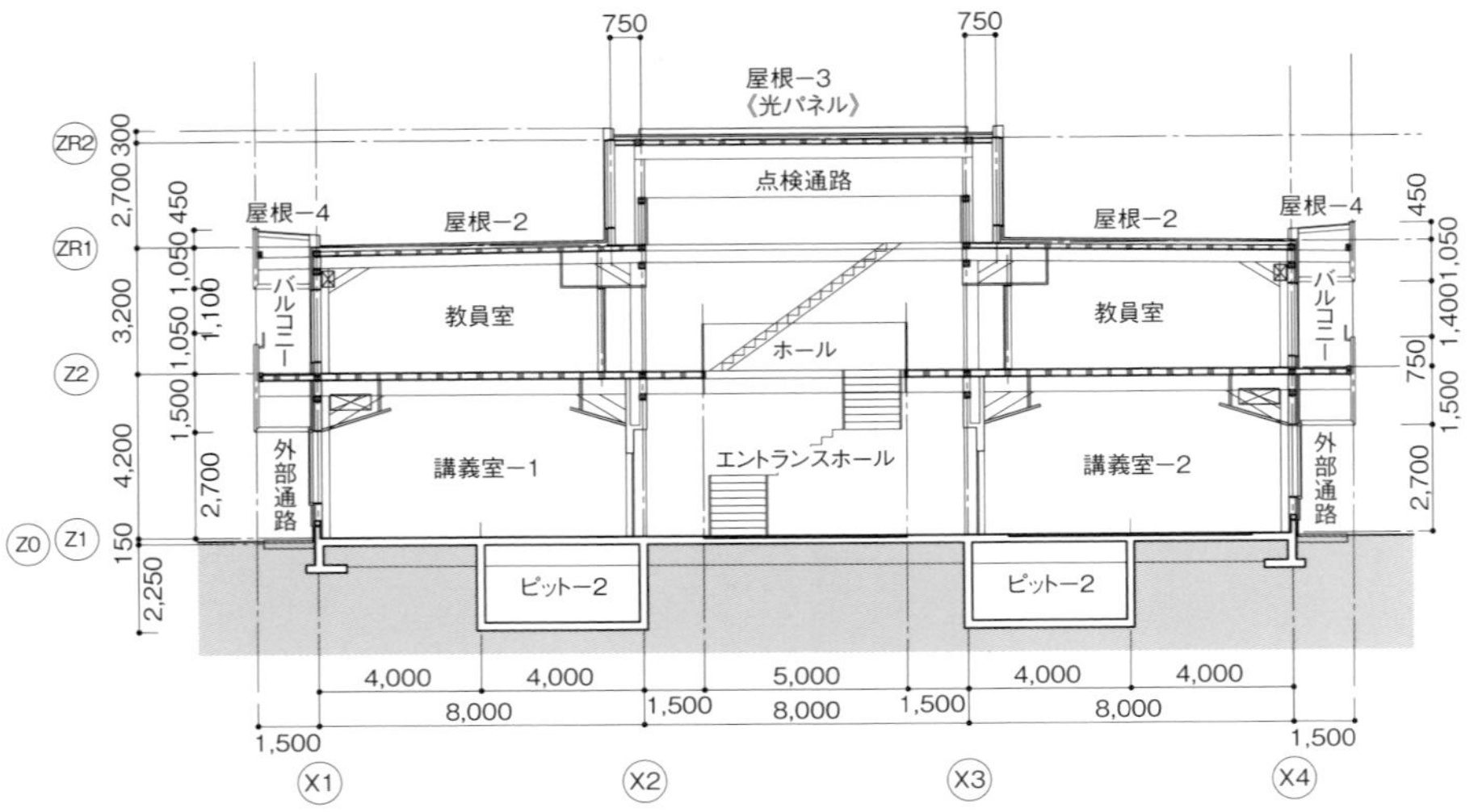

断面図［S=1：300］

建物外周に取り付けられた木製ルーバーはもともと意匠・環境的観点で計画されているが、ルーバー最下部を内側に折り曲げてサッシ上のまぐさ材とつなぐことで、風圧荷重に耐えられる開放的な外壁面を実現している

COLUMN

エキスパンションジョイントの要・不要を見極める

構造的に分離した2棟の建物では、地震時や熱応力の発生時などに互いがぶつからないよう、クリアランスをとらねばならない。その部分に設けるのがエキスパンションジョイント（以下、EXP）である。

EXPが必要な場所

EXPが必要となるのは、建物の中に動きが異なる部分があるとき、または伸び縮みが大きいときである【図1・2】。

たとえば学校などで2つの建物を渡り廊下などで連結した場合は、地震時にそれぞれが異なる挙動（動き）をする可能性が高い。構造的に一体化して設計すると、連結部分に変形が生じ、損傷することが多い。また、連結部分から応力が伝達され、設計どおりの建物の性能が得られなくなる。これらを避けるため、連結部分に適切なクリアランスをとり、EXPを設ける。

また、平面的に細長い建物は、温度差による伸縮量が大きく、壁や床に損傷が生じてしまうため、同様にEXPを設ける。

クリアランス寸法は一般的にEXPの高さの1／50以上。分離する建物双方の解析を詳細に行っている場合は、変形値から求める。免震構造の場合は、免震層での変形が最も大きくなるので、一般的に免震層のある階とほかの階（直上または直下階）との間に500㎜以上のクリアランスとEXPを設ける。

建築計画上、建物を構造的に分離するほうが合理的なケースでも、納まりや意匠の観点からEXPを設けたくないことは多い。2棟建物の挙動、連結部分に生じる力の流れを把握する必要があるが、連結部分の強度・剛性が高い場合や、2棟の挙動が近い場合などは、EXPを設けず、構造的に一体として設計することができる（一度構造設計者に伝えてほしい）。また、分離する・しないのメリット・デメリットについても知っておいてほしい【表】。

［川村大樹］

図1 EXPが必要な理由

①建物の動き（力の流れ）が異なる

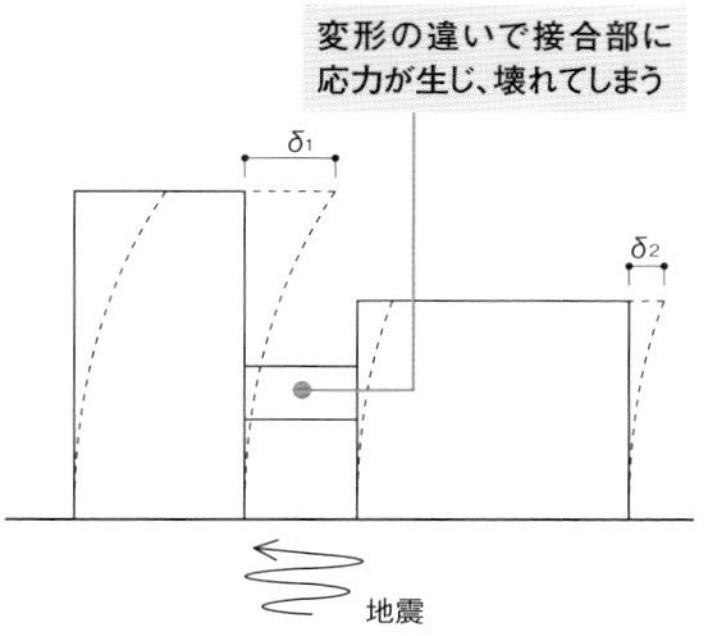
変形の違いで接合部に応力が生じ、壊れてしまう
δ1
δ2
地震

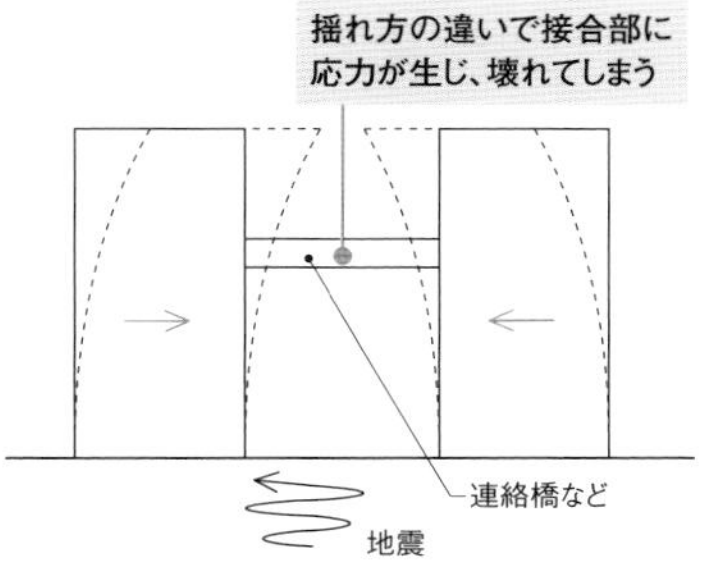
揺れ方の違いで接合部に応力が生じ、壊れてしまう
連絡橋など
地震

②温度差で収縮量が大きい

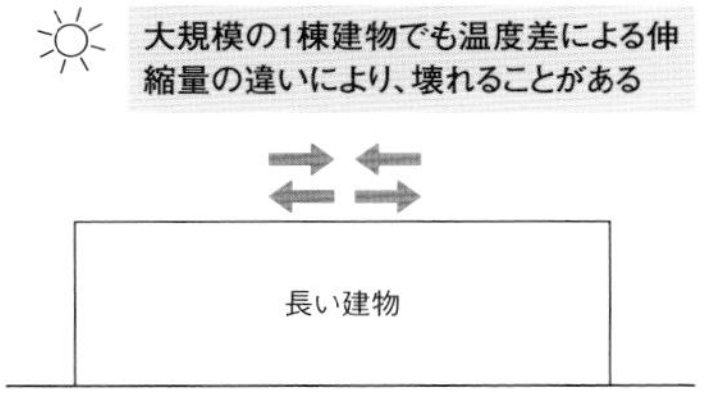
大規模の1棟建物でも温度差による伸縮量の違いにより、壊れることがある
長い建物

図2 EXPが必要な建物の代表例

①複雑な平面形状（L形など）

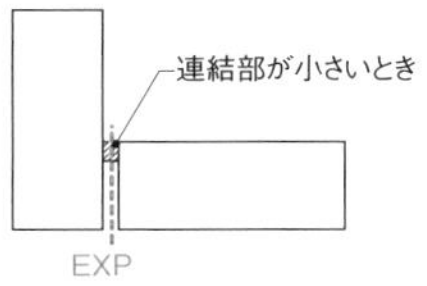
連結部が小さいとき
EXP

生じる応力、変形を把握し2棟が一体として挙動するよう検討できればEXPは不要

②支持地盤が大きく変化する

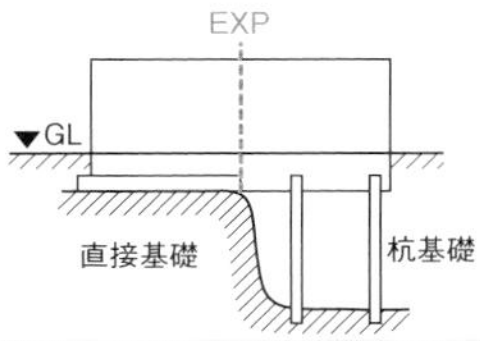
EXP
GL
直接基礎
杭基礎

不同沈下など鉛直方向の挙動の違いや、地震時の杭の挙動などを詳細に検討すれば、EXPは不要

③増改築時

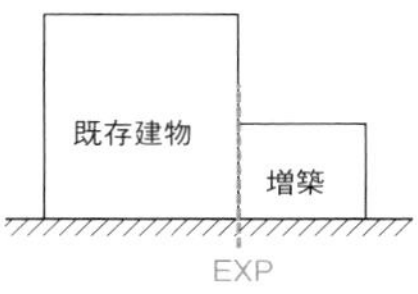
既存建物
増築
EXP

増築規模などによるが、EXPを設けない場合は、既存部分も現行基準に適合させる必要がある

④異種構造間（材料、構造形式）

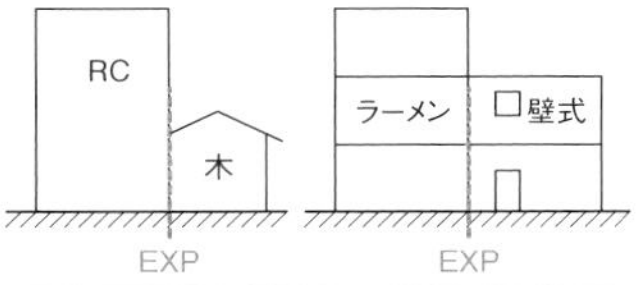
RC
木
ラーメン
壁式
EXP
EXP

地震時における2棟の挙動が異なることが多い。地震時における連結部分の応力・変形を把握できれば、EXPは不要

⑤平面的に細長い（一般に100m以上）

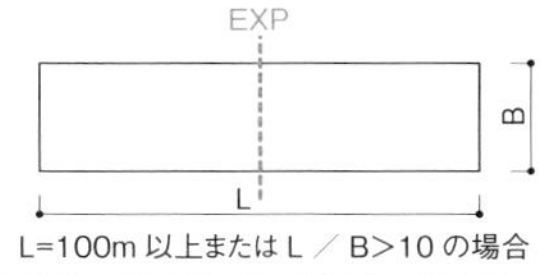
EXP
B
L
L=100m以上またはL／B>10の場合

温度差によって生じる部材の伸縮を把握したうえで、地震時にも床スラブなどに大きな変形が生じず、応力を伝達できることを確認できれば、EXPは不要

表 EXPの有無でここが違う

EXPあり（2棟を構造的に分離）	・2棟分の構造計算が必要 ・構造形式が単純明快（設計作業の単純化） ・接合部分を片持ちとしない場合、柱・基礎杭などが別に必要となりコストアップの可能性あり ・外部に接するEXPは、雨水の漏れなど納まりに注意が必要
EXPなし（2棟を構造的に一体化）	・1棟分の構造計算で済む ・接合部分の検討や挙動の把握など詳細な検討が必要。構造計算の難易度が高くなる ・連結部分の強度が十分な場合、1棟の地震力をもう1棟が負担するように計画すれば、1棟の耐震要素を減らすことも可能 ・防水対策などが容易

RC
S
W

耐力壁は平面・立面でバランスよく

RC造建築物の壁は耐力壁[※1](地震力を負担する壁、耐震壁ともいう)と非耐力壁──いわゆる雑壁(自重以外の荷重を支えられない壁)に大別されます。ただし、非耐力壁でも構造的な工夫により耐力壁と同様に扱うことができます。

耐力壁とは、柱・梁のラーメン構造に一体となって配置された壁で、所定の厚さ・配筋で成り立っている

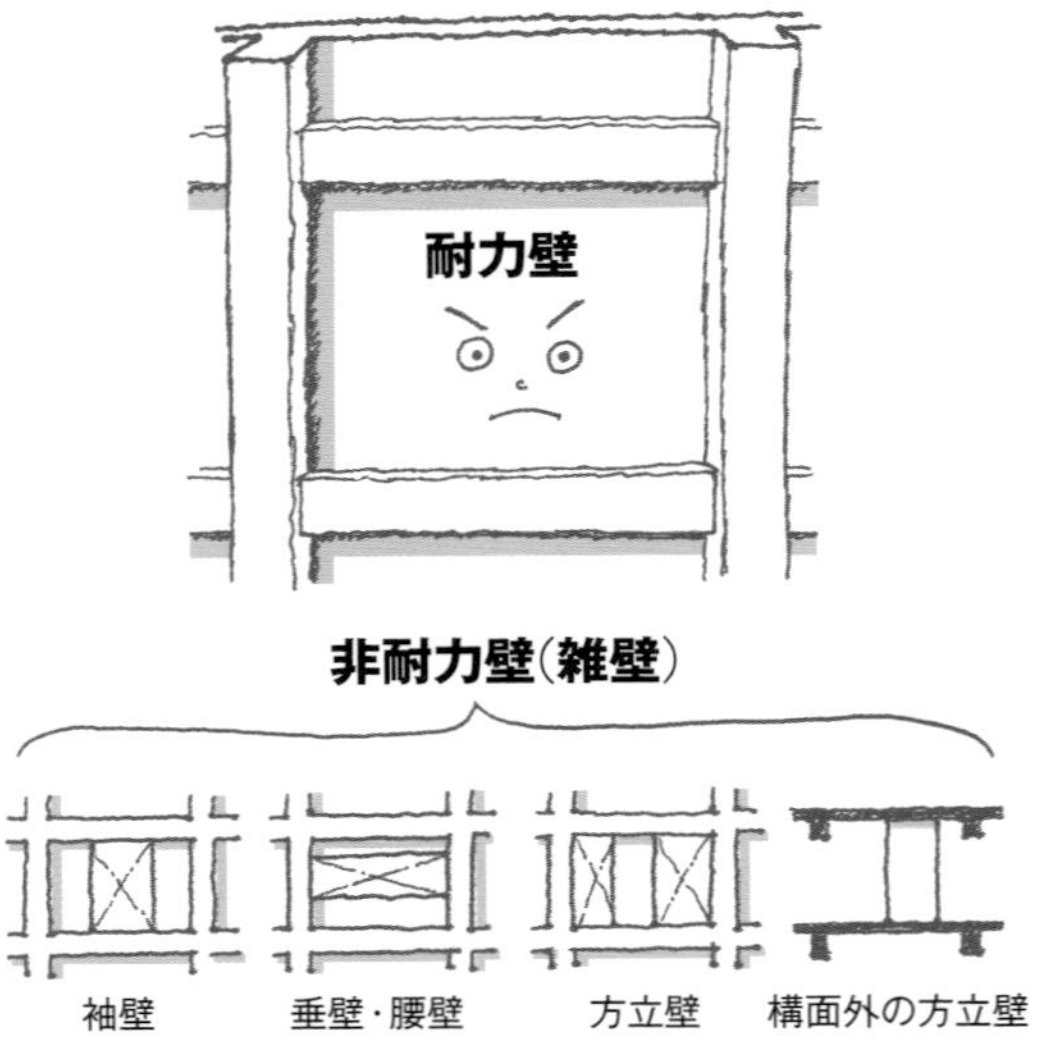

耐力壁には、無開口耐力壁と有開口耐力壁がある(54頁参照)

バランスのよい耐力壁の配置

柱と梁で構成されるものを「**純ラーメン構造**」といい、そこに耐力壁が追加されたものを「**耐力壁付きラーメン構造**」と呼ぶ。RC造建築物の多くは後者だ。耐力壁は空間を構成する一部ながら、それ自体が地震荷重などの水平力に対して大きな抵抗力と剛性を持つ。地震国であるわが国では、壁をどうつくるかが設計のポイントとなる。

耐力壁は特に剛性が高い。そのため、耐力壁を多く配置するほど、地震による建物の変形は少なくなる[※2]。一方、その剛性の高さゆえ、配置には配慮が必要となる。

1 平面的なバランスをとる

耐力壁は平面的に均等かつ対称に配置する。一部に集中すると、剛性の中心(剛心)が重さの中心(重心)から離れ、地震時に剛性の小さい側が大きく振られ、建物がねじれる[図1①]。

とはいえ、意匠上の理由から、耐力壁をバランスよく配置しにくいことも多い。その場合は、**偏心率**で判断する。偏心率の値が大きくなったときには、耐力壁の剛性を調整して対応する。よく行われるのは、耐力壁を薄くする、スリットを設けるなどして剛性を下げる手法。乾式の壁に置き換える(=耐力壁を撤去する)こともあるが、耐力壁がなくなると建物の層間変形角[※3]が大きくなり、終局的な耐力が低下するため、構造計画上は必ずしも望ましいとはいえない(次項参照)。

また、**耐力壁どうしの間隔が長い**場合も要注意。スラブの剛性と耐力が小さいと、中央構面の変形が大きくなり、スラブや周辺フレームへのクラックの発生が懸念される[図1②]。

2 立面的なバランスをとる

上階には耐力壁が配置され、下階には配置されていない──といった特定の階だけ剛性が低い(変形が大きい)場合は要注意だ。地震の際、その階に変形や応力が集中し、時には完全に崩壊してしまう場合がある[図2]。

高さ方向の剛性のバランスを評価する指標は**剛性率**である。ほかの階に比べ層間変形角が特に大きい階は剛性率が小さくなり、剛性バランスが適切でないと判断される。剛性率は地震時の層間変形角の逆数から求められ、目安は0.6以上。0.6未満の場合は剛性のバランスの悪さを考慮し、荷重を割増して保有水平耐力計算を行う必要がある。

そのほか、耐力壁の配置によっては「**境界梁**」(耐力壁に連続する梁)が生じる。境界梁には応力が集中するので、剛性と耐力を高める工夫をする。

※1:耐力壁に期待するのは耐力と剛性だが、それらは柱・梁や基礎の影響を大きく受ける(剛性のうち、曲げ変形・せん断変形・回転変形は耐力壁のプロポーションで決まる。耐力のうち、曲げ耐力は特に周辺柱の耐力で、せん断耐力は壁の厚さ・長さ・配筋量で、回転耐力は基礎の浮き上がりで、それぞれ決まる)

※2:1次設計で想定する地震時の層間変形角は、純ラーメンの場合で1/1,000程度だが、耐力壁付きラーメン構造だと1/2,000~1/3,000程度である

※3:地震時に生じる建物の水平変位δを階高hで割った値

図1｜耐力壁はバランスが重要

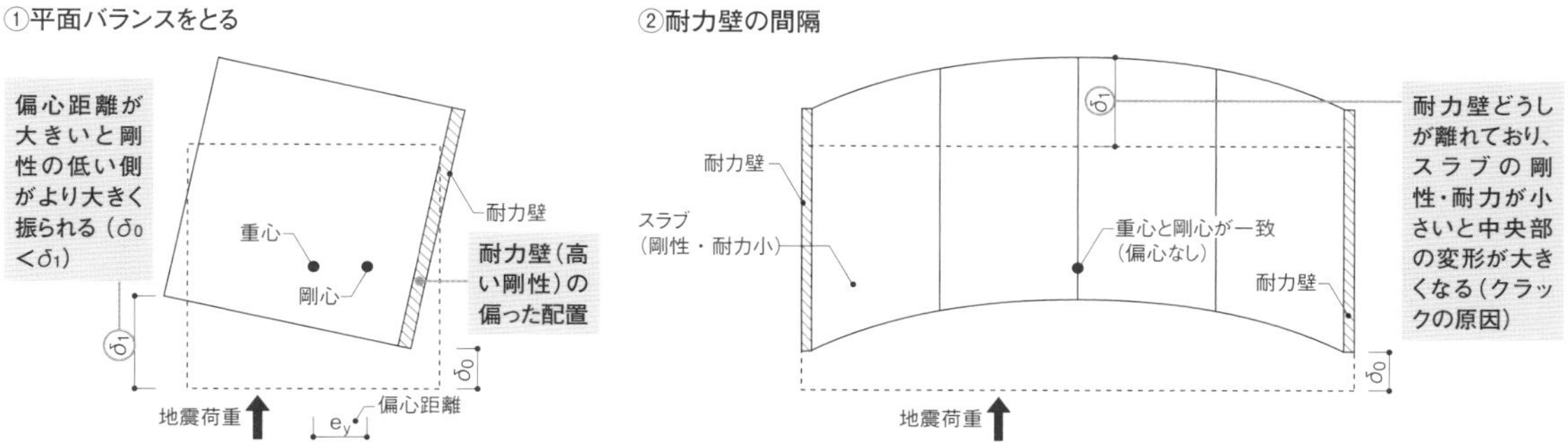
①平面バランスをとる
偏心距離が大きいと剛性の低い側がより大きく振られる（δ0＜δ1）
重心
剛心
耐力壁
耐力壁（高い剛性）の偏った配置
δ1
δ0
地震荷重
ey
偏心距離
②耐力壁の間隔
耐力壁
スラブ（剛性・耐力小）
δ1
重心と剛心が一致（偏心なし）
耐力壁どうしが離れており、スラブの剛性・耐力が小さいと中央部の変形が大きくなる（クラックの原因）
耐力壁
δ0
地震荷重

図2｜剛性が低い階に変形が集中

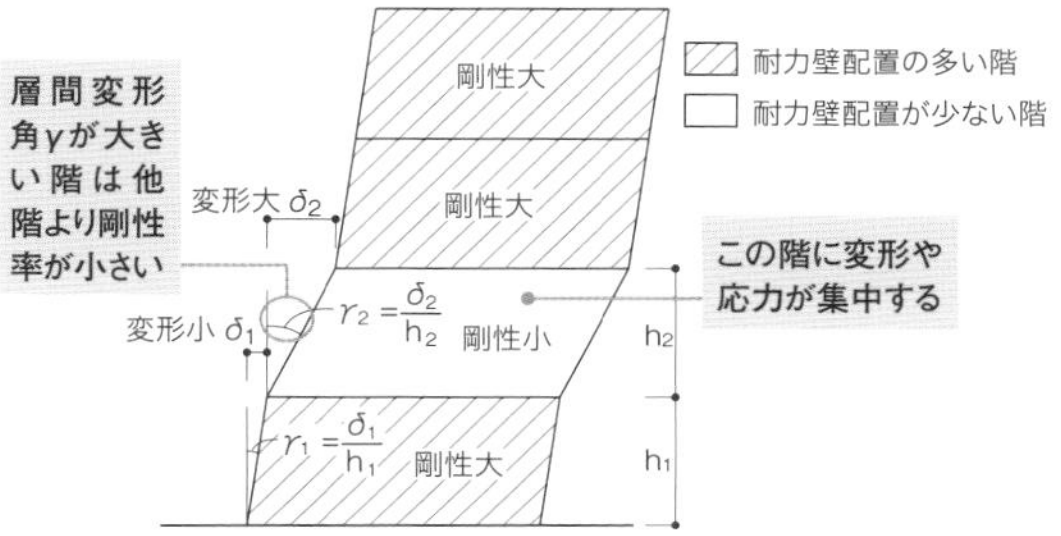
耐力壁配置の多い階
耐力壁配置が少ない階
層間変形角γが大きい階は他階より剛性率が小さい
剛性大
剛性大
変形大 δ2
変形小 δ1
γ2 = δ2/h2
剛性小
γ1 = δ1/h1
剛性大
h2
h1
この階に変形や応力が集中する

図3｜境界梁に変形が集中

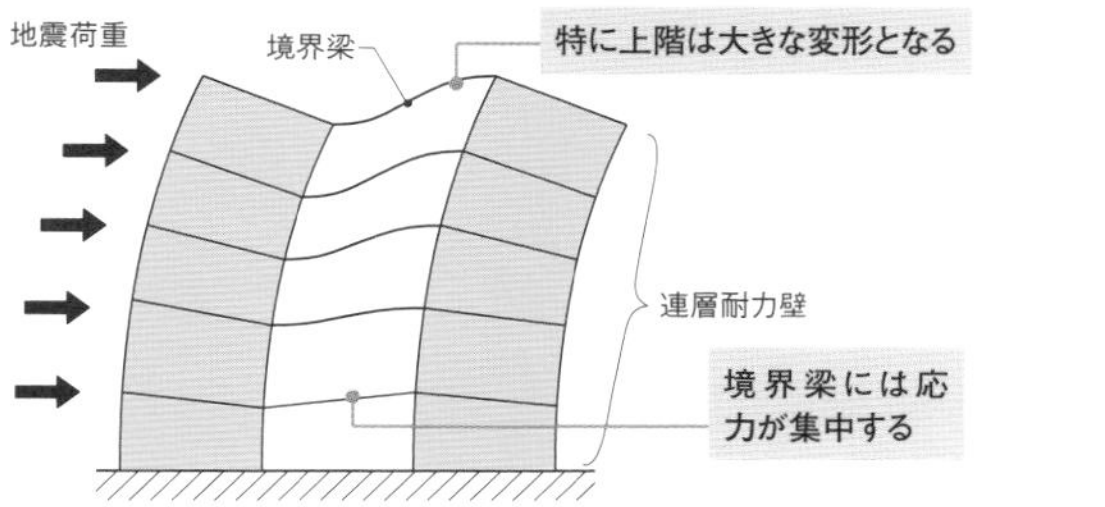
地震荷重
境界梁
特に上階は大きな変形となる
連層耐力壁
境界梁には応力が集中する

図4｜構造でいうピロティ階

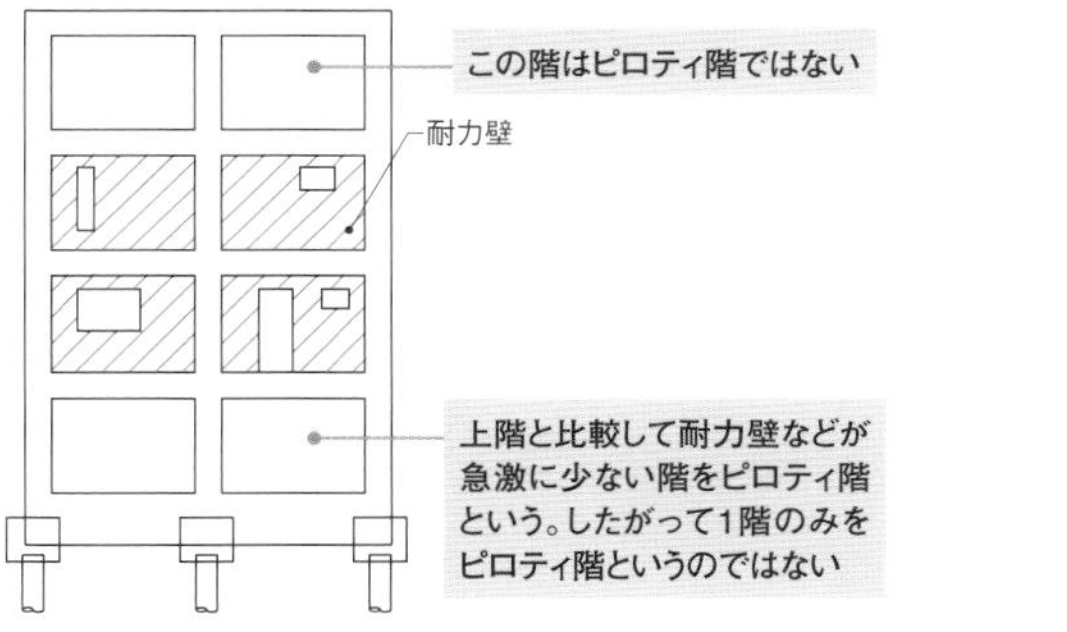
この階はピロティ階ではない
耐力壁
上階と比較して耐力壁などが急激に少ない階をピロティ階という。したがって1階のみをピロティ階というのではない

ピロティ形式の建築物

図5｜辺長比・ねじれ変形比の関係

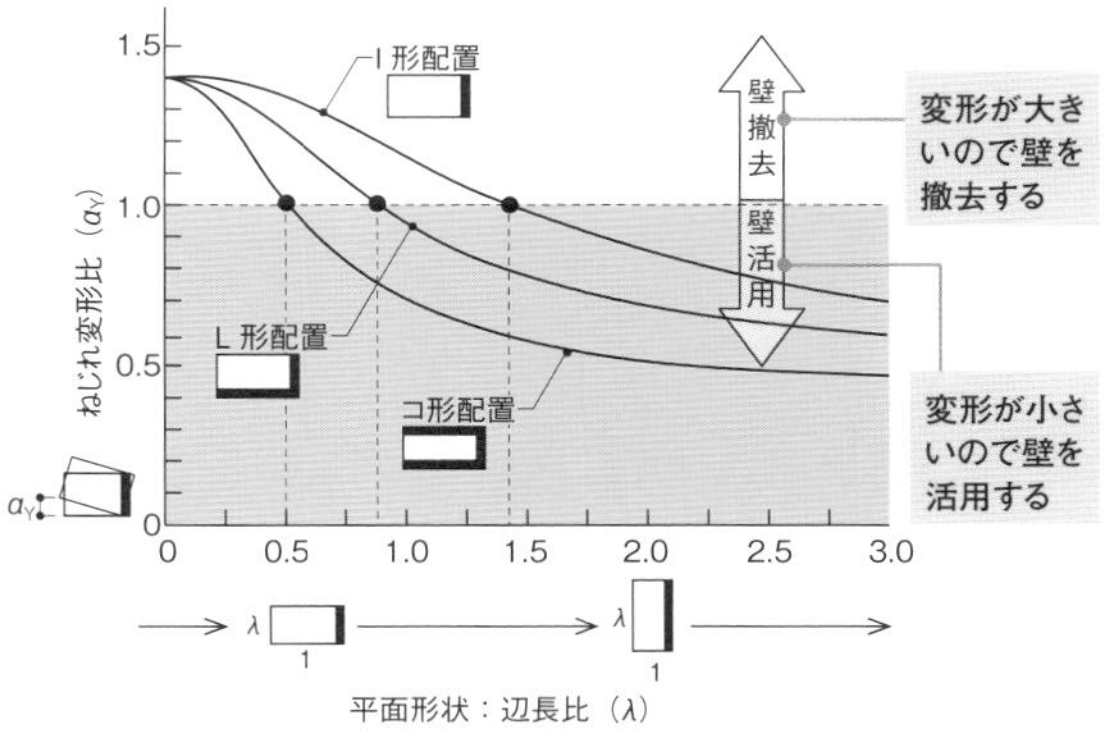
1.5
1.0
0.5
0
ねじれ変形比（αγ）
I形配置
L形配置
コ形配置
壁撤去
壁活用
変形が大きいので壁を撤去する
変形が小さいので壁を活用する
αγ
0.5
1.0
1.5
2.0
2.5
3.0
λ
1
平面形状：辺長比（λ）

特に連層耐力壁に挟まれた境界梁は上階ほど大きな変形に対抗することになるので注意を要する［図3］。

ピロティやコの字形プラン

構造でいう**ピロティ階**とは、耐力壁や袖壁・腰壁・方立《ほうだて》壁などの量が上階と比べて急激に少なくなっている階のこと。その階を有する建物をピロティ形式の建物という［図4］。兵庫県南部地震ではピロティ形式の建物の崩壊が目立った。その後、ピロティ形式の建築物の設計法が提案されているが、いずれも多くの条件を満たし、かつ各部材に十分な余裕を持たせることにより成立するもの。**実設計が非常に困難**となることを知っておいてほしい。

また、建物の1面が全開口となるよう耐力壁を**コの字形**に配置すると、**偏心は小さくなる**。この関係を利用して耐力壁を撤去せずに、偏心をある程度許容したうえで、大きく振られる側のラーメンフレームの強度と靱性を確保する計画が望ましい場合がある。図5はI形、L形、コ形の壁配置で、平面の辺長比とねじれ変形比の関係を示したもの。ねじれ変形比が小さければ耐力壁を活用したほうが効果的で、コ形配置ではその傾向が顕著だ。［岡本憲尚］

図5出典：「JSCA版 RC建築構造の設計」㈳日本建築構造技術者協会

RC
S
W

耐震壁に開口を設けたい

開口があっても耐力壁（耐震壁）とみなせるかどうかは、開口周比γ_0で判定します。開口周比を求める式を見れば、それは開口面積で決まることが分かります。開口のある耐力壁を有開口耐力壁といいます。

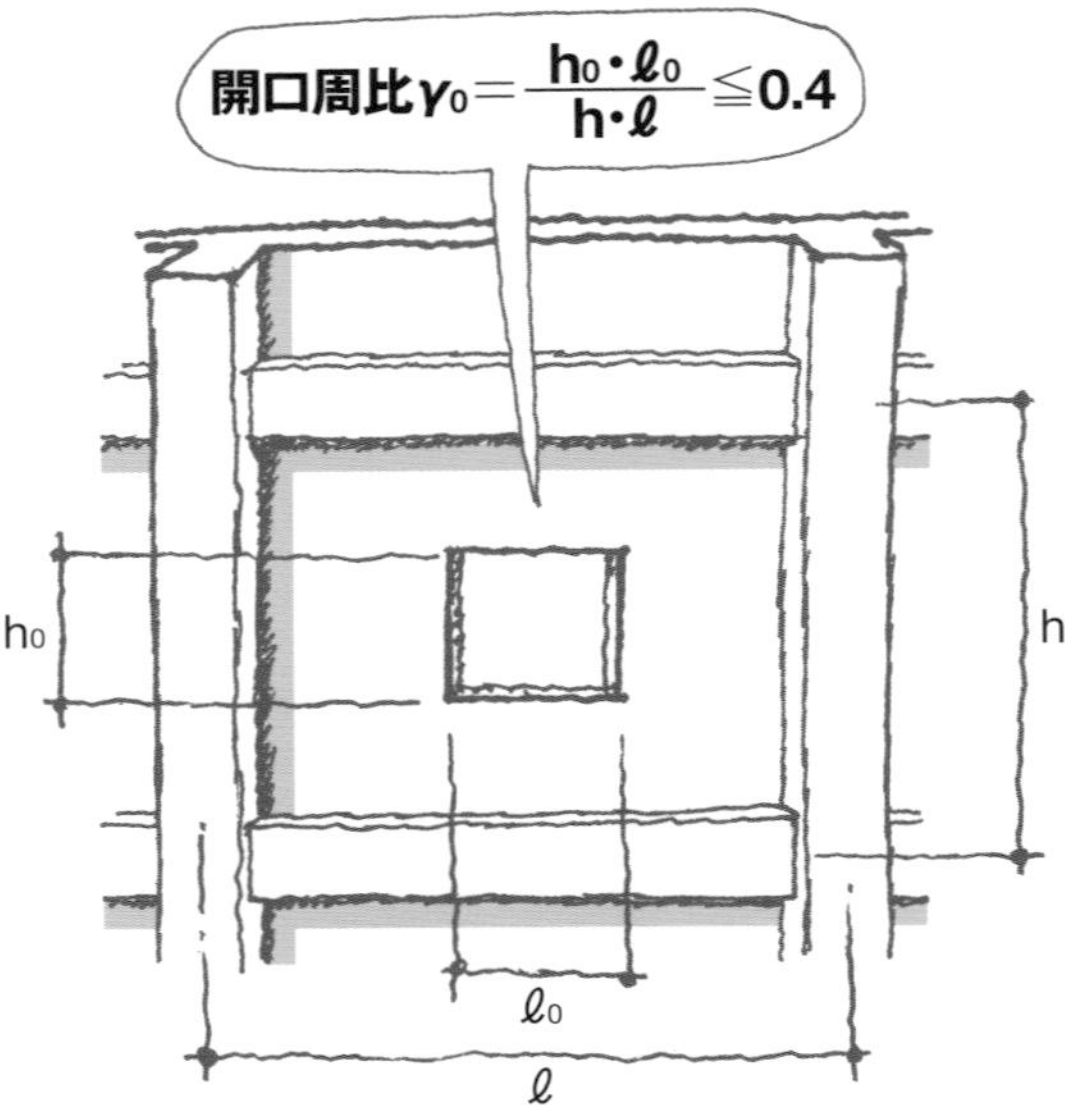

開口周比$\gamma_0 = \dfrac{h_0 \cdot \ell_0}{h \cdot \ell} \leqq 0.4$
h_0
h
ℓ_0
ℓ

耐力壁に設けた開口の大きさが一定条件以下であれば、有開口耐力壁とみなされる

耐震壁に最大でどれだけ開口を設けられるか？　答えは「開口の周囲を補強して『無開口の状態と同等』の耐力・剛性を確保できれば、開口は無条件に設けられる」となる。とはいえ、これは現実にはあり得ない。

開口を設けても耐力壁とみなせるかどうかは、**開口面積**で決まる。有開口耐力壁の耐力・剛性は開口面積やその配置によって低減される［※1］。そのほか、開口の周辺には斜め張力や縁応力が発生するため、それに対して安全なように**斜め補強筋**や**開口補強筋**の施工について検討が必要である。

なお、開口が左右の柱や上下の梁の際《きわ》近くまで開いていても、開口周比γ_0が0.4以下であれば、法律的には有開口耐力壁となる［※2］。しかし、それを可能にするためには、まず柱・梁の枠フレームに「耐力壁を構成するための耐力と剛性が確保されていること」が前提となる。

もう迷わない！ 開口の取扱い

1―複数の開口や複雑な形状の開口

複数の開口を配置する場合の「**開口面積**」の考え方は大きく2つ。すべての開口をまとめて「**包絡《ほうらく》開口**」とみなす方法［図1①］と、「**面積等価の開口**」とみなす方法を採用するかは、**開口の間隔**［※3］で判断する。開口の間隔が開口高さの1.5倍未満と狭い場合は包絡開口とし、1.5倍以上と離れている場合は面積等価開口とする方法が提案されている。なお、開口形状が矩形でない場合など複雑な場合は、包絡開口として考えると分かりやすい。

2―等間隔で多数設ける小開口

同寸の小開口を等間隔で設けるとき、間隔が狭い場合は、「包絡開口」として耐力壁の判定を行う。一方、間隔が開口高さおよび開口長さの1.5倍以上と広ければ、開口を除くすべての部分が耐力壁として機能する（面積等価の開口部とみなす［※4］）。ただしこの場合、剛性と耐力は非常に低くなる。

3―複数スパンの開口判定

開口周比が0.4超の壁でも、複数スパンを1フレームと考えれば耐力壁扱いにできる場合がある。図2の左側の壁は開口周比が0.4超だが、2スパンをまとめて開口周比を判定すると0.4以下になり、耐力壁と考えられる。

開口を設ける場合の注意点

図3①のように、**梁をはさんで上下連続するような開口**を設けるときは、

※1：有開口耐力壁のせん断剛性は、開口面積（$h_0 \times \ell_0$）に応じ低減される（低減率が最も高い場合のせん断耐力は無開口壁の0.5倍）。一方、せん断耐力は、開口面積、開口の水平・垂直距離（ℓ_0 / ℓ、h_0 / h）に応じ低減される｜※2：開口周比を満足しない縦長開口をもつ非耐力壁が1層のみにあり、上下が剛強な無開口壁や基礎梁の場合などは、連層の有開口耐力壁として1枚の耐力壁とみなせる｜※3：開口と開口の間にある壁の寸法｜※4：小開口（面積A_1）が横に3個、縦に5個、等間隔に配置されているときは、開口面積は$A_1 \times 15$となる

図1｜複数開口の場合の開口面積の考え方

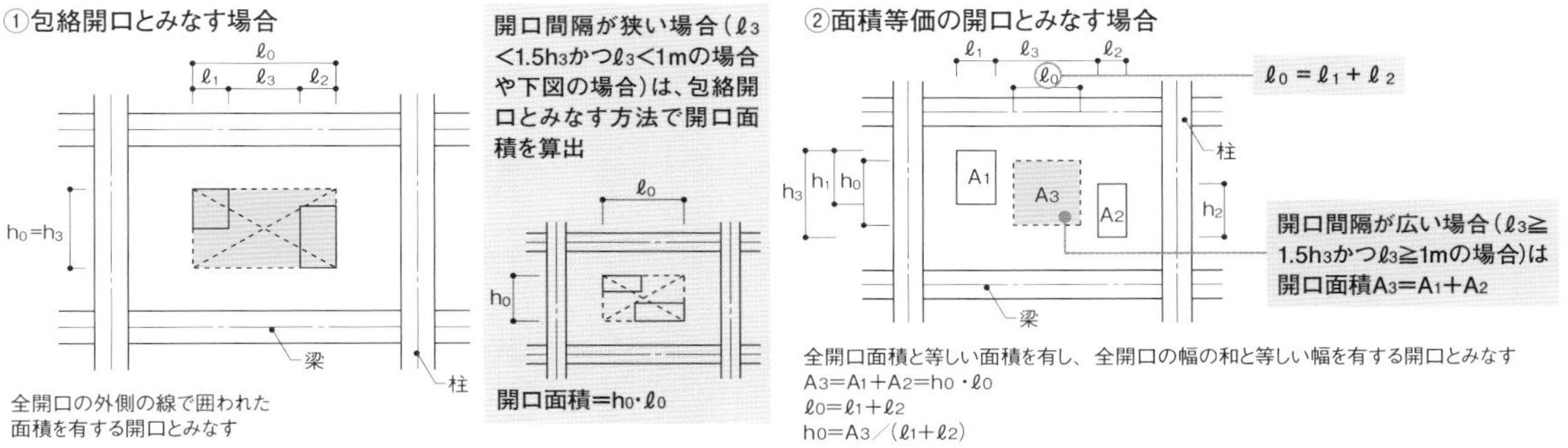
①包絡開口とみなす場合
ℓ_0
ℓ_1 ℓ_3 ℓ_2
$h_0=h_3$
梁
柱
全開口の外側の線で囲われた
面積を有する開口とみなす
開口間隔が狭い場合（ℓ_3＜$1.5h_3$かつℓ_3＜1mの場合や下図の場合）は、包絡開口とみなす方法で開口面積を算出
ℓ_0
h_0
開口面積＝$h_0 \cdot \ell_0$
②面積等価の開口とみなす場合
ℓ_1 ℓ_3 ℓ_2
ℓ_0
$\ell_0=\ell_1+\ell_2$
柱
h_3 h_1 h_0
A_1 A_3 A_2
h_2
開口間隔が広い場合（ℓ_3≧$1.5h_3$かつℓ_3≧1mの場合）は
開口面積$A_3=A_1+A_2$
梁
全開口面積と等しい面積を有し、全開口の幅の和と等しい幅を有する開口とみなす
$A_3=A_1+A_2=h_0 \cdot \ell_0$
$\ell_0=\ell_1+\ell_2$
$h_0=A_3/(\ell_1+\ell_2)$

図2｜複数スパンの開口判定

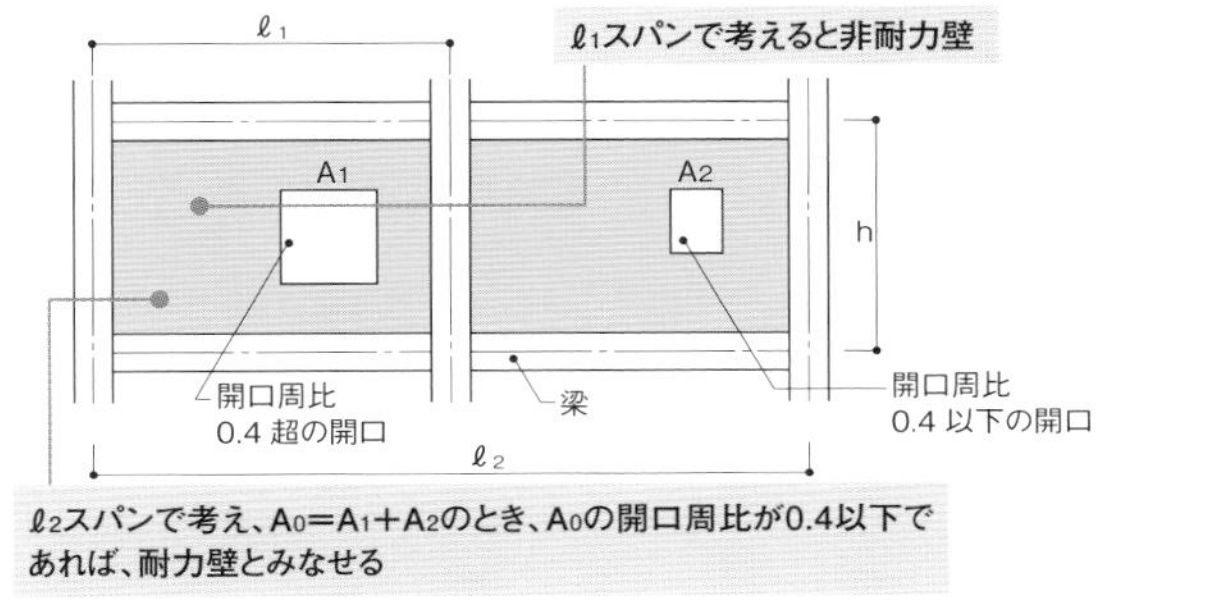
ℓ_1
ℓ_1スパンで考えると非耐力壁
A_1
A_2
h
開口周比
0.4 超の開口
梁
開口周比
0.4 以下の開口
ℓ_2
ℓ_2スパンで考え、$A_0=A_1+A_2$のとき、A_0の開口周比が0.4以下であれば、耐力壁とみなせる

図4｜柱際開口の注意点

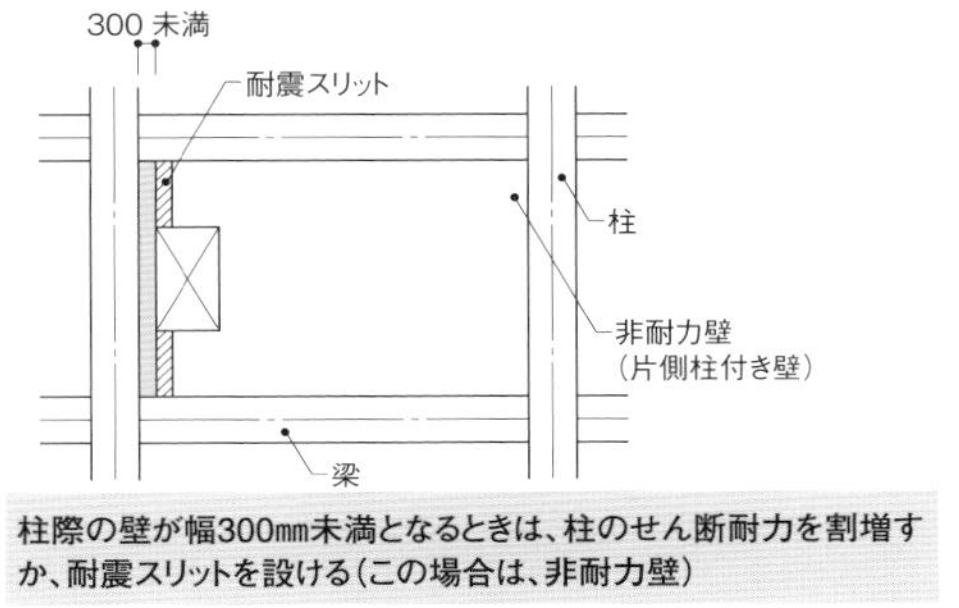
300 未満
耐震スリット
柱
非耐力壁
（片側柱付き壁）
梁
柱際の壁が幅300㎜未満となるときは、柱のせん断耐力を割増すか、耐震スリットを設ける（この場合は、非耐力壁）

図3｜上下連続開口の注意点

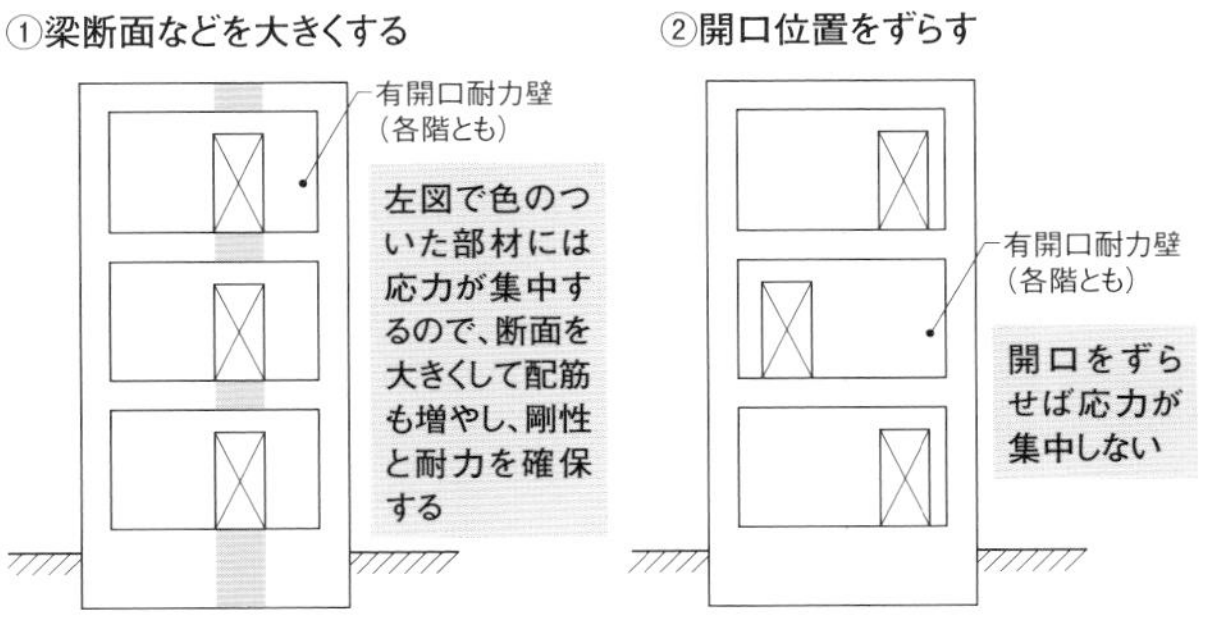
①梁断面などを大きくする
有開口耐力壁
（各階とも）
左図で色のついた部材には応力が集中するので、断面を大きくして配筋も増やし、剛性と耐力を確保する
②開口位置をずらす
有開口耐力壁
（各階とも）
開口をずらせば応力が集中しない

図5｜横長開口の危険性

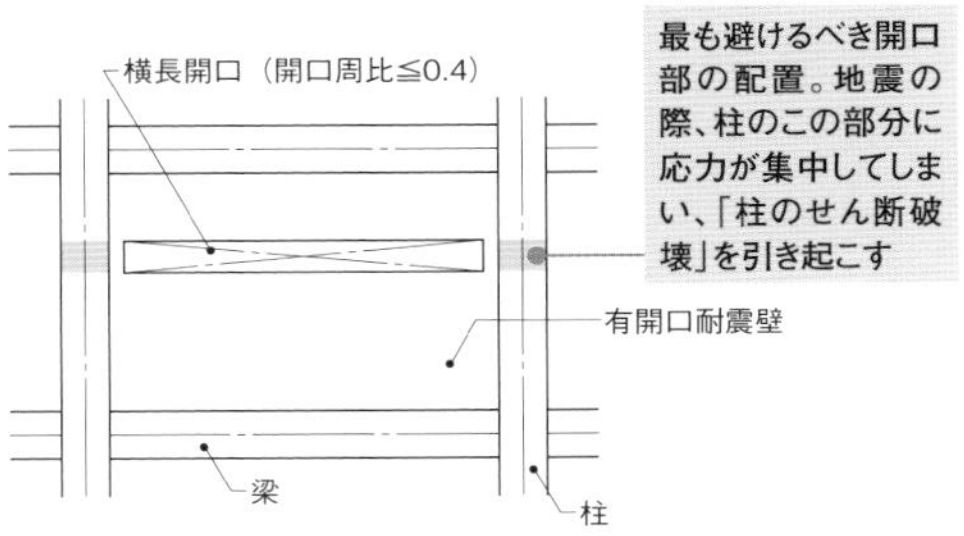
横長開口（開口周比≦0.4）
最も避けるべき開口部の配置。地震の際、柱のこの部分に応力が集中してしまい、「柱のせん断破壊」を引き起こす
有開口耐震壁
梁
柱

要注意だ。上下の開口に挟まれた梁には、両側の壁の影響で応力が集中してしまうからだ。梁の断面を大きくすると同時にせん断補強筋を増やし、剛性と耐力を確保する必要がある。可能であれば、図3②のように開口を連続させないようレイアウトを検討したい。

また、**柱際に開口**を設けるときにも注意を要する。開口周比が0.4以下の耐力壁でも、開口脇の袖壁幅が300㎜未満の場合は、開口に近接する柱に必要なせん断耐力を割り増す必要がある。それが不可能な場合は、図4のように柱際にスリットを設けて耐力壁ではなく非耐力壁扱いとするとよい。

縦長と横長、どっちが危ない？

柱・梁の剛性と耐力が確保されているとして、開口周比や開口長さ比、開口高さ比が同じ開口は、耐力・剛性の低減率が同じ。つまり耐力壁としての性能も同等となる。しかし、**縦長開口**と**横長開口**では想定される被害が、**梁のせん断破壊**と**柱のせん断破壊**というようにまったく異なる。したがって、耐力壁としての性能は同じでも、柱・梁の被害を考慮し、柱際近くまで開けた横長の窓の計画は、極力避けるのがよいだろう［図5］。　［岡本憲尚］

RC S W

構造スリットが必要な雑壁がある

雑壁とは自重以外の荷重を負担させない壁で、構造的には非耐力壁。代表的なものに腰壁や垂壁・袖壁・方立壁があります。構造設計上、雑壁は地震力を負担しないものと考えます。ただし、雑壁がラーメンフレームと一体になっている場合は、地震による上下層の変位の影響で損壊が生じることがあります。

RC造建物で開口部廻りの雑壁がせん断破壊しているのはその代表的な例

雑壁被害は構造スリットで防ぐ

ラーメンフレームの柱・梁に**雑壁**が取り付いて一体化されると、部分的に応力が集中し、主フレームや雑壁が損傷する。応力が集中する代表的な例は、①腰壁や垂壁が取り付かない部分の柱が短柱となり応力が集中する、②袖壁付きの柱は剛性が高まり、応力が集中する、③方立壁により梁が短スパンとなり応力が集中する、などがある［図1①］。

これらの問題を解決する方法の1つに、**構造スリット**の設置がある。これは柱・梁と雑壁をスリットにより切り離すことで、壁付き柱・壁付き梁をなくして**応力の集中を避ける**方法だ。また、剛性の調整ができるので、**偏心率や剛性率を改善**することも可能である。さらには短柱や短スパン梁が生じないので、主フレームのせん断破壊よりも曲げ破壊を先行させ、**建物の粘りを確保**することができる［図1②］。

スリットにまつわる注意点

1―その雑壁は自立できているか？

スリットの設置方法はさまざまで、「建築物の構造関係技術規準解説書」（通称、黄色本）でも多くの設置例が紹介されている。設置すればそれでよいのではなく、設置後に「**雑壁が構造的に自立するか**」を確認するのも重要となる。

2―思いがけずスリットが入ることも

意匠設計者にとって思いがけないところにスリットが入ることがある。特に、階段室の壁にスリットを設ける場合、階段スラブと壁との間にもスリットが必要になることがある。縁を切った壁からは階段スラブの持ち出しができなくなるので、注意してほしい［図2］。

3―スリットの配筋チェック

スリットで切り離された雑壁は、地震時の慣性力や暴風時の風圧力による面外方向力に対して支障がないように配筋する。必要に応じて、**振れ止め筋**を適切に配置する［図3］。

4―スリット位置の変更は影響大

構造スリットは、柱や梁が降伏したときに雑壁と接しないだけの幅を確保する。一般的には25㎜以上、スリット長さの1／100以上と考えればよい。

スリットの位置は、構造的側面からだけでなく、目地割付けや止水処理、サッシの取付け方法、コンクリートの打設方法などを考慮して最終決定する。ただしそれらが確定するのは施工図作成段階のことが多い。その時点で

図1 | 雑壁と柱・梁の関係

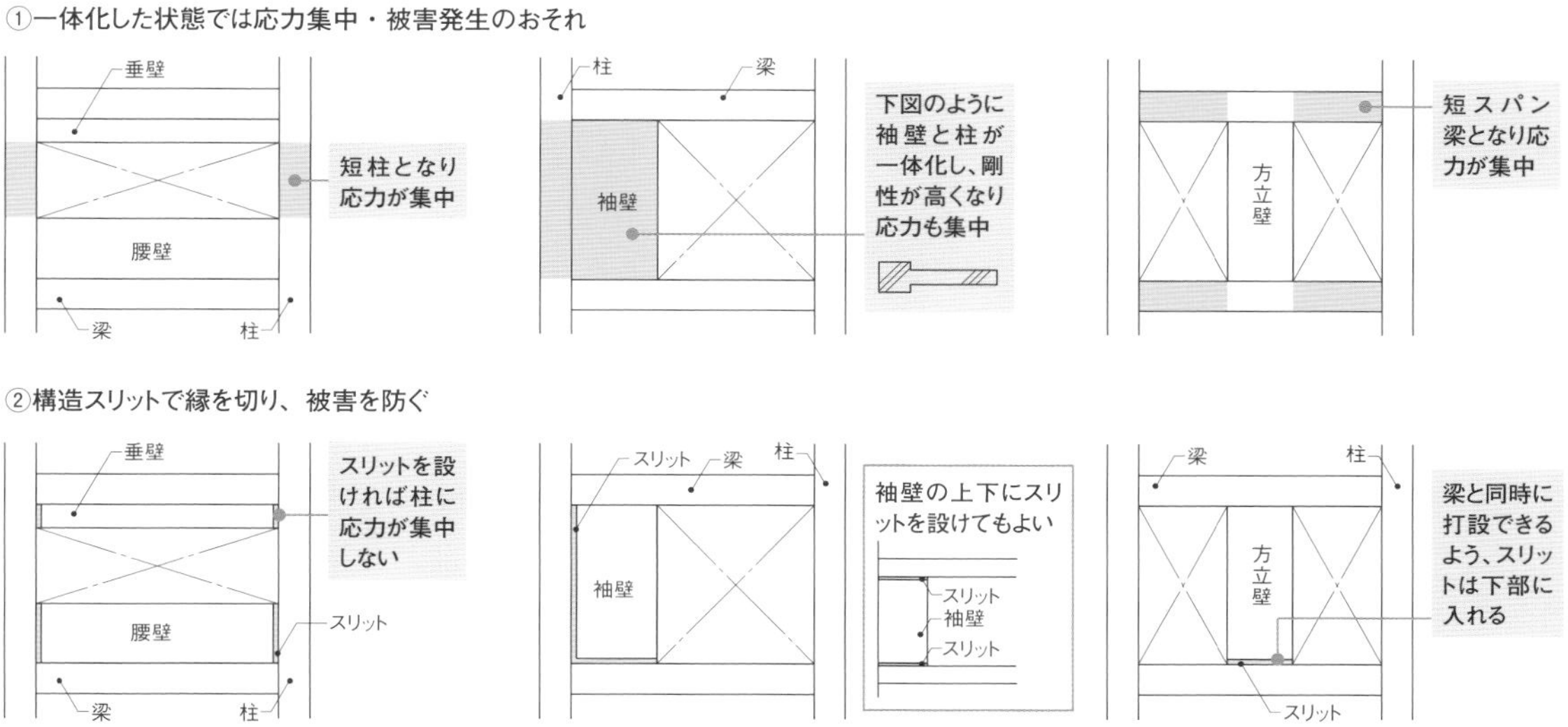
①一体化した状態では応力集中・被害発生のおそれ
垂壁
短柱となり応力が集中
腰壁
梁
柱
柱
梁
袖壁
下図のように袖壁と柱が一体化し、剛性が高くなり応力も集中
方立壁
短スパン梁となり応力が集中
②構造スリットで縁を切り、被害を防ぐ
垂壁
スリットを設ければ柱に応力が集中しない
腰壁
スリット
梁
柱
スリット
梁
柱
袖壁
袖壁の上下にスリットを設けてもよい
スリット
袖壁
スリット
梁
柱
方立壁
梁と同時に打設できるよう、スリットは下部に入れる
スリット

図2 | ここにもスリットが必要

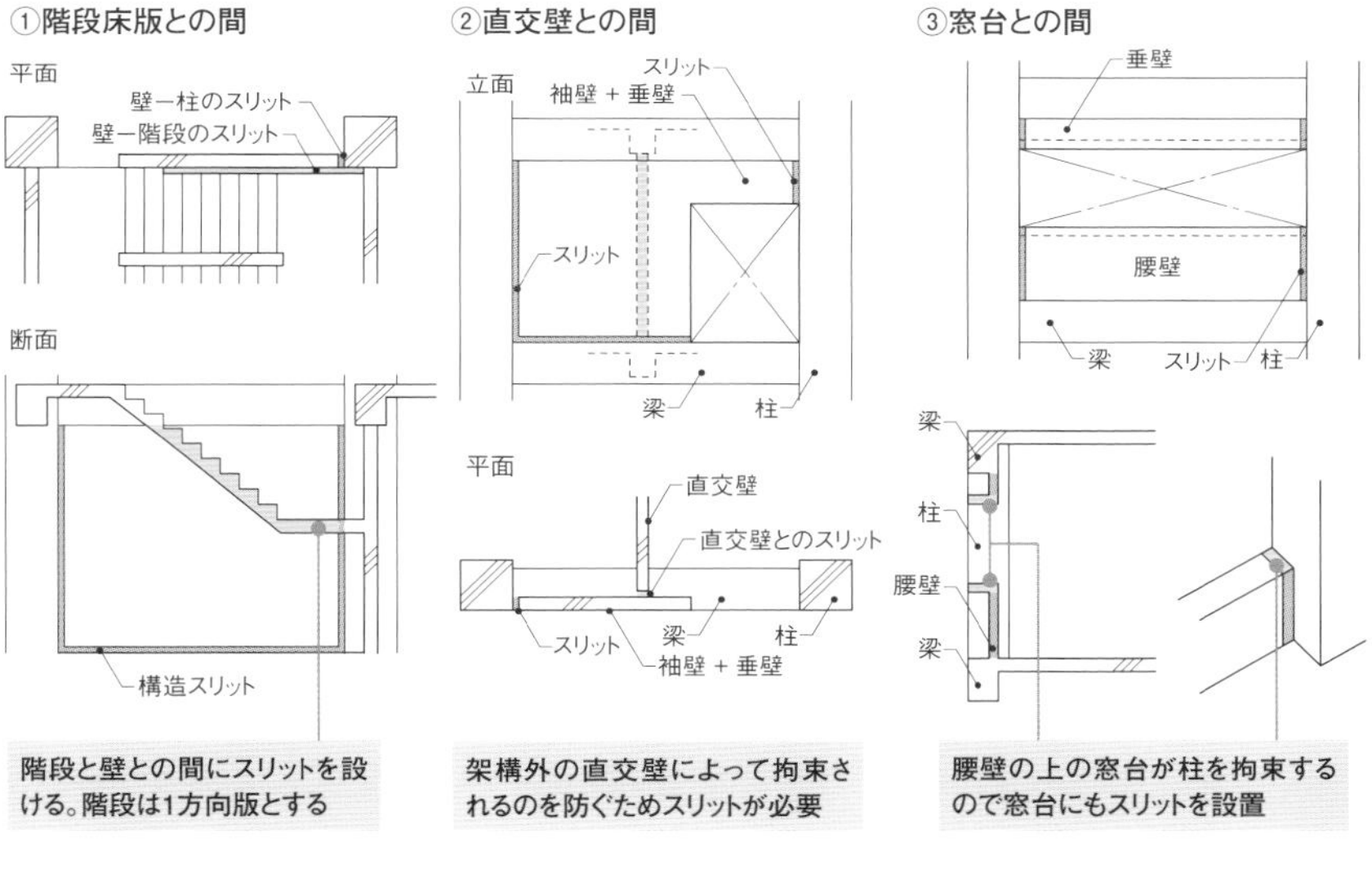
①階段床版との間
平面
壁−柱のスリット
壁−階段のスリット
断面
構造スリット
階段と壁との間にスリットを設ける。階段は1方向版とする
②直交壁との間
立面
スリット
袖壁＋垂壁
スリット
梁
柱
平面
直交壁
直交壁とのスリット
スリット
梁
柱
袖壁＋垂壁
架構外の直交壁によって拘束されるのを防ぐためスリットが必要
③窓台との間
垂壁
腰壁
梁
スリット
柱
梁
柱
腰壁
梁
腰壁の上の窓台が柱を拘束するので窓台にもスリットを設置

図3 | 雑壁振れ止め筋

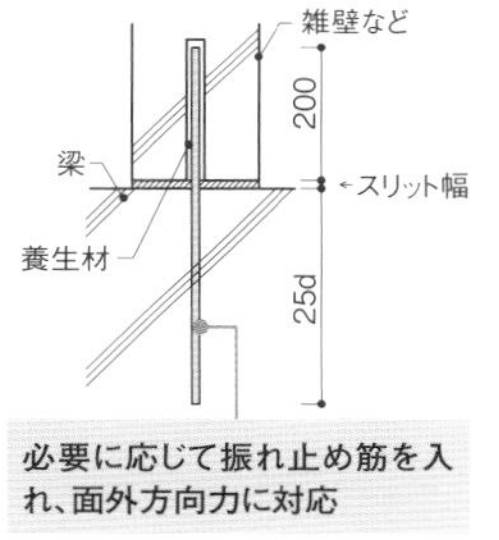
雑壁など
200
梁
スリット幅
養生材
25d
必要に応じて振れ止め筋を入れ、面外方向力に対応

図4 | スリットなしの袖壁

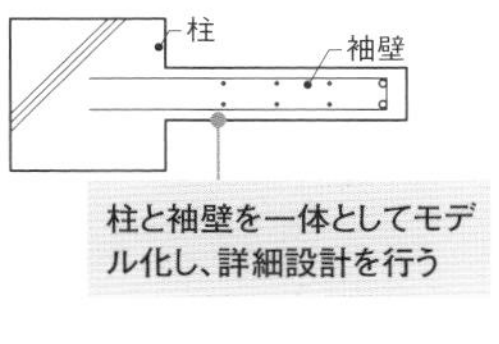
柱
袖壁
柱と袖壁を一体としてモデル化し、詳細設計を行う

の**スリット位置の変更は構造計算に大きく影響する**ので、慎重に検討を行う。

5　施工が悪ければ効果は台無し

理論的に効果的な配置であっても、打設時にスリットがずれるなど、施工品質が悪いと性能を確保できない。また、サッシとスリットの納まりが悪いと、**漏水の原因**になることもある。施工不良による事故は実際に数多く指摘されているので、現場での確認を怠らないようにしたい。特に、スリットで上下に分断された壁へのコンクリート充填は難しい。梁下に設ける壁上水平スリット部分や、柱際の腰壁の垂直スリット部分については、施工性や施工方法についても検討しなければならない。

また使用するスリットが、耐震性に関係する変形性能や、要求される諸性能（耐火性、水密性、遮音性、耐久性）を満たしているかの確認を行う。

6　スリットを設けない雑壁もある

雑壁の長さが100㎜以下と短く、スリットが施工できない場合や、切り離すと面外力に抵抗できなくなる場合などは、無理にスリットを設けようとせず、柱・梁と壁が一体となった状態で構造性能を検討する【図4、※】。袖壁に耐力を負担させる検討方法が提案されている。［岡本憲尚］

※：雑壁はスリットを設けることで、非構造部材となる。一方、スリットを設けない場合は、構造耐力上主要な部分（袖壁付き柱、腰壁・垂壁付き梁）として設計する必要があり、荷重・外力に対して損傷しないことを確認しなくてはならない

耐震スリットを意匠デザインに

data

名称：鴎友学園
設計(監理)：日建設計
写真：篠澤裕

耐震スリットと開口部

RC造の建物では、平面的にバランスよく耐力壁を配置することが求められる。X、Y2方向のそれぞれにおいてバランスを欠いた耐力壁配置を行うと、構造計算上偏心率が大きくなり、建物は地震時にねじれ挙動を示してしまう。それを避けるため、意匠上もしくは設備上、耐力壁を設置できる箇所であっても、偏心率を抑えるために耐震スリットを壁周囲に設け、耐力壁を非耐力壁になるように設計する場合がある。

本来、耐力壁の減少による構造耐力の低下を防ぐため、耐震スリットは設けずに設計を行うことが望ましい。そのためには、窓や設備ガラリなどの開口と、構造計画とで位置関係の調整を行い、構造上の耐力壁と開口により耐力壁にならない非耐力壁を、建築計画において整理する必要がある。

写真のような開口部は、開口部の形状が耐震スリットと同様の効果を生み出すことから、耐震スリットが必要な部分を意匠デザインで処理する場合の一例として考えられる。

開口を設けたRC壁は非耐力壁となるため、面外に作用する地震力などの水平力に対して、片持ち壁として設計を行う必要がある。また、地震時の層間変形追従性に対しては、サッシなどの開口を設計する必要がある

開口の形状がデザイン上の特徴となっている。そして夜景においても、より際立っている。意匠上の窓などの開口や設備ガラリなどの設備上の開口との調整に、構造計画も絡めて、常に意識することが望まれる

COLUMN

このクラックは安全？それとも……

コンクリートはひび割れる

すべてのひび割れが構造的に危険なわけではない。

コンクリートにとって「ひび割れ（クラック）」とは、避けて通れないもの。そもそもコンクリートという材料は、圧縮強度に対し引張り強度が1／10程度と極端に小さい。ところが引張り強度の割に、弾性係数（ヤング係数）［※］が高いため、引張り力が生じると簡単にひび割れが生じてしまうからだ。

ひび割れの対処法

コンクリートのひび割れは発生要因により次の3つに大別できる。

①「設計条件」に起因するひび割れ（構造ひび割れ）

②「材料条件、施工条件」に起因するひび割れ

③「環境条件、劣化」によるひび割れ

なかでも、構造的に危険なのは①の構造ひび割れである。建物にひび割れが生じた場合は、まずその位置・方向から発生要因を推定し、構造体への影響をすみやかに把握したうえで、補修・補強を行う必要がある【表】。

1 構造ひび割れの場合

鉄筋量の不足などからひび割れが生じているため、エポキシ樹脂注入工法などによる補修では、再度ひび割れが生じる可能性が高い。構造的な解決（補強）が必要である。

2 ひび割れ幅が小さい場合

構造ひび割れではない場合、ひび割れ幅が0.2㎜以下程度と微細であれば、構造耐力に大きな影響が出ることは少ない。

ただし、ひび割れから雨水などが浸入すると、内部鉄筋の劣化を早めることになるので、シール工法などで補修を行うことが望ましい。

3 ひび割れ幅が大きい場合

ひび割れ幅が0.3㎜以上と大きい場合は、構造ひび割れではなくても構造耐力や建物の剛性にも影響が出る。特に、ひび割れが主要構造部に生じていれば、ただちにエポキシ樹脂注入工法などで補修を行う必要がある。

［川村大樹］

表｜ひび割れの種類

	分類	備考	発生部位や状況
設計条件に起因するひび割れ（構造ひび割れ）	①曲げ応力によるもの（曲げひび割れ）	過剰な荷重（オーバーロード）、鉄筋量の不足、コンクリート断面の不足などが原因	床や柱に発生
	②せん断応力によるもの（せん断ひび割れ）	地震時における、コンクリートの許容せん断応力度不足などが原因	耐震壁・柱などで斜めに発生
	③不同沈下によるもの	建物が傾き、せん断応力が大きくなることが原因	壁などで斜めに発生
材料条件、施工条件に起因するひび割れ	①コンクリートの沈み・ブリージングによるもの	このひび割れを防ぐには、コンクリートの単位水量を少なく、セメント粒子を細かく、骨材の微粒分を多くする	スラブなどに水平鉄筋に沿って発生
	②乾燥収縮ひび割れ	最も多くみられるひび割れ。このひび割れを防ぐには、単位水量を少なくし、水セメント比の低いコンクリートを使用するほか、丁寧な打設、せき板などの十分な存置、鉄筋のかぶり・空きの確保を行う。開口部廻りなどには割止め補強筋を配置し、収縮誘発目地を適切に設けるのも効果的	周辺をフレームに囲まれた1枚壁、両端を拘束された長い1枚スラブ、梁からの片持ち連続壁（腰壁）など
	③アルカリ骨材反応によるもの	アルカリ骨材反応により、コンクリートが膨張することで生じる	亀甲状あるいは網状のひび割れ
	④混和材料の不均一な分散によるもの	混和材の種類により膨張性と収縮性のひび割れが生じる	局部的に発生
	⑤長時間の練り混ぜによるもの	運搬時間が長いときなどに生じる	全面網状に発生
	⑥急速な打込み速度によるもの	高さのある部材を急速に打ち込んだときなどに生じる	—
劣化によるひび割れ	①鉄筋の腐食によるもの	コンクリートの中性化が原因。十分なかぶりをとる、仕上げを行う、メンテナンスを行うなどの対策がある	内部から押し出されるように発生
	②外気温変動によるもの	コンクリートの伸縮が大きくなることで生じる	屋根面や上層部の壁、パラペットなどに発生

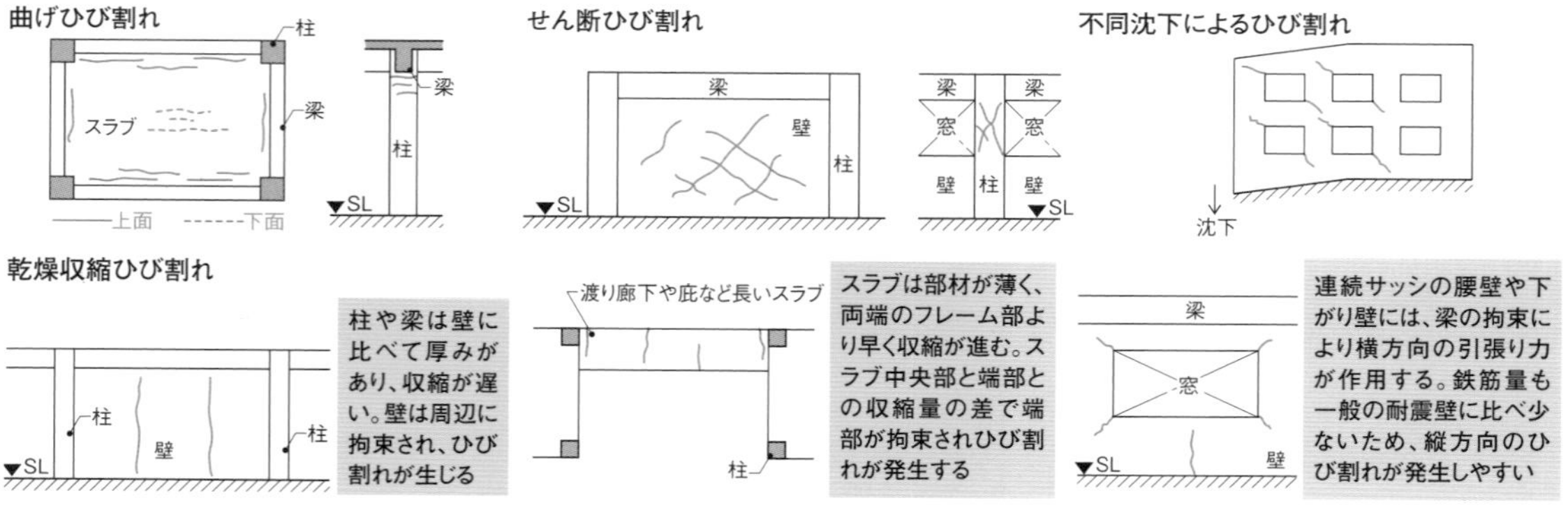

曲げひび割れ
柱
梁
スラブ
SL
上面
下面
せん断ひび割れ
梁
壁
柱
窓
SL
不同沈下によるひび割れ
沈下
乾燥収縮ひび割れ
柱
壁
SL
柱や梁は壁に比べて厚みがあり、収縮が遅い。壁は周辺に拘束され、ひび割れが生じる
渡り廊下や庇など長いスラブ
スラブは部材が薄く、両端のフレーム部より早く収縮が進む。スラブ中央部と端部との収縮量の差で端部が拘束されひび割れが発生する
梁
窓
壁
連続サッシの腰壁や下がり壁には、梁の拘束により横方向の引張り力が作用する。鉄筋量も一般の耐震壁に比べ少ないため、縦方向のひび割れが発生しやすい

※：変形のしにくさ。値が大きいほど変形しにくい。コンクリートは弾性係数が高く、変形しにくい素材なので、ひび割れしやすい

COLUMN

気になる柱・梁のひび割れ形状

形状で原因を推察

RC造の柱や梁で見かけるひび割れは、さまざまな要因から発生する。ここではひび割れの形状とその原因との関係性をみてみよう。

表 | 推察される原因とコンクリートのひび割れ形状

柱

①ジャンカ

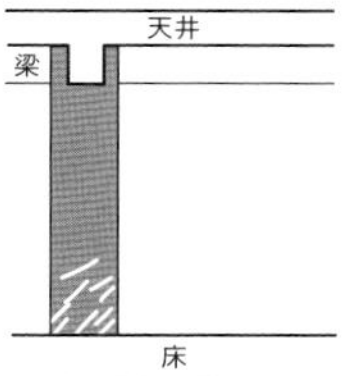

コンクリートの打設が不十分の場合、柱脚部にジャンカが生じやすく、その部分にひび割れが生じる

②コールドジョイント

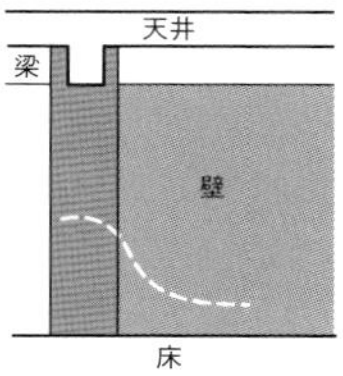

施工手順が悪くて打継ぎ部分が一体化せず、ひび割れが生じる

③帯筋のかぶり厚さ不足

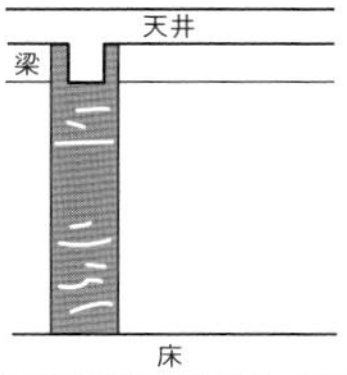

帯筋に沿ってひび割れが生じる

④柱頭、柱脚部のかぶり厚さ不足

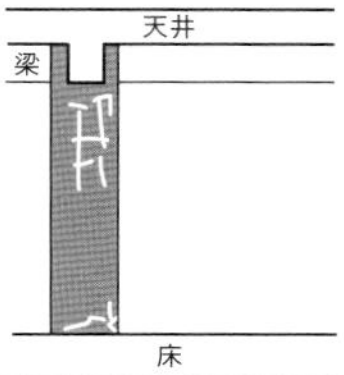

柱頭、柱脚部分で鉄筋が片寄ってかぶり厚さ不足となり、ひび割れが生じる

⑤コンクリート中の塩化物が多い

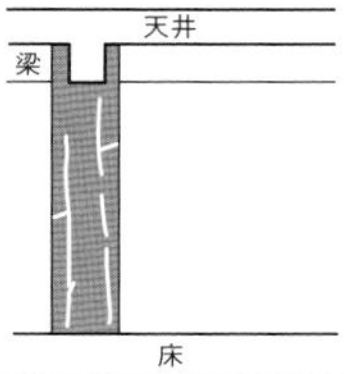

主筋の腐食が起き、ひび割れが発生する

⑥アルカリ骨材反応

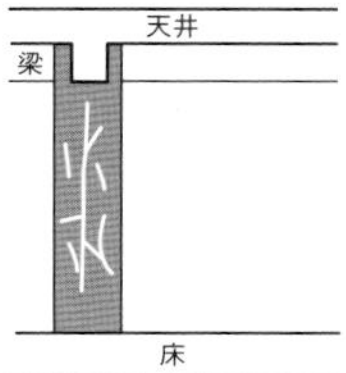

アルカリ骨材反応による膨張を抑えられない場合、柱の中心部に縦方向に大きなひび割れが生じる

⑦凍結融解作用

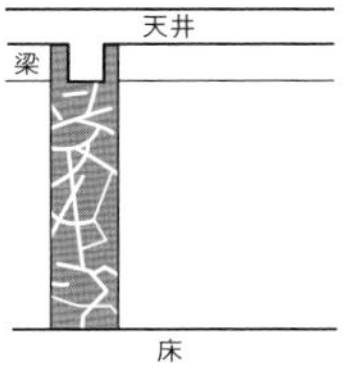

コンクリート中の水分が寒冷期に凍結し、その膨張圧で亀甲状にひび割れが生じる

⑧乾燥収縮

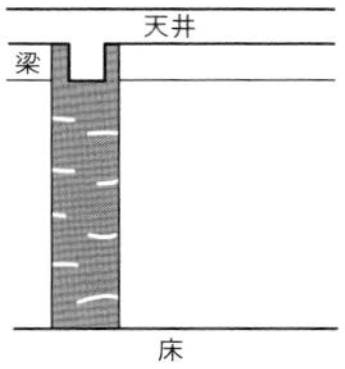

柱の外側部分は乾燥収縮しやすく、角部分に横方向にひび割れが生じる

⑨せん断

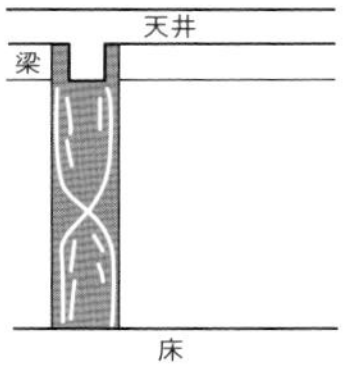

地震時に、斜め方向にせん断ひび割れが生じ、同時に主筋方向に沿って縦にひび割れが生じる

⑩曲げ

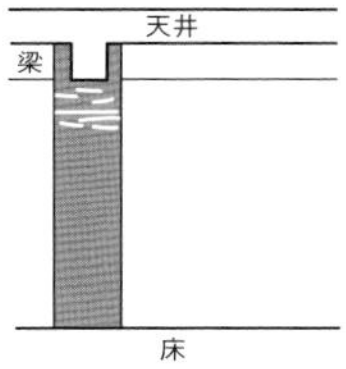

地震時に、柱頭部に曲げによるひび割れが生じることがある

梁

①曲げ

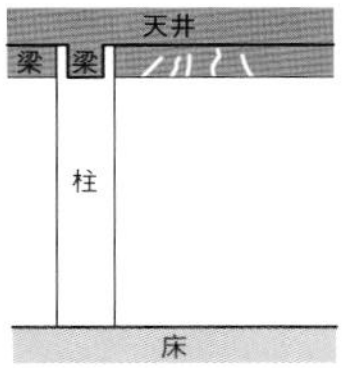

曲げモーメントを受ける場合、ひび割れが生じやすい

②せん断

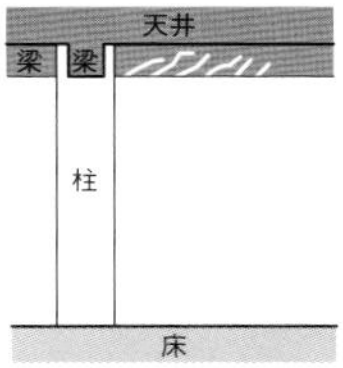

不動沈下や地震力によって生じるひび割れは、斜めにはいる

③コールドジョイント

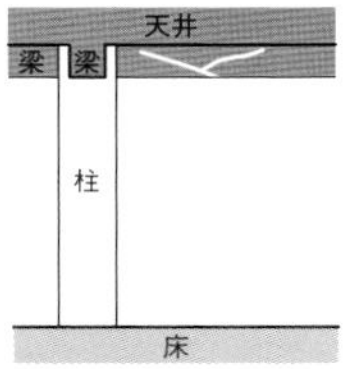

施工手順が悪くて打継ぎ部分が一体化せず、ひび割れが生じる

④乾燥収縮

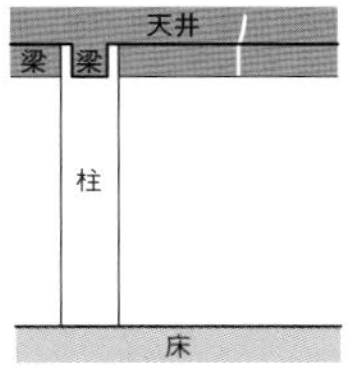

材軸に直行する方向に、床スラブまでひび割れが生じる

⑤あばら筋のかぶり厚さ不足

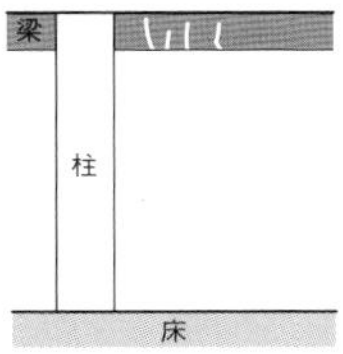

あばら筋に沿ってひび割れが生じる

⑥コンクリート中の塩化物が多い

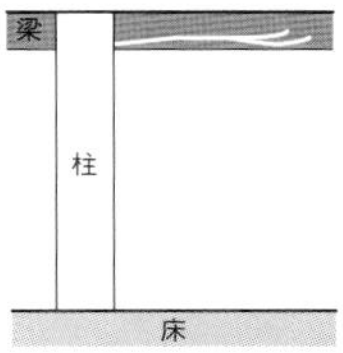

主筋が錆び、主筋に沿ってひび割れが発生する

⑦アルカリ骨材反応

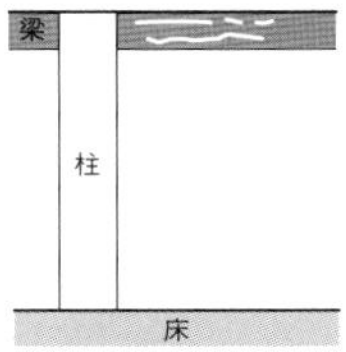

アルカリ骨材反応による膨張を抑えられない場合、水平方向に大きなひび割れが生じる

⑧凍結融解作用

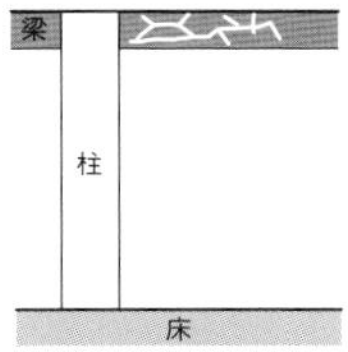

コンクリート中の水分が寒冷期に凍結し、その膨張圧で亀甲状にひび割れが生じる

『鉄筋コンクリート造建築物の耐久性調査・診断および補修指針（案）・同解説（日本建築学会）』をもとに作成

RC
S
W

壁式でも壁を少なくしたい！

壁式RC造において、最も重要な役割を担うのが「耐力壁（耐震壁）」です。耐力壁量は建物の耐震性に直接的な影響を及ぼしますが、開口についての制限はそれほど厳しくありません。

海に面した壁式RC造の別荘。海側に大開口を設けるため、隣地側と道路側の壁を多めに配置し、海側の壁の厚みを増した

壁式RC造（以下、WRC造）は、低中層の住宅や集合住宅などで一般的に採用されている構法の1つ。RC造のラーメン構造と違い［※1］、「**壁量**」で建物を支える強度型の構造で、耐震強度が高い反面、靭性（粘り強さ）を期待しにくい構造形式である。

壁構造の仕様規定を押さえよう

WRC造においては、①建築可能な「**規模**」、②耐力壁の「**標準壁量**」、③「**必要壁厚**」などが、建築基準法にもとづく告示（平13国交告1026号）により定められている［表・図1］。

壁量については、木造の壁量計算と同様に、各階の**X・Y方向の存在壁量**［※2］**が必要壁量**（標準壁量×各階床面積）**以上である**ことを確認する。

1｜緩和規定で必要壁量が減る

同告示の**緩和規定**により、壁を厚くしたり、コンクリートの基準強度Fcを上げたりなどすれば、標準壁量を低減できる（最小壁量）。これは、標準壁量の前提となる「層間変形角1／2000以下、耐力壁のコンクリートの平均せん断応力度τ_0が一定値以下」という性能が、壁量を減らしても壁厚やFcを大きくすることで満たされるからである。

壁量の低減は最大で5㎝／㎡。結果的には約70％程度まで、壁量を減らすことができる［※3］。

また標準壁量は地震地域係数Z＝1.0として想定されているため、Zが1.0未満の地域であれば、同様に標準壁量を低減できる。

そのほか、**仕様規定**により、耐力壁は平面・立面的にバランスよく配置し、各階の耐力壁頂部には**壁梁**（原則として、梁せい45㎝以上）を連続して設ける。この壁梁を十分なせいのある剛強な梁とすることで、耐力壁の曲げ耐力が増大し、壁構面の変形も抑えられる。つまり耐力壁が十分な応力を負担できるようになるので、標準壁量を最小壁量まで減らすことが可能になる。

2｜その壁は本当に耐力壁？

耐力壁を存在壁量に算入するには、当該耐力壁が必要厚さを満足するだけでなく、**耐力壁実長が45㎝以上**、かつ**同一の長さを有する部分の高さの30％以上**でなくてはならない［図2①］。

その際、耐力壁には開口を設けられないが、ある一定の基準を満たす小開口［図2③、※4］なら、開口をないものとして扱える。なお、耐力壁は壁筋比についても告示に規定がある。

3｜仕様規定を外す方法がある？

WRC造の建築物で仕様規定による壁量や壁厚が確保できない場合、許容

タイトル写真：吉村靖孝建築設計事務所、物件名：『Nowhere but sajima』（意匠：吉村靖孝建築設計事務所、構造：鈴木啓／ASA）
※1：RC造のラーメン構造は、柱・梁で建物を支える靭性型の構造
※2：建物の各階の梁間方向および桁行方向に配置する耐力壁の長さをそれぞれ合計し、各階の床面積で除した数値
※3：壁厚とコンクリート強度の割増しによる低減を行った場合

表 WRC造の仕様規定（平13国交告1026号）

①規模			
地上階数			5階以下
軒高			20m以下
階高［*1］			3.5m以下
②標準壁量［*2］			
地上階	階数1～3の場合		12㎝／㎡以上
	階数4～5の場合	下記以外の階	12㎝／㎡以上
		1階（階数4） 1～2階（階数5）	15㎝／㎡以上
地下階			20㎝／㎡以上
③壁厚［*1］			
地上階	階数1の場合		12㎝以上
	階数2の場合		15㎝以上
	階数3～5の場合	最上階	15㎝以上
		上記以外の階	18㎝以上
地下階			18㎝以上
④その他			

・壁梁せい≧45㎝［*1］　・屋根・床はRC造［*3］
・コンクリート設計基準強度Fc≧18など

*1：一定条件のもとで緩和または免除規定あり
*2：一定条件（①耐力壁厚、②Fc、③地域係数による）に該当する場合、最小壁量（標準壁量－5㎝／㎡が限度）とすることができる
*3：保有水平耐力≧必要保有水平耐力なら免除、また小規模（地上階数≦2）の場合もただし書の運用により免除される

図1 WRC造の標準壁量・壁厚

①耐力壁の標準壁量

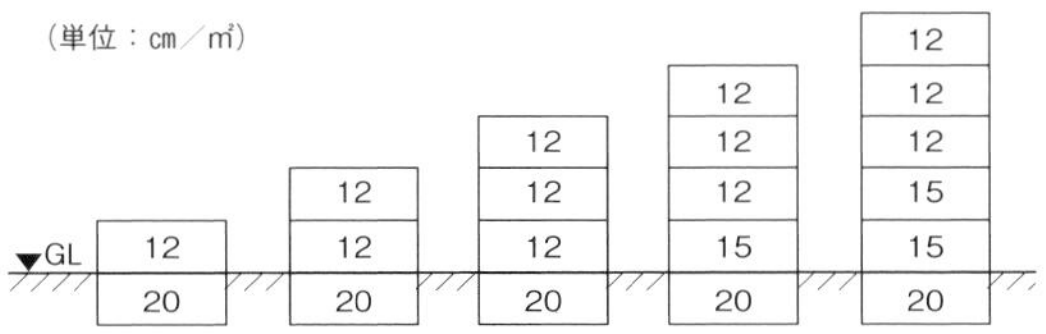
（単位：㎝／㎡）
GL
12
20
12
12
20
12
12
12
20
12
12
12
15
20
12
12
12
15
15
20

②耐力壁の必要厚さ

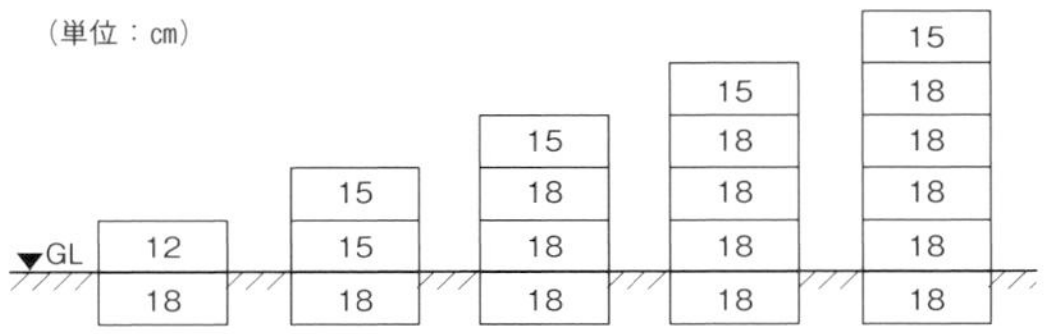
（単位：㎝）
GL
12
18
15
15
18
15
18
18
18
15
18
18
18
18
15
18
18
18
18
18

図2 WRC造の耐力壁の注意点

①耐力壁のとり方

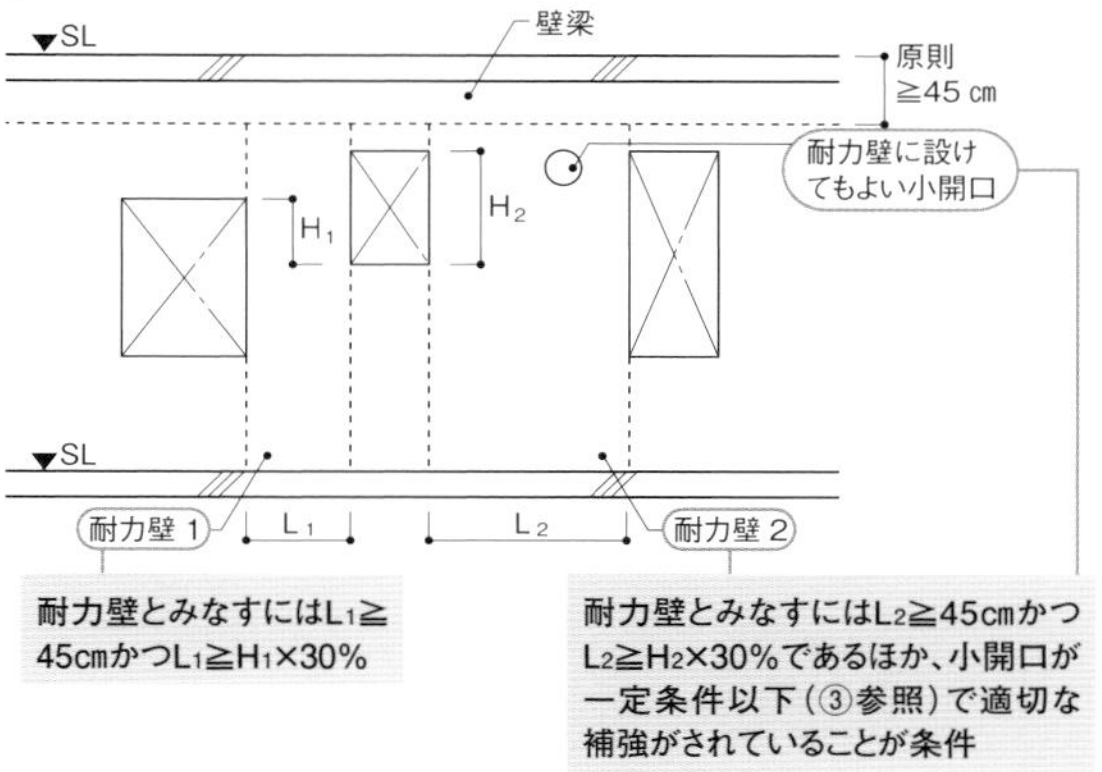
SL
壁梁
原則
≧45㎝
耐力壁に設けてもよい小開口
H1
H2
SL
耐力壁 1
L1
L2
耐力壁 2
耐力壁とみなすにはL1≧45㎝かつL1≧H1×30%
耐力壁とみなすにはL2≧45㎝かつL2≧H2×30%であるほか、小開口が一定条件以下（③参照）で適切な補強がされていることが条件

②バランスよく配置する

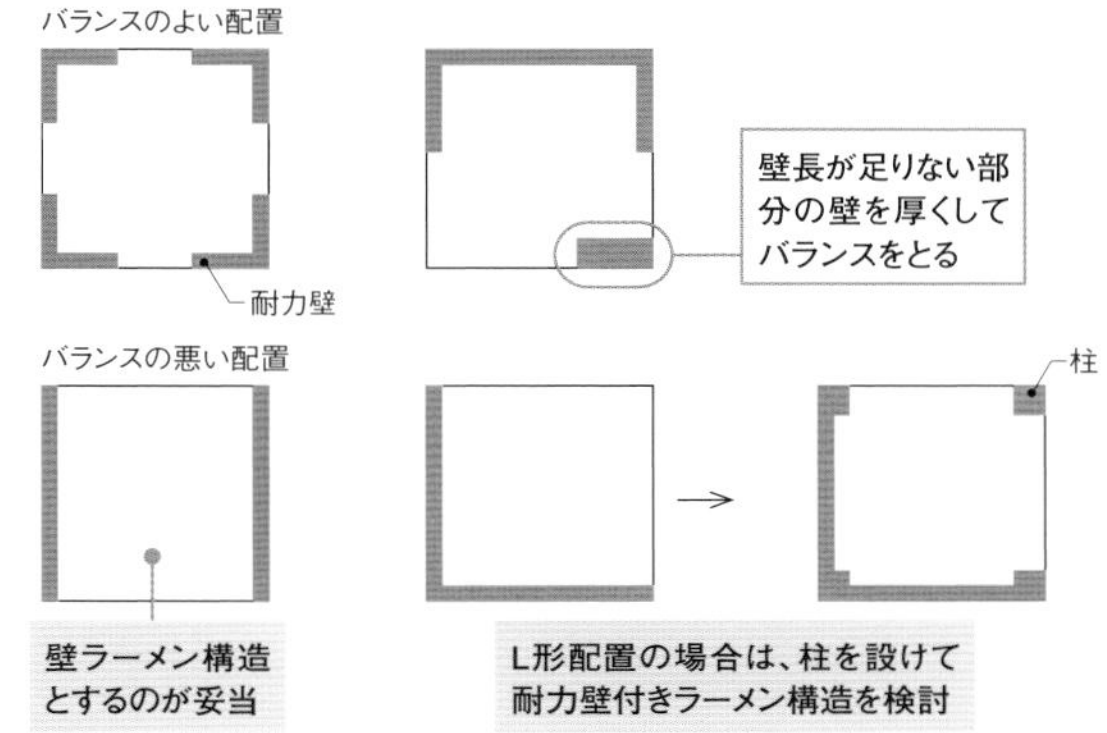
バランスのよい配置
耐力壁
壁長が足りない部分の壁を厚くしてバランスをとる
バランスの悪い配置
柱
壁ラーメン構造とするのが妥当
L形配置の場合は、柱を設けて耐力壁付きラーメン構造を検討

③無視してよい小開口

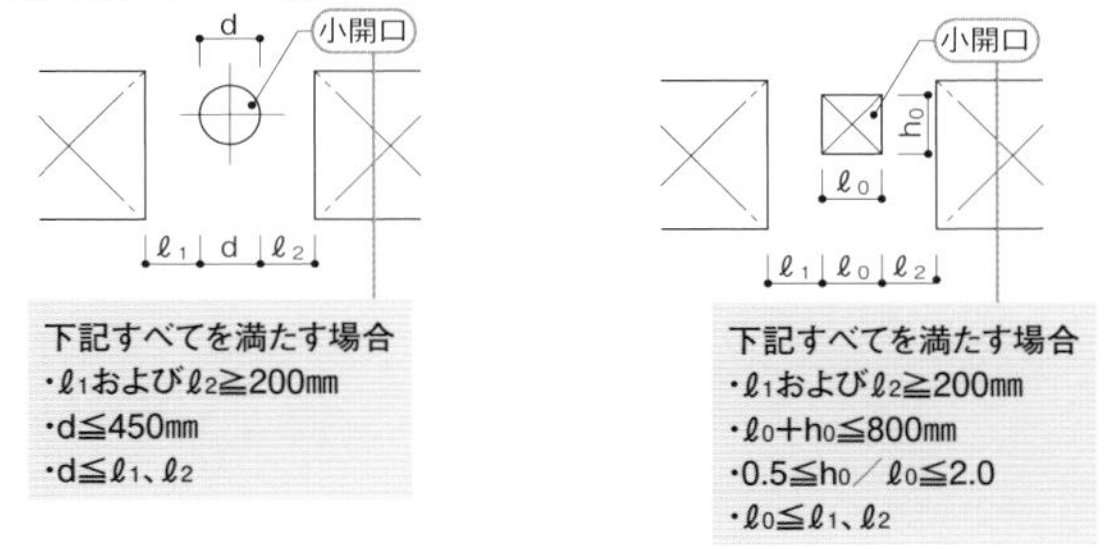
d
小開口
ℓ1
d
ℓ2
下記すべてを満たす場合
・ℓ1およびℓ2≧200㎜
・d≦450㎜
・d≦ℓ1、ℓ2
小開口
h0
ℓ0
ℓ1
ℓ0
ℓ2
下記すべてを満たす場合
・ℓ1およびℓ2≧200㎜
・ℓ0+h0≦800㎜
・0.5≦h0／ℓ0≦2.0
・ℓ0≦ℓ1、ℓ2

応力度計算に加えて、層間変形角（1／2000以下）と保有水平耐力を満足することを確認すれば、設計は可能となる。

耐力壁バランスが悪いときの対処

耐力壁の平面的な配置に偏りがある場合は、壁長が少ない部分の壁厚を厚くすることで壁量を上げて、バランスをよくする方法がある【図2②】。

一方、壁一面を大開口にするなど絶対的にバランスが悪い場合や、全体的に極端に壁量が少ない平面計画の場合は、耐力壁付きラーメン構造や純ラーメン構造を検討したほうがよいことも多い。とはいえ、ラーメン構造にすれば壁量は減らせるが、柱型や梁型が現れてくる。いずれにせよ、**計画当初から、建物全体の平面計画に合わせた構造形式を採用する**ことが重要である。

なお、一方向に開口を設けるには、**偏平ラーメン**［※5］などボックスカルバート形式のラーメン構造とすることも考えられる。ただしこの場合は、**ルート3**（保有水平耐力計算）となり、保有水平耐力や柱梁接合部の検討も必要となるほか、構造計算適合性判定をも要する。申請期間が延びることにも注意してほしい。［鈴木啓］

※4：耐力壁の小開口とは、図2③の条件を満たしたうえで適切な補強を行ったもの
※5：壁ラーメンともいう。柱梁の最小せいを25～30㎝と薄くして、幅を45～90㎝程度と比較的大きくとった壁状のラーメン構造。ラーメン構造なので、壁量の制約を受けない

壁式構造
壁の存在をなくす

data

名称：展の家
意匠：武井誠　鍋島千恵／TNA
構造：小西泰孝／小西泰孝建築構造設計
写真：阿野太一

壁と柱の違いは何か

壁式構造あるいは壁構造は、名前の通り壁を構造体として積極的に用いたもので、高い耐震性能を容易に確保できる。しかし反面、

空間を遮る要素となるため、建築計画の自由度を妨げ、また将来のプラン変更に対応しにくいというデメリットがある。

一体どういうものを〝壁〟と呼ぶのだろうか？　柱と何が異なるのだろうか？　実は、壁と柱では力学的な取り扱いに、差は全くない。長さの短い壁＝幅の大きい柱と捉えれば、両者に明確な境界がないのは明らかである。

傾斜地に建てられた「展の家」では、150㎜×75㎜の角型鋼管を2個合わせた300㎜×75㎜の扁平な柱を計20本配置し、建物全体を浮かせるように支持している。ぞれぞれの柱は、放射状に配置された1階壁の端部に合わせて配置され、一対の隅柱となる。300㎜×75㎜の柱は、高さの低い箇所では壁と見てとれる。また、一対の柱は、壁の中心部分を取り除き分離したものとも捉えられ、壁とも柱とも見てとれる構造体である。

ロ型平面の平屋構造が、計20本の扁平な鉄骨柱により傾斜地盤から持ち上げられている。一対の柱の頂部には10枚の内壁が設けられ、各居室を緩やかに仕切っている

中庭を中心として柱が放射状に配置されるため、中庭に立つと柱や壁の小口だけが見え、遮られるものが一切なく、建物周囲に対して大きく開かれた空間となる

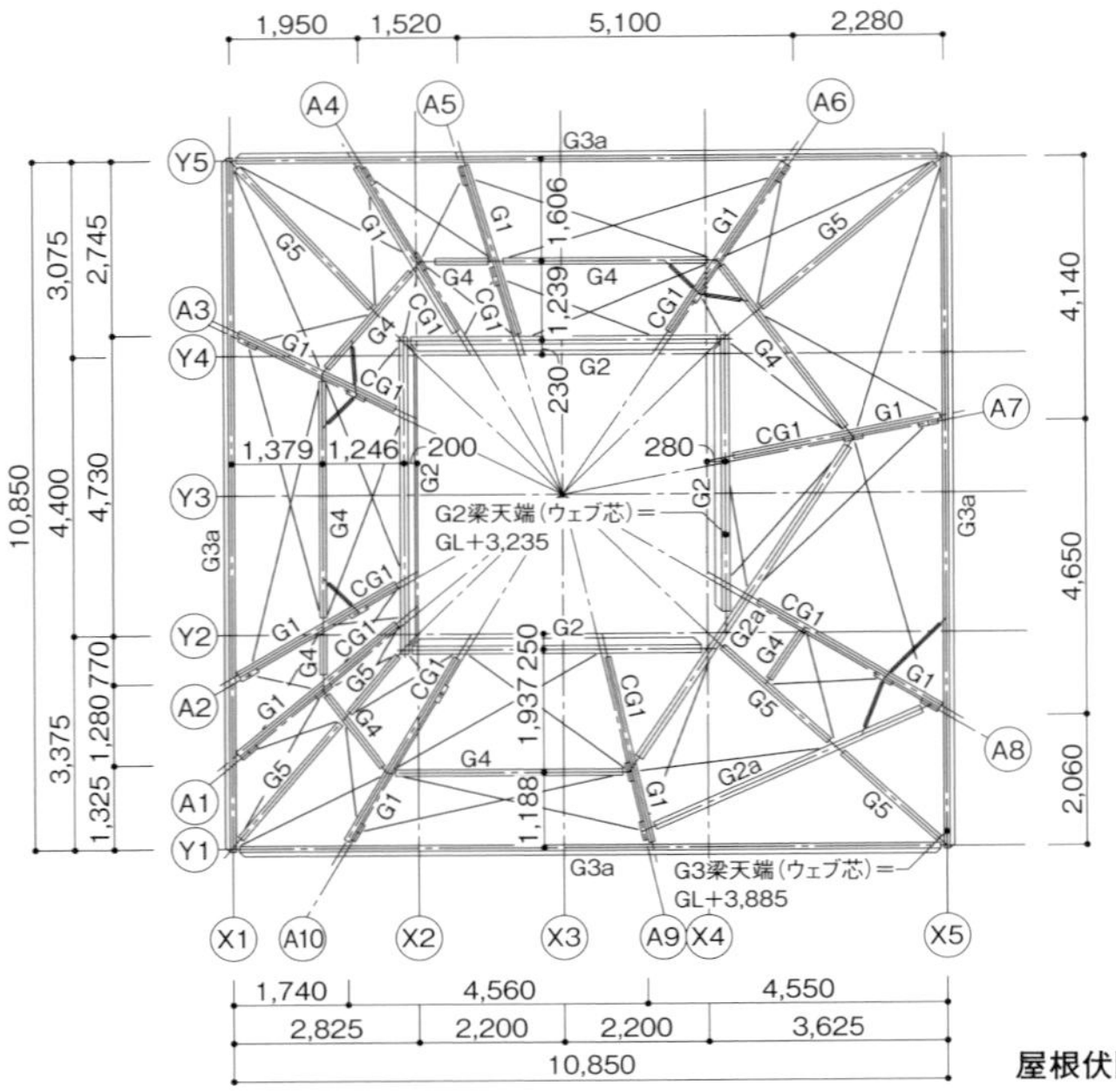

屋根伏図[S=1：200]

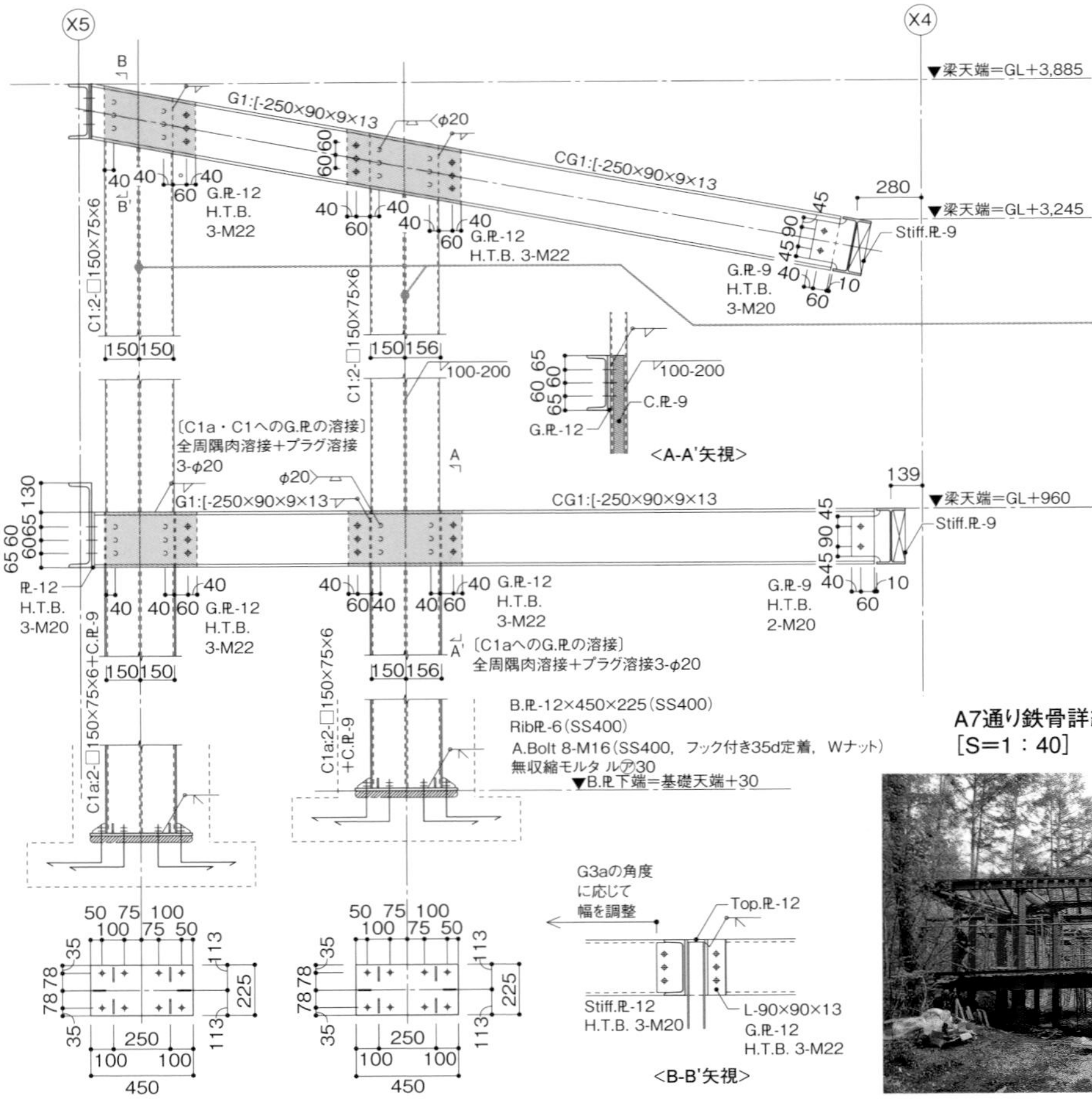

一対の鋼管柱(300×75)から建物中心に向かって鉄骨梁([-250×90)を効率良く跳ね出し、中庭側に柱を落とさない計画としている。柱と梁は、ボルト接合により固定度を確保し、ラーメン構造を形成している

A7通り鉄骨詳細図
[S=1：40]

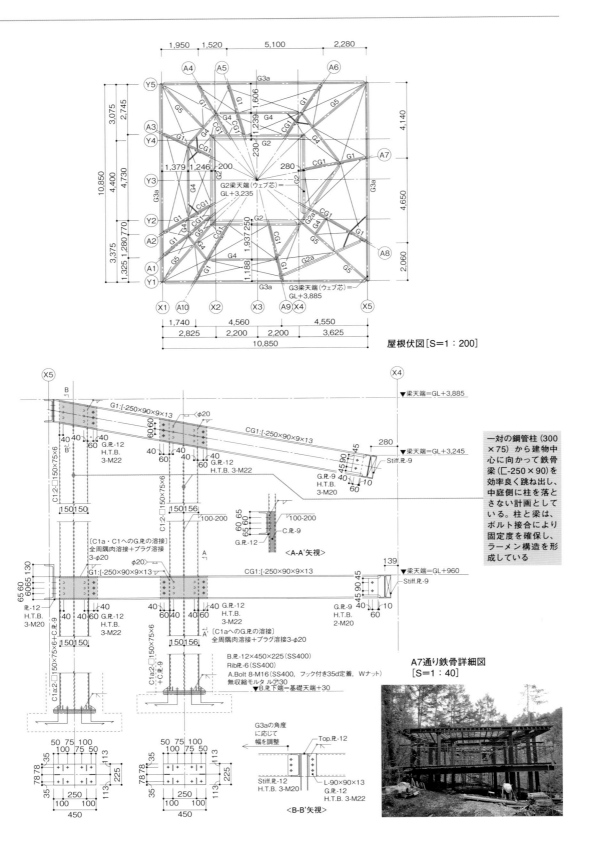

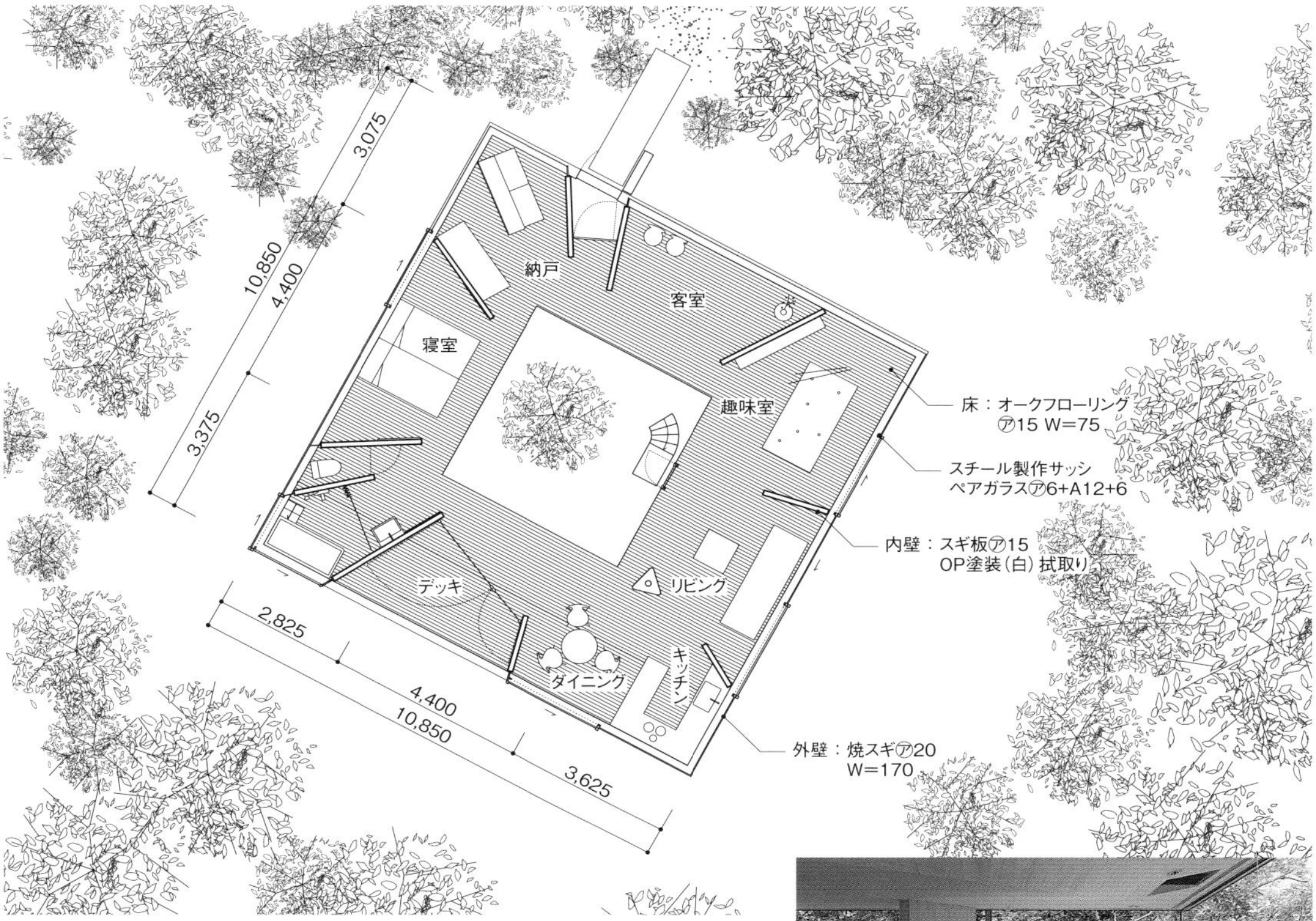
3,075
10,850
4,400
3,375
納戸
客室
寝室
趣味室
デッキ
リビング
ダイニング
キッチン
2,825
4,400
10,850
3,625
床：オークフローリング⑦15 W=75
スチール製作サッシ
ペアガラス⑦6+A12+6
内壁：スギ板⑦15
OP塗装（白）拭取り
外壁：焼スギ⑦20
W=170

1階平面図［S=1：200］

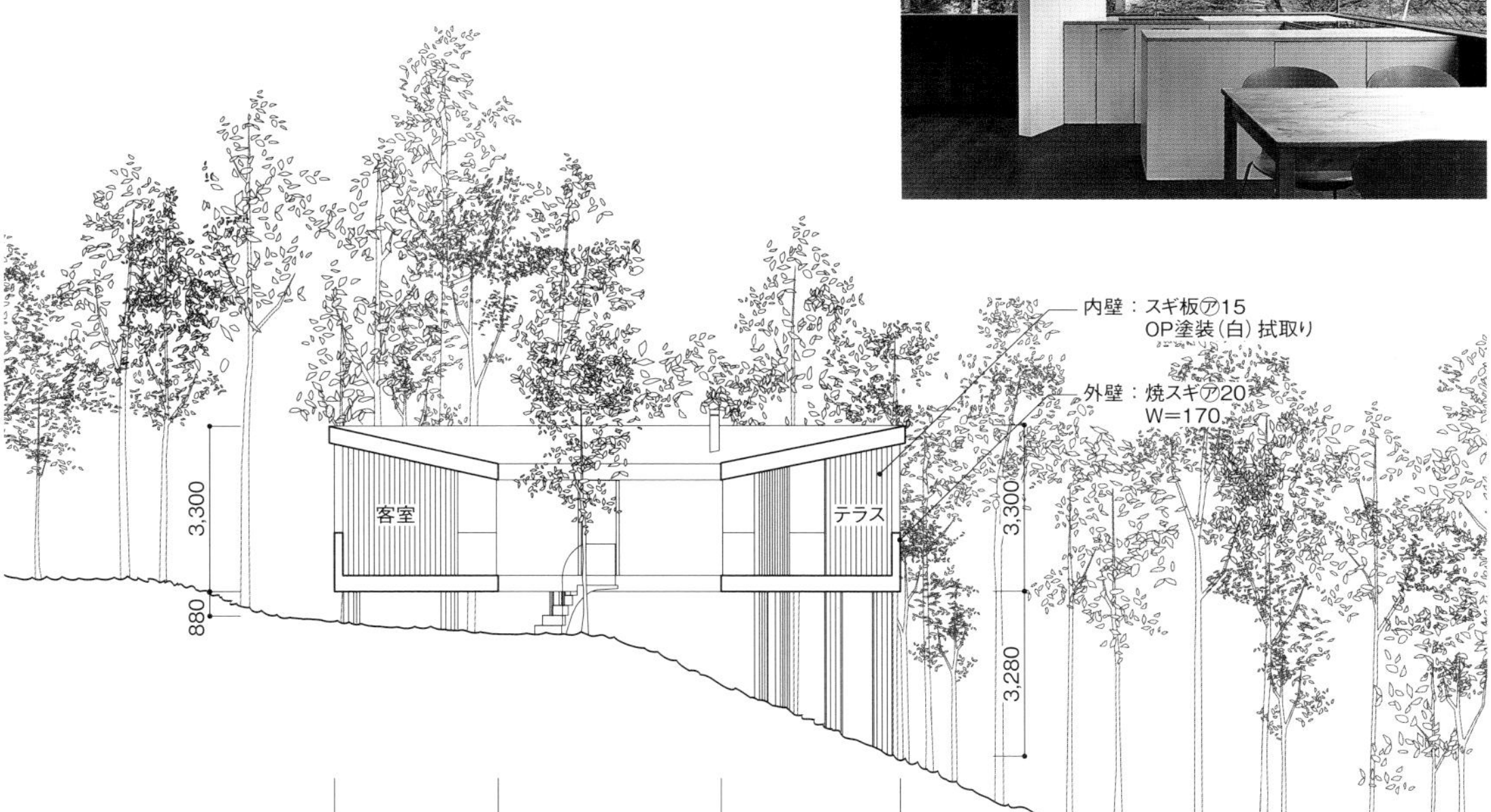
内壁：スギ板⑦15
OP塗装（白）拭取り
外壁：焼スギ⑦20
W=170
客室
テラス
3,300
880
3,300
3,280
3,075
4,400
3,315
10,850

断面図［S=1：200］

木造軸組工法でも無柱の開放空間を

data

名称：Peanuts
意匠：前田圭介／UID
構造：小西泰孝／小西泰孝建築構造設計
写真：上田宏

耐力壁の配置を90度回転

木造軸組工法は、所定の壁量を確保することで、合理的に耐震性能を確保できる一方、建物外周面や各居室間には筋交いや壁が必ず

配置され、開放的な空間が得られにくい。

「Ｐｅａｎｕｔｓ」では、木造軸組工法に容易になじみ得る形式としながら、無柱のワンルームで、かつ建物外周面に壁がない空間を構成することを試みた。具体的には、ピーナッツ型の平面に対して、建物外周部に法線方向に長さ約900㎜の壁柱を計20枚、バランス良く配置した。

この壁柱は、唯一の鉛直構造要素として屋根荷重を支持すると共に、耐力壁として所定の壁量を満たしている。これらの壁を全て90度回転させると、外周面に沿って耐力壁が連続した一般的な壁配置となるが、どちらで計画しても耐震性能に差は生じない。

一般的な耐力壁配置を90度回転させるというシンプルな操作により、壁間に建築計画上有効なスペースを生み、外部に対して大きく開放された空間を得ている。

構造体は、放射状に配置された耐力壁と屋根梁だけで、外周面に沿った壁がないため、外部に対して大きく開かれた空間となっている。耐力壁間のスペースは、ベンチ、トイレ、キッチンなどに有効に活用され、プランニングのキーとなっている

アクソメ図

外壁面に、水平方向に配置されたルーバーは非構造材であるが、実質的には、各耐力壁を束ねて一体化させ、壁のねじれを拘束する効果がある。木造軸組工法の場合、このように非構造材が実際には構造材として有効に働くケースが多くある

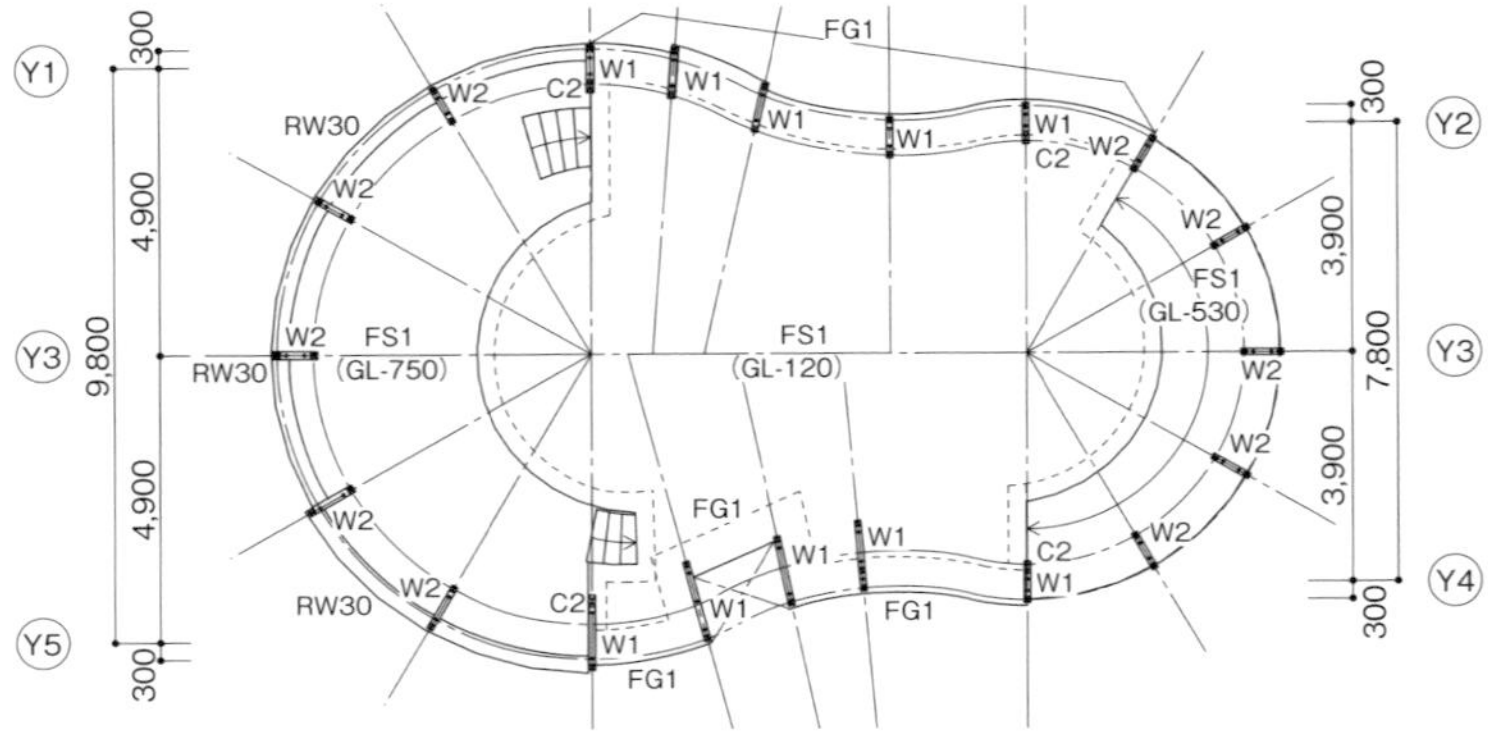

基礎・1階伏図[S=1：250]

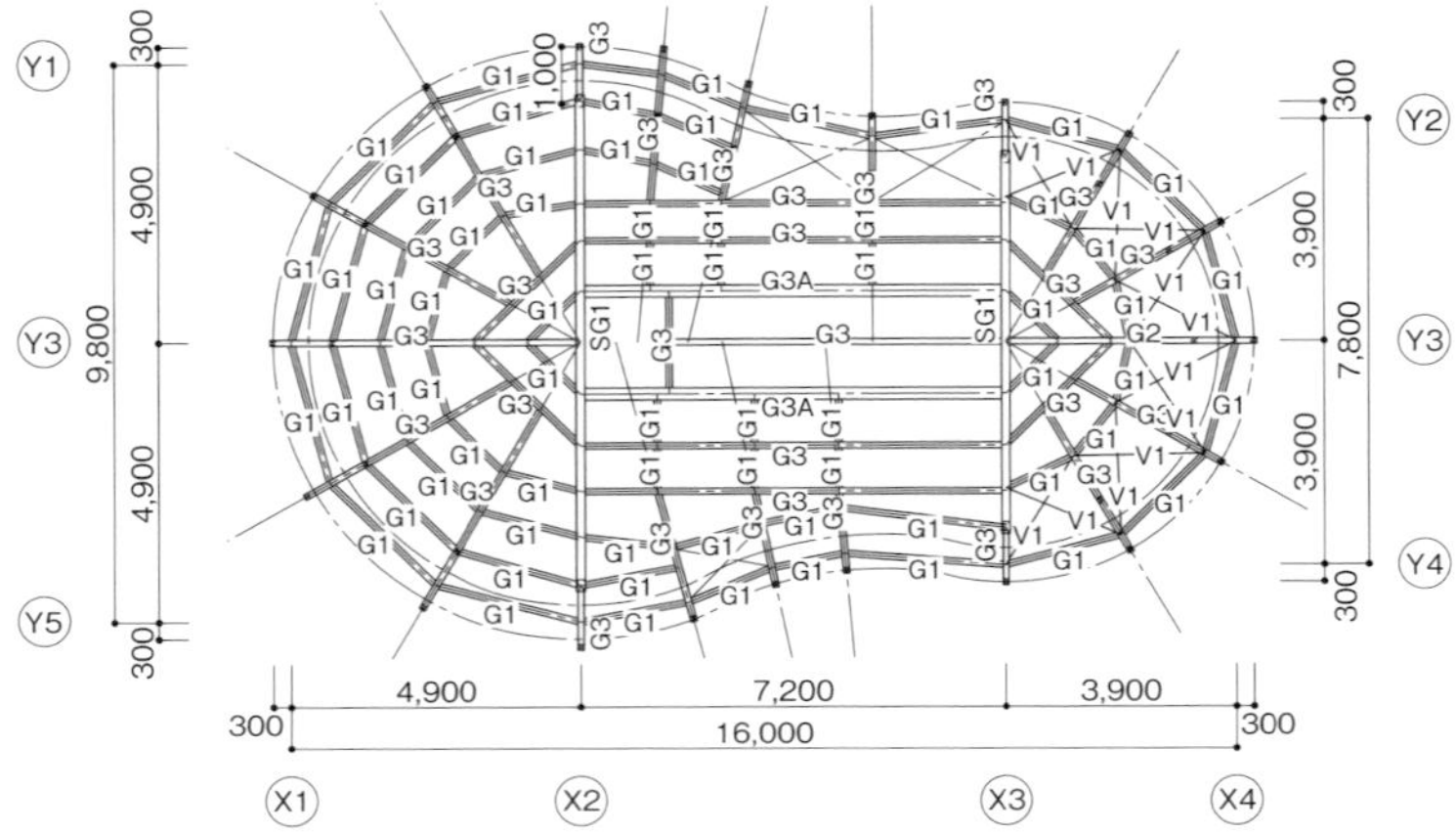

屋根伏図[S=1：250]

放射状に配置された耐力壁の方向に合わせ、屋根梁をクモの巣状に配置し、合理的に無柱空間を形成している。各耐力壁が室内側に向かって伸びることで、屋根梁のスパンが縮小され、かつ梁端部の固定度が確保できる。放射状の耐力壁配置は、水平荷重のみならず長期荷重に対しても有利に働いている

周囲の植栽は、建築に大きな影響を与える。木々や石は、構造部材のプロポーションをも意識し、綿密に計画されている。時には造園家と構造家がディスカッションすることもある

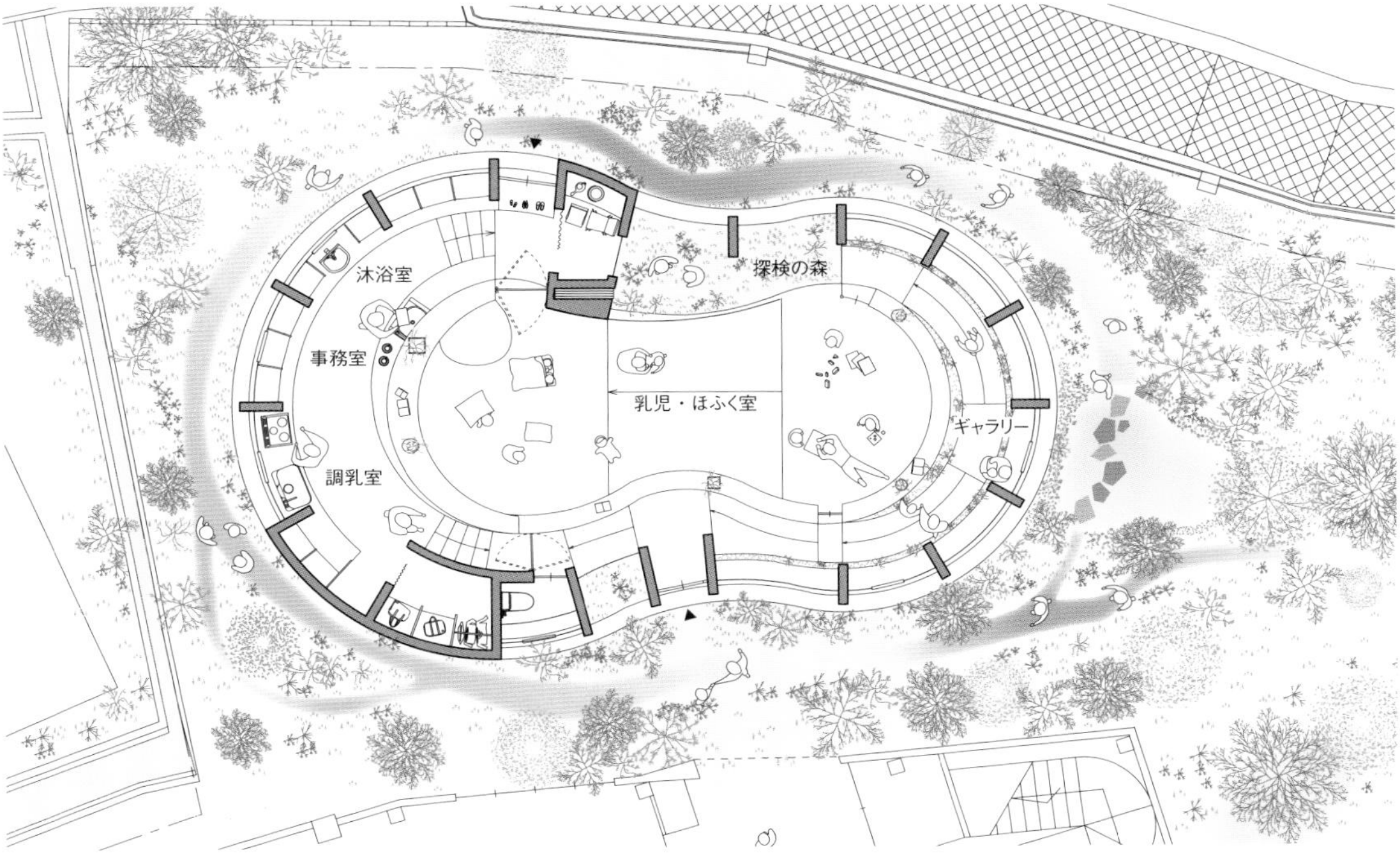
沐浴室
事務室
調乳室
探検の森
乳児・ほふく室
ギャラリー

1階平面図［S=1：200］

0M 5M

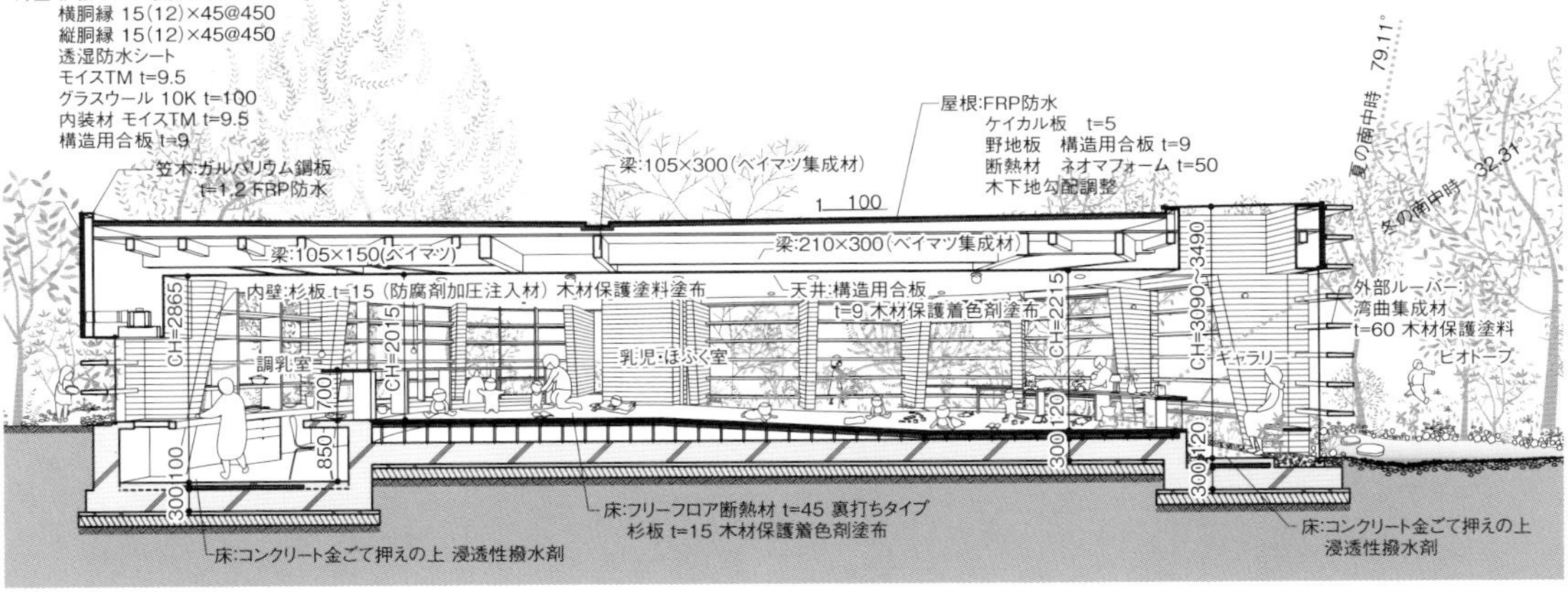
外壁:杉板 t=15（防腐剤加圧注入）木材保護塗料塗布
横胴縁 15(12)×45@450
縦胴縁 15(12)×45@450
透湿防水シート
モイスTM t=9.5
グラスウール 10K t=100
内装材 モイスTM t=9.5
構造用合板 t=9
笠木:ガルバリウム鋼板
t=1.2 FRP防水
梁:105×300（ベイマツ集成材）
屋根:FRP防水
ケイカル板 t=5
野地板 構造用合板 t=9
断熱材 ネオマフォーム t=50
木下地勾配調整
1 100
夏の南中時 79.11°
冬の南中時 32.31°
梁:105×150（ベイマツ）
梁:210×300（ベイマツ集成材）
内壁:杉板 t=15（防腐剤加圧注入材）木材保護塗料塗布
天井:構造用合板
t=9 木材保護着色剤塗布
外部ルーバー:
湾曲集成材
t=60 木材保護塗料
ビオトープ
CH=2865
CH=2015
CH=2215
CH=3090～3490
調乳室
乳児・ほふく室
ギャラリー
700
850
100
300
120
床:フリーフロア断熱材 t=45 裏打ちタイプ
杉板 t=15 木材保護着色剤塗布
床:コンクリート金ごて押えの上 浸透性撥水剤
床:コンクリート金ごて押えの上
浸透性撥水剤

断面図

変形を想像すれば配筋ミスは防げる

RC
S
W

鉄筋コンクリートでは、圧縮力をコンクリートが、引張り力を鉄筋が負担します［※1］。つまり、鉄筋は引張りが作用する側に配されていることが重要。部材の引張り側（伸びているほう）は、変形後の部材をイメージすれば分かります。

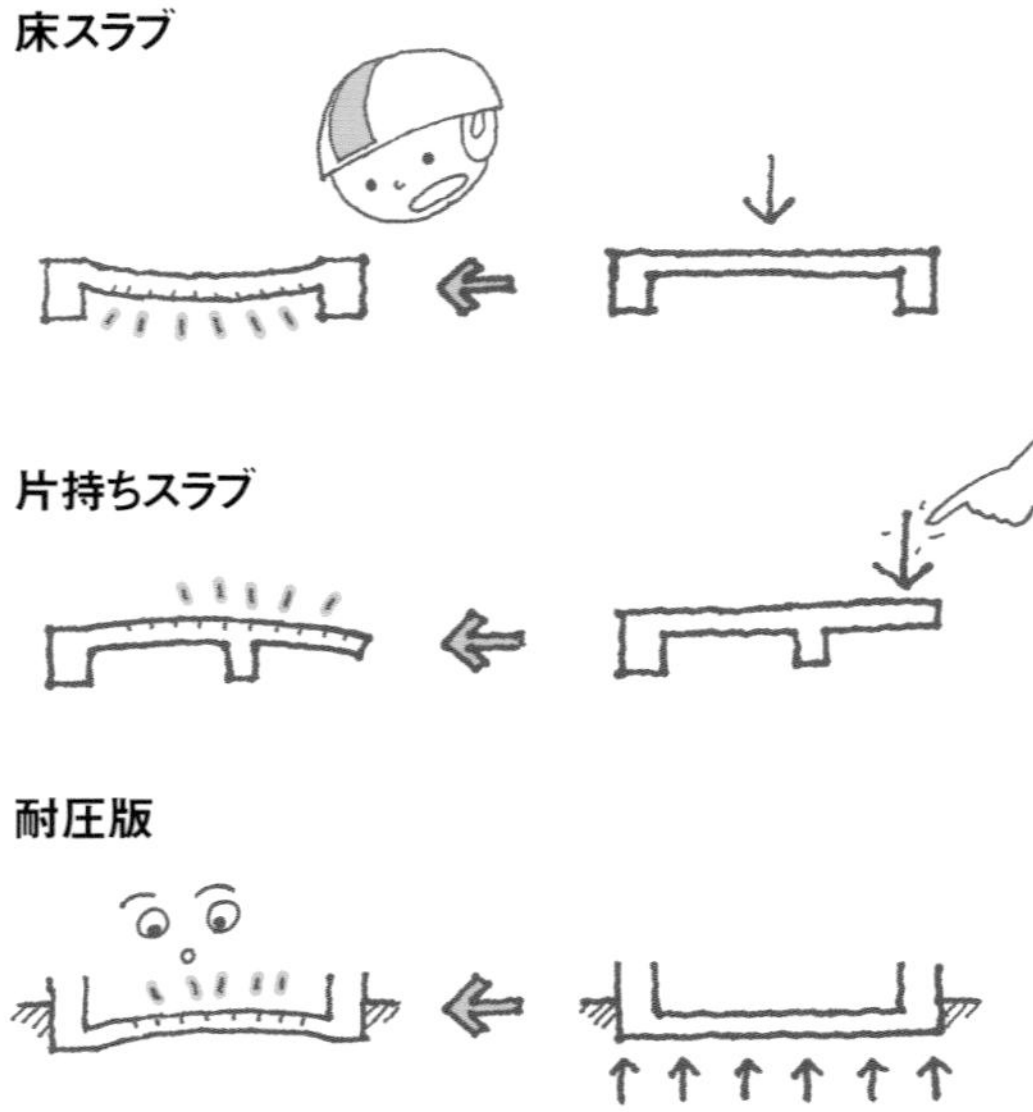

形は似ていても、それぞれの部位でかかる力の方向が違うので、引張り力が生じる側も異なる

引張り側ってどっち?

鉄筋は**引張り力**が作用する部分に配置される。部材の引張り側はモーメント図を見れば一目瞭然だ（引張り側に表記されるため）。もちろん、荷重が作用した時にどう変形するかを想像するだけでもよい。伸びているのが引張り側、縮んでいるのが圧縮側である。

鉄筋は引張り力のためだけでなく、**クリープ変形**やコンクリートの**ひび割れ防止**、**変形能力向上**のためにも配筋される。つまり、引張り側の主筋だけでなく、圧縮側の主筋や帯筋・あばら筋など、コンクリート断面全体を囲むように配される。そのため配筋図は線の数が多く、複雑に見える。

しかし、主筋に注目すれば引張り力の大きな個所に多く配筋されている。その位置を間違えれば所定の耐力を発揮しないのはもちろん、構造ひび割れなどが生じる。引張り側を意識しながら配筋検査を行い、構造的に致命的な誤りを見逃さないようにしたい。

似て非なる部材は配筋に要注意

1｜単純梁（小梁）と片持ち梁

単純梁は引張り力が作用する梁下端に主筋を配し、大きな力がかかる中央部は本数を増やす。一方、**片持ち梁**は**引張り側が単純梁と逆になる**ので、配筋ミスが起きやすい［図1］。片持ち梁は、引張り力が作用する上端に主筋を配し、付け根の上端は大きな力が作用するので鉄筋を増やす。その際、付け根の反対側にも同じ引張り力が作用するので、配筋は左右同じになる。

2｜床スラブと耐圧版

床スラブと**耐圧版**、構造の機能は同じだが**荷重の向き**などに違いがある［※2］。床荷重を支え、周辺の梁へと伝達する床スラブには、上から荷重がかかる。一方、耐圧版は建物重量を支持するために生じる地反力を下から押されるようにして受ける。床スラブと耐圧版は配筋が逆になる［図2］。

3｜地下壁と擁壁

柱・梁で周辺を支持された**地下壁**と底版に支持された**擁壁**は、**支持条件**も**配筋も異なる**［図3］。いずれも主な荷重は土圧・水圧だが、地下壁には一般壁やスラブ同様、面内外に変形させる荷重（引張り力）も作用するので、通常は格子状にダブル配筋する。一方、擁壁は主に土側から荷重を受けるので、引張り側となる土側に主筋を配する。ただし、縦にひび割れが入りやすく、横方向もダブル配筋とするのが望ましい［※3］。

［飯嶋俊比古］

※1：コンクリートは圧縮に強く引張りに弱い。鉄筋は圧縮・引張りに強いが、細長いので圧縮を受けると座屈し、強度を発揮できない。お互いの長所を生かし、短所を補うのが鉄筋コンクリートなのだ。コンクリートに拘束された鉄筋は座屈しないので圧縮力も負担できる
※2：荷重の大きさも異なる。床スラブには各階ごとの荷重が、耐圧版には建物の全重量が作用する。よって耐圧版の厚さは、床スラブの数倍以上になる
※3：縦横ダブル配筋

図1 | 単純梁(小梁)と片持ち梁

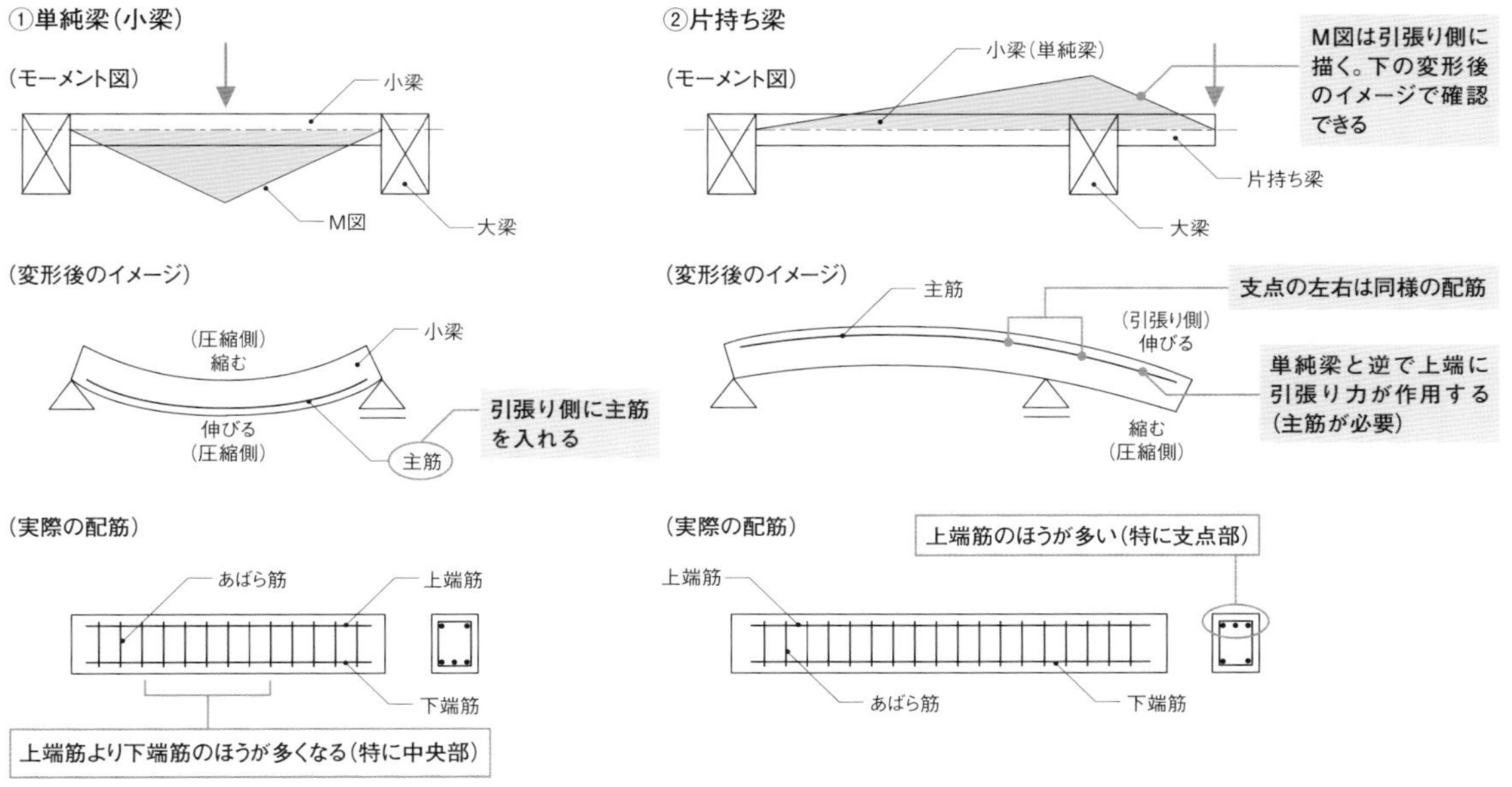
①単純梁(小梁)
(モーメント図)
小梁
M図
大梁
(変形後のイメージ)
(圧縮側)
縮む
小梁
伸びる
(圧縮側)
主筋
引張り側に主筋を入れる
(実際の配筋)
あばら筋
上端筋
下端筋
上端筋より下端筋のほうが多くなる(特に中央部)
②片持ち梁
(モーメント図)
小梁(単純梁)
M図は引張り側に描く。下の変形後のイメージで確認できる
片持ち梁
大梁
(変形後のイメージ)
主筋
支点の左右は同様の配筋
(引張り側)
伸びる
単純梁と逆で上端に引張り力が作用する(主筋が必要)
縮む
(圧縮側)
(実際の配筋)
上端筋のほうが多い(特に支点部)
上端筋
あばら筋
下端筋

図2 | 床スラブと耐圧版

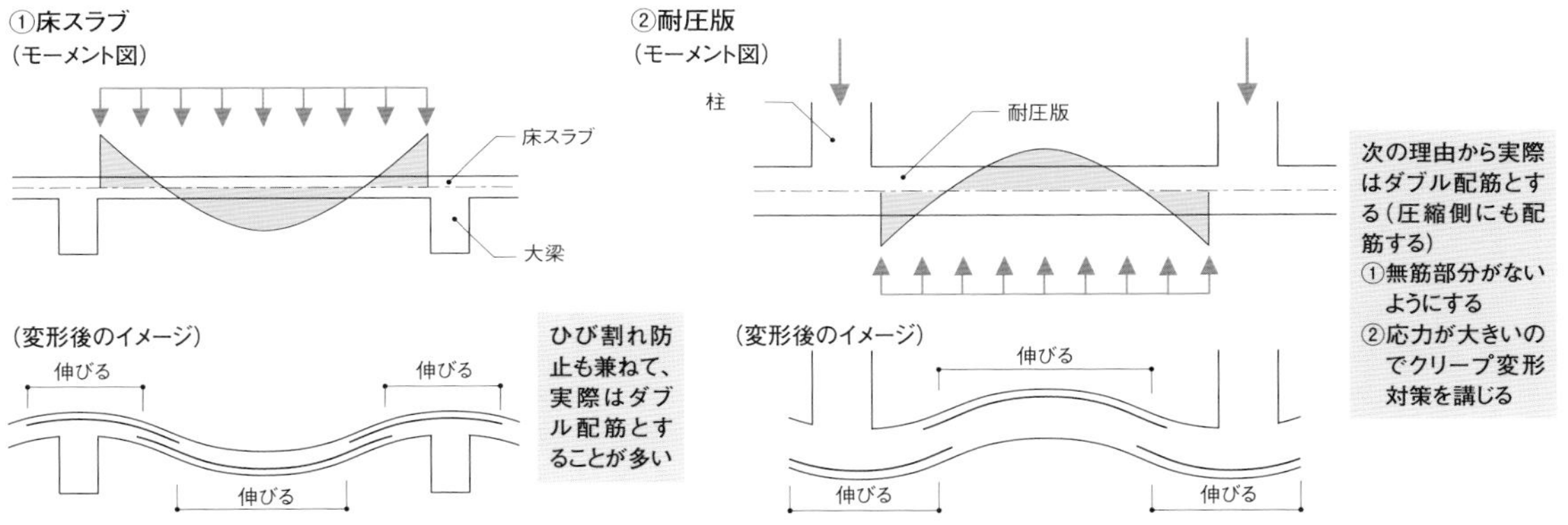
①床スラブ
(モーメント図)
床スラブ
大梁
(変形後のイメージ)
伸びる
伸びる
伸びる
ひび割れ防止も兼ねて、実際はダブル配筋とすることが多い
②耐圧版
(モーメント図)
柱
耐圧版
次の理由から実際はダブル配筋とする(圧縮側にも配筋する)
①無筋部分がないようにする
②応力が大きいのでクリープ変形対策を講じる
(変形後のイメージ)
伸びる
伸びる
伸びる

図3 | 地中壁と擁壁

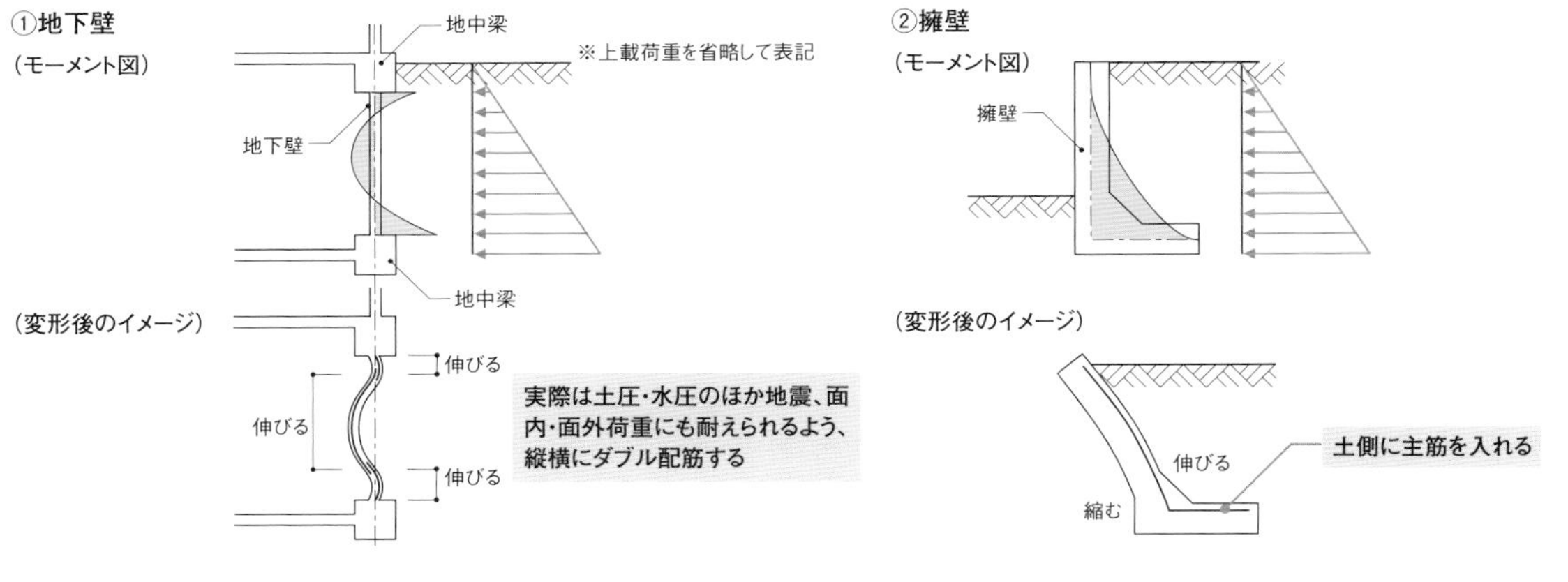
①地下壁
(モーメント図)
地中梁
※上載荷重を省略して表記
地下壁
地中梁
(変形後のイメージ)
伸びる
伸びる
伸びる
実際は土圧・水圧のほか地震、面内・面外荷重にも耐えられるよう、縦横にダブル配筋する
②擁壁
(モーメント図)
擁壁
(変形後のイメージ)
伸びる
縮む
土側に主筋を入れる

注1:ラーメン構造の配筋のポイントは次のとおり。ラーメン構造の柱と大梁は鉛直荷重を支持し、地震力に抵抗する。柱の配筋はX、Y座標に対し対称(地震力には方向性がない)。大梁の配筋は地震力だけなら上下対称だが、鉛直荷重も負担するので、端部では上端、中央では下端の配筋が多くなる

注2:構造の常識として、下の階ほど軸力、曲げモーメント、せん断力が大きくなるので、下階になるほど柱・大梁断面は大きくなり、主筋、帯筋、あばら筋の量も多くなる

S造の露しで仕口・継手をきれいに見せるコツ

S造の柱梁接合部は、通常、通しダイアフラム形式となり、無骨さは否めません。露しとする場合など、少しでもすっきり見せたいときには、内ダイアフラム形式も検討します。ただし、特殊な納まり・仕上げは工期とコストに影響するので、図面への明記は必須です。

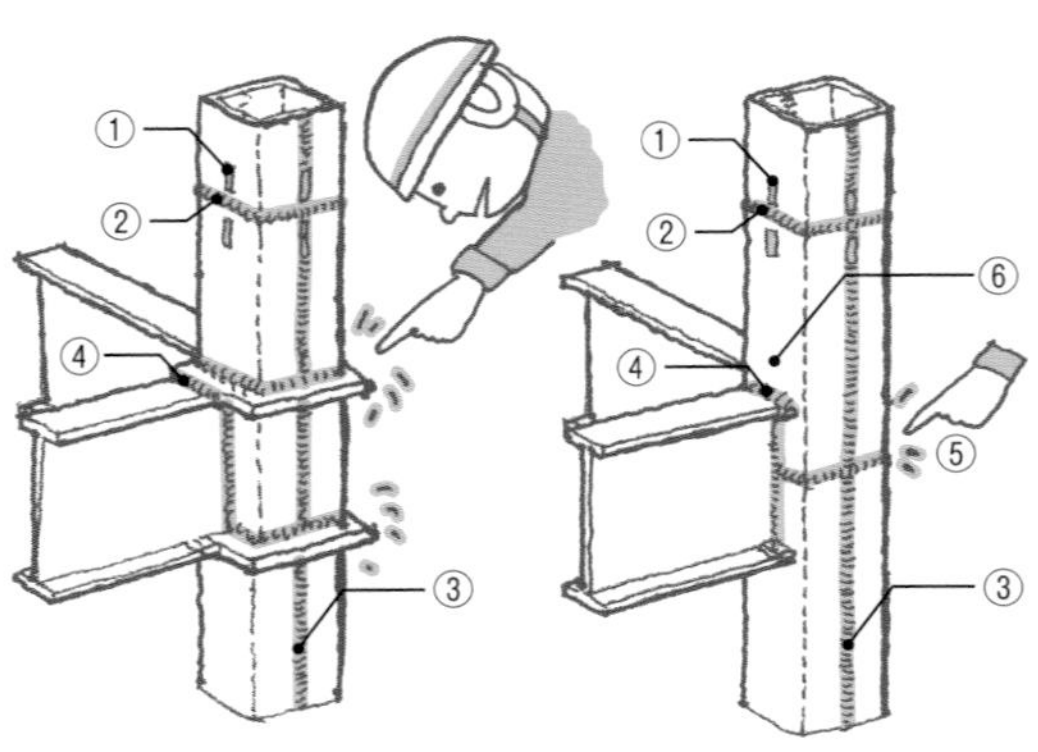

内ダイアフラム形式にすれば、ダイアフラムが鉄骨内部に隠れ少しはスッキリする。とはいえ、①エレクションピースの切断跡、②現場溶接部、③シーム溶接部、④エンドタブ溶接部、⑤内ダイアフラム取付け後の溶接部の凹凸などが見えてしまう。また、⑥梁が溶接されるコラム柱は板厚方向にも強いSN-C材が必要になる

接合形式別 すっきり見せる方法

RC造は現場で鉄筋と型枠を組み立て、コンクリートを打設すれば躯体ができるので、特に接合部を意識することはないかもしれない［※1］。一方、S造では運搬可能サイズの柱や梁を工場で製作し、現場で接合する。そのため、接合部がどうもすっきりしない。

S造の接合部は、接合形式により**高力ボルト接合**と**溶接接合**に大別される［※2］。いずれも構造部材の一部分を構成し、一般部分と同様の性能が要求される。接合部に十分な耐力がないと損傷が生じ、建物の構造耐力に重大な影響を及ぼすことになってしまう。

1｜高力ボルト接合部

高力ボルト接合では、部材に働く力をプレート間の**摩擦力**で伝達する［図1①］。このため非常に剛性が高く、接合部での変形が小さい。なお母屋の接合などに用いられる**普通ボルト接合**は、ボルトに働く**せん断力**で荷重が伝達されるが、剛性が小さいため、主要構造部には用いられない。

高力ボルトは通常同じ方向からセットされるが、建方の都合で図1②上のように同じ接合部で方向が混用される場合がある。露しの場合など、ボルト頭とナットの両方が下側から見えるのが気になるのであれば、図1②下のように頭側だけが見えるよう、図面にボルトの方向を示しておくべきであろう。

ただし、高力ボルトの接合部をすっきり見せることはなかなか難しい。見える側のスプライスプレートをなくせないかという要望があるが、それは力学上、不可能としかいいようがない。

2｜溶接接合部

高い電流（200～300A程度）で発生させた高熱で母材を一部溶融し、鋼材相互を接合するのが**溶接**だ。溶接では始まりと終わりに欠陥が出やすいので、エンドタブや裏当てなどの副資材を使って、母材内に欠陥が発生しないようにする。**エンドタブ**には鋼材のほか、セラミック製などの固形タブもあり、溶接後の外観が異なる［図2］。また、溶接部分が母材厚を確保できるよう、**余盛**《よもり》を行う。

露しの場合に副資材や余盛をすっきり見せるには、溶接部をひたすらグラインダーでなめらかに仕上げるしかない（できない場合もある）。鋼製エンドタブは削るのが大変なので［※3］、取外しできるセラミック製の固形タブを使うとよいが、溶接は難しくなるので十分な技量を有する技能者［※4］が行うことが重要だ。一方、余盛はグラインダーで削り取ることができる場

※1：ただし最近は、柱と梁の接合部の耐力チェックが必要となることが多い。耐力が不足する場合柱の断面に影響する（大きくなる、配筋が増えるなど）

※2：一般的に、角形鋼管柱や鋼管柱など閉鎖型断面の継手は、ほぼ溶接接合（ただし、柱脚は躯体へのボルト接合）。H形鋼部材は高力ボルト、溶接接合のいずれもあり得る（現場接合ではフランジを溶接、ウェブを高力ボルトとすることもある。工場製作の柱梁接合部はほぼ溶接）。以上を基本とし、実際の建物での適否を部位ごとに判断して接合形式を決める

図1 高力ボルト接合

①接合のしくみ

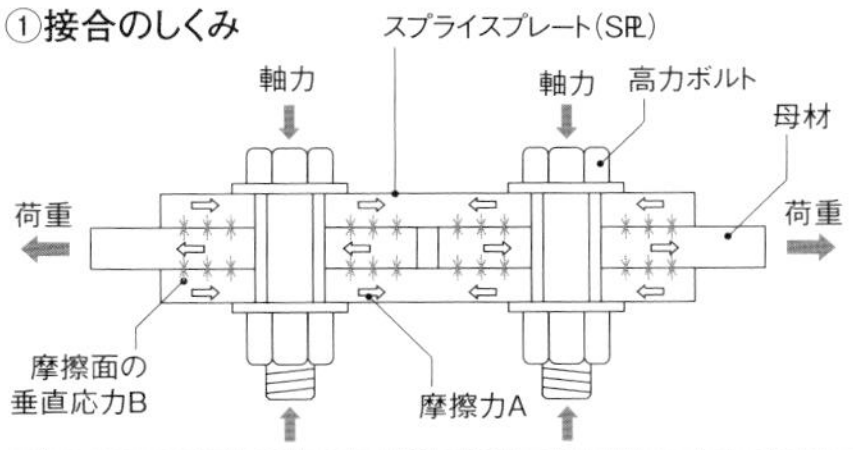

スプライスプレート（SPL）
軸力
軸力
高力ボルト
母材
荷重
荷重
摩擦面の
垂直応力B
摩擦力A

母材とスプライスプレートを高力ボルトの高い軸力で密着させ、両者の間の摩擦力で荷重を伝達させる。母材とスプライスプレート間は滑らない
摩擦力A＝摩擦係数μ×垂直応力B

②露しで見せる場合の注意点（見上げ図）

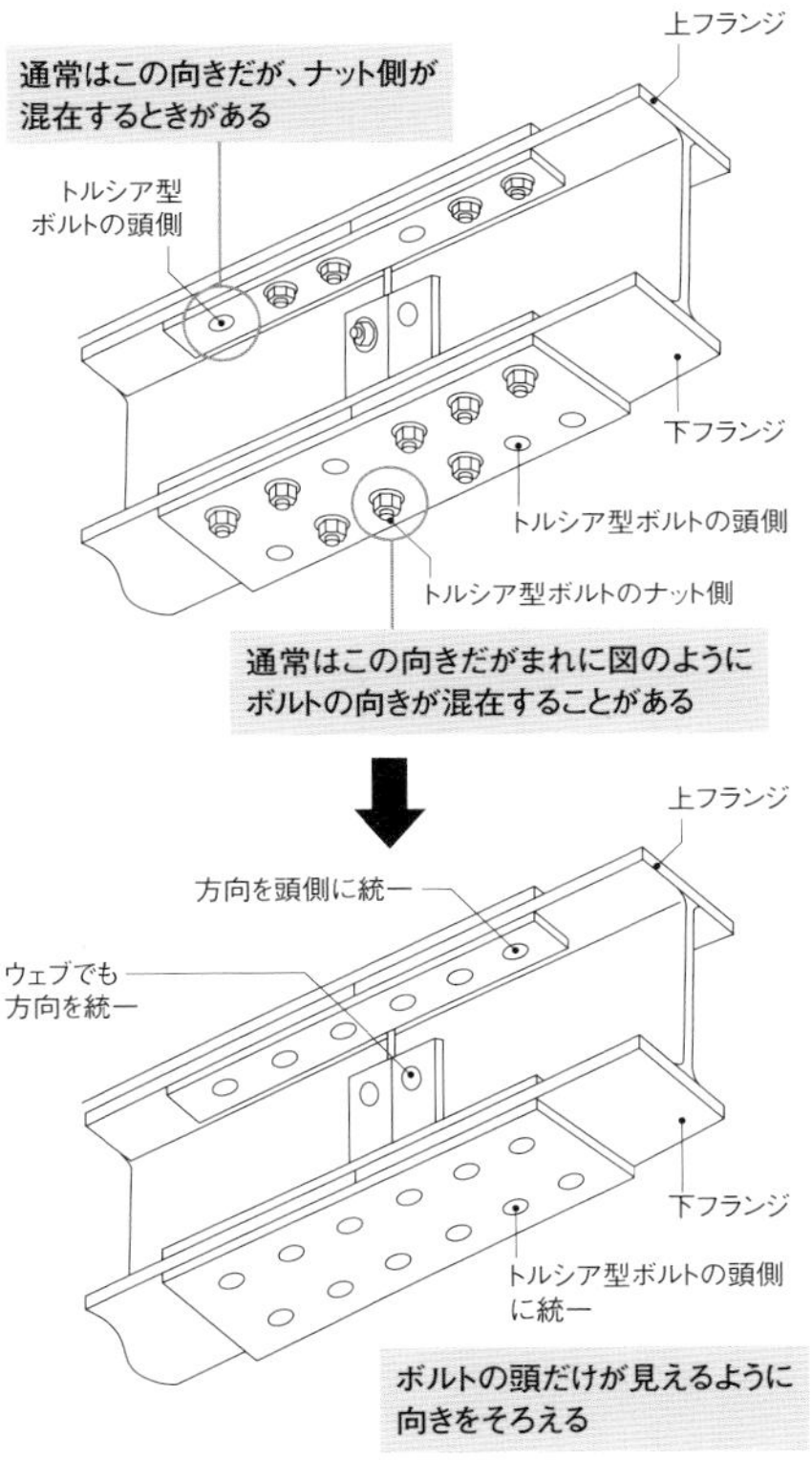

上フランジ
通常はこの向きだが、ナット側が混在するときがある
トルシア型ボルトの頭側
下フランジ
トルシア型ボルトの頭側
トルシア型ボルトのナット側
通常はこの向きだがまれに図のようにボルトの向きが混在することがある
上フランジ
方向を頭側に統一
ウェブでも方向を統一
下フランジ
トルシア型ボルトの頭側に統一
ボルトの頭だけが見えるように向きをそろえる

図2 エンドタブの種類

①鋼製エンドタブ

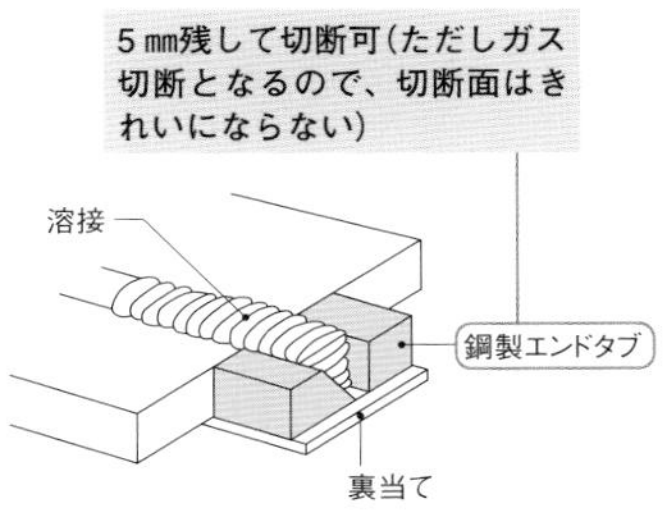

5㎜残して切断可（ただしガス切断となるので、切断面はきれいにならない）
溶接
鋼製エンドタブ
裏当て

②固形エンドタブ
（上：セット時、下：取外し後）

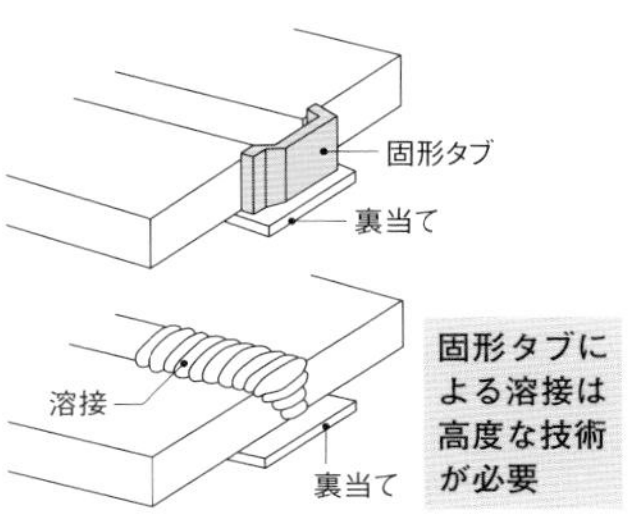

固形タブ
裏当て
溶接
裏当て
固形タブによる溶接は高度な技術が必要

図3 グラインダー仕上げの可否

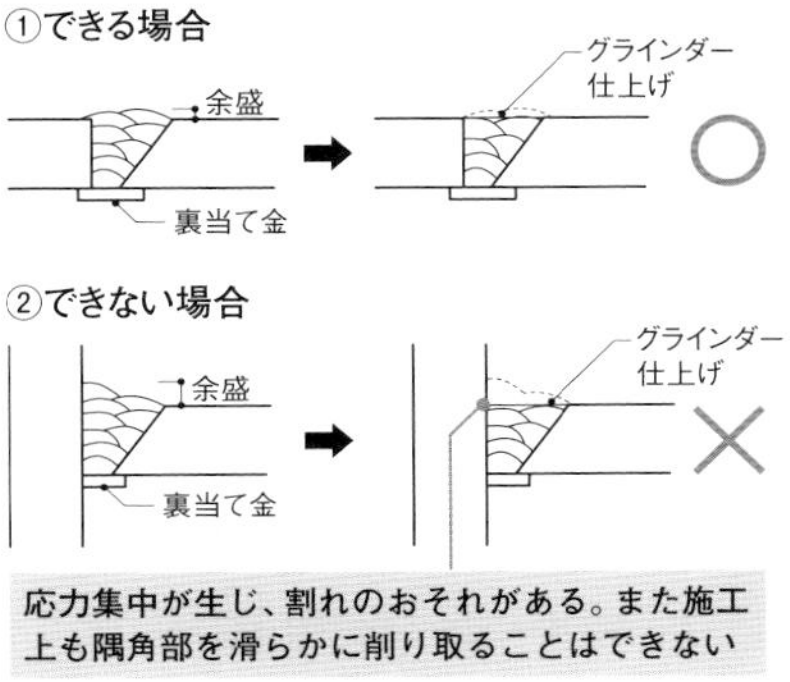

①できる場合
余盛
裏当て金
グラインダー仕上げ
②できない場合
余盛
裏当て金
グラインダー仕上げ
応力集中が生じ、割れのおそれがある。また施工上も隅角部を滑らかに削り取ることはできない

図4 梁現場溶接の図中指示例

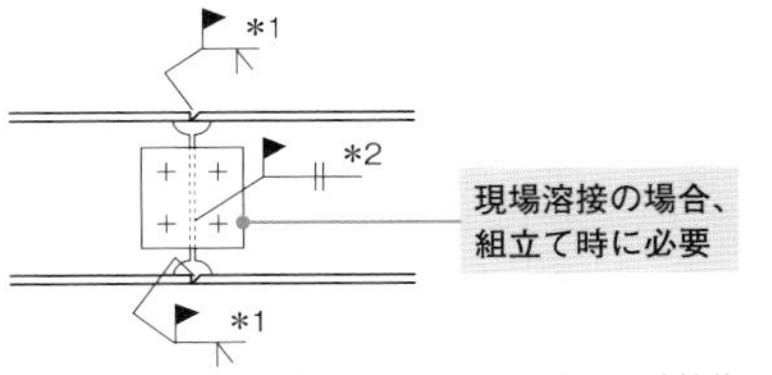

＊1
＊2
＊1
現場溶接の場合、組立て時に必要

＊1:フランジはエンドタブ・裏当てをフラックス製とし、溶接後、表・裏・側面ともグラインダー仕上げとする。UTは全数実施する
＊2:ウェブは仮ボルト・SPLを撤去後、溶接を行い、表裏ともにグラインダー仕上げとする。ボルト孔、スカラップも充填溶接のうえ、グラインダー仕上げとする

合とできない場合がある【図3】。

なお、実際に梁の溶接接合部をグラインダー仕上げとする場合、図4のように細かい指示を図面に記す必要がある【※5】。つまり、これだけのことを現場の思いつきで指示すると、工期や費用の件でもめごとのもとになるので注意をしてほしい。

ごつくなりがちな柱梁接合部

通常、角形鋼管柱と梁の接合部は通しダイアフラム形式となる場合が多い。**ダイアフラム**は柱と梁の応力伝達の要であるため、厚く、さらに柱・梁が溶接されるためごつい印象が強くなる。

少しでもすっきりさせるにはダイアフラムを内蔵した**内ダイアフラム形式**とする方法がある。ただしこの形式は梁を柱面に寄せられないなど【※6】制約があるので、事前に構造設計者や鉄骨製作工場と十分な打ち合わせが必要である。また、角形鋼管は鋼板を折り曲げてつくるので、シーム溶接のビードが1面または向かいあう2面に出てくる【タイトル図中③】。素地のときはあまり気にならないが、きれいに塗装をすると意外に目立つので、ビード面を目立たない方向に向ける配慮も必要だ。柱の現場溶接のビードやエレクションピースの切断跡も同様である。

なお、取合いによっては、下から上に向けて溶接する上向き溶接ができれば、すっきりできる場合があるが、上向き溶接は非常に難しく、一般的な建物では行われていない。

以上のように、**露しの場合は、施工前に関係者と十分打ち合わせを行うのはもちろん、設計の段階で、希望する仕上げに必要な作業を図面に明記する**ことが重要である。

［内山晴夫］

※3：鋼製エンドタブは、母材から5㎜残してガス切断するか、そのままにしておく。なお、裏当てはエンドタブの材質にかかわらずはつり落とさず、そのままにしておく｜※4：AW（建築鉄骨溶接技量検定協議会）の固形タブ有資格者など｜※5：現場溶接は、工場溶接に比べ溶接姿勢などの制約が多いので、超音波探傷試験（UT）を全数実施するよう記載する。図中＊2でウェブのUTを省略したのは、当事例のウェブ板厚があまり大きな部材でなかったため｜※6：角形鋼管の4隅のR部への梁フランジの溶接は不可。よって内ダイアフラム形式の場合、梁（フランジ側面）の位置を柱面に寄せることはできない

鉄骨露しはディテールに注意

data

名称：Steel House
意匠：能作文徳／能作文徳建築設計事務所
構造：大野博史／オーノJAPAN
写真：Manuel Oka（78頁）、上野与（79頁）、新建築社（76頁）

溶融亜鉛メッキは現場溶接不可

この建物は、大開口と吹抜けを持つ3階建ての住宅で、2層分の高さがある鉄骨によるラーメン構造で計画されている。

一般的な門形ラーメン構造の計画自体、構造設計上の難易度は高くない。しかし、構造体をそのまま露出させる場合、部材断面の大きさ、接合部の見せ方、防錆処理の方法、仕上げとの取合いなどに配慮が必要となり、格段に難しくなる。

露しとなる鉄骨は、当初より溶融亜鉛メッキで計画されており、その防錆《ぼうせい》性能を低下させないためにも、現場溶接は避けねばならなかった。現場溶接部分だけを常乾亜鉛メッキ塗装でタッチアップする方法もあるが、仕上げの色が異なり防錆性能も低下してしまう。

ボルトによる剛接合を工夫することで、各接合部に一定の固定度が確保でき、柱断面を150×150㎜、梁断面は194㎜×150㎜に抑えている。

また、直交方向はブレース構造とし、梁断面を100×100㎜に抑えている。

通常のボルトによる剛接合では、大きな接合部が露出するため、ここでは梁端部にエンドプレートを設け、ボルトによる目立たない場所での半剛接合を提案した

柱下部には下駄のような短小梁を配置し、柱の脚部固定度を確保することで、基礎工事の簡素化を実現しつつ、ラーメン構造の剛性を高めている

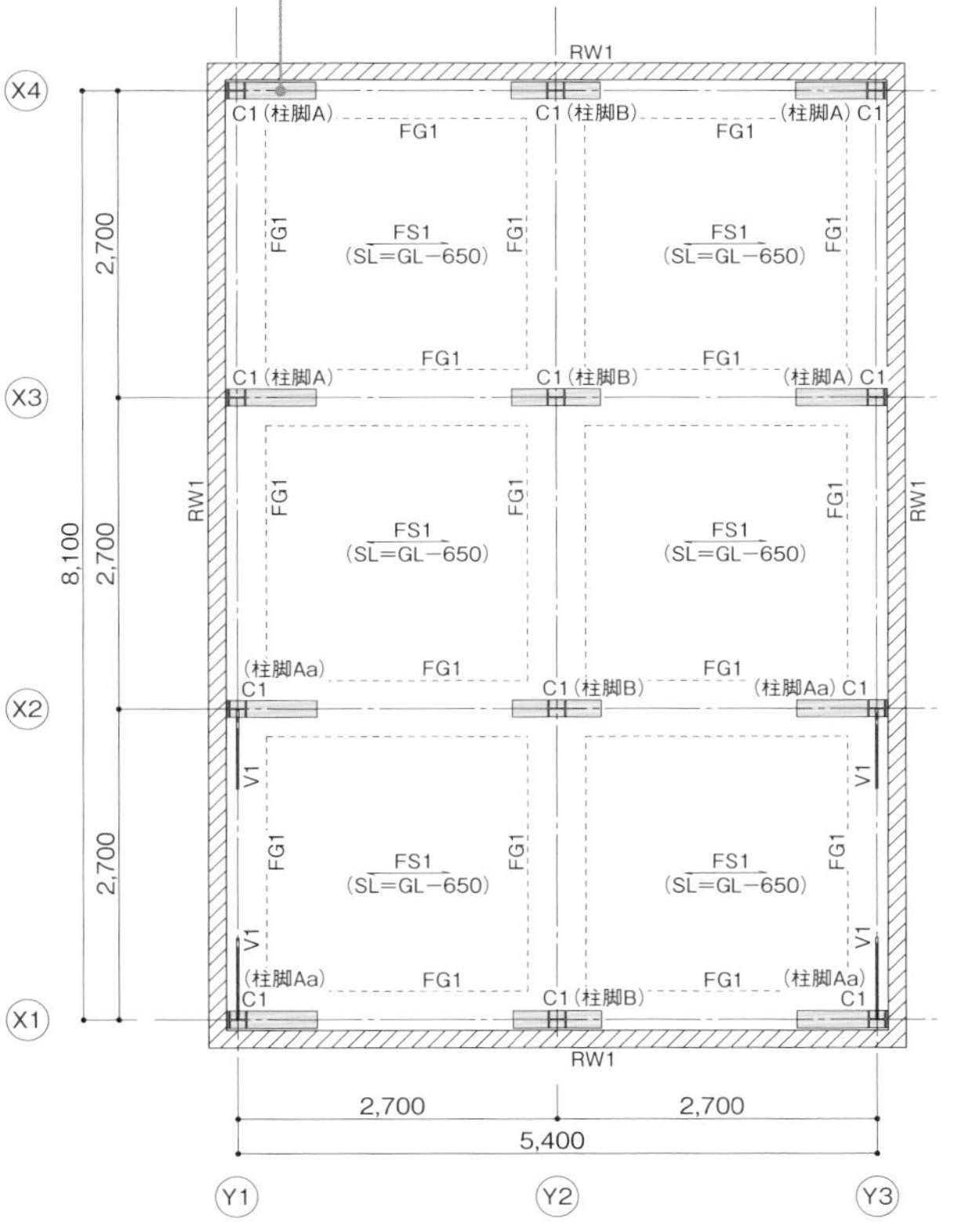

基礎伏図［S=1：100］

二層のラーメン構造を細い柱と小さな梁で実現するため、柱配置は2.7mグリットで設定されている。これにより梁、床材のスパンが短くなり、柱1本が負担する荷重を減らすことができる

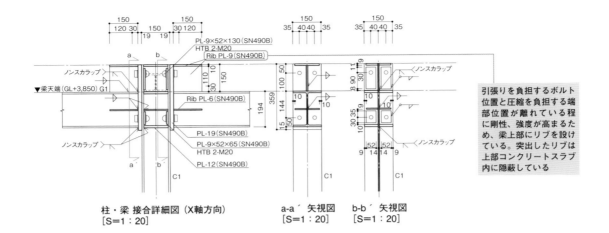

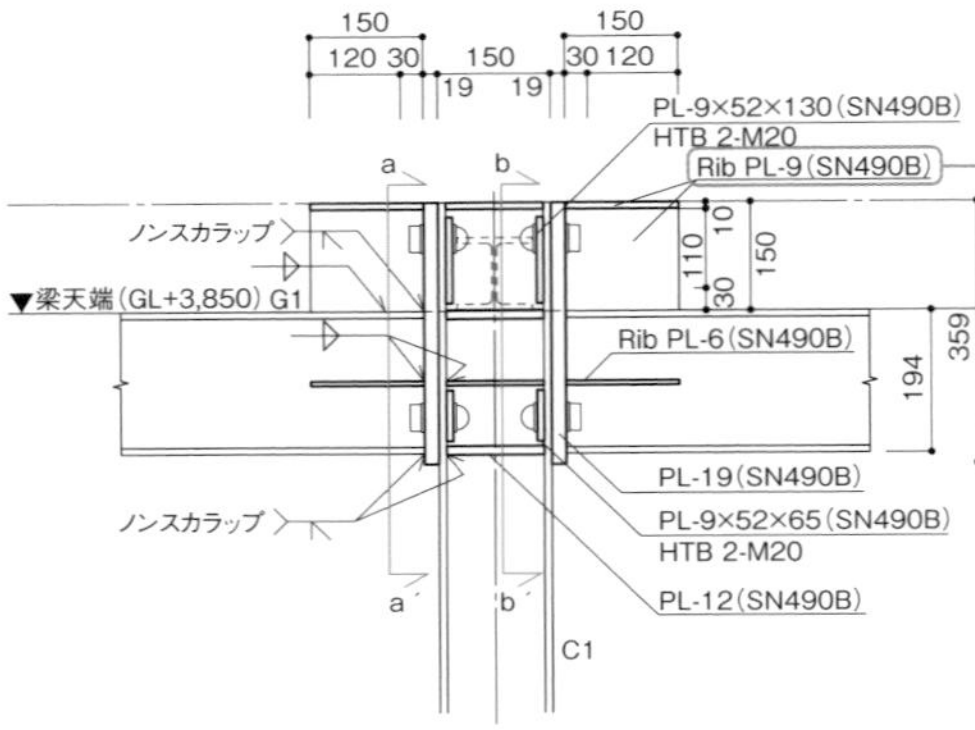
PL-9×52×130(SN490B)
HTB 2-M20
Rib PL-9(SN490B)
ノンスカラップ
▼梁天端(GL+3,850) G1
Rib PL-6(SN490B)
PL-19(SN490B)
PL-9×52×65(SN490B)
HTB 2-M20
PL-12(SN490B)
C1

柱・梁 接合詳細図（X軸方向）
[S=1：20]

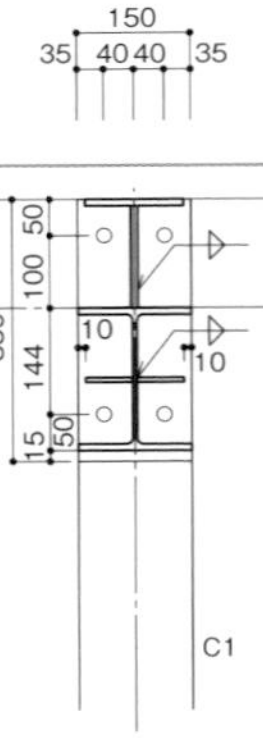

a-a´ 矢視図
[S=1：20]

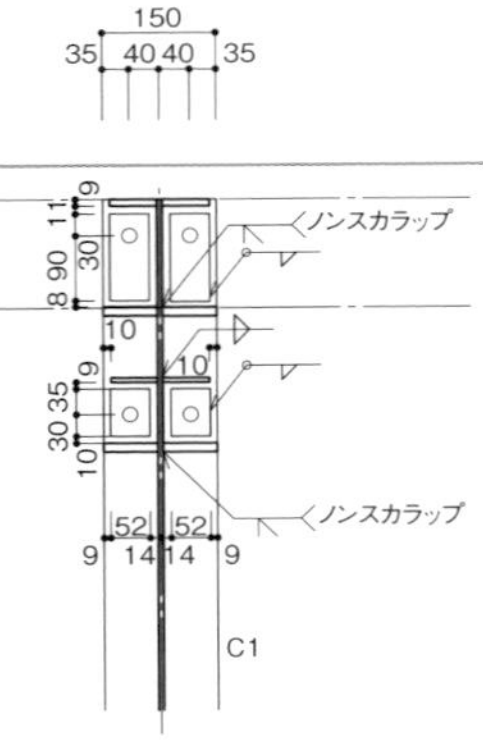
ノンスカラップ
C1

b-b´ 矢視図
[S=1：20]

引張りを負担するボルト位置と圧縮を負担する端部位置が離れている程に剛性、強度が高まるため、梁上部にリブを設けている。突出したリブは上部コンクリートスラブ内に隠蔽している

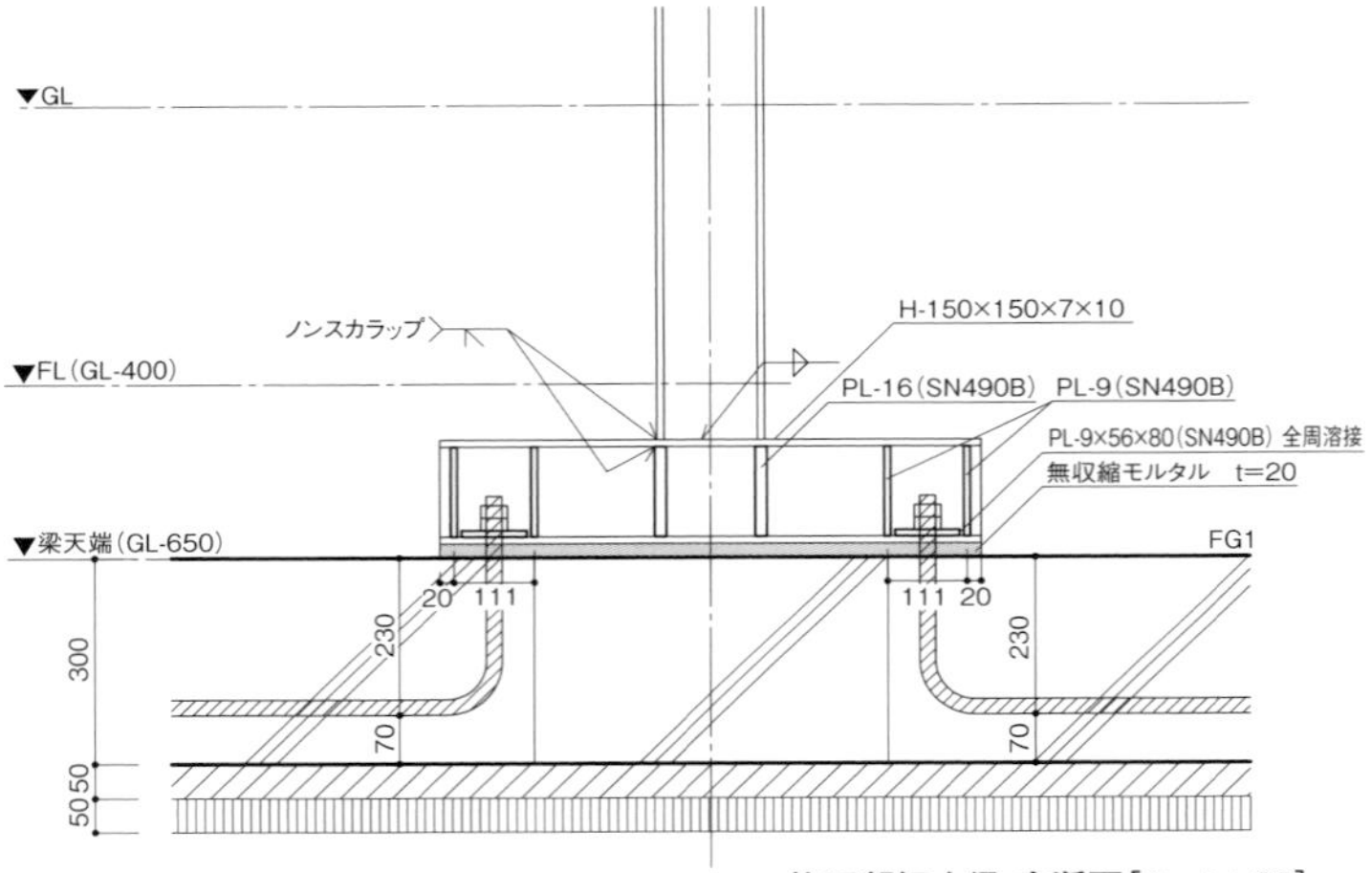
▼GL
ノンスカラップ
▼FL(GL-400)
H-150×150×7×10
PL-16(SN490B)
PL-9(SN490B)
PL-9×56×80(SN490B) 全周溶接
無収縮モルタル t=20
▼梁天端(GL-650)
FG1

柱下部短小梁 立断面[S=1：20]

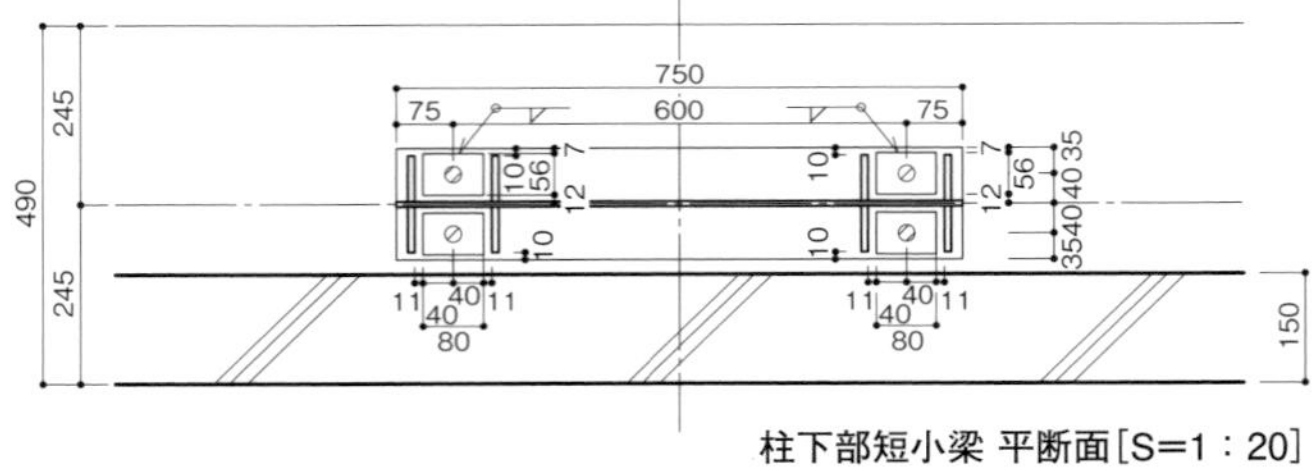

柱下部短小梁 平断面[S=1：20]

ラーメン構造の現場接合部をスッキリ見せるには現場溶接が良いが、溶融亜鉛メッキをした鉄骨に用いると防錆性能を低下させてしまう。そこで梁端部にリブ付きのエンドプレートを設けて柱とボルト接合をする、ボルトによる半剛接合を計画した

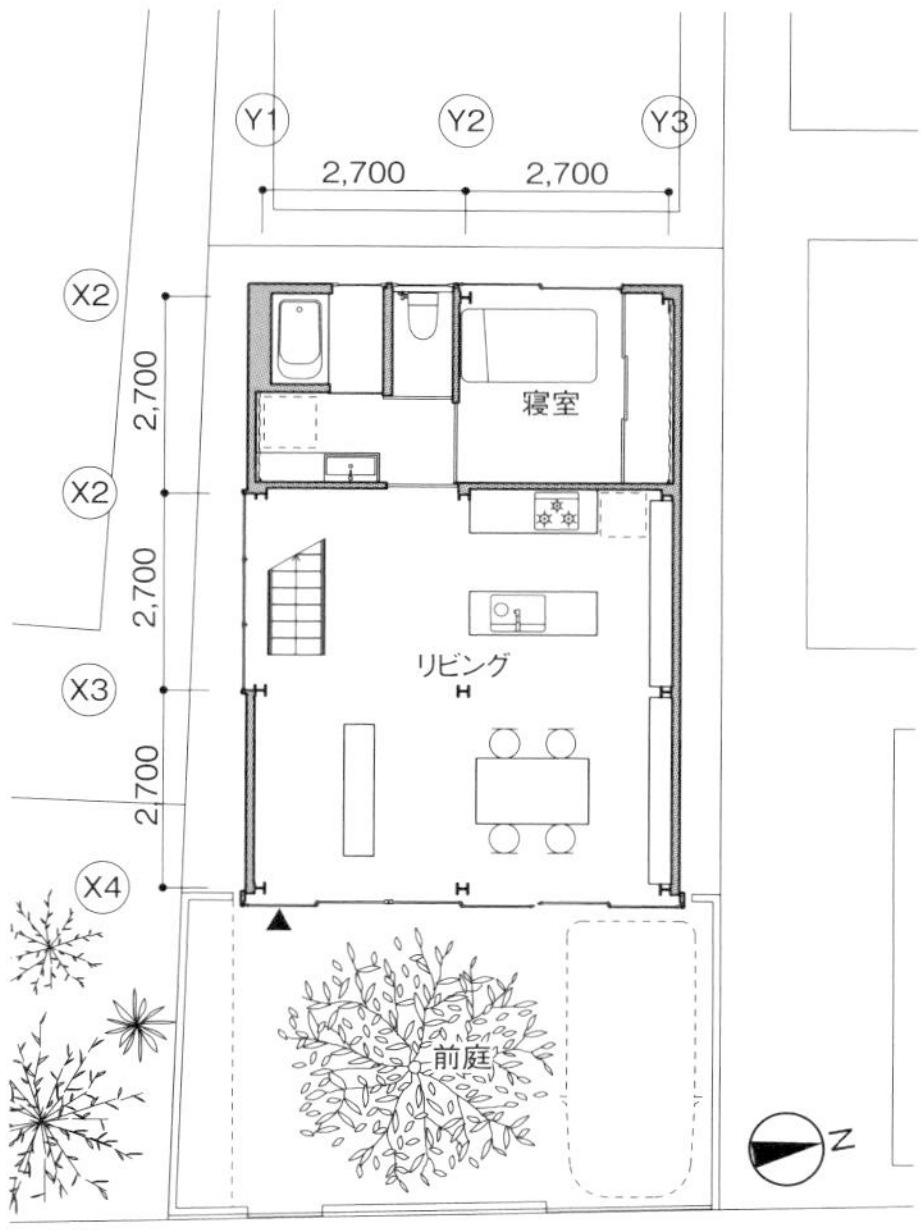
Y1
Y2
Y3
2,700
2,700
X2
X2
X3
X4
2,700
2,700
2,700
寝室
リビング
前庭
N

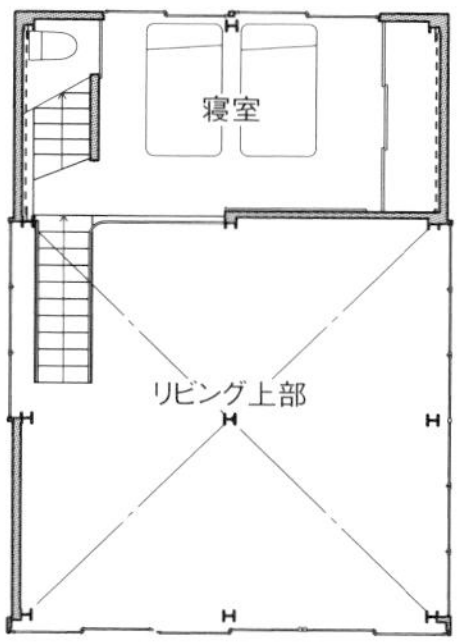
寝室
リビング上部

2階平面図
[S=1：200]

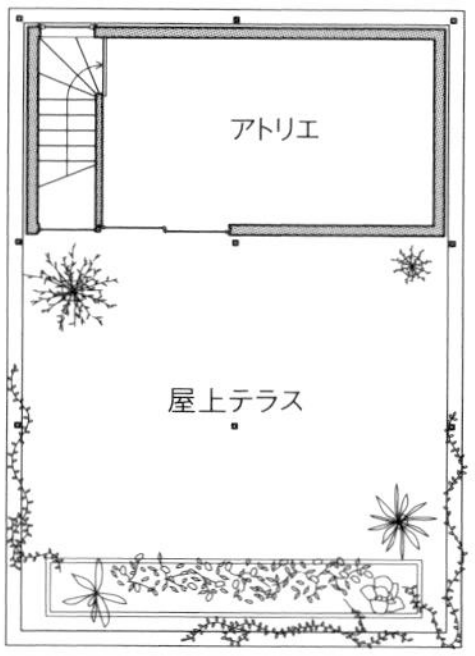
アトリエ
屋上テラス

屋上平面図
[S=1：200]

配置図・1階平面図
[S=1：200]

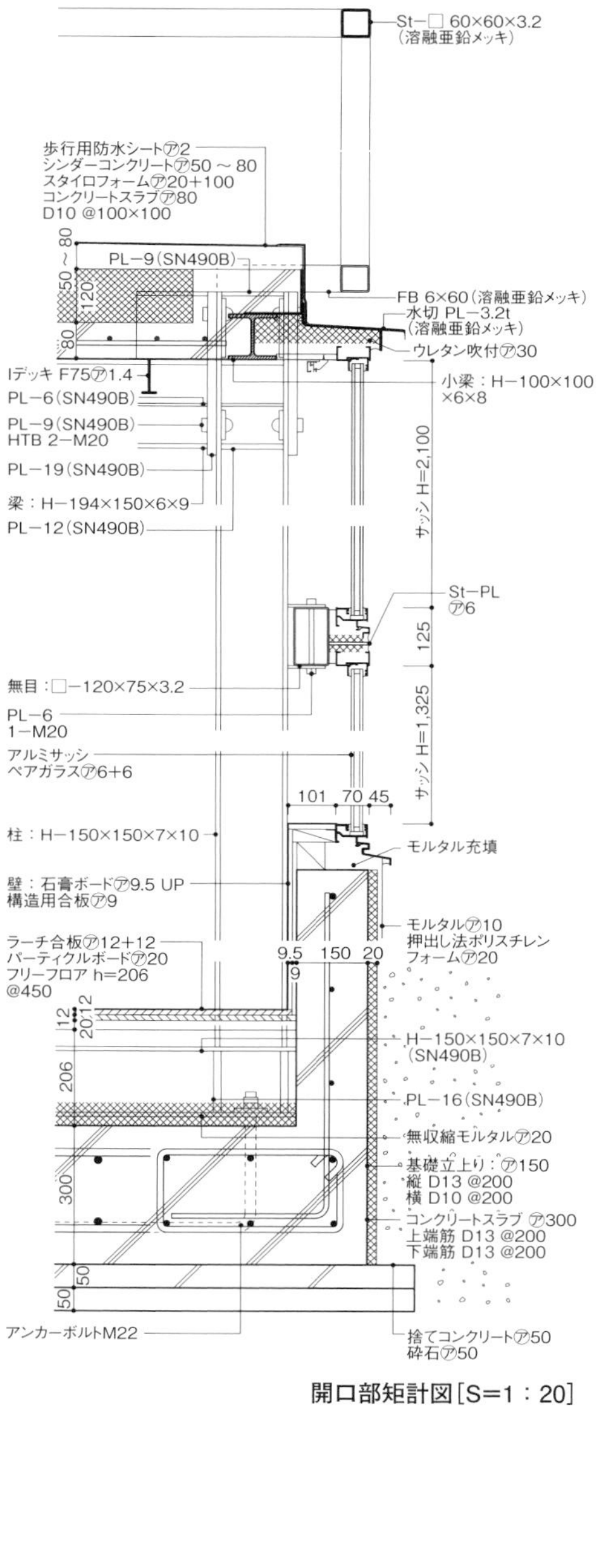
St−□ 60×60×3.2
(溶融亜鉛メッキ)
歩行用防水シートⓉ2
シンダーコンクリートⓉ50～80
スタイロフォームⓉ20+100
コンクリートスラブⓉ80
D10 @100×100
PL−9(SN490B)
80
50
120
80
FB 6×60(溶融亜鉛メッキ)
水切 PL−3.2t
(溶融亜鉛メッキ)
ウレタン吹付Ⓣ30
IデッキF75Ⓣ1.4
PL−6(SN490B)
PL−9(SN490B)
HTB 2−M20
PL−19(SN490B)
梁：H−194×150×6×9
PL−12(SN490B)
小梁：H−100×100×6×8
サッシ H=2,100
St−PL
Ⓣ6
125
無目：□−120×75×3.2
PL−6
1−M20
サッシ H=1,325
アルミサッシ
ペアガラスⓉ6+6
101 70 45
柱：H−150×150×7×10
モルタル充填
壁：石膏ボードⓉ9.5 UP
構造用合板Ⓣ9
モルタルⓉ10
押出し法ポリスチレン
フォームⓉ20
ラーチ合板Ⓣ12+12
パーティクルボードⓉ20
フリーフロア h=206
@450
9.5 150 20
9
12
20
2
206
H−150×150×7×10
(SN490B)
PL−16(SN490B)
無収縮モルタルⓉ20
基礎立上り：Ⓣ150
縦 D13 @200
横 D10 @200
コンクリートスラブ Ⓣ300
上端筋 D13 @200
下端筋 D13 @200
300
50
50
アンカーボルトM22
捨てコンクリートⓉ50
砕石Ⓣ50

開口部矩計図[S=1：20]

複葉機のような トラス構造

data

名称：オージー技研株式会社　九州支店
意匠：手塚貴晴＋手塚由比／手塚建築研究所
構造：大野博史／オーノJAPAN
写真：木田勝久／FOTOTECA

最大100×100㎜の梁断面

この建物の計画は、構造を複葉機のように軽く細い材料でつくること、を目標に始まった。

部材断面を小さくするには、曲

げ応力を小さくする構造形式が必要である。そこで、28mというスパンを2方向のトラスとして計画し、水平力に対してはブレース構造を採用した。

屋根荷重を受けて曲げ応力が発生する上弦材には、トラスによる圧縮力を負担することもあるため角パイプを用いており、それ以外はH形鋼の梁とした。また、風圧力を負担する柱にも同様に曲げ応力が発生するため、角パイプを用いている。場所ごとに形状を考慮した結果、梁スパン4mに対して100×100㎜の梁断面をもつ、スパン比1/40の軽量化が実現した。

ブレース構造における意匠的な問題は、その接合部が「ゴツく」見えてしまうことにある。この計画では、羽子板プレートの大きさをガセットプレートの大きさにそろえ、それらを重ねることで接合部を小さく、かつ目立たなくするなど工夫している。

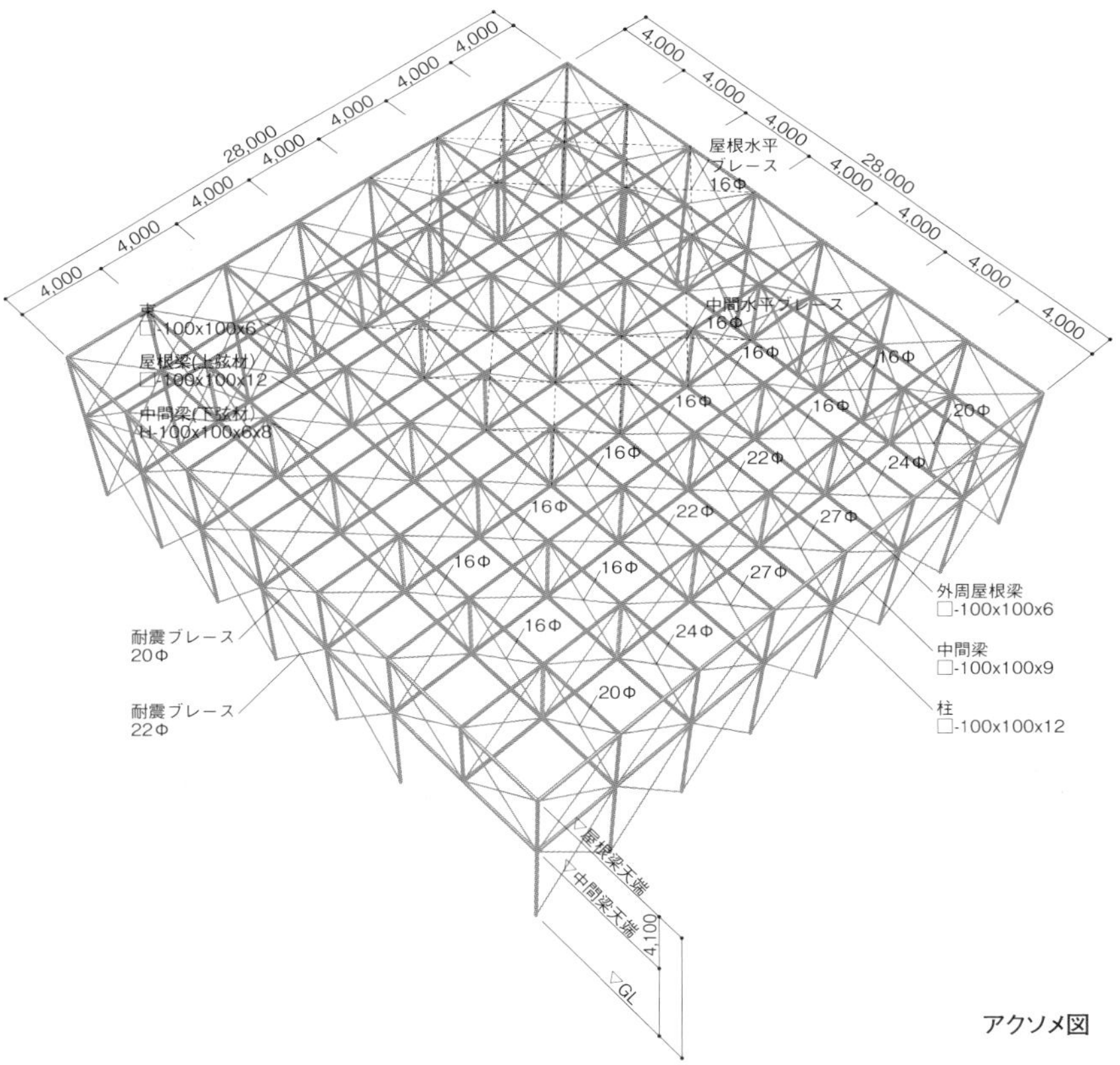

28,000
4,000
4,000
4,000
4,000
4,000
4,000
4,000
28,000
屋根水平ブレース 16Φ
束 □-100x100x6
屋根梁(上弦材) □-100x100x12
中間梁(下弦材) H-100x100x6x8
中間水平ブレース 16Φ
16Φ
20Φ
22Φ
24Φ
27Φ
外周屋根梁 □-100x100x6
中間梁 □-100x100x9
柱 □-100x100x12
耐震ブレース 20Φ
耐震ブレース 22Φ
▽屋根梁天端
▽中間梁天端
4,100
▽GL

アクソメ図

スパンを28m飛ばすために、2方向のトラス梁を構成し、屋根荷重を外周の柱に伝達する。トラスを構成する束柱、外周柱、上弦材は100×100㎜の角パイプとし、主な応力が引張りとなる下弦材はH-100x100㎜としている。負担応力に応じてブレース断面を16φ-27φに切り替え、鉄骨全体の最適断面化を図り、使用鉄骨量の縮減を目指している

Adagio

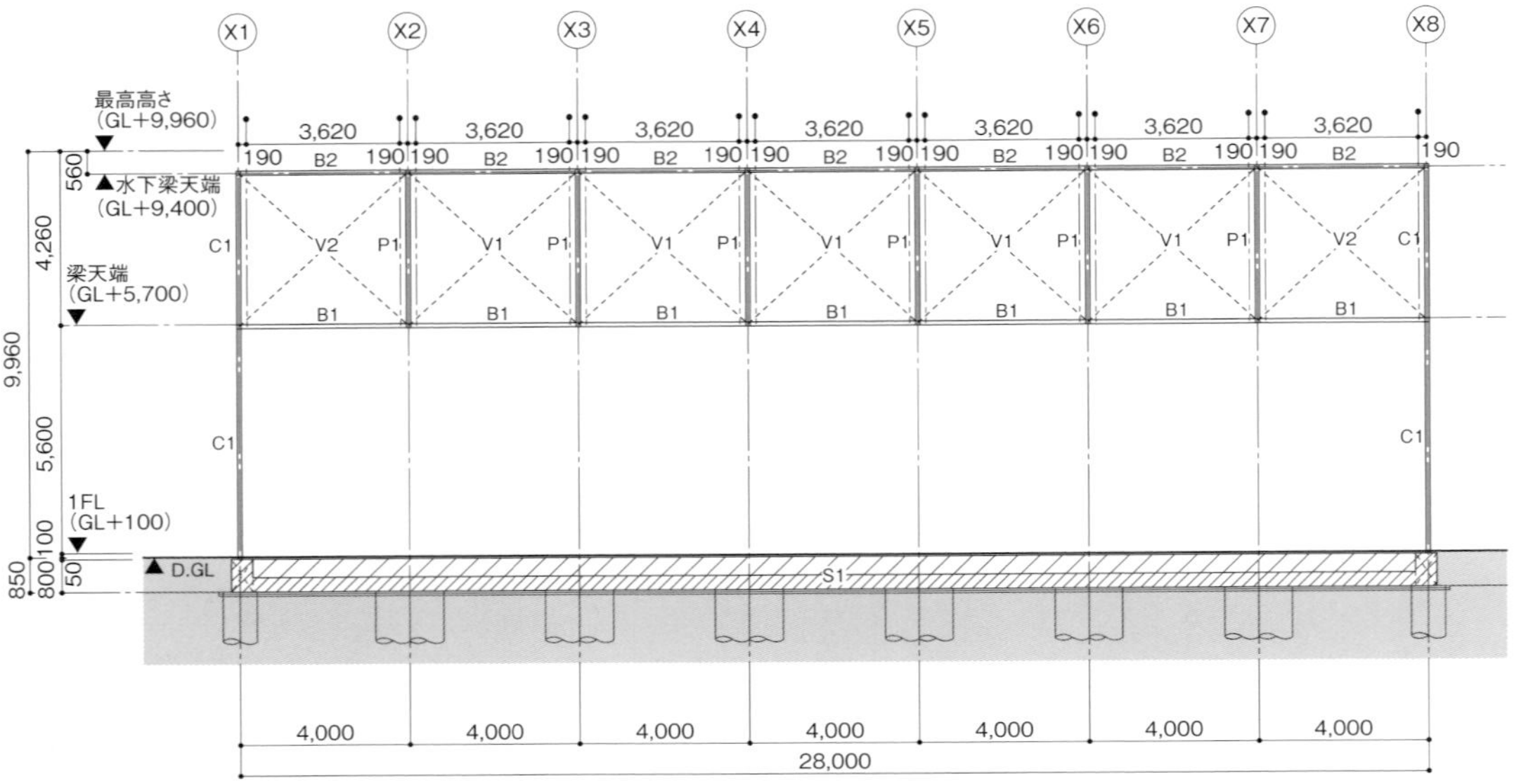

Y2通り軸組図
特記外 ♦記号は現場継手のピン接合とする［S=1：250］

ブレース構造のため、接合部はピン接合となる。ピン接合は簡易な接合方法ではあるが、全体を組み立て終わるまで架構が安定しない。ここでは総足場にして部材を仮支えすることで、施工時の安定化を計った。また、その足場はスパン中央部の精度管理、キャンバーの確保にも利用された

1 ショールーム
2 応接室
3 会議室
4 事務室
5 倉庫
6 修理室

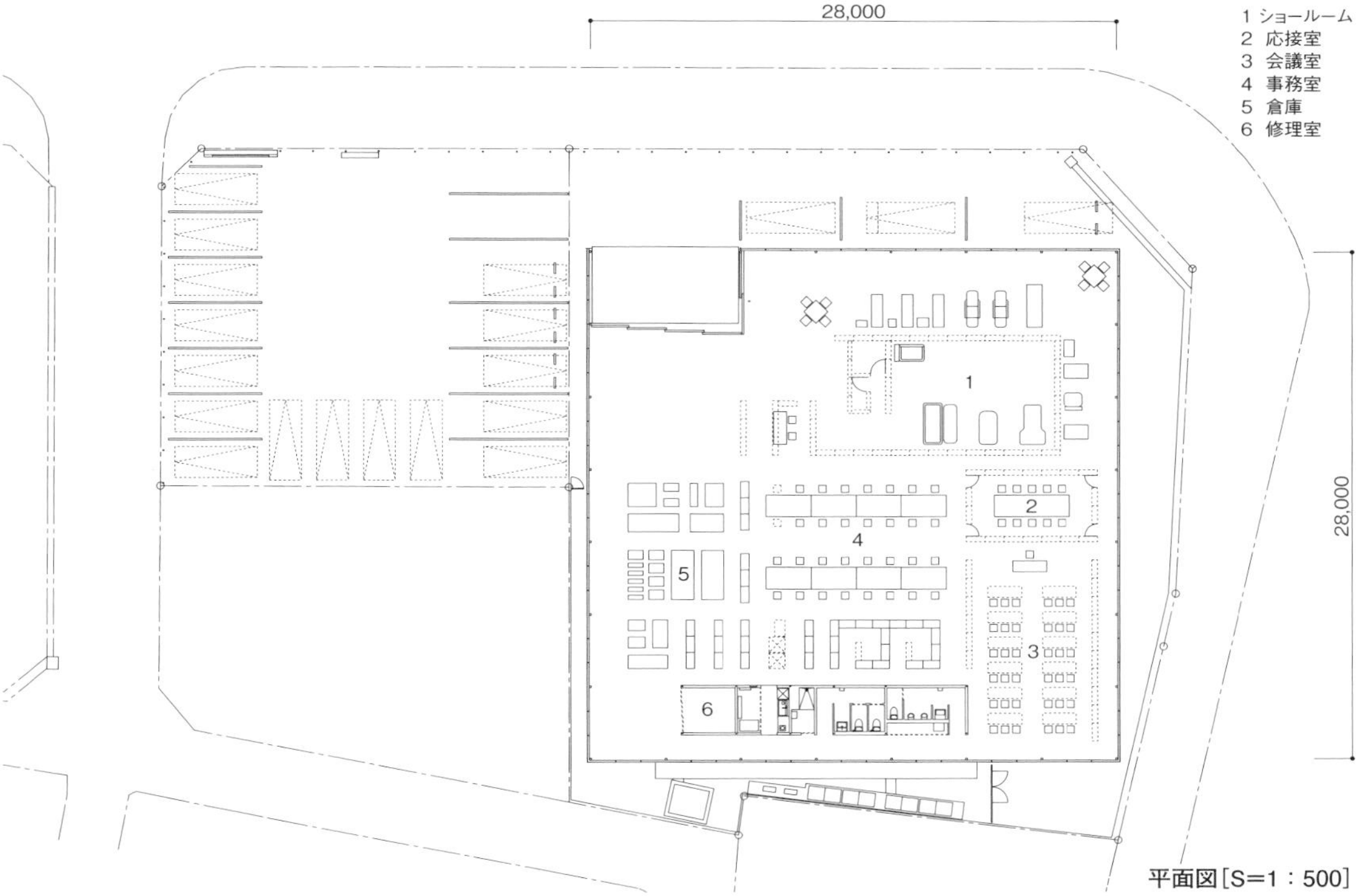

平面図[S=1：500]

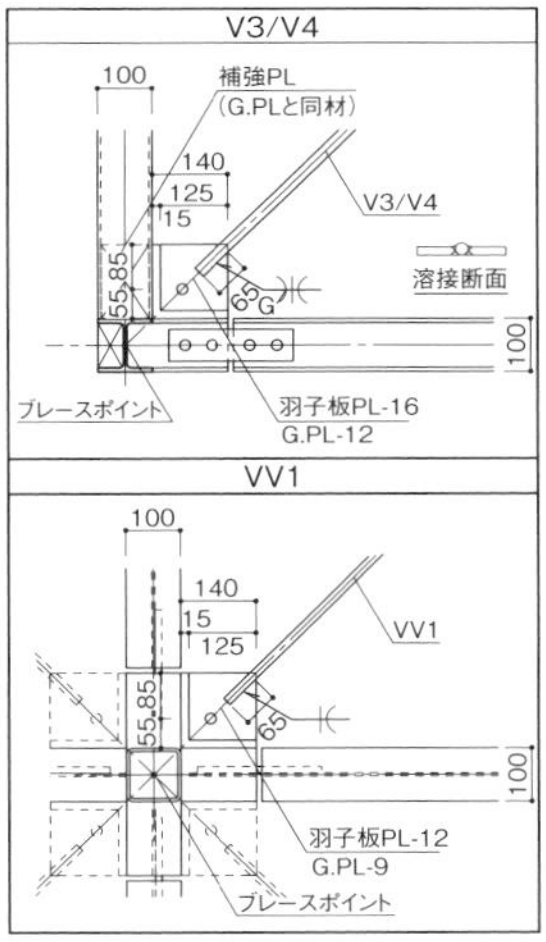

構造計算によって、部材の最大断面を100×100mmにする当初の目標が実現できると分かった後に問題となったのは、接合部の大きさであった。通常、ブレース端部を構成するガセットプレートと羽子板プレートの長さは180程度になり、部材よりも大きくなってしまう。そこで、羽子板プレートとガセットプレートの形状を同一にして2つを重ねることで目立たなくし、小さな接合部を実現した。接合部の部材断面が小さい場合、溶接ひずみによる影響を受けやすいため、十分な監理体制が必要となる

RC
S
W

鉄骨でも耐火被覆をなくせる

鉄骨造の場合、法的に耐火被覆が必要となり、柱梁をボードなどで覆ってしまうケースがよくあります。ここでは、柱梁を意匠デザインの一部として見せたい場合の対処方法をみていきましょう。

耐火性能検証の種類と検証ルート

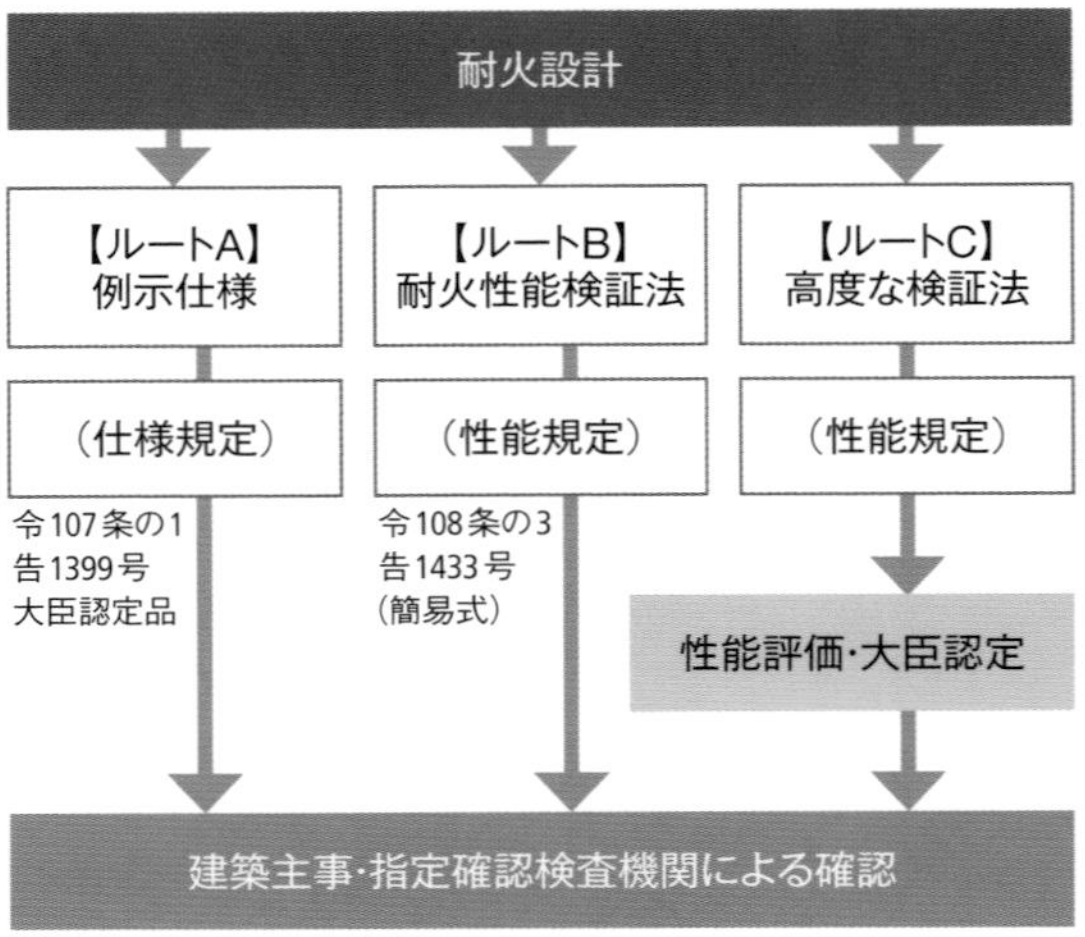
耐火設計
【ルートA】
例示仕様
【ルートB】
耐火性能検証法
【ルートC】
高度な検証法
（仕様規定）
（性能規定）
（性能規定）
令107条の1
告1399号
大臣認定品
令108条の3
告1433号
（簡易式）
性能評価・大臣認定
建築主事・指定確認検査機関による確認

ルートCにおいては、性能評価機関における性能評価委員会、性能評価書発行を経て国土交通大臣の大臣認定を受ける必要があるので、スケジュール上の注意が必要である

体育館も法的緩和で不要に

鉄骨造の建物は、何らかの対策を講じたり法的な緩和などによって、**耐火被覆**が不要となる。それぞれを具体的にみてみよう。

1｜耐火検証法の使用

耐火検証法には、性能規定としてルートB、C（ルートAは仕様規定）があり、ルートCは性能評価と大臣認定を要する高度な検証法と位置づけられている（建築基準法施行令108条の3）。B、Cいずれも、火災継続時間が保有耐火時間以下であれば、鉄骨の無耐火被覆を実現できる［タイトル図・図1］。

2｜耐火塗料の使用

火災の熱により**耐火塗料**が発泡し断熱層を形成することで、鉄骨の温度上昇を防ぎ鉄骨造の倒壊を防ぐことができる。屋外仕様も含め、耐火時間に応じた認定品があり、耐火被覆材に比べて薄い仕上げ（数㎜程度）となるため、外観上もすっきりとする。しかし、鉄骨素地の状態とは異なること（金属的な手触りではなくなる）、認定内容によって耐火塗料が採用できない部材（アングル部材など）があるなど、注意を要する。

3｜耐火鋼（SUS鋼含む）の使用

耐火鋼はFR鋼とも呼ばれ、一般鋼より耐火性能に優れ、耐火被覆の低減もしくは省略を目的に開発された。耐火被覆なしの耐火鋼は、耐火検証法のルートCで設計が可能である。一方、開放型駐車場は耐火鋼メーカーの承認書発行を条件に、一定規模までルートAで設計できる。耐火鋼と同様、耐火性能を有するステンレス鋼も耐火鋼に準じて設計が可能と考えられる。

4｜CFT柱の使用

丸形もしくは角形鋼管内にコンクリートを充填した**CFT柱**とすることにより無耐火被覆にできる。また、新都市ハウジング協会の審査によりルートA扱いで確認申請手続きができる。ただし、無耐火被覆で設計する場合は、荷重度や径長さ比の規定があるため、一般の設計で耐火被覆がある場合の耐火被覆込の外形寸法より、大きくなるケースもある。

5｜地域及び建築規模により耐火建築物に制限されない場合

建設地域および建物規模によっては、耐火建築物に制限されず、耐火被覆が法的に不要な場合がある。

6｜床面から梁の下端までの高さが4m以上で小屋組とした場合

床面から梁の下端までの高さが4m以上の鉄骨造小屋組で、直下に天井がないものもしくは直下に不燃・準不燃材料で作られた天井があるものは、1時間耐火の梁とみなされ、無耐火被覆にできる（平12建告1399号）。無耐火被覆としている体育館の小屋組は、この考え方による場合が多い【図1】。

7 常時鉛直荷重を支持していないブレースなど

火災と地震が同時に発生しないことを前提に、常時鉛直荷重を支持していないブレースなどの部材は、耐火被覆が不要で鉄骨露しとすることができる。ただし、ブレースなどの斜材でも常時鉛直荷重を支持している構造設計の場合、火災による耐力低下の際に、建物の崩壊を招く危険性があるため耐火被覆を省略できない【図2】。

8 剛性確保のための補助部材の場合（二重鋼管とする場合も含む）

居住性能改善のために設けた部材など、その部材が仮に火災により焼失しても建物が崩壊に至らないことが確認されれば、耐火被覆はなくせる。片持ち梁の先端間柱などはこれで設計できる。

また、吊り構造の**吊り材**を**2重構造**にし、外側の鉄骨は仕上げもしくは剛性のみに寄与する部材と位置づけて設計することで、耐火被覆をなくすことができる。その場合、2重構造の内側と外側の鉄骨の間には、鉄網モルタルなど所定の耐火被覆材を所定の厚みで確保し、充填する必要がある（昭39建告1675号）【図3・4】。

意匠上のデザイン配慮も必要

耐火被覆をなくし、鉄骨を露しとする場合には、設計・施工段階で溶接個所や仮設ピースの位置を入念に検討することや、鉄骨の溶接ビードの仕上げ具合（グラインダー仕上げにより平滑にすることもできる）、仮設ピースや裏当て金などの除去とその仕上げにも配慮が必要である。

そのほか、塗装による耐久性確保や着色など意匠性の配慮も考慮が必要であり、塗装仕様の十分な検討が求められる。

［朝川剛］

図1 無耐火被覆とできる範囲

①ルートA（平12建告1399号）床面から梁の下端までの高さ4m以上の小屋組とする場合

②ルートB、C（令108条の3）耐火検証法の使用

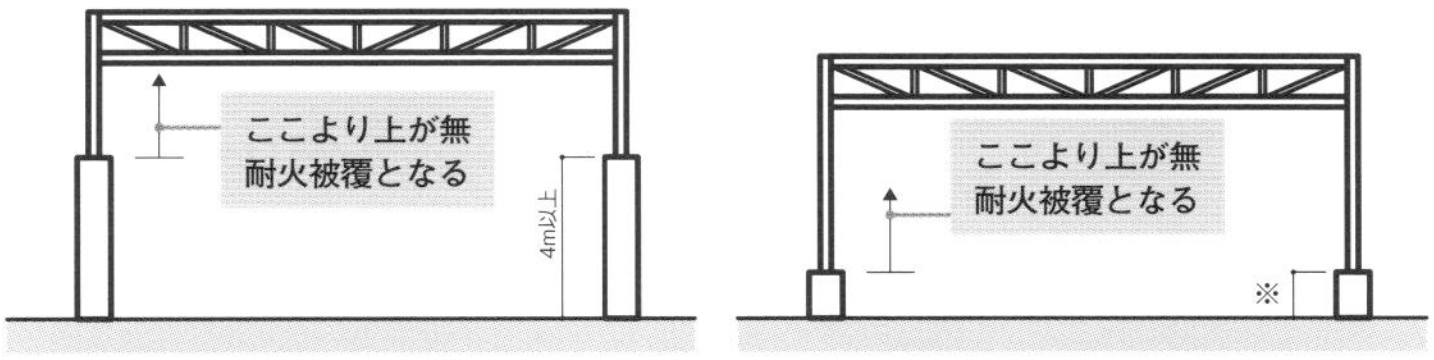

ここより上が無耐火被覆となる
4m以上
ここより上が無耐火被覆となる
※

仕様既定：床面から梁下端までの高さ4m以上のS造の小屋組で直下に天井がないか、直下に不燃・準不燃材料でつくられた天井があるものは無耐火被覆とすることができる

性能既定：火災継続時間と保有耐火性能時間を比較する耐火性能検証を用いることで、無耐火被覆の位置が決まる

※：どの高さから無耐火被覆となるかは耐火性能検証を経て、個別に決まる

図2 ブレース等の耐火被覆が不要な部材

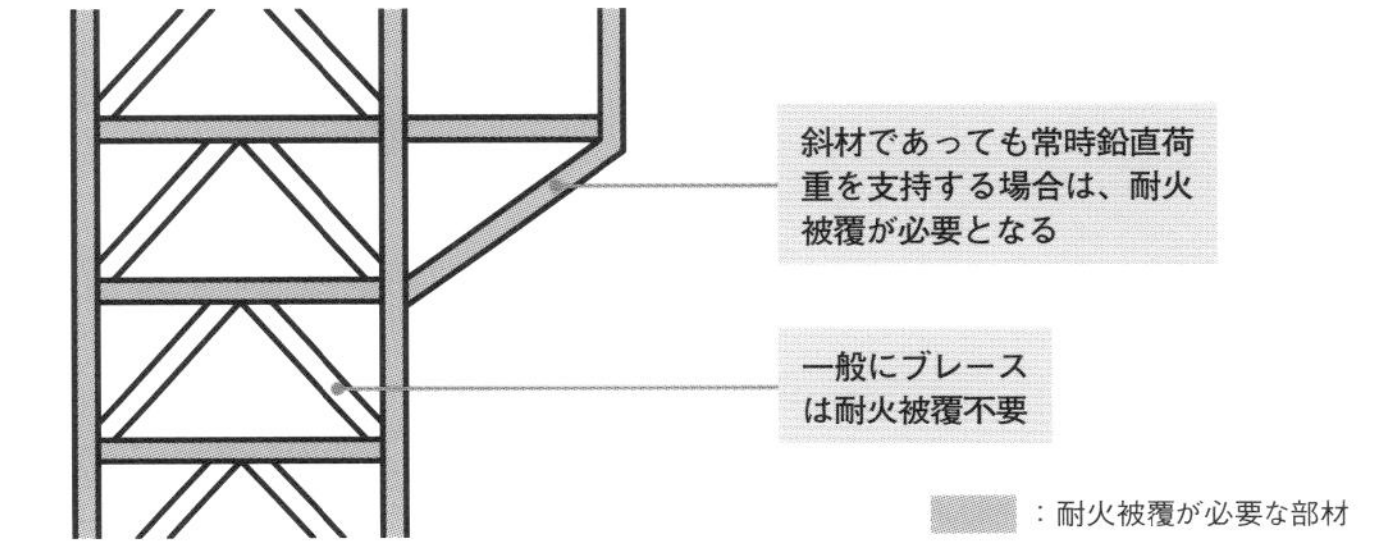

斜材であっても常時鉛直荷重を支持する場合は、耐火被覆が必要となる
一般にブレースは耐火被覆不要
：耐火被覆が必要な部材

図3 居住性能確保のため鉄骨間柱の無耐火被覆化

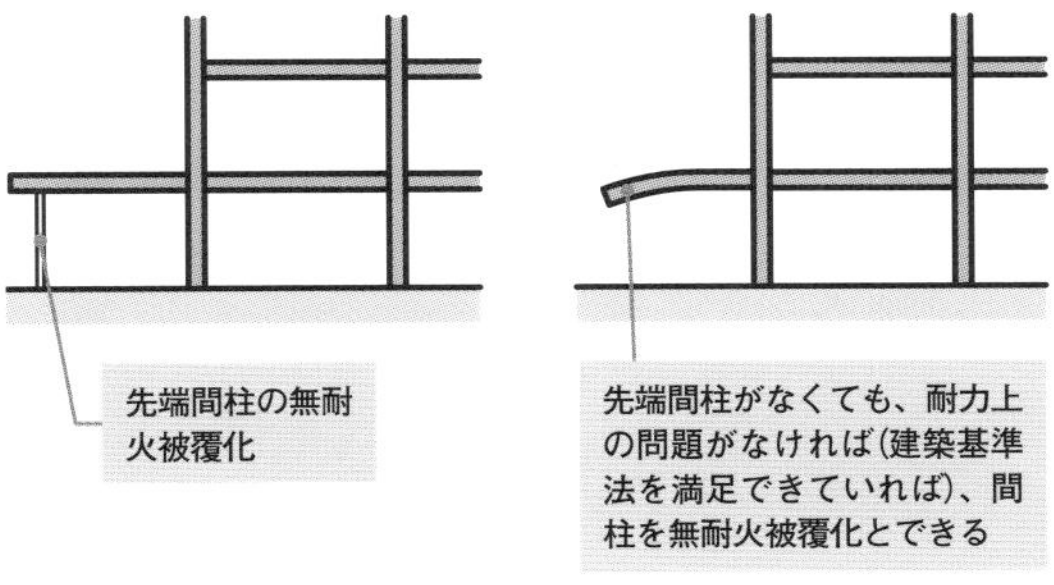

先端間柱の無耐火被覆化
先端間柱がなくても、耐力上の問題がなければ（建築基準法を満足できていれば）、間柱を無耐火被覆化とできる

図4 二重鋼管とすることによる無耐火被覆化

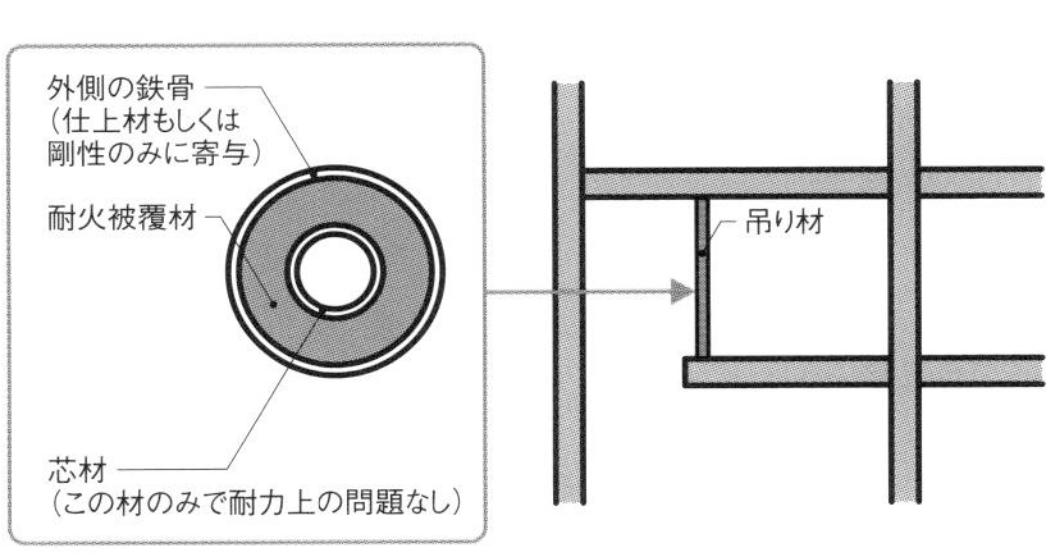

外側の鉄骨（仕上材もしくは剛性のみに寄与）
耐火被覆材
芯材（この材のみで耐力上の問題なし）
吊り材

高層建物もCルートで細柱に

data

名称：コウヅキキャピタルウェスト
設計（監理）：日建設計
写真：新建築社

耐火性能検証法の使い方

この建物は、柱の太さが要となるデザインである。そこで、できるだけ柱を細くするために耐火性能検証法Cルートによる全館耐火設計を行った。

事務室外周3面の鋼管柱は鉛直荷重を支持する構造柱だが、その太さを計画する際「構造柱に見えない柱の太さにしたい」との意匠デザイン上の要望があった。その太さは、手のひらを広げたサイズ（200～250㎜）を下回る柱径との解釈に基づき、座屈に対する構造検証などを行ったうえで190φの細柱にしている。

3階以上のすべての柱は、屋内仕様で1時間の耐火性能認定材料（耐火塗料）を使用して耐火被覆による柱の外径アップを避け、構造体としての柱径と意匠上の外径を一致させている。これにより開口部は大きくなり、建物内部の執務空間は広くなっている。

耐火性能検証法による耐火被覆の軽減は、デザイン的な細柱の実現ばかりでなく、コスト削減に役立つ場合もあるので、案件ごとの費用対効果の検証も必要である。

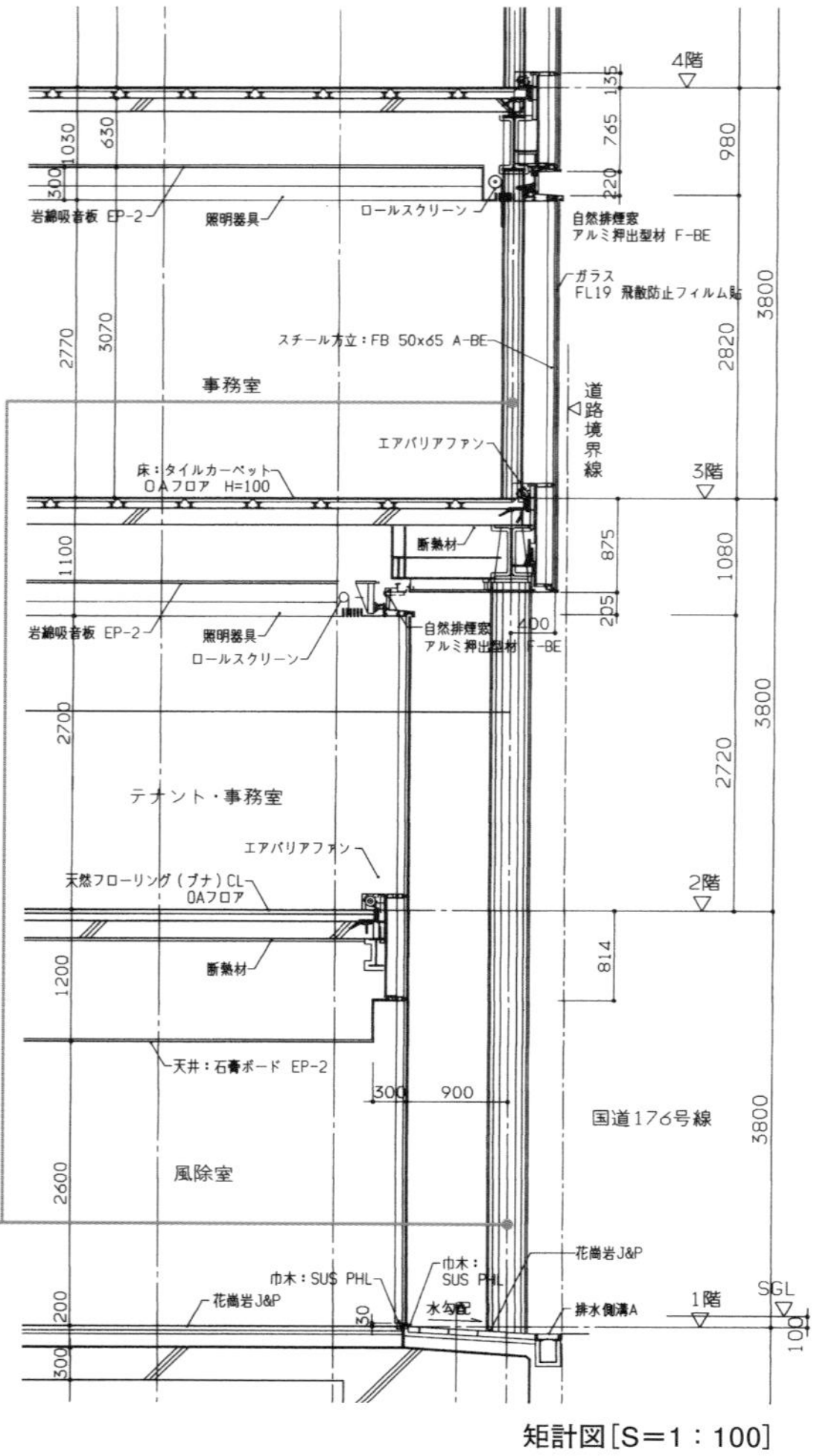

4階
3階
2階
1階
SGL
岩綿吸音板 EP-2
照明器具
ロールスクリーン
自然排煙窓
アルミ押出型材 F-BE
ガラス
FL19 飛散防止フィルム貼
スチール方立：FB 50x65 A-BE
事務室
道路境界線
エアバリアファン
床：タイルカーペット
OAフロア H=100
断熱材
テナント・事務室
天然フローリング（ブナ）CL
OAフロア
天井：石膏ボード EP-2
国道176号線
風除室
巾木：SUS PHL
花崗岩J&P
水勾配
排水側溝A

1、2階の柱は屋外露出のため、セラタイカを使用した二重鋼管としている。また、3階以上の柱は1時間の耐火塗料を使用している。そのほか、コア部分のCFT柱は新都市ハウジング協会の技術指針に従い無耐火被覆としている

矩計図［S＝1：100］

鉛直荷重を支持する構造柱である基準階外周の鋼管柱190 φは、外装受け柱と思わるようなスケールで、外装デザインと調和し透明感の高いデザインとなっている

S造体育館を無耐火被覆にする

data

名称：東洋大学板倉キャンパス体育館
設計(監理)：日建設計
写真：三島叡(89頁)、エスエス東京(88頁)

告示による無耐火被覆

この建物はRC造で、屋根部分のみを鉄骨造としている。床面から梁の下端までの高さが4m以上の鉄骨造の小屋組で、直下に天

井がないもの、または直下に不燃・準不燃材料でつくられた天井があるものは、無耐火被覆とすることができる（平12建告1399号）ことにより、無耐火被覆が実現している事例である。体育館に限らず小屋組の工場や倉庫でも可能である。

一般には、高さ4mまで鉄筋コンクリート造とし、その部分は地上レベルからの片持ち柱として設計されていることが多い。この建物では、屋根部分を鉄骨によるアーチ構造とすることにより、体育館としての有効高さを確保しているが、トラスや張弦梁によりロングスパンを実現している事例もある。地震力は本事例の場合、半円状に構成された妻面の鉄筋コンクリート壁で負担している。

この告示は、鉄骨造において可能であり、木造（木梁）では同様には準用できないので、注意が必要である。

アーチ形状にH形鋼を加工し、床面より高さ4m以上に両端のベースプレートを設けている。地震力を負担させるため、屋根面には丸鋼によるブレースを設けている。鉄骨はすべて無耐火被覆としている

半円形状の屋根を有する体育館で、屋根部分のみ鉄骨造とし、無耐火被覆としている。妻面は鉄筋コンクリート壁を屋根形状に合わせ立ち上げている

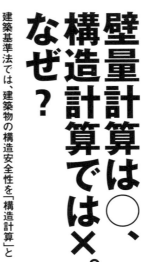

壁量計算は○、構造計算では×。なぜ？

RC S W

建築基準法では、建築物の構造安全性を「構造計算」と「仕様規定（構造方法）」の組み合わせで確認するよう規定されています。壁量計算は「仕様規定」にあたり、構造計算とは別の評価基準なので、結果も違って当たり前です。

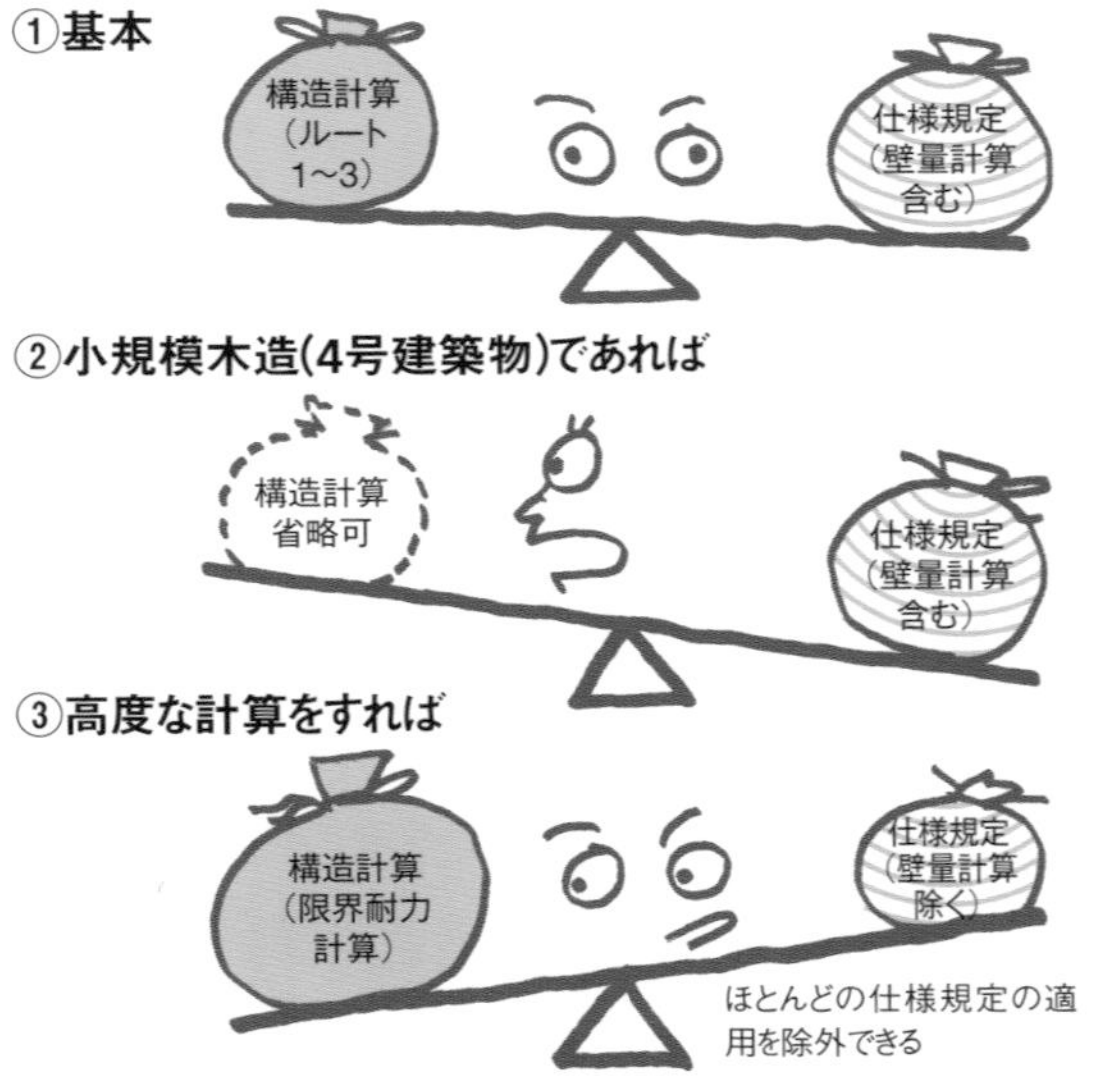

①基本
構造計算（ルート1～3）
仕様規定（壁量計算含む）
②小規模木造(4号建築物)であれば
構造計算省略可
仕様規定（壁量計算含む）
③高度な計算をすれば
構造計算（限界耐力計算）
仕様規定（壁量計算除く）
ほとんどの仕様規定の適用を除外できる

構造計算と壁量計算、両方OKであることが大原則。小規模建物なら仕様規定を満たせば構造計算は省略可。高度な計算を行うと大半の仕様規定の適用は除外される

構造の安全性は「**構造計算**」と「**仕様規定**」の組み合わせで確認する。高度な構造計算（限界耐力計算など）を行えば大半の仕様規定を外せるが、簡易な構造計算（許容応力度計算［ルート1］など）を行う場合はすべての仕様規定を満たす必要がある。木造建築物の壁量計算はこの「仕様規定」に含まれるもので、決して「構造計算」ではない。

木造建築物では、壁量計算と構造計算を行い、両方ともOKであることが原則。そのうち小規模建物（4号建築物［※1］）だけが、仕様規定を満たせば、法令上、構造計算が不要であるというにすぎない。なお、構造計算のうち**ルート1**は、**中地震動**に対して建築物が損傷しないことを確認するもの。**大地震動**に対する安全性の確認は含まれず、そこは**仕様規定**（壁量計算など）で担保する。壁量計算は簡便だが、検証内容のレベルは決して低くない。

壁量計算には仮定条件がある

壁量計算における軸組の倍率（壁倍率）1.0は、耐力壁の実長1m当たり1・96kN（200kgf）の短期水平耐力があることを示す［※2］。構造計算を行う場合でも耐力壁の部材ごとに応力度を算出するのは困難なので、壁倍率の値を許容耐力に換算することが大半だ。

壁量計算と構造計算（許容応力度計算）は別の評価基準だが、耐力壁の水平耐力に限れば、結局は同じことを検討している。にもかかわらず、それぞれの結果が異なるのは、**構造計算**では**建築物の実況に応じた荷重**を用いるのに対し、**壁量計算の必要壁量**は、建物条件を一律に**仮定した荷重**を用いて算出しているため［※3］。表1は壁量計算の必要壁量（壁率）、表2・3では必要壁量の計算根拠を示している。なお、現在の必要壁量は1981年の新耐震設計法の施行と同時に改定され、それ以降に変更は加えられていない。

地震力に対する必要壁量は、**地震力**の式（令88条、※4）にもとづき算出される［表2②］。単位系（kgfとN）や壁倍率の決め方が現在とは若干異なるため、現行基準で計算すると結果が異なるが、誤差の範囲内だ。**構造計算**（許容応力度計算）**と比べて、**

①地域係数Zを一律1.0としている
②積雪荷重を考慮していない
③総2階建てと仮定している

などの点で評価の精度が低くなり、総合すると**壁量計算のほうが甘くなる傾向**がある。なお、枠組壁工法（2×4

※1：2階建て以下、延べ面積500㎡以下、高さ13m以下、軒の高さ9m以下の木造建築物
※2：耐力壁の強度・剛性・靭性を勘案して決定された値。壁量計算によれば建築物の終局時の安全性まで担保したことになる
※3：構造計算では、その他構造耐力上主要な部分や屋根葺き材・外装材の安全性も確認する。壁量計算のみで設計する場合、これらについての定量的な確認は法令上求められていない（安全に設計する必要はある）ので、スパン表や経験則で対応することがほとんどだが、構造計算すればNGになることは十分にあり得る

表1｜令46条による必要壁量(㎝/㎡)

①地震力に対する床面積当たり必要壁量

	平屋	2階建て		3階建て		
	1階	1階	2階	1階	2階	3階
重い屋根の建築物	15	33	21	50	39	24
軽い屋根の建築物	11	29	15	46	34	18

②風圧力に対する見付け面積当たり必要壁量

強風地域以外	50
強風地域	50～75

表2｜地震力に対する「必要壁量」はこうして定められた

①条件仮定

	仮定条件		
建築物の重量	Ⅰ屋根荷重	屋根面積(軒の出を含む)	床面積×1.3
		屋根重量(天井を含む)[*1]	(重い屋根)90kgf/㎡ (軽い屋根)60kgf/㎡
	Ⅱ壁の固定荷重(1層分)[*2]		60kgf/㎡
	Ⅲ床の固定荷重(直下の天井を含む)[*2]		50kgf/㎡
	Ⅳ積載荷重[*2]		60kgf/㎡
地震力の算定	Ⅰ建築物の形状		平屋、総2階、総3階建て
	Ⅱ地域係数Z		1.0
	Ⅲ振動特性係数Rt		1.0
	Ⅳ層せん断力係数の高さ方向の分布(Ai分布[*3])		(1階)1.0 (2階建ての2階)1.4 (3階建ての2階)1.2 (3階建ての3階)1.6
	Ⅴ標準層せん断力係数C_0		0.2
必要壁量の算定	Ⅰ地震力の2/3を耐力壁で負担(現行とは異なる)		
	Ⅱ倍率1.0の耐力壁の基準耐力は130kgf/m(現行とは異なる)		

*1:屋根面積当たり　*2:床面積当たり　*3:$Ai=1+(1/\sqrt{\alpha i})\cdot 2T/(1+3T)$　2階建ての2階部分では、$\alpha_2=0.3$、T=0.2、3階建ての2階部分では、$\alpha_2=0.6$、T=0.3、3階建ての3階部分では、$\alpha_3=0.2$、T=0.3

×:多雪区域の積雪荷重が考慮されておらず、多雪区域ではかなり甘い評価

×:固定荷重の積算が構造計算の場合と比べ、若干甘い傾向。軽めの建物であればおおむね妥当だが、重めの建物では甘い評価となる

○:計画建物が下階の大きいプランであれば、負担する床面積を大きく見積もるので、安全側の評価

○:地域係数が0.7～0.9の地域では安全側の評価

×:総2階、総3階の仮定なので上階のAiは小さく計算される傾向(上階で危険側)

△:必要壁量の値は、左記を条件に設定されたが(1981年)、2000年の法改正以降、Ⅰの考え方は用いられなくなり、Ⅱについては1.96kN/m(=200kgf/m)の値が採用されるようになった。ただし、計算上は誤差の範囲内なので、必要壁量の値に変更はない

②上記条件より、必要壁量の値が求められる

重い屋根、2階建ての1階の場合(33㎝/㎡:表1参照)
(重量)屋根90×1.3+2階壁60+床50+積載60+1階壁[上半分]60/2=317kgf/㎡
(地震力)1.0×1.0×1.0×0.2×317=63.4kg/㎡　(必要壁量)63.4×2/3÷130=0.325→33㎝/㎡

上記条件より、必要壁量=地震力Q×2/3÷130
ここで、地震力Q=地震層せん断力係数Ci×重量W
Ci=Z×Rt×Ai×C0

表3｜風圧力に対する「必要壁量」はこうして定められた

①条件仮定

	仮定条件	
風圧力の算定	Ⅰ建物の高さ	4m
	Ⅱ速度圧q[*]	(強風地域以外)80kgf/㎡
		(強風地域)120kgf/㎡
	Ⅲ風力係数Cf(風上・風下側合計)	1.2
必要壁量の算定	Ⅰ風圧力の2/3を耐力壁で負担(現行とは異なる)	
	Ⅱ倍率1.0の耐力壁の基準耐力は130kgf/m(現行とは異なる)	

*:強風地域以外では$q=40\sqrt{h}$、強風地域では$q=60\sqrt{h}$で計算している(旧基準による)。それぞれ、瞬間最大風速50m/s、60m/sに相当すると説明されている

×:仮定条件では、高さも低く(1階建て)、また速度圧は旧基準の計算式によるため、現行基準に置き換えて考えると、必要壁量は甘めに設定されているといえる

△:必要壁量の値は、左記を条件に設定されたが(1981年)、2000年の法改正以降、Ⅰの考え方は用いられなくなり、Ⅱについては1.96kN/m(=200kgf/m)の値が採用されるようになった。ただし、計算上は誤差の範囲内なので、必要壁量の値に変更はない

②上記条件より、必要壁量の値が求められる

強風地域以外の必要壁量の場合(50㎝/㎡:表1参照)、80×1.2×2/3÷130=0.492→50㎝/㎡

上記条件より、必要壁量=風圧力×2/3÷130
ここで、風圧力=速度圧q×風力係数Cf

工法)の必要壁量には積雪荷重が含まれているので、参考にするとよい。

一方、風圧力に対する必要壁量は、旧基準である$40\sqrt{h}$、$60\sqrt{h}$の計算式にもとづいて算出されている【表3①】。風圧力の計算式(令87条)は2000年の法改正で全面改定されたが、必要壁量のほうは従来のままである。計算基準が異なるので単純には比較しにくいが、必要壁量の元となる速度圧の80kgf/㎡(1千176N/㎡)および120kgf/㎡(784N/㎡)は、現行基準にもとづいて逆算すると【※5】、それぞれ基準風速33.1m/s、40.5m/s。仮定条件であるH=4mは平屋の高さに相当するのでH=7mにすると、それぞれ30.9m/s、37.9m/sと算出される。現行の基準風速(平12建告1454号)と比べ、大半の地域で小さめの値となる。つまり、**風圧力に対する必要壁量は、構造計算と比べてかなり甘い評価**になっている。

このように、建築基準法による必要壁量は、甘く評価・設定されている一面がある。一方、品確法による壁量計算では、より精度の高い壁量計算で耐震性能を評価できる。建築基準法の地震力・風圧力に対応したレベルで、精度の高い計算方法を101頁で解説するので、参考にしてほしい。[栗田紀之]

※4:地震力Qiは次式で求める。Qi=Ci・Wi、Ci=Z・Rt・Ai・C_0。ここで、Ci:地震層せん断力係数、Wi:重量、Z:地域係数、Rt:振動特性係数、Ai:層せん断力係数の高さ方向の分布を表す係数、C_0:標準層せん断力係数

※5:地表面粗度区分Ⅲ、高さH=4mとして基準風速V_0を逆算した場合

4分割法は偏心率より厳しめ評価

RC
S
W

建築物の重さの中心（重心）が硬さの中心（剛心）から偏ることを「偏心」といいます。地震力の作用の中心は各階の重心。そのため偏心している建築物には、地震が起きたとき、通常の揺れに加え、剛心を中心とした回転運動（ねじれ）が生じます。

重心と剛心がずれた「偏心している建物」は、水平力がかかったとき、剛心を中心にねじれてしまう
（ねじれが生じると、建築物の一部分に力が集中し、損傷や倒壊を引き起こしやすくなる。）

偏心に関する**耐震設計**には、

①偏心による応力集中が起きないよう平面計画する（**偏心率を小さく**する）
②偏心による**ねじれ補正**を行い、応力算定する
③偏心による**外力の割増し**、または**必要保有水平耐力の割増し**を行う

という3つの方法がある。また、建物規模・構造計算ルートに応じて基準が定められている【**表**】。なかでも木造の仕様規定（壁量計算）では、耐力壁をつり合いよく配置しなければならないと規定されているが（令46条）、以前はいわば精神規定【**※1**】であった。ところが、兵庫県南部地震で偏心による木造建築物の倒壊が多発したことから、2000年の法改正で小規模木造建築物についても、定量的な構造基準（4分割法【**※2**】または偏心率0.3以下）が設けられた。

4分割法と偏心率、厳しいのは？

4分割法は、耐力壁配置のつり合いのよし悪しを、偏心率の計算によらず評価できる画期的な手法だ。偏心率計算とは異なる評価手法なので、合否結果が同じになるとは限らない。既往の研究によれば、両者の関係は90％程度整合し、**4分割法のほうが厳しめ**の評価になるようだ【**※3**】。つまり4分割法の規定を満たせば、おおむね偏心率が0.3以下に納まるようになっている。

一方、4分割法でNGでも、偏心率が0.3以下となるプランはあり得るので、必要に応じて偏心率の計算を行うとよい。偏心率計算は若干難しいが、習得すれば、偏心率の制限値を厳しくした安全率の高い設計も可能になる。表計算ソフトなどでフォーマットさえつくれば機械的に値が得られるので、ぜひ試してほしい。

偏心率の簡単算出法

偏心率R_eは建築物の偏心の度合いを示す指標で、「重心と剛心の偏り」の

表｜偏心についての規定

		「壁量規定」を満たす場合（壁量計算を行う）
構造計算なし		・4分割法
構造計算	許容応力度計算（ルート1）	・偏心率≦0.3
	許容応力度等計算（ルート2）	・偏心率≦0.15
	保有水平耐力計算（ルート3）	・形状係数Fe（平面の偏心）による必要保有水平耐力の割り増し

注：集成材等建築物などで「壁量規定」を適用除外（令46条2項）し、ルート1で構造計算する場合は、①偏心率≦0.15、②偏心率≦0.3 かつ C_0≧0.2×Fe、③偏心率≦0.3 かつ ねじれ補正計算、④保有水平耐力の確認（Feによる必要保有水平耐力の割り増し）のいずれかとする

※1：具体的な基準はないが、あるべき方向性を示している規定
※2：XY方向の1／4側端部分の壁量充足率（存在壁量／必要壁量）＞1.0を確認する。1.0以下の場合は壁率比≧0.5をチェック
※3：出典『偏心とねじれ』（宮澤健二、「建築技術2000年10月号」）

「ねじり抵抗」に対する割合（偏心距離e／弾力半径r_e）と定義される。平屋の木造建物を例に、偏心率の計算方法を手順に沿って解説する【図】。

①重心を求める（g_X, g_Y）

重心は、建築物の各階の重さの中心。平面的に鉛直荷重の偏りがない場合、重心は平面の図心と一致するとしてよい【※4・5】。

②剛心を求める（ℓ_X, ℓ_Y）

剛心は各階のかたさの中心。ここでは、各耐力要素（耐力壁）の剛性比のみが重要となるので、剛性に比例するパラメータを剛性Diとして用いても結果に影響はない。ここでは存在壁量（＝壁倍率×壁長）の値をDiに用いる【※6】。

③偏心距離を求める（e_Xとe_Y）

偏心距離とは重心と剛心の距離。X・Y方向それぞれ算出する（①－②）。

④階のねじり剛性K_Rを求める

偏心による回転力（ねじれモーメント）に抵抗するのがねじり剛性K_R。耐力壁は剛心（回転の中心）からの距離が大きいほどねじり剛性が高い。

ねじり剛性K_Rは各耐力壁について剛心からの距離rの2乗に剛性（に比例するパラメータ）Diを掛け、足し合わせて求める（$K_R=\Sigma(Di \cdot r^2)$）。

⑤弾力半径r_eを求める

通常、剛心から各耐力要素までの距離rはばらばらだが、一定の距離「弾力半径r_e」として置き換える。

r_eは④で求めたK_Rから逆算する（$r_e=\sqrt{K_R/\Sigma Di}$）

⑥偏心率R_eを求める

偏心率R_e＝偏心距離e／弾力半径r_e

危ないバランスは要注意

4分割法では、両側端部分とも壁量充足比が0であっても、壁率比の規定を満たすものとみなされる。これは偏心率計算でいうと、ねじり剛性が低く弾力半径が小さいことを意味する。たとえば大きい平面にセンターコア状に耐力壁があるような場合。重量や剛性を調整して無理やりつり合わせてしまえば規定は満たせるが、分子分母とも小さくしてぎりぎりのバランスを追求するのは、建築物の外周に優先的に耐力壁を配置するべきという構造原則から外れている。

また、非常にバランスの悪いプランでも、対称形につないでしまえば偏心率は0となる。これらのような場合、4分割法や偏心率の規定をクリアしたからといって過信は禁物。床剛性や接合部などのより詳細な検討が望ましい。

［栗田紀之］

図｜偏心率の求め方

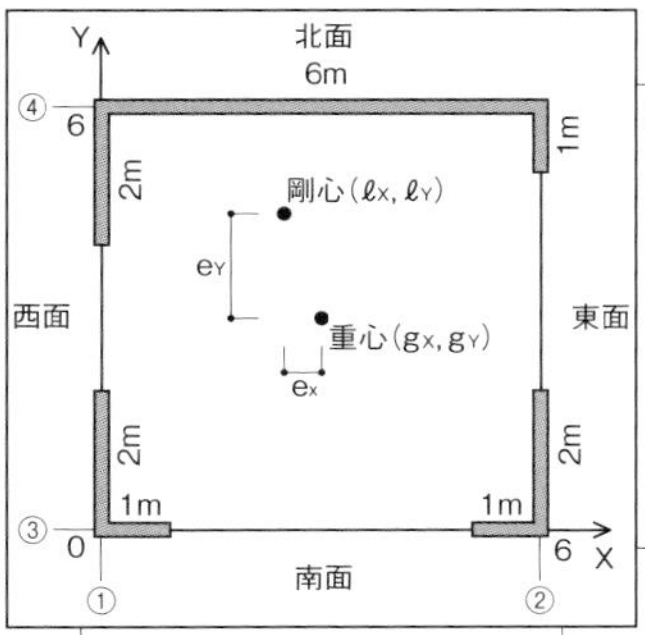

	D_X	Y	$D_X \cdot Y$	$D_X \cdot Y^2$
④通り	⑥	6	36	216
③通り	2	⓪	0	0
Σ	8	6	36	216

壁倍率×壁長

座標原点からの距離

	①通り	②通り	Σ
D_Y	4	3	7
X	0	6	6
$D_Y \cdot X$	0	18	18
$D_Y \cdot X^2$	0	108	108

モデル
- 6m×6mの正方形平面
- 鉛直力分布が均一（図心が重心）
- 耐力壁の単位長さ当たりの剛性はすべて同じ（壁倍率1）

①重心（g_X, g_Y）
図心位置とし（3,3）

平面が長方形でない場合は、いくつかの長方形に分割し、個々の面積をA、分割された重心のX座標をX、Y座標をYとして、下式で求める
$g_X=\Sigma(A \cdot X)/\Sigma A$　$g_Y=\Sigma(A \cdot Y)/\Sigma A$

②剛心（ℓ_X, ℓ_Y）

$\ell_X=\Sigma(D_Y \cdot X)/\Sigma D_Y=18/7=2.57$

$\ell_Y=\Sigma(D_X \cdot Y)/\Sigma D_X=36/8=4.50$

剛心位置は（2.57, 4.50）

③偏心距離（e_X, e_Y）

$e_X=|g_X-\ell_X|=|3-2.57|=0.43$

$e_Y=|g_Y-\ell_Y|=|3-4.50|=1.50$

④ねじり剛性K_R

$K_R=|\Sigma(D_X \cdot Y^2)-\Sigma D_X \ell_Y{}^2|+|\Sigma(D_X \cdot X^2)-\Sigma D_Y \ell_X{}^2|$

$=|216-(8\times4.50^2)|+|108-(7\times2.57^2)|=115.77$

⑤弾力半径（r_e）

$r_{eX}=\sqrt{K_R/\Sigma D_X}=\sqrt{(115.77/8)}=3.80$

$r_{eY}=\sqrt{K_R/\Sigma D_Y}=\sqrt{(115.77/7)}=4.07$

⑥偏心率（R_e）

$R_{eX}=|e_X/r_{eX}|=|1.50/3.80|=0.39$　>0.3…NG

$R_{eY}=|e_Y/r_{eY}|=|0.43/4.07|=0.11$　≦0.3…OK

※4：2階建て以上の場合、各階の重量分布を考慮する必要がある。なお、重心を正確に算出するには、各部の重量を拾い出し、その位置情報を加えて計算して求めることが必要

※5：地震力は建物の重さに比例し、各階の各部分に重さに応じた力が働く。つまりその階の重心が地震力の作用の中心となる

※6：ただし、壁倍率の値は強度・剛性・靭性を総合した指標で、必ずしも剛性のみに比例しないことに注意。特に構造性状の異なる仕様の耐力壁が混在している場合は、剛性の評価を正確に行う必要がある

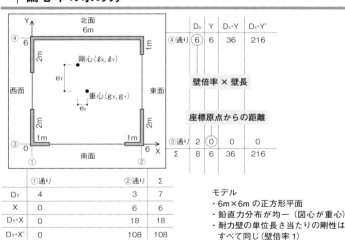

RC S W

N値計算が建物の倒壊を防ぐ

地震力などの水平力が加わると、木造耐力壁の端の柱には軸力（圧縮力や引張り力）が発生します。耐力壁により生じる引張り力のほうが鉛直荷重による圧縮力を上回ると、柱が横架材から抜けるおそれがあります。これでは耐力壁が性能を発揮できないばかりか、建築物の倒壊にもつながります。柱の引抜きを防ぐため、N値計算により適切な緊結金物を選択します。

引抜き金物が適切に選択・施工されていないと、横架材から柱が抜けて、建物は倒壊するおそれがある

柱と横架材は、耐力壁の仕様に応じて適切に緊結する。緊結方法の選択には3つのやり方がある［※1］。

①**告示表**から選択（仕様規定）［※2］

②**N値計算法**（仕様規定）［※3］

③**許容応力度計算**（構造計算）［※4］

構造計算を行わない場合は、①か②によるが、簡単なのは①の**告示表**による選択。ただし、柱の位置や耐力壁の仕様が限定される。そもそも告示表は、N値計算で厳しめの条件を想定して計算した結果を表にしたもの。耐力壁端部に付く柱（柱の片側のみに耐力壁がある）を想定しているため、引張り力が相殺されてほとんど生じないような中柱（後述）にも、過剰な仕口仕様が選択されがちだ［※5］。告示表による選択ではなく、N値計算法のほうが実情と合うのでお勧めだ。

N値計算法のしくみを押さえる

①の告示表によらない場合、柱頭・柱脚に必要な引張り耐力を計算し、その力に耐えられる接合仕様を選ぶ。柱頭・柱脚引張り力を簡易に計算できるのが**N値計算法**である［※6］。N値とは、柱頭・柱脚に必要とされる引張り耐力と、柱頭・柱脚の接合部仕様（金物など）が有する引張り耐力を、共通の倍率で表したもので、引張り耐力＝N値×5.3kNの関係がある。一見、中途半端な数値に見えるが、これは壁倍率1.0（壁長1m当たり1・96kNの水平力に抵抗できる）とN値（階高2.7mのときの引張り耐力）が対応するように設定されているためだ［図1］。

N値計算法では、計算式［表1①］で求めた柱のN値に対し、それ以上のN値をもつ金物など［表2］を選択する［※7］。計算式を見れば分かるように、N値は、A・B・Lの3つのパラメータの組み合わせである。

パラメータ1｜壁倍率の差を表すA

N値は、壁倍率の数値を用いて計算する。基本的には、柱に取り付く耐力壁の倍率が高いほどN値は大きくなる［図2①］が、柱の両側に耐力壁が取り付く場合には倍率の差分がN値に影響する。これは、柱に生じる圧縮力と

図1｜N値と壁倍率の関係

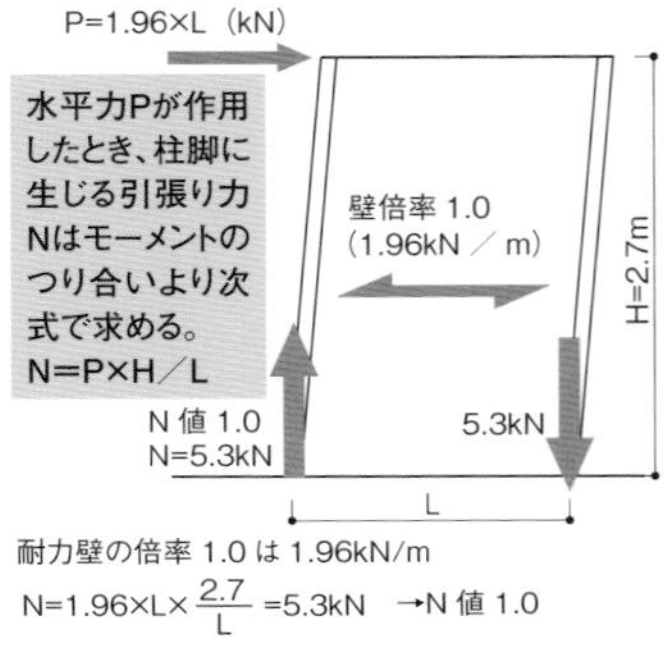

水平力Pが作用したとき、柱脚に生じる引張り力Nはモーメントのつり合いより次式で求める。

耐力壁の倍率 1.0 は 1.96kN/m
N=1.96×L×2.7/L =5.3kN →N値 1.0

※1：柱頭・柱脚を含む接合部は、その部分の存在応力を伝えるように緊結しなければならない（令47条）。具体的な構造方法は、平12建告1460号による｜※2：軸組（耐力壁）の種類と対象となる柱の配置に応じて、告示に示された表［表2］から仕口の仕様を選択する｜※3：仕口の引抜き力のみを簡易計算法で検証する仕様規定｜※4：プログラムを用いた構造解析。建築物全体について許容応力度計算を行えば、仕様規定によらなくてよい｜※5：そのほか上下階で同じ種類の耐力壁が使われるという想定のため、通常（2階は壁量に余裕があり低倍率の耐力壁を用いることが多い）はより安全側の厳しい仕様が示される（逆に危険側となる場合もある）

引張り力が相殺され、大きいほうの効果が残るからである【図2②】。なお、筋かい耐力壁の場合は圧縮のときと引張りのときで性状が異なるため、Aの値を補正する必要がある【表1②】。

パラメータ2—周辺部材による押さえ効果を表す係数B

図1のように上端が自由な片持ちの耐力壁なら、水平力によって生じる柱の引抜き力は100%柱脚で負担する。これがB=1.0の状態。実際の建物では横架材や床など周辺部材が柱を押さえ込むため、引抜き力を柱頭と柱脚で分担する。そこで柱頭と柱脚の拘束程度を同じとみなし、B=0.5としている。出隅でB=0.8とするのは、周辺部材による押さえ込み効果が小さいため。これらの数値の根拠は、実大建物の水平加力実験結果を参考にしたとされている。

パラメータ3—鉛直荷重による押さえ効果を表す係数L

柱には鉛直荷重が常時作用し、圧縮力が生じている。この力は柱の引張り力を打ち消す効果がある。そこで鉛直荷重を倍率に換算した係数Lを差し引いてN値を求める。Lは隅柱とその他の柱ごとに負担面積を想定し【図3】、そこにかかる固定荷重と積載荷重を積算した結果をもとに、安全側の判断【※8】がなされている。［栗田紀之］

表1 | N値計算表

①計算式

平屋の柱もしくは2階建ての2階の柱

$$N=A_1\times B_1-L$$

A_1：当該柱の両側における壁倍率の差
（ただし、筋かいを設けた場合は補正を加える）
B_1：周辺部材による押さえ効果係数（一般：0.5、出隅：0.8）
L：鉛直荷重による押さえ効果係数（一般：0.6、出隅：0.4）

2階建ての1階の柱

$$N=A_1\times B_1+A_2\times B_2-L$$

A_1：同上
B_1：同上
A_2：当該柱に連続する2階柱の両側における壁倍率の差
（ただし、筋かいを設けた場合は補正を加える、当該2階柱の引抜き力がほかの柱などにより下階に伝達される場合は0）
B_2：2階の周辺部材による押さえ効果係数（一般：0.5、出隅：0.8）
L：鉛直荷重による押さえ効果係数（一般：1.6、出隅：1.0）

②筋かいを設けた場合の補正

補正値1：筋かいが片側から取り付く柱

筋かいの取り付く位置 ＼ 筋かいの種類	柱頭部	柱脚部	柱頭・柱脚部
	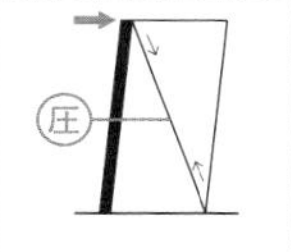圧	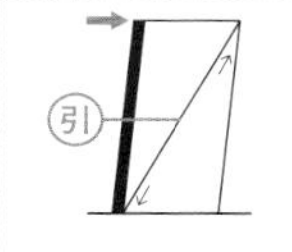引	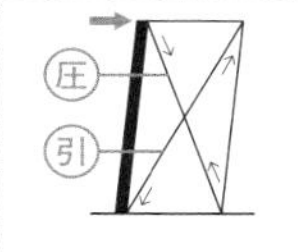圧 引
	筋かいには圧縮力がかかるのでAをプラス補正	筋かいに引張り力がかかるのでマイナス補正	相殺されるので補正なし
15×90mm、直径9mm	0	0	0
30×90mm	0.5	−0.5	0
45×90mm	0.5	−0.5	0
90×90mm	2	−2	0

注：筋かい補正には根拠がある。たとえば30×90mm筋かいの場合、圧縮力が働く場合は壁倍率2.0相当、引張り力が働く場合は1.0相当（圧縮筋かい）。壁量計算では、均等配置を想定し法定値として平均をとって1.5となっている。そこで、柱頭に筋かいが取り付く場合、柱に引張り力が生じるとき、筋かいには圧縮力が働くので法定値1.5に対しプラス0.5の補正を行う

補正値2：筋かいが両側から取り付く柱

一方が片筋かい ＼ 他方が片筋かい(mm)	15×90mm、鉄筋φ9	30×90mm	45×90mm	90×90mm	備考
15×90mm、直径9mm	0(0)	0.5(0.5)	0.5(0.5)	2.0(2.0)	片筋かいが柱脚部に取り付く場合、または両筋かいがともにたすきに取り付く場合は、補正値0
30×90mm	0.5(0)	1.0(0.5)	1.0(0.5)	2.5(2.0)	
45×90mm	0.5(0)	1.0(0.5)	1.0(0.5)	2.5(2.0)	
90×90mm	2.0(0)	2.0(0.5)	2.0(0.5)	4.0(2.0)	

注：カッコ内は片方がたすき掛け筋かいの場合

表2 | 軸組の柱頭・柱脚の仕様例

仕口記号	金物等（これらと同等以上の接合法を含む）	N値	必要耐力
(い)	・短ホゾ差し ・かすがい（C120、C150）打ち	≦0.0	0kN
(ろ)	・長ホゾ差し込み栓打ち ・かど金物CP・L+ZN65×5本×2	≦0.65	3.4kN
(は)	・かど金物CP・T+ZN65×5本×2 ・山形プレートVP+ZN90×4本×2	≦1.0	5.1kN
(に)	・羽子板ボルトSB・E+ボルトM12 ・短冊金物S+ボルトM12	≦1.4	7.5kN
(ほ)	・羽子板ボルトSB・E+ボルトM12+ZS50 ・短冊金物S+ボルトM12+ZS50	≦1.6	8.5kN
(へ)	・ホールダウン金物（HD-B10、HD-N10、S-HD10） （座金付きボルトM16W使用可）	≦1.8	10kN
(と)	・ホールダウン金物（HD-B15、HD-N15、S-HD15）	≦2.8	15kN
(ち)	・ホールダウン金物（HD-B20、HD-N20、S-HD20）	≦3.7	20kN
(り)	・ホールダウン金物（HD-B25、HD-N25、S-HD25）	≦4.7	25kN
(ぬ)	・ホールダウン金物（HD-B15、HD-N15、S-HD15）×2組	≦5.6	30kN
—	—	>5.6	N×5.3kN

注：平12建告1460号第二号表3に対応

図2 | 壁倍率とN値の関係

①柱の片側に耐力壁が取り付く場合

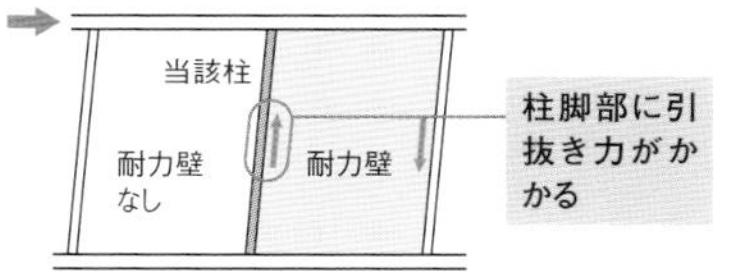
当該柱
耐力壁なし
耐力壁
柱脚部に引抜き力がかかる

N値は耐力壁（軸組）の倍率が高いほど大きくなる。開口部脇の柱や建築物の出隅の柱がこれに該当し、N値が最も大きく計算される

②柱の両側に耐力壁が取り付く場合

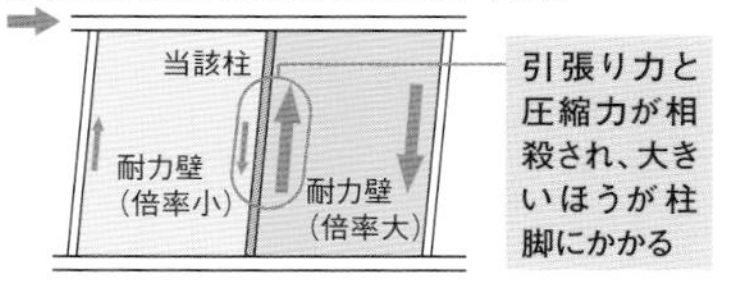
当該柱
耐力壁（倍率小）
耐力壁（倍率大）
引張り力と圧縮力が相殺され、大きいほうが柱脚にかかる

N値は耐力壁（軸組）の倍率の差分に影響される。左右同一の耐力壁が取り付く柱の場合は、完全に相殺されてN値は0になる

図3 | 押さえ効果定数Lの根拠

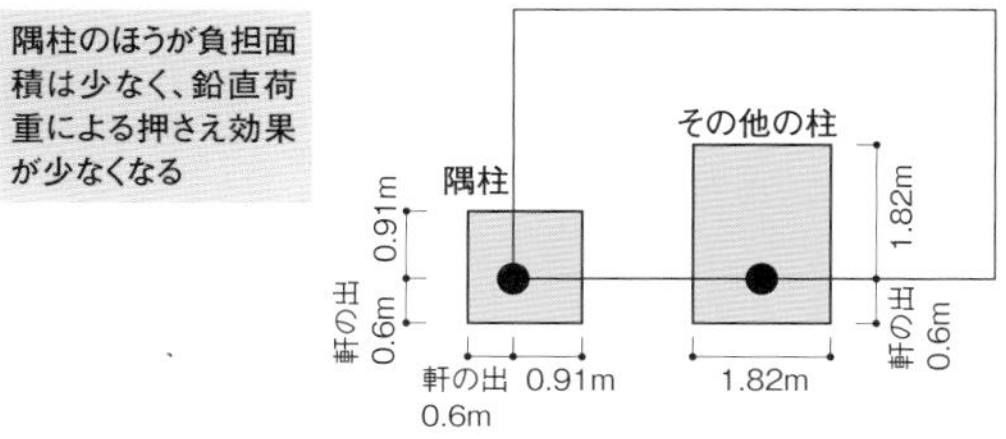
隅柱のほうが負担面積は少なく、鉛直荷重による押さえ効果が少なくなる
隅柱
その他の柱
0.91m
1.82m
軒の出 0.6m
軒の出 0.6m
軒の出 0.91m
0.6m
1.82m

※6：そのほかにもさまざまな計算方法があるものの、検証が必要。N値計算法は「2020年版 建築物の構造関係技術基準解説書」（通称「黄色本」）に掲載されている（=オーソライズされている）唯一の方法｜※7：N値が負数になった場合、柱頭・柱脚に引抜き力は発生しないが、柱がずれない程度の仕口（金物）は設ける（表2中の（い））｜※8：柱の引抜きを検討する際には、極力軽めに見積もるほうが安全側

RC
S
W

4号建物の断面はスパン表ソフトでラクラク算定

経験則で決める場合が多い4号建築物の横架材断面[※1]。構造の安全性が問われる今、構造計算やスパン表から決めたいものです。とはいえ、市販のスパン表は分厚く、一見難解で手が出ない……。使い勝手のよいスパン表や断面算定ソフトなど自分の手でつくれたらという声もよく聞きます。ここではその方法を紹介します。

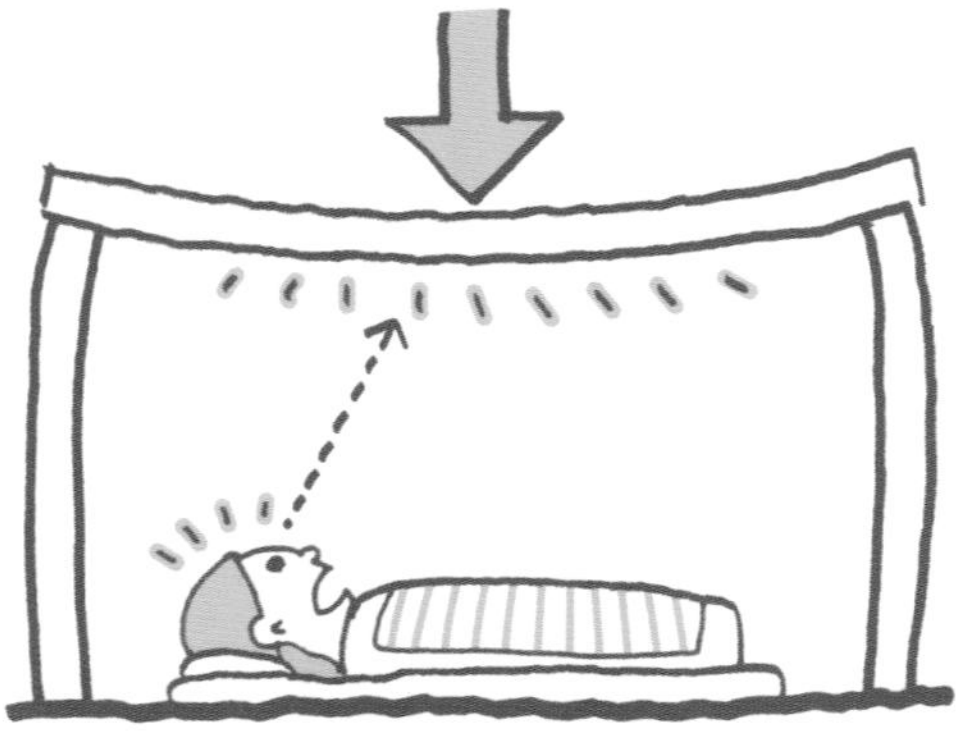

梁がたわんでいる……。これを防ぐには、荷重に見合った適切な梁断面の選択が重要

スパン表は、構造計算を仕様規定的に簡略化する目的でつくられるもの。さまざまなパラメータを整理し、その条件下で必要な構造計算をすれば1つの結果が導ける。市販のスパン表は、パラメータを変化させながら、その結果を整理して表にしたものにすぎない。スパン表は、その精度を上げたり適用範囲を拡げたりするためにパラメータを増やすと、結果の紙の枚数は幾何級数的に増え、千や万の単位になることもあり得る。そこでスパン表を簡略化するために（枚数を減らすために）、設計パラメータが整理されている。市販のスパン表の巻末や巻頭にまとめられている「スパン表作成条件」を一読いただきたい。安全側になるように配慮しながら、諸条件を仮定し、荷重をまとめたり、等分布に均したり、括《くく》ったりなど、スパン表作成のテクニックの肝が詰まっている。

オリジナル版をつくる方法

構造計算に不慣れな意匠設計者がオリジナルのスパン表をつくる場合は、市販のスパン表を最大限利用したい。前述のとおり設計パラメータが整理されているうえ、計算のプロセスもきちんと解説されている。表計算ソフトを使ってこのプロセスを後追いしていけば、スパン表はもちろん、パラメータを使って瞬時に必要な断面が求められる「**断面算定ソフト**」もつくれる。自分で作成するからこそ、構造計算の流れも一通り押さえられ、市販のスパン表にない材料を使うなどのアレンジも容易になる。

以下にオリジナルの断面算定ソフトの作成手順を示す【表】。

1 市販スパン表を利用し変数を決定

各スパン表のなかでも、最も基本となるのが（公財）日本住宅・木材技術センターが発行しているもの（以下「住木スパン表」[※2]）。これは、横架材などの必要最小せいを決定するスパン表で、床梁の場合、鍵となるパラメータは、梁が負担する直接荷重w_F（等分布荷重）と、2階柱によって伝達される屋根荷重N_C（集中荷重）。梁にかかるさまざまな荷重を、あらかじめ別の換算表で2つのパラメータに集約しているのがうまいところである。

今回の断面ソフトも、住木スパン表と同様に荷重（w_FとN_C）をパラメータにする（荷重は住木スパン表の荷重換算表より求める。もちろんこの表もオリジナル化可能）。そのほか、スパン（基準寸法910㎜）、材幅、材料規格に応じた基準強度・許容応力度[※3]を

※1：4号建築物であっても、品確法の性能表示で耐震等級2以上や耐風等級2を表示する場合や、長期優良住宅の認定を取得する場合は、小屋組や床組が常時および積雪時の鉛直荷重に対して十分な耐力を持つことを検証する必要がある。構造計算を行うのが望ましいが、スパン表から部材寸法を決めても構わない。なお、横架材のスパン上に耐力壁の取り付いた柱が載る場合、地震力・風圧力によって柱に軸力が生じ、横架材に短期応力が発生するが、4号建築物の耐震・耐風等級の規定ではこの検討は要求されないので、「住木スパン表」[※2]などでも考慮されていない

表｜表計算ソフトでつくる梁断面算定ソフト

	B	C	D	E	F	G	
2	I 条件表（入力）①						
3	基準寸法（モジュール）			1P	910	mm	
4	スパン（モジュール）			ℓ	2	P	
5	曲げ基準強度			F_b	25.8	N／mm²	②
6	せん断基準強度			F_s	1.8	N／mm²	②
7	ヤング係数			E	7.0	kN／mm²	
8	材幅			b	105	mm	
9	断面欠損（1,2または3［*1］）				1		
10	*1:1は両側から大入れ蟻掛け（プレカット仕口）でほかの梁を受ける床梁・小屋梁。2は1以外の床梁・小屋梁（片側のみ大入れ蟻掛け）。3はZマーク梁受け金物使用。						
11	II 荷重条件表（入力）						
12	直接荷重			w_F	11.0	kN／m	③
13	2階柱軸力［*2］			N_C	4.0	kN	③
14	*2:小屋梁の場合、N_C＝0						
15	III 条件表（自動計算）						
16	スパン（mm）			L	1,820	mm	④
17	長期曲げ許容応力度			$_Lf_b$	9.46	N／mm	⑤
18	長期せん断許容応力度			$_Lf_s$	0.66	N／mm	⑥
19	検定用せん断力低減率			（ℓ−1）／ℓ	0.500		⑦
20	IV 各材せいごとの許容値（自動計算）						

	B	C	D	E	F	G	H	I	J	K	L
21	材せいh	R_Z	$_LM_a$	R_A	$_LQ_a$	R_I	有効EI	$δ_{max}$	1／$δ_{max}$	ℓ／$δ_{max}$	表示
22	0	0.15	0	0.50	0	0.70	0.000E+00	—	0	0	10
23	100	0.15	248,325	0.50	2,310	0.70	4.288E+10	48.371	0.0207	38	15
24	150	0.25	931,219	0.60	4,158	0.80	1.654E+11	12.541	0.0797	145	18
25	180	0.25	1,340,955	0.60	4,990	0.80	2.858E+11	7.257	0.1378	251	21
26	210	0.25	1,825,189	0.60	5,821	0.80	4.538E+11	4.570	0.2188	398	24
27	240	0.30	2,860,704	0.65	7,207	0.85	7.197E+11	2.882	0.3470	632	27
28	270	0.30	3,620,579	0.65	8,108	0.85	1.025E+12	2.024	0.4941	899	30
29	300	0.30	4,469,850	0.65	9,009	0.85	1.406E+12	1.475	0.6778	1,234	33
30	330	0.30	5,408,519	0.65	9,910	0.85	1.871E+12	1.108	0.9022	1,642	36
31	360	0.30	6,436,584	0.65	10,811	0.85	2.429E+12	0.854	1.1712	2,132	NG
32	⑧	⑨	⑩	⑪	⑫	⑬	⑭	⑮	⑯	⑰	⑱

	B	C	E	H	I	
33	V 必要最小せいの算出（自動計算）					
34	最大曲げモーメント		M_{max}	6,374,550	N·m	⑲
35	最大せん断力		Q_{max}	7,005	N	⑳
36	曲げによる必要最小せい		$M_{max}≦{}_LM_a$	36	cm	㉑
37	せん断による必要最小せい		$Q_{max}≦{}_LQ_a$	24	cm	㉒
38	たわみによる必要最小せい	床梁1［*3］	（$δ_{max}$×2）／L≦（1／300）	24	cm	㉓
39		床梁2［*3］	（$δ_{max}$×2）≦20	18	cm	㉓
40		小屋梁	（$δ_{max}$×2）／L≦（1／200）	24	cm	㉓
41	*3:床梁の場合、床梁1と床梁2の両方の条件を満たす必要がある（L／300 かつ 20mm以下）					
42	■ 必要最小せい（結果）					
43	床梁の場合			36	cm	㉔
44	小屋梁の場合			36	cm	㉔

①濃い色の付いたセルは梁の仕様に合わせ入力

②材料基準強度は平12建告1452号・平13国交告1024号で確認

④＝F3*F4

③「住木スパン表」の荷重換算表を利用して算出

⑤＝1.1*F5／3。令89条より$_Lf_b$＝1.1F_b／3

⑥＝1.1*F6／3。令89条より$_Lf_s$＝1.1F_s／3

⑦＝(F4−1)／F4。せん断応力は過大評価の度合いが高いため低減する（参考：「住木スパン表」）

⑧材せいは製材規格寸法（規定値）

⑩材せいごとの長期曲げ応力（$_LM_a$＝$_Lf_b$·Z·R_Z　なおZ＝bh²／6）。（セルD22）＝F17*(F8*B22^2／6)*C22

⑱VLOOKUP関数の戻り値となる材せいの値（cm）。B列の材せいhより1サイズアップの値（規定値）

⑰最大たわみ／スパンの逆数（VLOOKUP関数を使うため）。セルK22は「0」とする。（セルK23）＝F16／I23

⑳Qmax＝wF·低減率⑦·L／2＋Nc／2。＝F12*F19*F16／2＋1000*F13／2

⑨断面欠損による断面係数Zの低減率Rz。（セルC22)=IF(F9＝1,0.15,IF(F9＝2,0.5,IF(F9=3,0.71,0)))材せいごとに、前述数式の下線部の数値(0.15,0.5,0.71)の部分を下表の数値と差し替える。

断面欠損	梁せい（mm）		
	≧105	≧150	≧240
1	0.15	0.25	0.3
2	0.5	0.55	0.6
3	0.71	0.69	0.68

⑫せいごとの長期せん断応力（LQa＝Lfs·A·RA×2／3）。（セルD22）＝F18*F8*B22*E22*2／3

⑬断面欠損による断面2次モーメントIの低減率RI。（セルG22)=IF(F9＝1,0.7,IF(F9＝2,0.9,IF(F9=3,0.95,0)))材せいごとに、前述数式の下線部の数値(0.7,0.9,0.95)の部分を下表の数値と差し替える。

断面欠損	梁せい（mm）		
	≧105	≧150	≧240
1	0.7	0.8	0.85
2	0.9	0.9	0.9
3	0.95	0.95	0.95

⑪断面欠損による断面積Aの低減率RA。（セルE22)=IF(F9＝1,0.5,IF(F9＝2,0.7,IF(F9=3,0.66,0)))材せいごとに、前述数式の下線部の数値(0.5,0.7,0.66)の部分を下表の数値と差し替える。

断面欠損	梁せい（mm）		
	≧105	≧150	≧240
1	0.5	0.6	0.65
2	0.7	0.8	0.8
3	0.66	0.67	0.68

⑭有効EI＝E·(b·h³／12)·RI。（セルH22）＝F7*1000*(F8*B22^3／12)*G22

⑮最大たわみδmax＝5·Wf·L⁴／384·EI＋Nc×L³／48·EI。（セルI23)＝(5*F12*F16^4)／(384*H23)＋(F13*1000*F16^3)／(48*H23)。セルI22は「−」とする

㉑＝VLOOKUP(H34, D21：L31,9, TRUE)。⑲の値以上の曲げ許容応力度をもつ材せいをIV表から選ぶ

⑯最大たわみの逆数（VLOOKUP関数を使うため）。セルJ22は「0」とする。（セルJ23）＝1／I23

㉒＝VLOOKUP(H35, F21：L31,7, TRUE)。⑳の値以上のせん断許容応力度をもつ材せいをIV表から選ぶ

⑲Mmax＝WF·L²／8＋Nc·L／4。＝F12*F16^2／8＋1000*F13*F16／4

㉔床梁または小屋梁で、㉑·㉒·㉓のうち最大の値（規格寸法外はNGと表示［㉑〜㉓とも］）

㉓床梁1·床梁2·小屋梁のたわみ制限を超えない曲げ剛性をもつ材せいをIV表から選ぶ。（セルH38）＝VLOOKUP(600, K21：L31, 2, TRUE)。（セルH39)＝VLOOKUP(1／10, J21：L31, 3, TRUE)。（セルH40)＝VLOOKUP(400, K21：L31, 2, TRUE)

変数とし、条件表としてまとめる。

2 規格寸法ごとに許容応力を算出

製材の規格寸法ごとに、許容応力を算出する（応力算出表）。その際、仕口の断面欠損を考慮し、断面性能を低減させる【※4】。

3 応力以上の断面寸法を選ぶ

以上の条件で、横架材の長期曲げ・せん断応力とたわみを検討し、それ以上の許容応力度や曲げ剛性をもつ製材を規格から選び、それを最小寸法とする。

なお、本家のスパン表は、検算するのに格好のツール。ソフトの確認はきちんと行ったうえで使用いただきたい。

［栗田紀之］

※2：『木造軸組工法住宅の横架材及び基礎のスパン表　2018年版』｜※3：令89条、平12建告1452号や平13国交告1024号｜※4：住木スパン表にならう。断面係数の低減率Rz、断面積の低減率RA、断面2次モーメントの低減率RI｜注：断面算定ソフト作成·使用に関するご質問は受け付けておりません。なお、作成·使用したことによる結果に対して、弊社ならびに著作権者は一切の責任を負いません。利用は使用者個人の責任において行ってください

配筋検査って木造でも重要なの？

RC
S
W

木造やS造では現場の外で加工・製作した部材を現場で組み上げるので、全体的な架構形状や詳細を工事前に確認できます。一方、木造の基礎も含めてRC造では、躯体図で外形のチェックはできても、全体の配筋状態は配筋検査時まで確認できないことが大半。不具合があった場合にどう修正するか、配筋検査での判断が必要です。

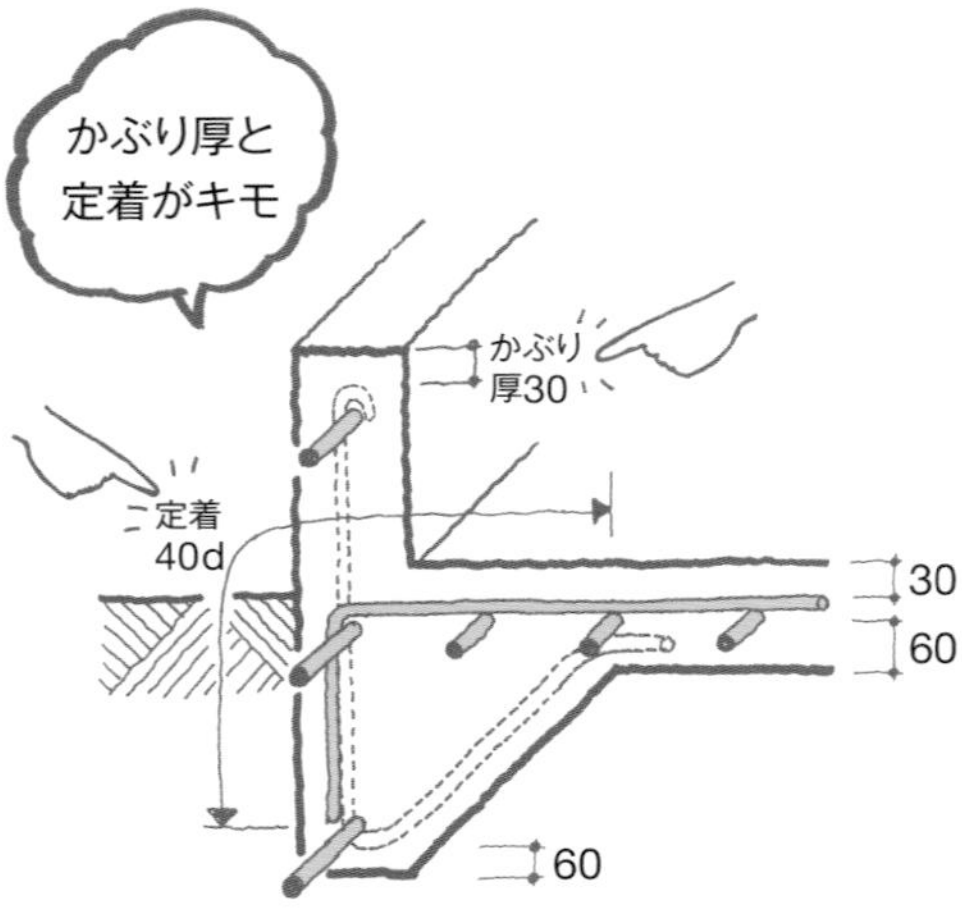
かぶり厚と
定着がキモ
かぶり
厚30
定着
40d
30
60
60

構造躯体の品質が配筋検査時の判断で左右される側面が大きいので、現場監理の重要性は高い

配筋の要点は、建物規模にかかわらず「**定着**（アンカー）」と「**かぶり**」［※1］である。前者は躯体の構造性能に、後者は耐久性に関係する。

定着の確認は「長さと形状」

定着は鉄筋端部の相手方部材へののみ込みをいい、これにより隣り合う部材の連続性が確保される。なお、鉄筋どうしの**継手**も広い意味で定着の一種といえる。定着不足は現場で多くみられるが、部材中の引張り力を有効に負担できなくなり、部材性能の低下を引き起こすので、必ず是正する。

木造の**基礎配筋検査**では、定着の長さ（40ｄ）［※2］と形状を主に確認する。

1｜定着（および継手）長さ

木造住宅の基礎ではD16以下の細径の鉄筋のみを使うことが多いため、定着などの所定寸法が確保されていない場合は、添え筋で継ぎ、定着不足を補うよう指示する［図1・2、※3］。

2｜定着の形状

形状が問題になるケースの多くは、直交する部材への定着である。図3①のように主筋が2本以上並ぶ場合は、**必ず相手方の部材までのみ込ませてから曲げて定着をとる**のが基本。RC造でのダブル配筋のスラブ筋も同様だ［図3②］。躯体の入隅近くで鉄筋が連続しないようにすることで、入隅コンクリートの剥離破壊が防げる。もし現場で図3③④のように配筋されていた場合は、**添え筋**をして相手方部材へののみ込みを確保すればよい。そのうえで内側の曲げられた鉄筋をカットしておくことが望ましい。

かぶりはスペーサーで決まる

かぶりとは、コンクリート表面から鉄筋表面まで確保しなければならない寸法のこと。この寸法が不足すると、躯体表面から進行する**中性化**に伴って鉄筋の腐食が早期に進行し、**躯体の耐久性が低下**する。

木造基礎の配筋検査では、基礎梁と基礎スラブのかぶり厚をメジャーで測定し、所定の寸法以上［タイトル図］であるか確認する。かぶり不足の場合は、スペーサー［※4］のサイズ違いか、位置のずれ・数の不足が考えられる。前者の場合は適合するスペーサーに交換し、後者の場合にはスペーサーの位置を修正、もしくは追加する［100頁図4］。また、設計時点で配筋が躯体の断面に対して過密であると、所定のかぶりが確保できない場合があるの

※1：鉄筋の「あき」については、木造基礎のように配筋の混み合わない場合は、さほど問題にならない
※2：D13の場合、定着長さは40×13＝520㎜
※3：一般に、D19以上の太径の鉄筋の継手は圧接以外禁止されている。ただし、D16以下であれば、鉄筋を添えるだけの継手（重ね継手）も可能なため、定着が不足している場合も、添え筋として構わない

図1 必要定着長さと定着不足の是正法

①必要定着長さ(左:スラブ筋、右:基礎梁主筋)

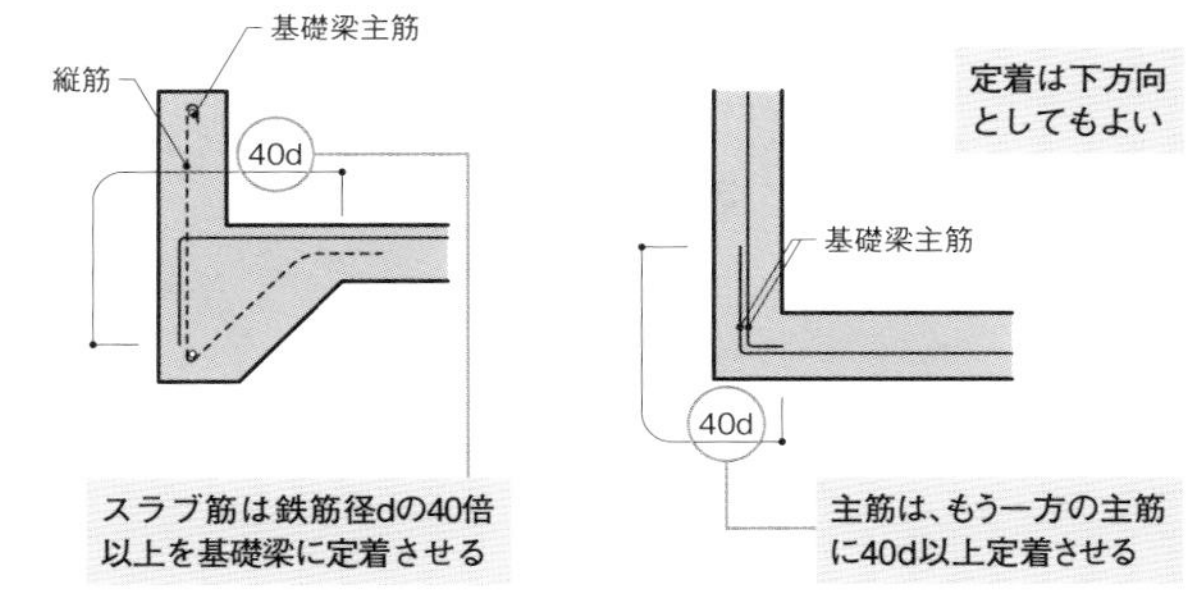

基礎梁主筋
縦筋
40d
定着は下方向としてもよい
基礎梁主筋
40d
スラブ筋は鉄筋径dの40倍以上を基礎梁に定着させる
主筋は、もう一方の主筋に40d以上定着させる

②定着不足の是正法(左:スラブ筋、右:基礎梁主筋)

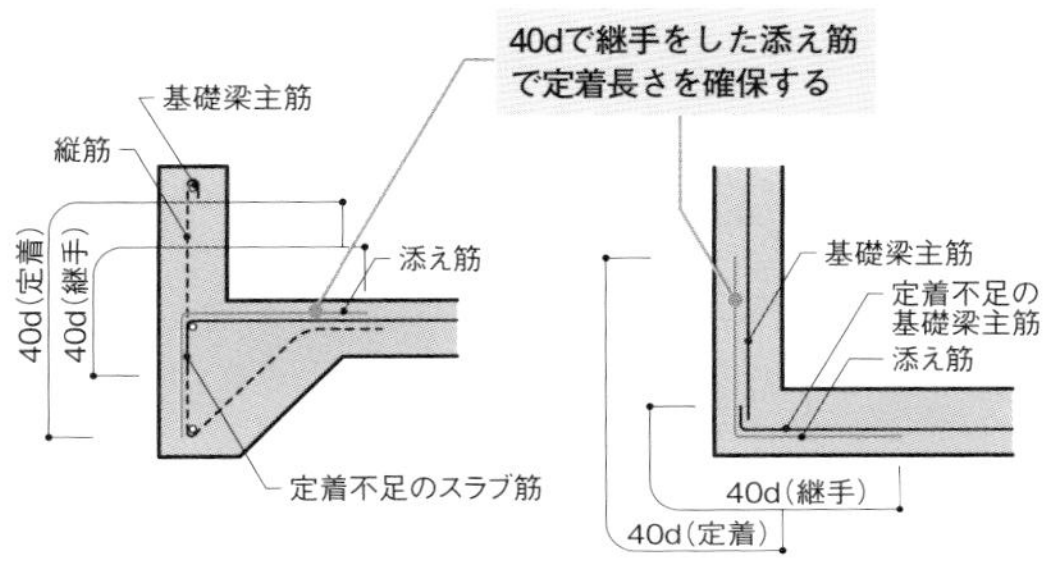

40dで継手をした添え筋で定着長さを確保する
基礎梁主筋
縦筋
添え筋
40d(定着)
40d(継手)
定着不足のスラブ筋
基礎梁主筋
定着不足の基礎梁主筋
添え筋
40d(継手)
40d(定着)

図2 継手長さ不足の是正法

①基礎梁主筋の場合

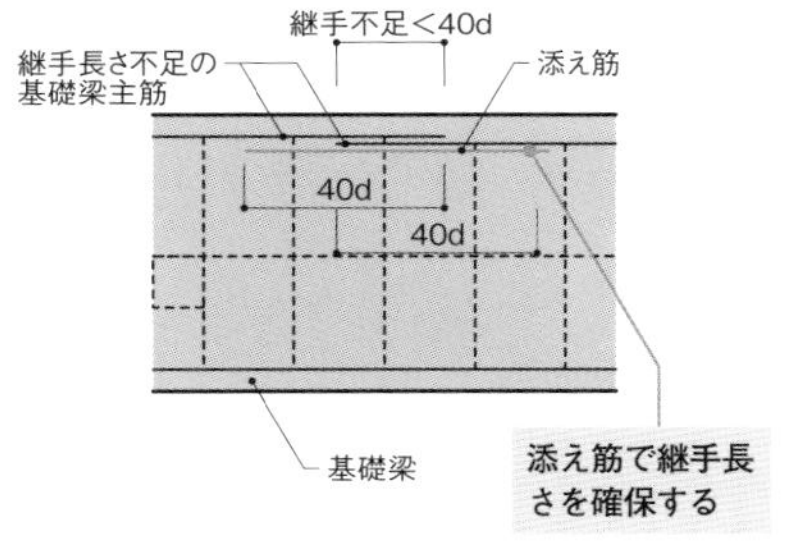

継手不足<40d
継手長さ不足の基礎梁主筋
添え筋
40d
40d
基礎梁
添え筋で継手長さを確保する

②スラブ筋の場合

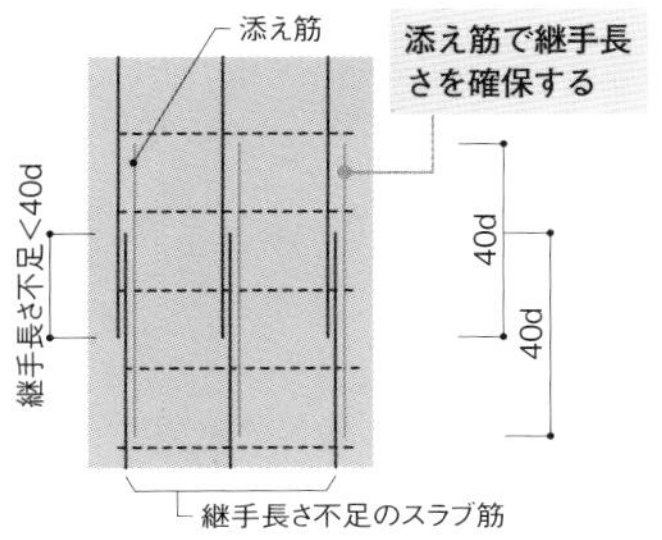

添え筋
添え筋で継手長さを確保する
継手長さ不足<40d
40d
40d
継手長さ不足のスラブ筋

図3 定着の形状と是正法

①主筋が2本並ぶ基礎梁の定着

平面

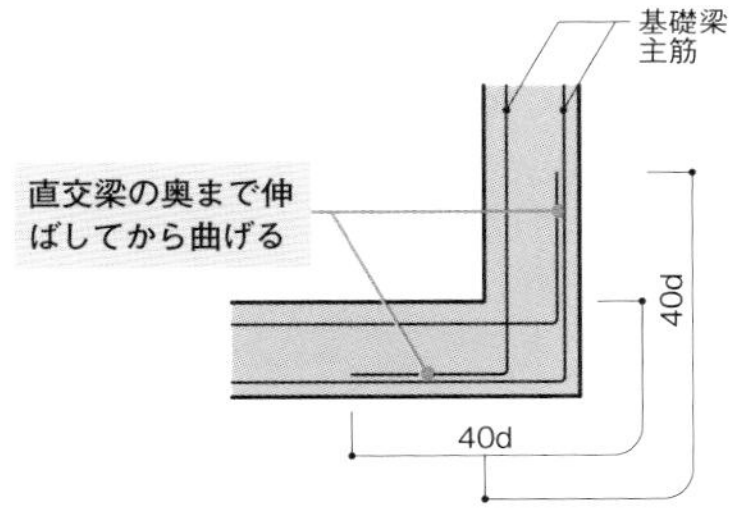

基礎梁主筋
直交梁の奥まで伸ばしてから曲げる
40d
40d

③①の定着形状不良の際の是正法

平面

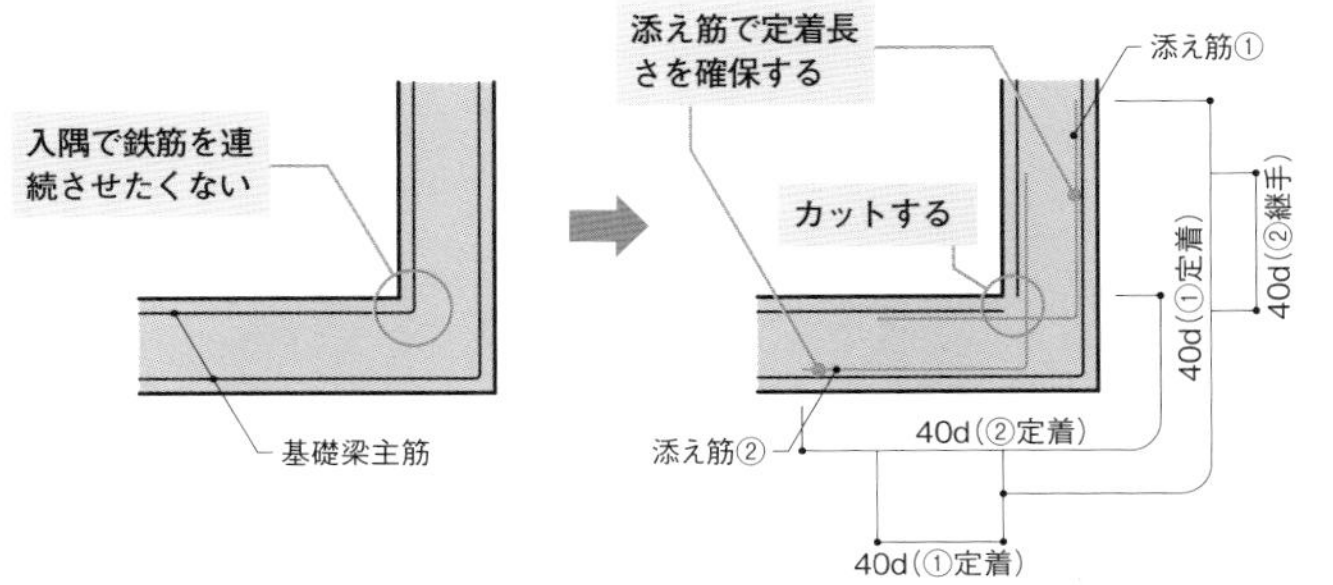

入隅で鉄筋を連続させたくない
基礎梁主筋
添え筋で定着長さを確保する
添え筋①
カットする
40d(①定着)
40d(②継手)
添え筋②
40d(②定着)
40d(①定着)

②ダブル配筋のRCスラブの定着

断面

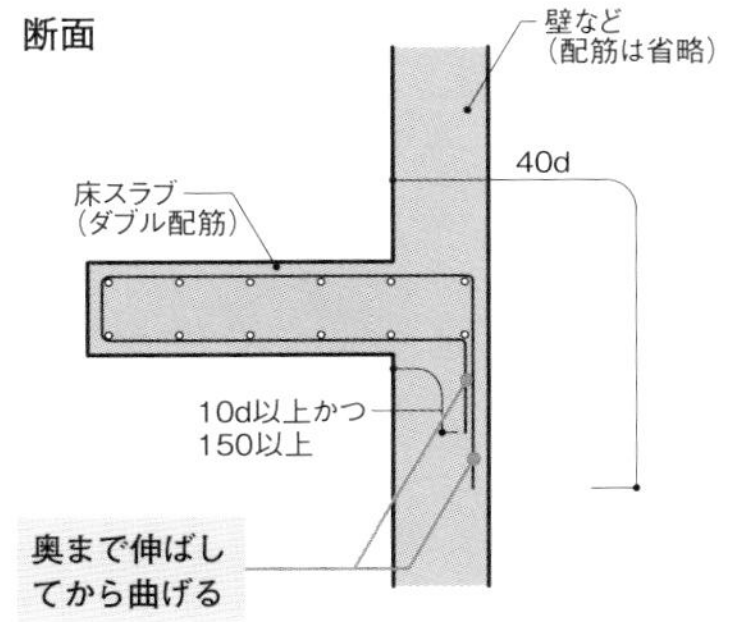

壁など(配筋は省略)
40d
床スラブ(ダブル配筋)
10d以上かつ150以上
奥まで伸ばしてから曲げる

④②の定着形状不良の際の是正法

断面

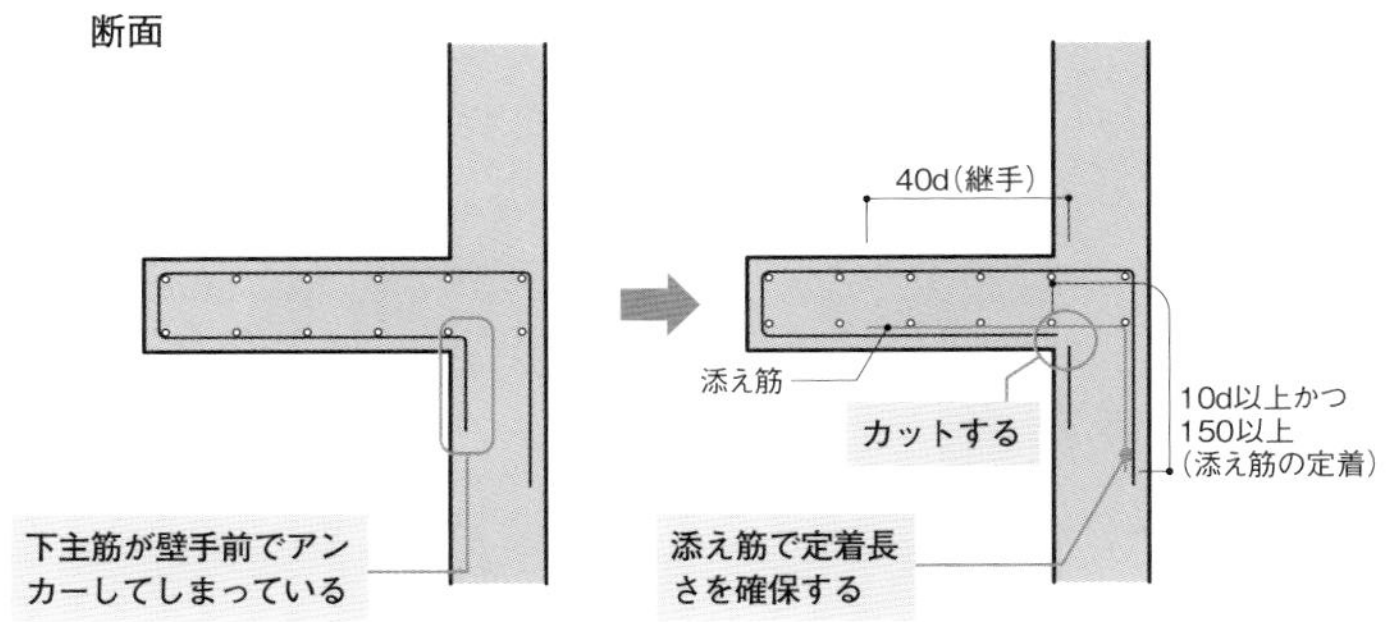

下主筋が壁手前でアンカーしてしまっている
40d(継手)
添え筋
カットする
10d以上かつ150以上(添え筋の定着)
添え筋で定着長さを確保する

※4:かぶりを確保するための治具

で、設計の際には気をつけたい。

他工事と関連する部分も確認

木造の場合、**アンカーボルトの配置**についても、配筋検査時に確認を行う。あらかじめアンカーボルト配置図を施工者から提出してもらい、径と位置を確認、現場では併せてアンカー長さもチェックする。なお、アンカー長さのとり方は基礎形状によって異なるので要注意［図5］。基礎梁としていない立上り内をアンカー長さに算入する場合は、縦筋にフックをつけたほうがよく、ついていない場合、アンカーボルト長の長いものと交換するか、縦筋にフック付きの添え筋で補強する。

設備配管による**スリーブ**も確認する。スリーブどうしは所定の間隔［図6①］をとり、間隔不足であれば位置を調整する。**スリーブ径**は**基礎梁せいの1／3以下まで**とし、径が基礎梁せいの1／10以上またはφ100㎜以上となる場合は**補強筋**を配筋するか［図6②］、既製の補強筋で補強を行う。なお、下水配管用のスリーブは、勾配をとると梁天端からの端あきが確保できなくなることが多い。配筋時に対応すると手間がかかるので、設計時に注意したい。

［木下洋介］

図4 かぶり不足の是正

①スペーサーの種類

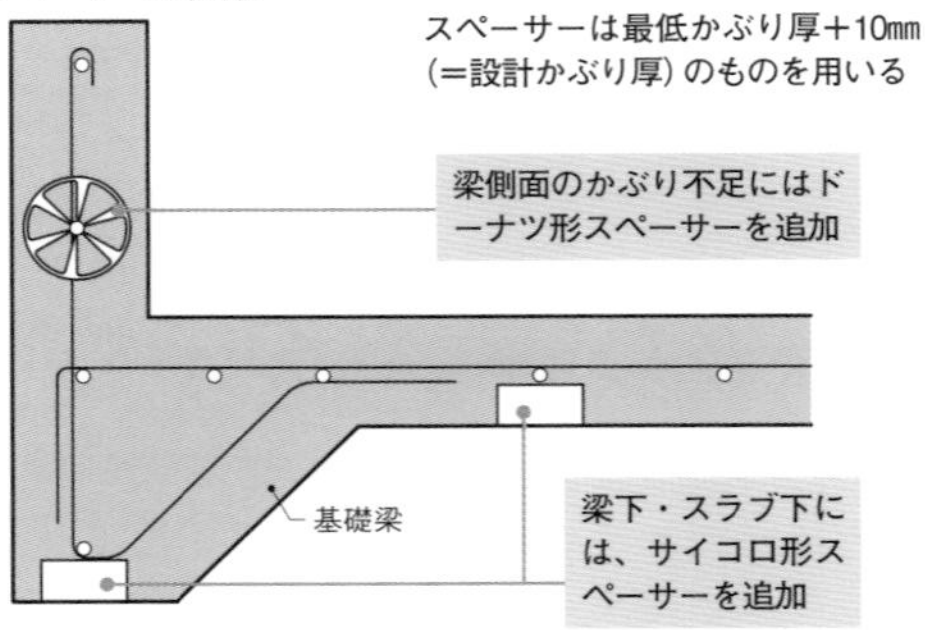

スペーサーは最低かぶり厚＋10㎜
(＝設計かぶり厚)のものを用いる
梁側面のかぶり不足にはドーナツ形スペーサーを追加
基礎梁
梁下・スラブ下には、サイコロ形スペーサーを追加

②使用上の注意

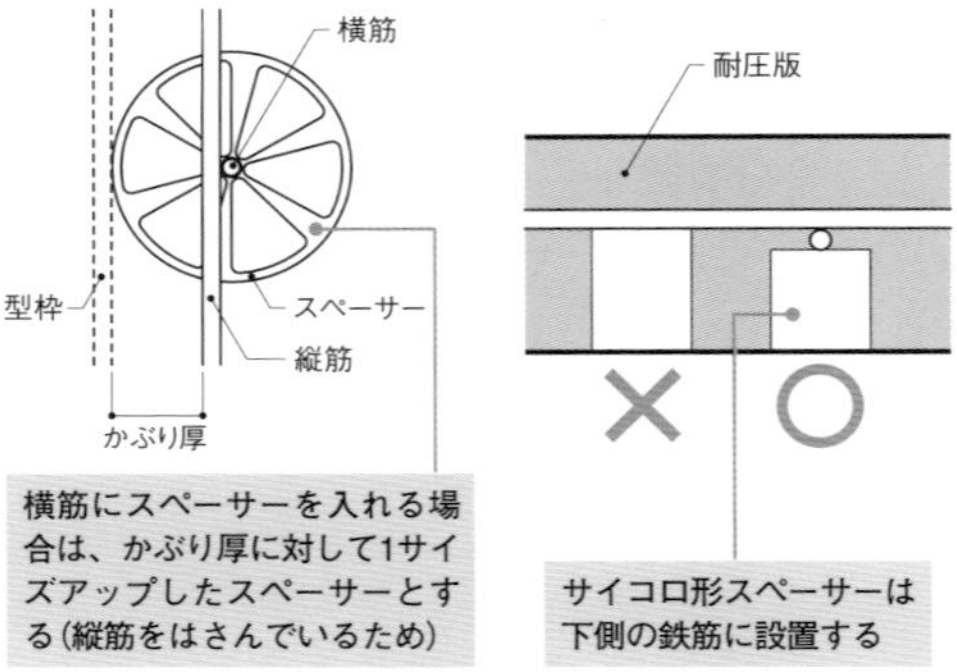

横筋
型枠
スペーサー
縦筋
かぶり厚
耐圧版
×
○
横筋にスペーサーを入れる場合は、かぶり厚に対して1サイズアップしたスペーサーとする(縦筋をはさんでいるため)
サイコロ形スペーサーは下側の鉄筋に設置する

図5 アンカー長さのとり方

立上りを基礎梁としている場合

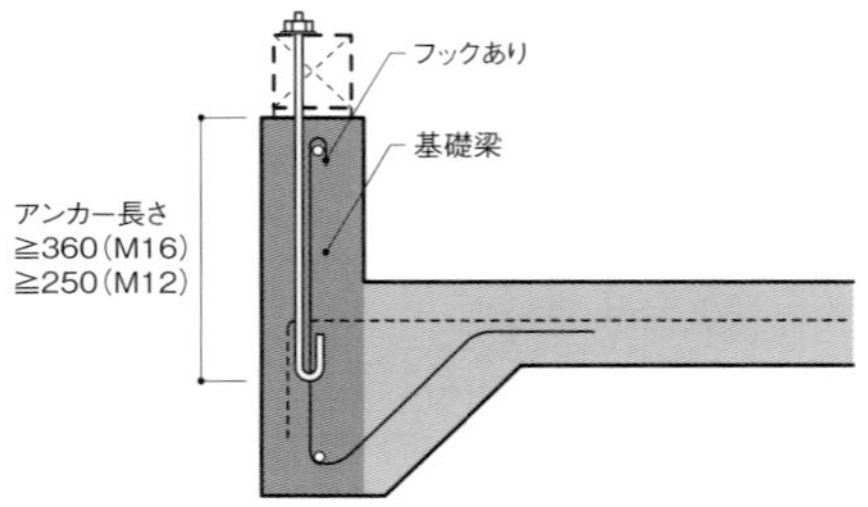

フックあり
基礎梁
アンカー長さ
≧360(M16)
≧250(M12)

スラブ下を基礎梁としている場合

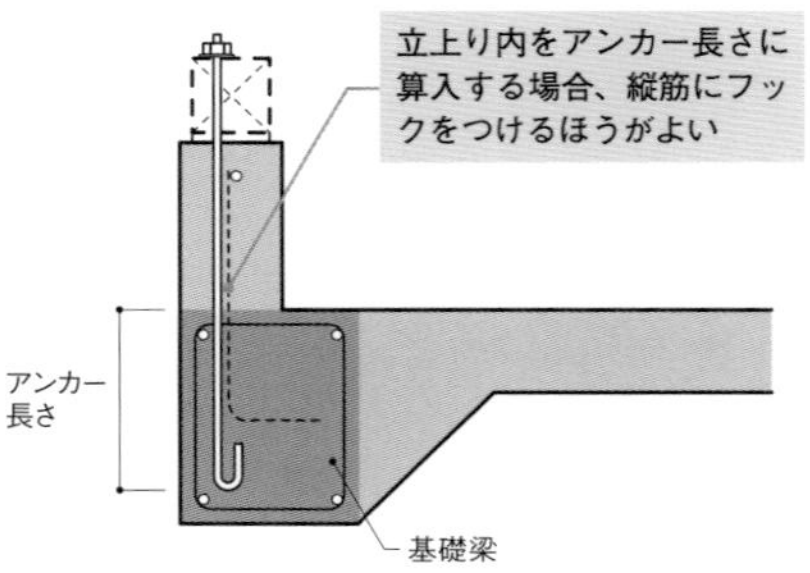

立上り内をアンカー長さに算入する場合、縦筋にフックをつけるほうがよい
アンカー長さ
基礎梁

図6 スリーブの確認

①スリーブ位置の確認

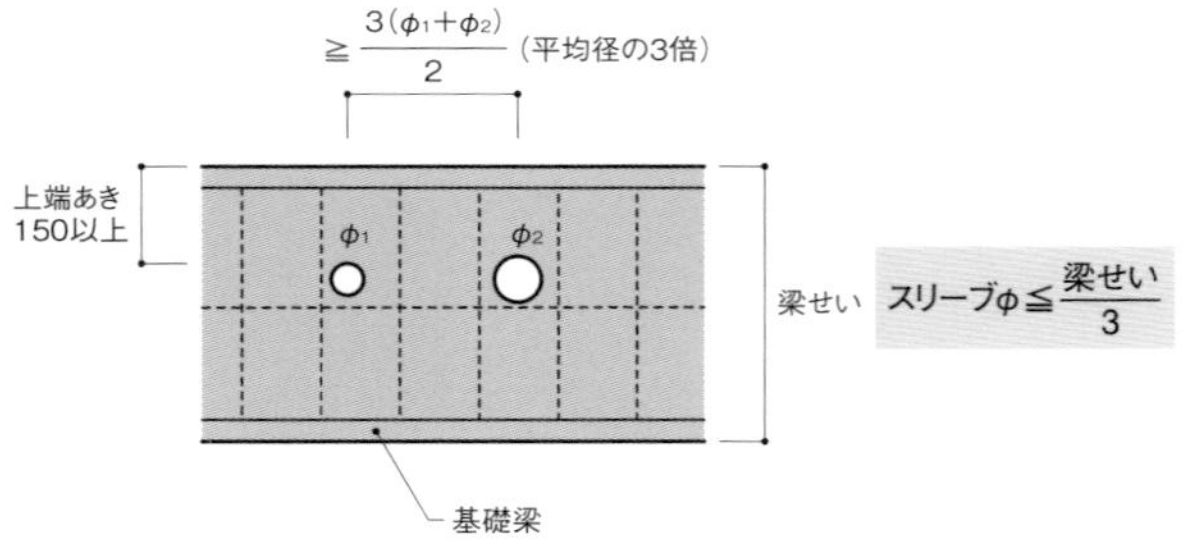

$\geqq \frac{3(\phi_1+\phi_2)}{2}$ (平均径の3倍)
上端あき150以上
ϕ_1
ϕ_2
梁せい
スリーブ$\phi \leqq \frac{梁せい}{3}$
基礎梁

②スリーブ補強の方法(左：基礎梁、右：スラブ)

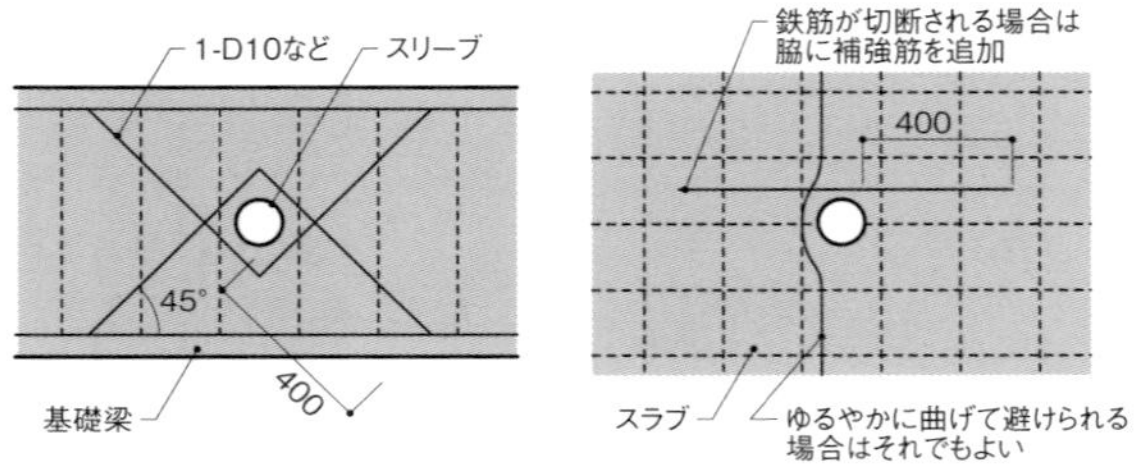

1-D10など
スリーブ
45°
400
基礎梁
鉄筋が切断される場合は脇に補強筋を追加
400
スラブ
ゆるやかに曲げて避けられる場合はそれでもよい

表1｜耐震等級2・3の単位床面積当たり必要壁量（㎝／㎡）

①耐震等級2の場合

評価対象建築物		一般地域	多雪区域		
			積雪1m	1~2m	2m
軽い屋根の建築物	平屋	18Z	34Z	直線的に補間した数値	50Z
	2階建ての1階	$45K_1Z$	$(45K_1+16)Z$		$(45K_1+32)Z$
	2階建ての2階	$18K_2Z$	$34K_2Z$		$50K_2Z$
重い屋根の建築物	平屋	25Z	41Z		57Z
	2階建ての1階	$58K_1Z$	$(58K_1+16)Z$		$(58K_1+32)Z$
	2階建ての2階	$25K_2Z$	$41K_2Z$		$57K_2Z$

②耐震等級3の場合

評価対象建築物		一般地域	多雪区域		
			積雪1m	1~2m	2m
軽い屋根の建築物	平屋	22Z	41Z	直線的に補間した数値	60Z
	2階建ての1階	$54K_1Z$	$(54K_1+20)Z$		$(54K_1+39)Z$
	2階建ての2階	$22K_2Z$	$41K_2Z$		$60K_2Z$
重い屋根の建築物	平屋	30Z	50Z		69Z
	2階建ての1階	$69K_1Z$	$(69K_1+20)Z$		$(69K_1+39)Z$
	2階建ての2階	$30K_2Z$	$50K_2Z$		$69K_2Z$

K_1:0.4+0.6R_f
K_2:0.3+0.07／R_f（R_fが0.1未満の場合は、K_2=2.0）
R_f:2階の床面積の1階の床面積に対する割合
Z:地震地域係数

表2｜建基法レベルの単位床面積当たり必要壁量（表1①÷1.25、表1②÷1.5）（㎝／㎡）

評価対象建築物		一般地域	多雪区域		
			積雪1m	1~2m	2m
軽い屋根の建築物	平屋	14Z	27Z	直線的に補間した数値	40Z
	2階建ての1階	$36K_1Z$	$(36K_1+13)Z$		$(36K_1+26)Z$
	2階建ての2階	$14K_2Z$	$27K_2Z$		$40K_2Z$
重い屋根の建築物	平屋	20Z	33Z		46Z
	2階建ての1階	$46K_1Z$	$(46K_1+13)Z$		$(46K_1+26)Z$
	2階建ての2階	$20K_2Z$	$33K_2Z$		$46K_2Z$

K_1:0.4+0.6R_f
K_2:0.3+0.07／R_f（R_fが0.1未満の場合は、K_2=2.0）
R_f:2階の床面積の1階の床面積に対する割合
Z:地震地域係数

表3｜耐風等級2の単位見付け面積当たり必要壁量（㎝／㎡）

基準風速V_0	30	32	34	36	38	40	42	44	46
見付け面積に乗ずる数値	53	60	67	76	84	93	100	113	123

表4｜建基法レベルの単位見付け面積当たり必要壁量（表3÷1.2）（㎝／㎡）

基準風速V_0	30	32	34	36	38	40	42	44	46
見付け面積に乗ずる数値	44	50	56	63	70	78	83	94	103

COLUMN

品確法を利用！精度の高い壁量計算

90頁で述べたように、建築基準法（以下、建基法）の壁量計算は優れた簡易計算法だ。ただし一般の構造計算（許容応力度計算）と比べ、簡略化のための省略――①Z（地震地域係数）は一律1.0、②積雪荷重を考慮しない、③総2階建て――などが前提条件となるため、精度は低い。そこで、品確法の耐震等級・耐風等級の評価方法を使えば①～③の内容を考慮した、より精密な壁量計算が可能になる。

1｜耐震等級2・3の必要壁量

品確法において、2階建て以下の木造建築物は壁量計算で耐震性能を評価できる【※1】。耐震等級1は建基法を満たすレベルなので、必要壁量も建基法による【91頁表1①】。一方、等級2は建基法で想定する地震力の1・25倍に対応するレベル、等級3は同1.5倍に対応するレベルで、それぞれ必要壁量が品確法で規定される【表1】。その値は、建築基準法の必要壁量を単純に1・25倍、1.5倍したものではなく、

①地震地域係数Zを適用
②多雪区域では積雪荷重を考慮
③2階の床面積と1階の床面積との比R_fをパラメータ化（総2階建てが条件ではない）

など、建基法の壁量計算で省略された内容が反映されたものとなっている。

そこで、表1の値を1・25または1.5で割り戻すと、①～③を反映したうえで、建基法の地震力と同レベルの必要壁量となる【表2】。表2の必要壁量について、一般地域の総2階建てなら、建基法の必要壁量と実質的にほぼ同じ。Z＝1.0だと、表2の値のほうが大きくなるが、品確法では、石膏ボードの内壁や開口部上下の垂壁、腰壁などを「準耐力壁」として耐力要素にカウントできるためである。

2｜耐風等級2の必要壁量

耐風等級【※2】には等級1と2がある。等級1は建基法を満たすレベルで、必要壁量も同法による【91頁表1②】。等級2は、建基法で想定する風圧力の1.2倍に対応したレベルで、表3に示す必要壁量が品確法で規定されている。

これを1.2で割り戻せば、現行の建基法レベルで、かつ、構造計算を行ったのに近い必要壁量表【表4】が得られる【※3】。基準風速V_0＝30m／sの場合は、建基法の必要壁量50㎝／㎡を下回るが、当然、建基法が優先される。また、耐震等級の場合と同様、準耐力壁をカウントすることができる。

以上のように、表2・4の必要壁量を用いることで、より精度の高い（構造計算に近い）壁量計算を行えるが、建基法の壁量計算（仕様規定）を省略できるわけではなく、また構造計算の代わりとなるわけでもないので注意してほしい。

［栗田紀之］

※1：耐震等級には、「耐震等級（構造躯体の倒壊等防止）」と「耐震等級（構造躯体の損傷防止）」があり、それぞれ個別の評価基準がある。ただし、壁量計算や許容応力度計算によって評価する場合は、両者の評価方法は同一で、表示等級も同一になる。したがって本項では、2つの表示事項をひとくくりにして「耐震等級」と表している
※2：耐風等級（構造躯体の倒壊等防止及び損傷防止）
※3：地表面粗度区分Ⅲ、H（建物の高さと軒の高さとの平均）＝7.1m、Z（当該部分の地盤面からの高さ）＝6mで計算（平12建告1454号）した値に相当

寄棟屋根から大スパンを着想

data

名称：仁井田中学校体育館
意匠：保坂陽一郎／保坂陽一郎建築研究所
構造：山田憲明／元 増田建築構造事務所　現 山田憲明構造設計事務所
写真：須賀川市建築住宅課提供

材料は市場流通性も考慮

この建物は、垂木・母屋・隅木などで構成される日本の伝統的な寄棟屋根から着想を得た、格子リブシェル構造の屋根を持つ中学校

体育館である。

この格子リブシェル構造の木材は、一度に大量の木材が発注されることから、市場流通性を考慮して乾燥材を調達しやすいスギ3寸角材を用いている。

また、垂木・母屋・隅木に相当する部材には、力学的に必要な曲率が与えられて扁平・幅広なリブアーチがつくられ、シェルの曲面をつくる構成要素となっている。それぞれのリブアーチは曲げやすくするため、スギ3寸角材を2つに割り、それらをボルトと接着剤で数段数列ごとに束ね、つくられている。

以上の構成によるリブアーチどうしのジョイントは、互いに幅広な上位リブと下位リブを交差させることで、接合面が大きく確保されている。その部分を多数のコーチスクリューで留めつけるだけの簡易接合のため、コストアップになりやすい接合金物を大幅に減らしている。

屋根のデザイン形態には、Ｖｅｌａｒｏｉｄａｌ曲面を採用することで、応力と変形をコントロールしつつ、軒先に反りと照りをつくっている。外壁からの軒先までの軒出寸法は最大で約3ｍである。垂木アーチを内部から外部まで延ばし、これを下部のＲＣ臥梁から出した方杖で支えることで、大きな軒出を実現している。

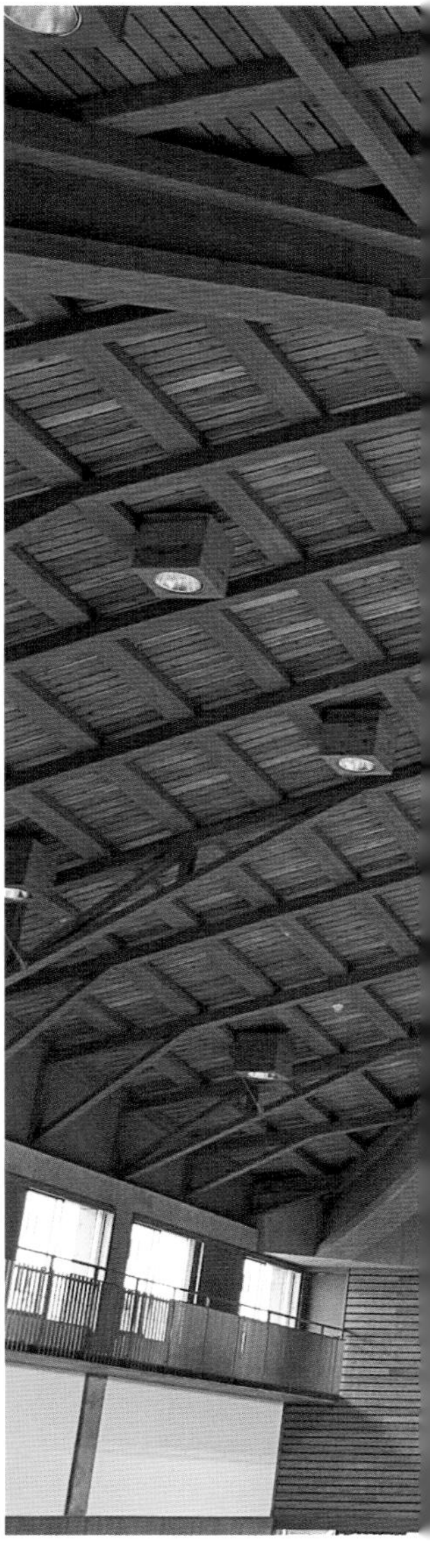

屋根荷重は、最終的には対角線上に配置した隅木のアーチに集約され、下部のRC構造隅角部に伝達される。4辺に配置されたRC水平梁にスラスト（軸力）が拘束されることで、伝達された力は屋根構造全体としてつり合う

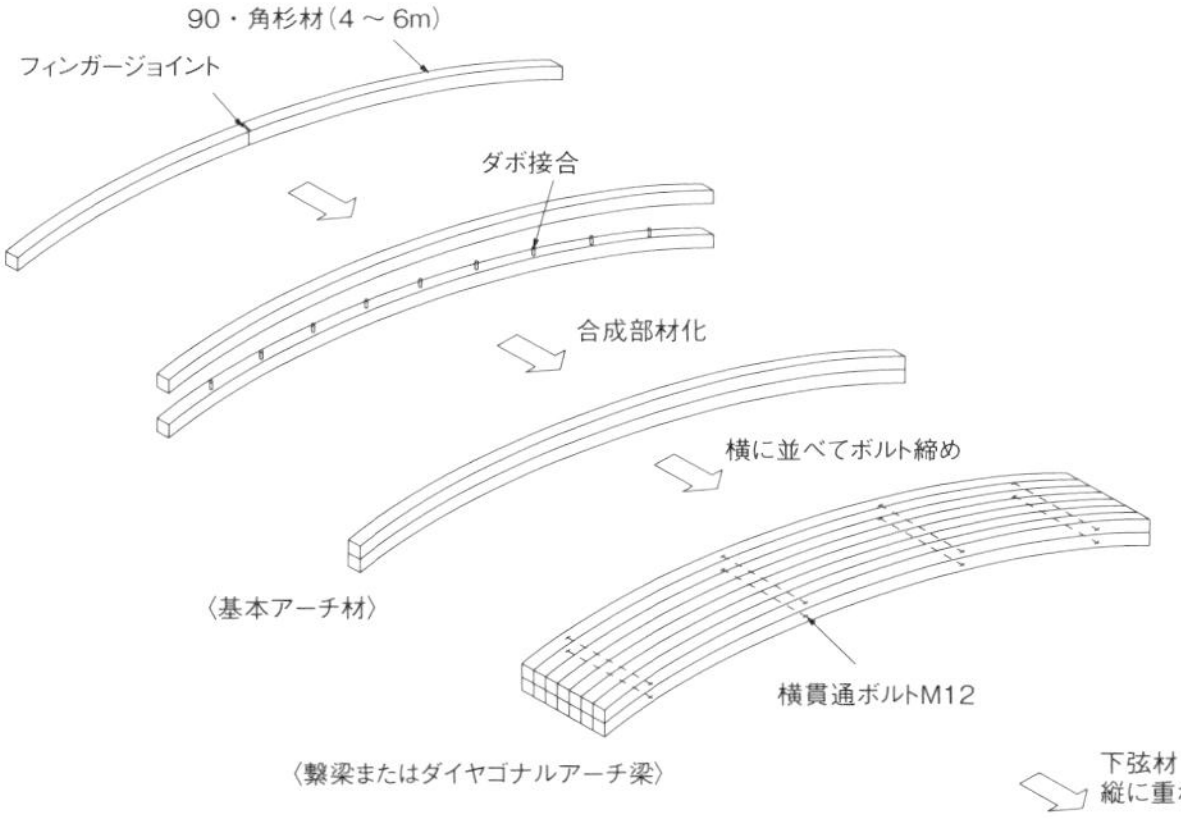

90・角杉材（4～6m）
フィンガージョイント
ダボ接合
合成部材化
横に並べてボルト締め
〈基本アーチ材〉
横貫通ボルトM12
〈繋梁またはダイヤゴナルアーチ梁〉

基本アーチ材

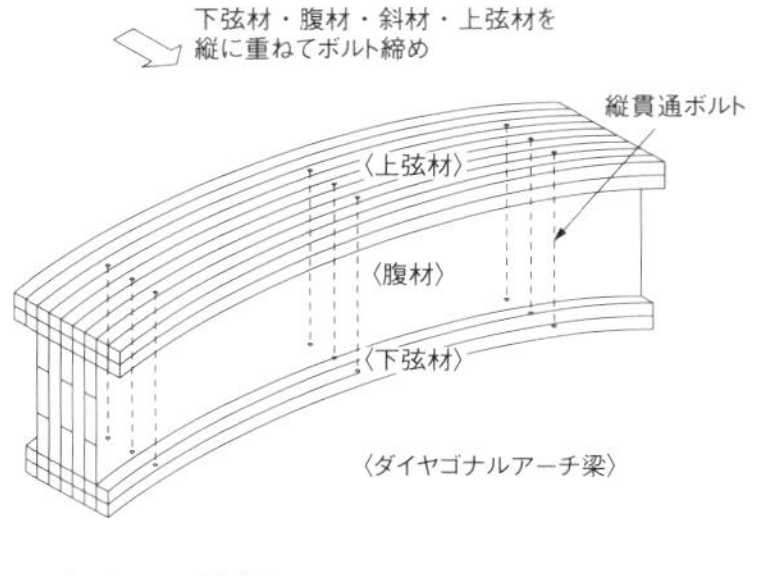

下弦材・腹材・斜材・上弦材を
縦に重ねてボルト締め
縦貫通ボルト
〈上弦材〉
〈腹材〉
〈下弦材〉
〈ダイヤゴナルアーチ梁〉

主梁の製作

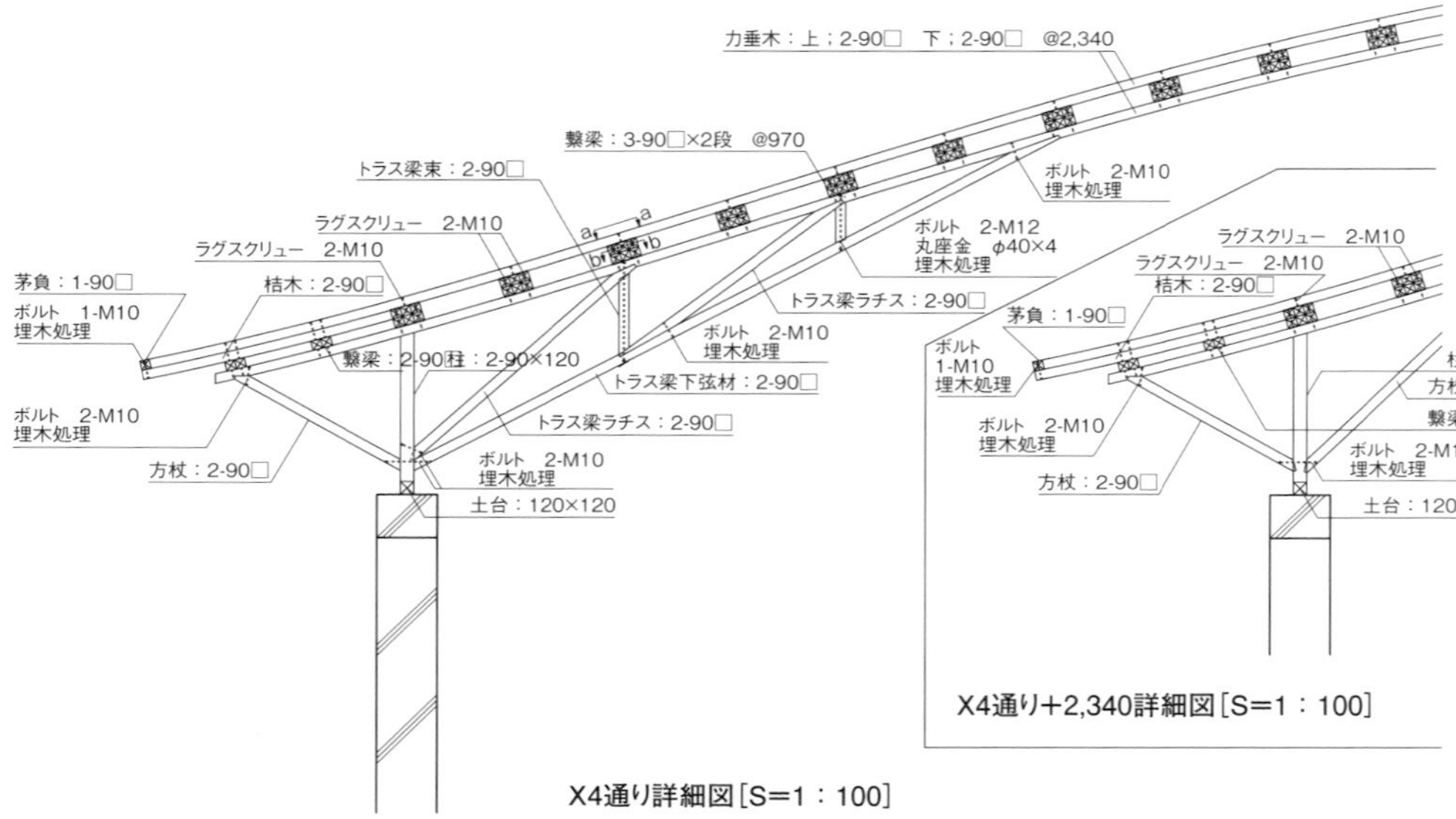
力垂木：上；2-90□　下；2-90□　@2,340
繫梁：3-90□×2段　@970
トラス梁束：2-90□
ラグスクリュー　2-M10
ラグスクリュー　2-M10
茅負：1-90□
ボルト　1-M10
埋木処理
桔木：2-90□
ボルト　2-M10
埋木処理
方杖：2-90□
繫梁：2-90□
柱：2-90×120
ボルト　2-M10
埋木処理
ボルト　2-M12
丸座金　φ40×4
埋木処理
トラス梁ラチス：2-90□
ボルト　2-M10
埋木処理
トラス梁下弦材：2-90□
トラス梁ラチス：2-90□
ボルト　2-M10
埋木処理
土台：120×120
ラグスクリュー　2-M10
ラグスクリュー　2-M10
桔木：2-90□
茅負：1-90□
ボルト
1-M10
埋木処理
ボルト　2-M10
埋木処理
方杖：2-90□
柱：2-90×120
方杖：2-90□
繫梁：2-90□
ボルト　2-M10
埋木処理
土台：120×120

X4通り+2,340詳細図［S=1：100］

X4通り詳細図［S=1：100］

主梁（ダイヤゴナルアーチ梁）と繫梁の接合

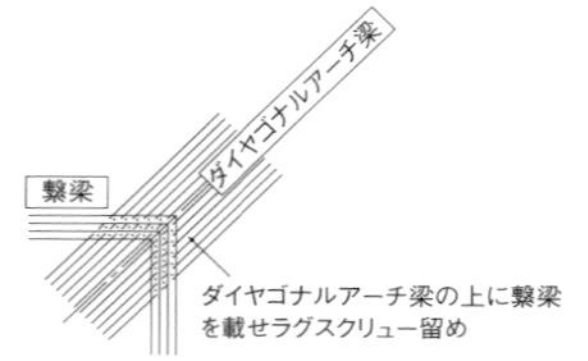
ダイヤゴナルアーチ梁
繫梁
ダイヤゴナルアーチ梁の上に繫梁を載せラグスクリュー留め

ダイヤゴナルアーチ、繫梁、力垂木の90角材の継手は
工場継手 --- フィンガージョイント
現場継手 --- ホゾパイプ HDP15((株)タナカ)
とする。

隅木アーチの上に母屋アーチを載せ、上からコーチスクリューを留め付けている。それぞれのリブアーチを扁平・幅広にして接合面積を確保することで、コーチスクリューをたくさん配置できるスペースが生まれた

外壁から軒先までの軒出寸法は最大で約3mあり、出隅部の跳ね出しは対角線方向に出ている隅木アーチと方杖で支えている

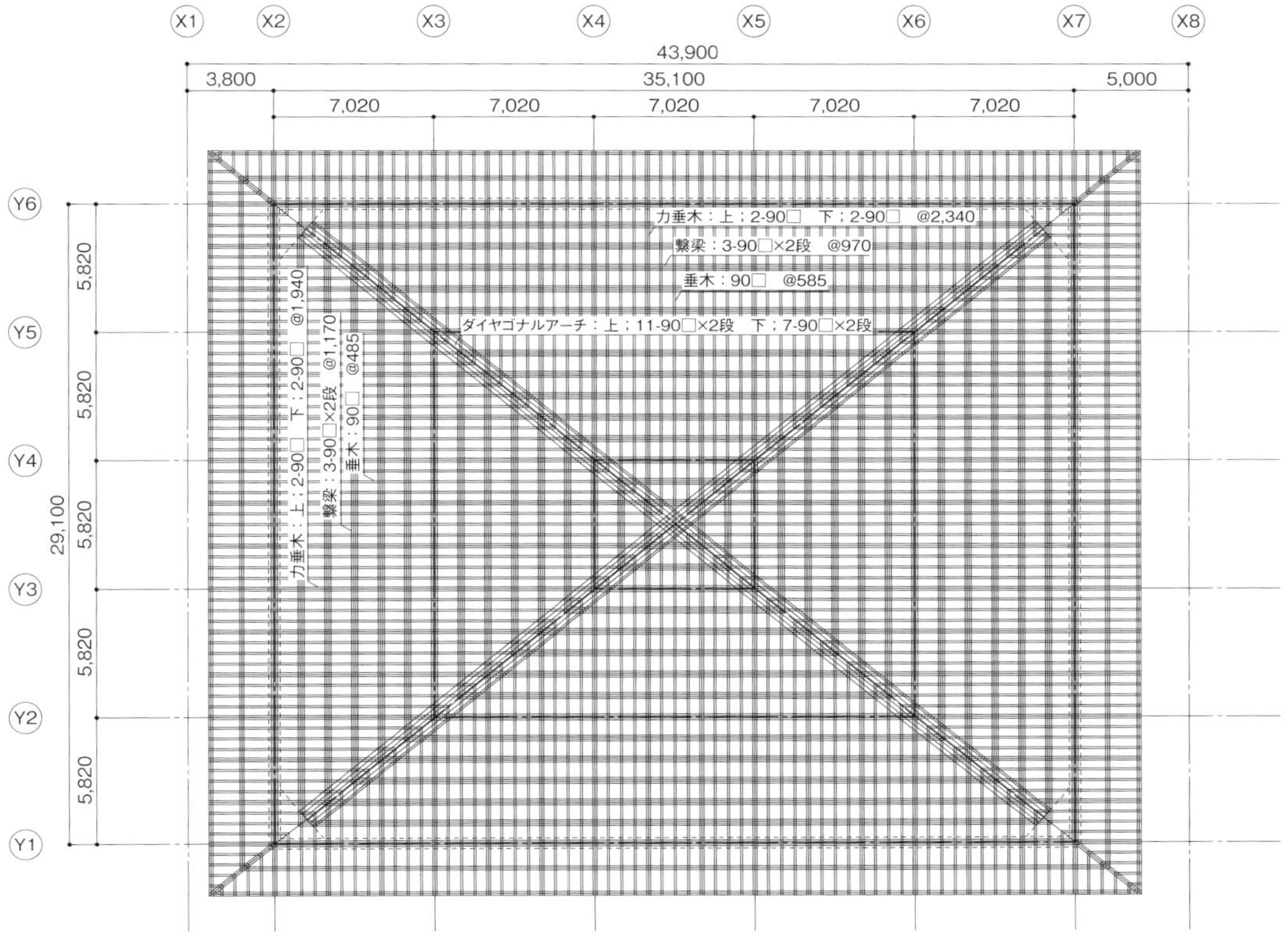
X1
X2
X3
X4
X5
X6
X7
X8
43,900
3,800
35,100
5,000
7,020
7,020
7,020
7,020
7,020
Y6
Y5
Y4
Y3
Y2
Y1
5,820
5,820
5,820
5,820
5,820
29,100
力垂木：上；2-90□　下；2-90□　@2,340
繋梁：3-90□×2段　@970
垂木：90□　@585
ダイヤゴナルアーチ：上；11-90□×2段　下；7-90□×2段
力垂木：上：2-90□　下：2-90□　@1,940
繋梁：3-90□×2段　@1,170
垂木：90□　@485

小屋伏図［S=1：400］

下部の構造はRC造の耐震壁付ラーメン構造で、その上に木造の曲面屋根が載る

スッキリ×揺れない階段設計術

RC S W

階段の構造はシンプルで、踏板を両側で支える単純梁形式か、片側のみで支える片持ち梁形式に大別されます。部材断面のチェックは、荷重の整理→応力算定→たわみの確認、と通常の梁と同様に行います。

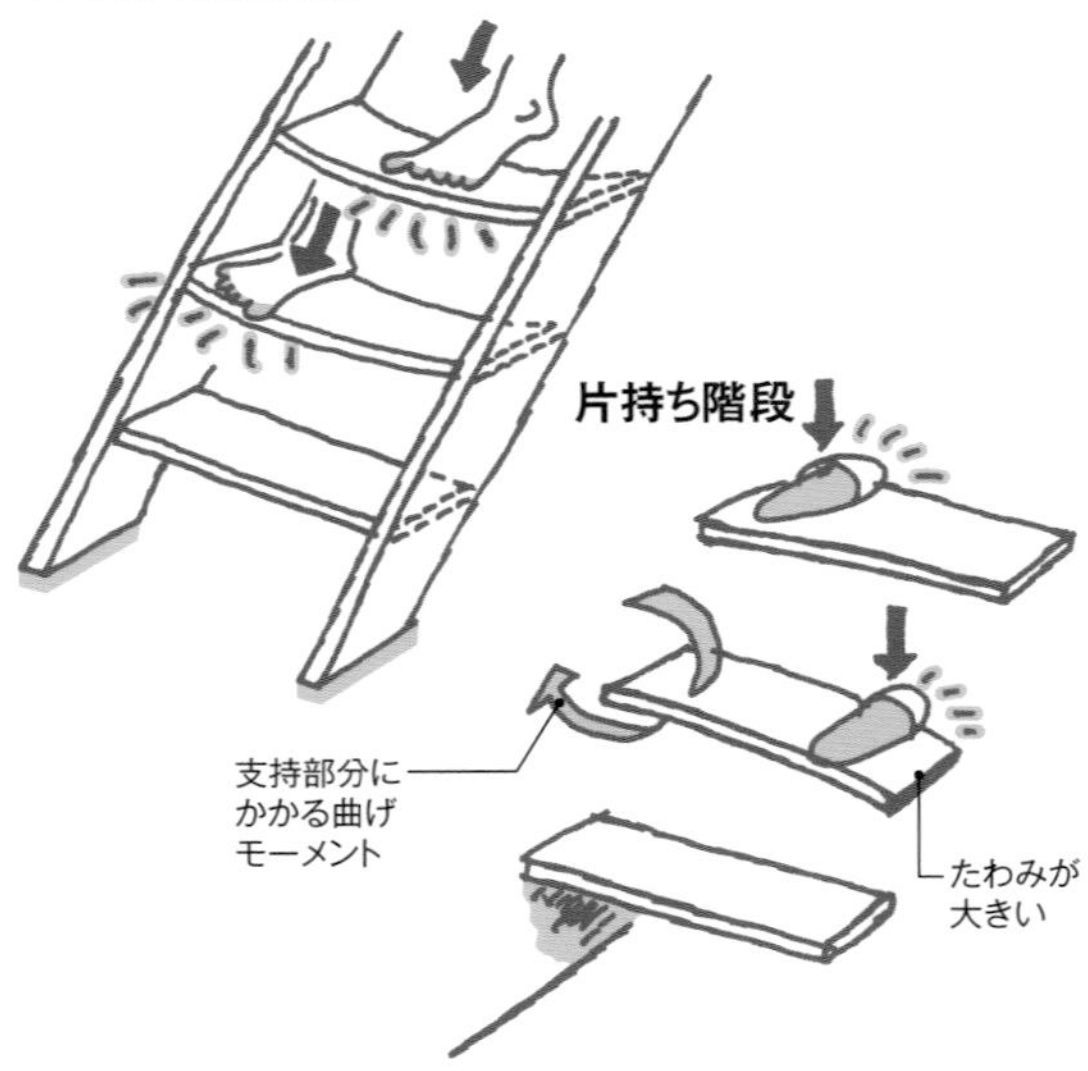
ささら桁・側桁階段
片持ち階段
支持部分にかかる曲げモーメント
たわみが大きい

片持ち階段はたわみが大きいうえ、支持部分にモーメントがかかる。段板自体の剛性を上げ、支持部分を補強して対応する

「スッキリ（見せる）」と「揺れない」、2つの相反する条件［※1］を満たす階段をつくるには、単純明快な構造システムを考える。変形制限を設け、荷重を適切に評価し、スペックに限りなく近づけることが必要である。

単純明快な構造システムとは

1｜ささら桁階段・側桁階段

段板を両脇のささら桁などで支持する形式。段板もささら桁も**単純梁**として設計すればよい。

2｜片持ち階段

段板の片側だけを壁などで支持する方式。段板は**片持ち梁**として設計する。片持ちはたわみが大きいので、段板の曲げ剛性を上げて対応する［※2］。段板が厚くなるのを防ぐには、**補強リブ**などを設けるとよい。

一方、段板の支持部にはモーメントが作用する。RC造の壁なら、縦方向の**ダブルの補強筋**を入れる（そのため壁厚は180㎜以上必要）。木造やS造の場合は、補強材として段板ごとに**間柱**を設け、間柱にモーメント・せん断力が伝達できるよう接合する。

3｜力桁階段

階段中央の力桁で段板を支持する形式。**段板**は中央の桁から跳ね出した**片持ち梁**として、**力桁**は**単純梁**として考える。力桁には段板にかかる鉛直荷重により**ねじれ**が作用するので、ねじれ剛性に強い角形や丸形鋼管を使うとよい。段板と力桁はねじれが伝わるように、また、力桁の両端部もねじれに抵抗できるように、それぞれ接合する。

4｜回り階段

1本の支柱に段板をらせん状に配した形式で、段板は片持ち梁として設計する。段板が「根元が狭い」扇状のため、荷重が段板先端にかかりやすく、**ねじれ変形**が生じやすい。段板が過大にねじれないように**図1**のような工夫を行うとよい。段板と支柱は曲げが伝わるように接合する。支柱は上下で梁や床などに固定し、段板から伝わる軸力と曲げに対して抵抗できるようにする。計算上、支柱の断面を細くできても、細すぎると段板が納まらなくなる

図1｜回り階段の変形防止

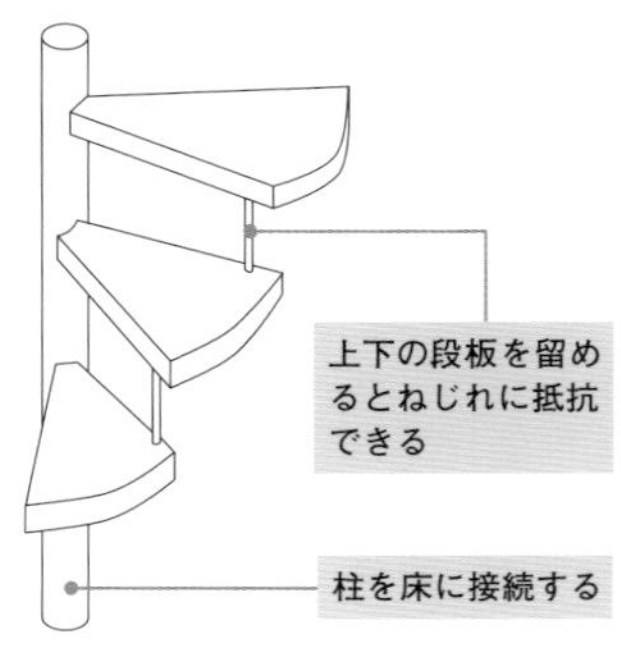
上下の段板を留めるとねじれに抵抗できる
柱を床に接続する

※1：「スッキリ」は、階段の構造システムが単純明快、かつ、部材断面が小さい状態。「揺れない」とは、荷重に対して変形が少ない、つまり断面が大きな状態

※2：曲げ剛性（EI）を高くする方法には、ヤング係数Eの高い材料に変える、断面2次モーメントIの値を上げる＝段板を厚くする、などがある

※3：住宅の積載荷重（床用）は1,800N／㎡だが、段板の設計用には適さない。たとえば300×750㎜の段板の場合、1,800N／㎡×0.3m×0.75m＝405Nとなり、1,500Nに比べかなり少なく、危険側で設定することになる

ので、構造検討だけでなく、段板の納まりの検討も重要である。

5｜スラブ式階段

階段を1方向のスラブと考える形式で、RC造で用いられる。階段（スラブ）の両端部を上下階の床、あるいは踊場で支持する。

スペックに近づけスッキリさせる

1｜荷重の評価と変形制限の設定

ここでは、住宅の側桁階段を例に、まず荷重を設定するところから始める。

段板には人の昇降による荷重が衝撃的に作用する。**階段を下りる時には体重の2倍程度の荷重**が働く。そこで、段板には1人しか載らないと仮定し、体重を750N（≒75kg）とすれば、踏板には1500Nの鉛直荷重が作用することになる【※3】。一方、複数人が同時に階段を昇降するのはまれなので、側桁にかかる荷重は、住宅の居室用積載荷重（1800N/㎡）で考えれば十分だ。

階段には**鉛直荷重**だけでなく、人の移動による**水平力**（鉛直荷重の1割程度）も作用するため、横揺れ対策も必要だ。側桁階段には相当の水平剛性があるので問題ないが、段板を載せただけのようなささら桁階段や、桁の厚みが薄い階段など、水平剛性が少ない階段の場合には水平方向の構造的なチェックが必要である。また、たわみ量（鉛直方向の変形量）は段板幅の1/250以下となるよう考える【※4】。

2｜部材のチェック

階段の部材の設計では、単純梁や片持ち梁の場合と同様に、応力を計算し、必要な強度や断面性能の確保が想定する部材で可能なことを確認する。側桁階段の段板を例として、図2では40㎜厚のラワン材と12㎜厚の鋼板の2種類で検討を行った【※5】。両端支持の単純梁として計算すればよいので、非常に簡単である。片持ち階段の段板は、両端支持をもとに類推できる。厚みはその2~3.5倍【※6】とすればよい。

［飯嶋俊比古］

図2｜ささら桁階段の段板断面を決めよう

①計画する段板サイズと設計荷重

幅ℓ=750㎜、奥行きB=300㎜、厚みは材料による（②参照）

人の荷重P=750N×2倍=1,500N（段板の自重は無視する）

モーメントM=P×ℓ/4=1,500×750/4=28.1×10^4N·㎜

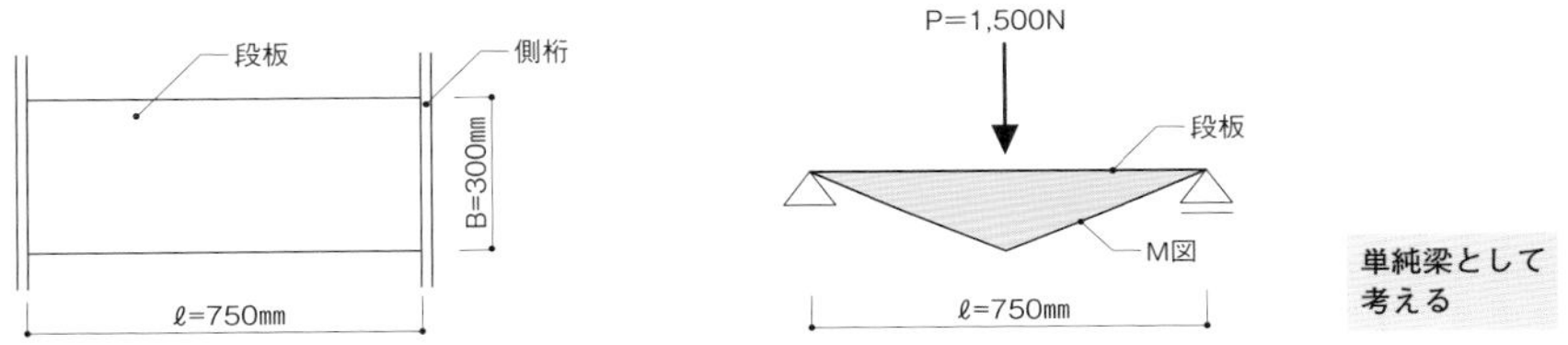

段板
側桁
B=300㎜
ℓ=750㎜
P=1,500N
段板
M図
ℓ=750㎜
単純梁として考える

②部材断面の検討（ラワン㋐40の場合）

長期許容曲げ応力度f_b=9.79N/㎟

ヤング係数E=7kN/㎟（7,000N/㎟）

断面2次モーメントI=B×t^3/12=300×40^3/12=16×10^5㎜⁴

断面係数Z=B×t^2/6=300×40^2/6=8×10^4㎜³

以上より、

曲げ応力度σ=M/Z=28.1×10^4/8×10^4

=3.51N/㎟ <9.79N/㎟……OK

たわみδ=Pℓ^3/48EI

=(1,500×750^3)/(48×7,000×16×10^5)

=1.18㎜ → 1.18/750=1/635 <1/250……OK

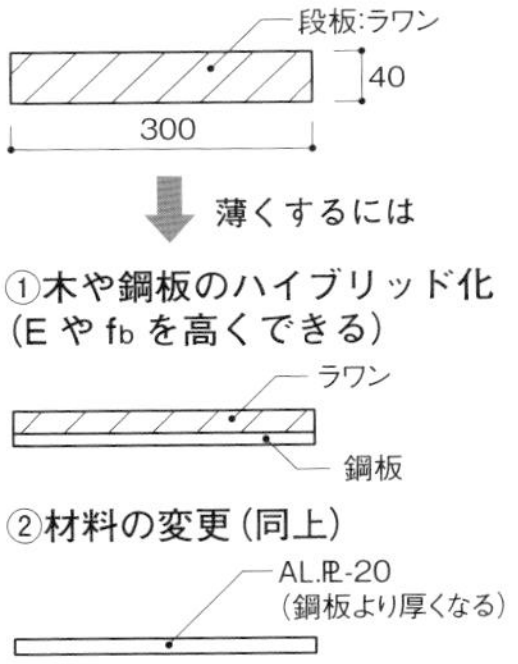

段板:ラワン
40
300
薄くするには
①木や鋼板のハイブリッド化
(E や fb を高くできる)
ラワン
鋼板
②材料の変更(同上)
AL.PL-20
(鋼板より厚くなる)

③部材断面の検討（鋼材㋐12の場合）

f_b=156N/㎟ E=2.05×10^2kN/㎟（2.05×10^5N/㎟）

Z=300×12^2/6=7.2×10^3㎜³

I=300×12^3/12=4.32×10^4㎜⁴

以上より、

σ=28.1×10^4/7.2×10^3=39.0N/㎟ <156N/㎟……OK

δ=(1,500×750^3)/(48×2.05×10^5×4.32×10^4)

=1.49㎜ → 1.49/750=1/503 <1/250……OK

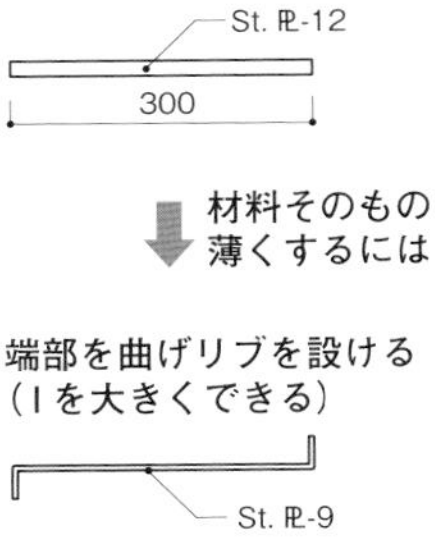

St. PL-12
300
材料そのものを薄くするには
端部を曲げリブを設ける
(Iを大きくできる)
St. PL-9

※4：平12建告1459号第2。階段支点間距離の1/250以下を準用

※5：ささら桁は、通常規模の階段の場合、段板が納まる大きさの形鋼であれば、ほぼ揺れない。ただし「スッキリ」の観点からは、断面が大きいと感じられるかも知れない

※6：応力からは両端支持の場合の板厚の2倍、たわみからは3.5倍ほどの厚みになる

RC S W

手摺部材の選び方を教えて

手摺には、ガイドのためのものと落下防止のためのものがあります。前者には強度上の要件はありませんが、後者には、落下を防止するための機構と強度・剛性をもたせることが必要です。

落下防止のための手摺
TICKET
ガイドのための手摺

バルコニーや吹抜けなどに設ける落下防止のための手摺は、各基準類を参考に設計するとよい

ベランダや吹抜け部分などに設ける手摺の構造について、建築基準法では規定されていないが、ベターリビングの「落下防止手摺」(以下、BL基準)、日本建築学会の「建築工事標準仕様書・同解説JASS13金属工事」、日本金属工事協同組合「手摺の安全性に関する自主基準」、日本アルミ手摺工業会「共同住宅用アルミ製墜落防止手摺強度のガイドライン」など、安全に関する基準類が存在する。手摺に作用する主な荷重は人の押す力や衝突などによる**水平力**なので、これら基準類の内容は基本的に同じである。設置場所などの分類や水平力をどう評価するかが若干異なる［※1］。

既製品を選択する際の注意点

前述の基準類を満たす手摺は製品化されており、使用場所など条件を満たすものを選んで使うのも1つの手だ。この場合、手摺柱脚と躯体との取合いを確認することが重要である［図1］。最終的に手摺に作用する荷重は柱脚に流れるので、柱脚の設計・施工に不備があれば、本来持っている手摺の性能を発揮することはできない［※2］。

また、ベランダなど外部で手摺子付きの既製品を使うと、手摺子が細い場

図1 角パイプ手摺支柱の注意点

①支柱を埋め込む例

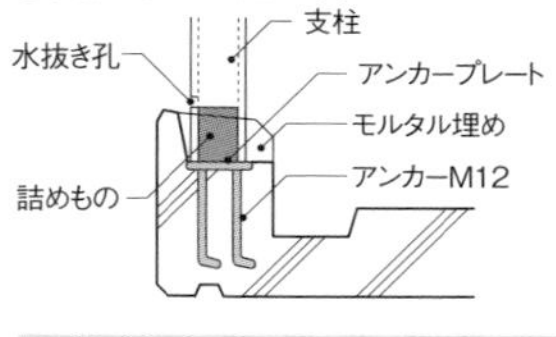

支柱
水抜き孔
アンカープレート
モルタル埋め
詰めもの
アンカーM12

支柱をコンクリートに埋め込むと、内部に水が溜まり劣化の原因となる。下部に排水用の孔をあけ、アンカープレートから排水孔下の高さまで詰めものをするなど水はけ対策をとる

②支柱を埋め込まない例

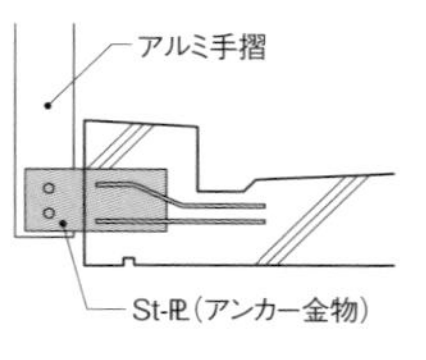

アルミ手摺
St-PL(アンカー金物)

支柱を埋め込まずに取り付ければ、支柱に水が溜まるのを防げる

図2 手摺子が共振する例

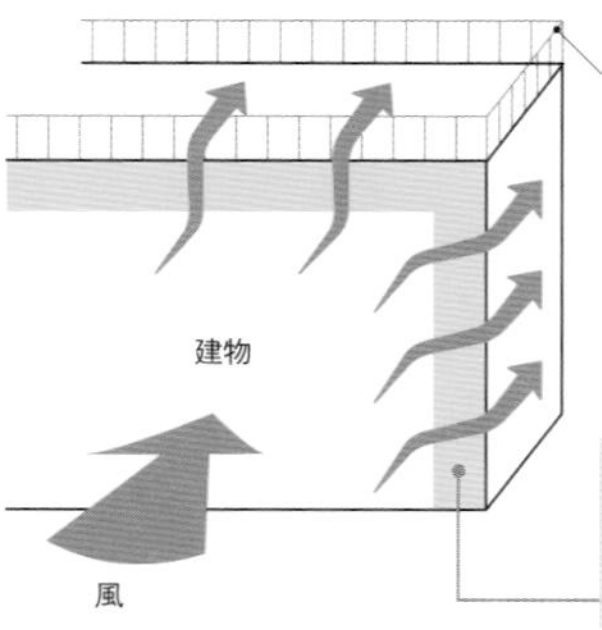

手摺子付き手摺
建物
風

建物のコーナー部は平均的な風速よりも風が速くなる強風域

※1：手摺の基準類には長年の研究成果が盛り込まれているので、一読することをお勧めする

※2：既製品には、あと施工アンカーボルトでベースプレートを固定するものや、躯体にあけた穴に支柱を立て込みグラウト固定するものもある。いずれも、パラペットには幅が必要で、立上りの横方向鉄筋位置に制約ができる。施工図が重要になるので、実施設計時に採用製品を決定しておきたい

合に風で**共振**することがある【図2】。共振による音鳴りや、ねじのゆるみなど2次的な問題も考えられるので、強風域に設置する場合には、メーカーに共振の可能性や対策などを確認するか、面材タイプの手摺を使うとよいだろう。さらに、手摺に物干し用部材、アンテナなどを取り付ける場合は、それらの使用が想定されていない製品もあるので、構造上の安全の確認も必要となる。

手摺を設計する際のポイント

建築基準法には手摺に関する数値的な規定がないので、まず、設計荷重を決める必要がある。構造の感覚をつかむためにも、体重計を手摺に押し当て、どの程度の荷重が作用しているのか確認するのがお勧めだ。実際は、衝撃的な荷重や複数人の使用なども想定する必要があるので、一般的には、既に広く認知されている手摺基準類を参考にして設計荷重やたわみの許容値を決める【表】。これらをもとに、想定する手摺部材断面が必要な剛性と耐力をもつかを確認する【図3】。図のように室内で使う笠木・支柱型の手摺なら簡単な計算で部材断面を確認できる。

なお、手摺にかかった力を支持部へ伝えるために、**留め方が重要**になる。RC造のスラブなどで手摺（支柱・手摺）を支持する場合は、手摺柱脚には大きな曲げモーメントが作用するので、これに対応するスラブ配筋が必要となる。配筋時に**手摺のアンカープレート**も設置しておく【図1】。配筋後に鉄筋を切るなどしてプレートを設置すると、手摺の安全は根幹から崩れてしまうので注意したい。［飯嶋俊比古］

表｜ベランダ用手摺の基準

①鉛直荷重・たわみ

	荷重	たわみ制限
BL基準	1,600N／m（バルコニー用、廊下用）	295N／mに対し、L／100以下（バルコニー用、廊下用）
JASS13	規定なし	規定なし

L：笠木支間隔　注：鉛直荷重では手摺に載せる物などを想定

②水平荷重・たわみ

	荷重	たわみ制限
BL基準	1,450N／m（バルコニー用） 2,950N／m（廊下用）	笠木：295N／mに対し、L／50以下 支柱：295N／mに対し、h／50以下
JASS13 グレード1（個人住宅）	500N／m以上1,000N／m［*］未満	規定なし

L：笠木支間隔　h：支柱の高さ　*：50kgf／m以上、100kgf／m未満
注：日本アルミ手摺工業会では、735N／mの水平荷重が規定されている

図3｜笠木・支柱型手摺の断面算定

①計画する手摺

［支柱・笠木の仕様］
鋼材（SS400）FB−16×50
断面2次モーメントI＝16.7cm^4（16.7×10^{4}mm^4）
断面係数Z＝6.7cm^3（6.7×10^{3}mm^3）
短期曲げ許容応力度＝235N／mm^2　ヤング係数E＝2.05×10^{5}N／mm^2

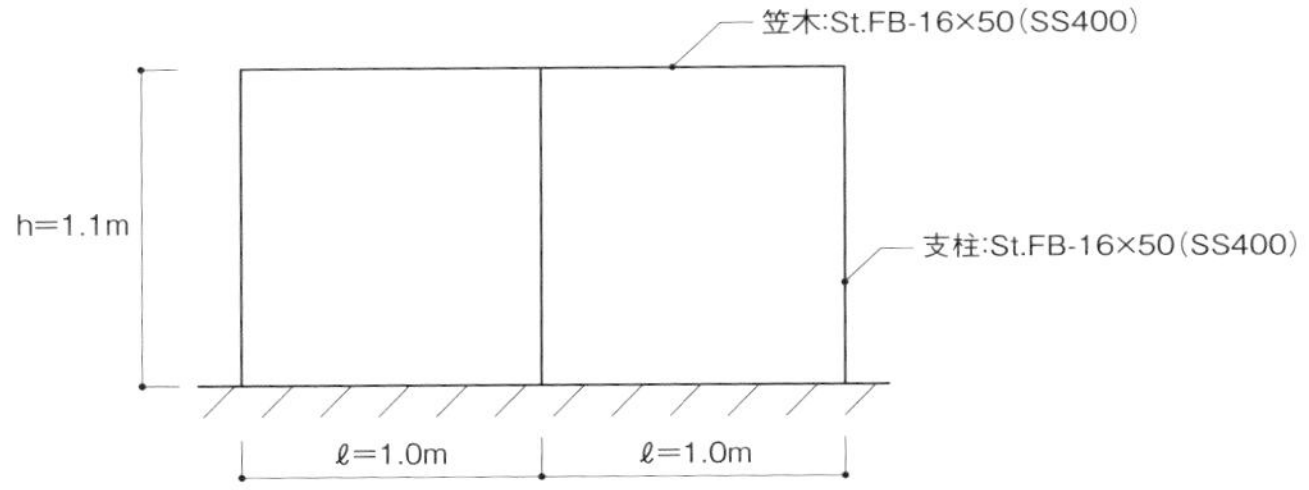

［設計荷重］
水平荷重w＝735N／m（0.735N／mm）（鉛直荷重は見込まない）

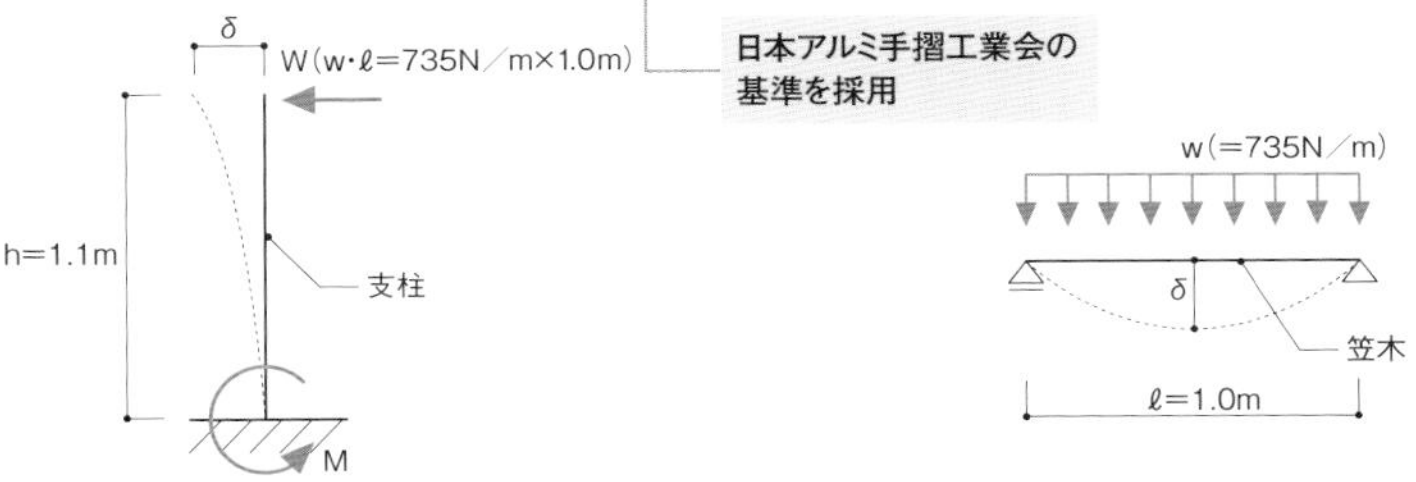

②部材断面の検討（横座屈しないとして検討）

［支柱（片持ち梁として検討）］
モーメントM＝Wh＝735×1.0×1.1≒809N・m
曲げ応力度σ＝M／Z＝（809×10^3）／（6.7×10^3）
＝120.7N／mm^2　＜235N／mm^2……OK
たわみδ＝Wh^3／3EI＝（735×1.0×1,100^3）／（3×2.05×10^5×16.7×10^4）
＝9.5mm　→　9.5／1,100＝1／116　＜1／50……（BL基準に照らし）OK
［笠木（単純梁として検討）］
モーメントM＝wℓ^2／8＝（735×1.0^2）／8＝91.9N・m
曲げ応力度σ＝M／Z＝（91.9×10^3）／（6.7×10^3）
＝13.7N／mm^2　＜235N／mm^2……OK
たわみδ＝5wℓ^4／384EI＝（5×0.735×1,000^4）／（384×2.05×10^5×16.7×10^4）
＝0.28mm　→　0.28／1,000＝1／3,571　＜1／50……（BL基準に照らし）OK

設備×構造トラブルを防ぐ方法

梁に設ける設備配管用のスリーブ（貫通孔）は、いわば梁の欠損です。貫通孔を設ける際は、構造性能に影響を与えない範囲の見極めや、補強検討が必要になります。設備、構造の各担当者を取り持つのは意匠設計者の役目。お互いの手戻りをなくすためにも、情報共有が重要になります。

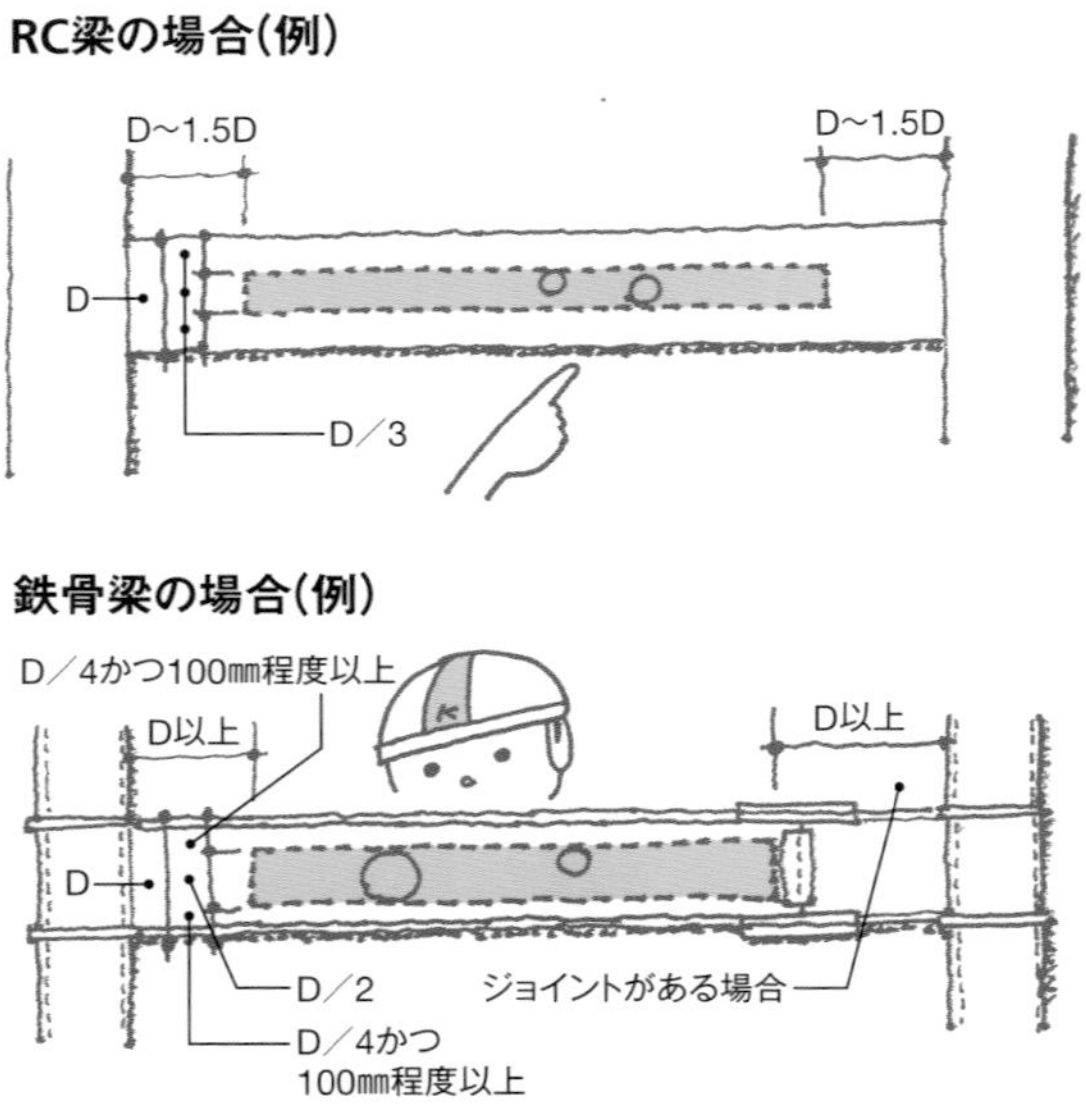

濃い色のついた部分が梁に貫通孔を設けてもよい範囲。複数の孔をあける場合は、その間隔にも要注意
（ただし、既製品を用いる場合は、製品ごとに決められる開口制限に従う）

設計時に意匠・設備・構造各担当者間で情報を共有しておくべき主な項目は、①**スリーブの径と位置**、②**壁・床の開口**、③**設備機器の重量**。それぞれについてポイントを解説する。

本当は開けたくない「貫通孔」

図1のように欠損がある構造部材は、荷重がかかったときに欠損部分から破壊が始まる。これは荷重を支持できない損傷につながり、大変危険だ。それを防ぐために、欠損部分の補強が必要となる。もちろん梁の欠損である梁貫通部も補強を行う。なお、強度は補強できても、剛性は低下してしまうことがあるので、構造設計にあたり注意が必要である。

1｜貫通補強の方法

RC造の梁貫通補強は、現場で補強筋を配置する「**鉄筋型**」と、リング状の既製品を使用する「**リング型**」に大別される［図2①、※1］。鉄筋型は、梁の材軸（水平方向）に対して45°の角度で補強筋を配置する補強形式。一方、リング型は各メーカーが補強筋量を減らす工夫をしており、製品ごとに形状や鉄筋の種類が異なる。取り付ける方向を間違えると補強効果が出ないものもあるので、注意が必要である。

S造では鋼材の平板や鋼管を組み合わせる方法と、既製品のリング状の鋼材を溶接で取り付ける方法［図2②］がある。以前は前者が主流だったが、最近はコストメリットがあるとして、後者を用いることが多い。

2｜貫通孔を設けられない部位

タイトルイラストで示したように、貫通孔を設けられる部分と設けられない（設けたくない）部分がある。

構造物は、地震時に正負の繰り返し応力を受け、梁端部には特に大きな力がかかる。大地震時における梁端部の損傷は許容されているものの、大きな荷重は図3のような損傷を生じさせる。建物が倒壊しないためには、損傷が生じても一定の耐力を維持する必要があるが、図1で示したように欠損があると、そこから破壊が進行し、耐力が維持できなくなるおそれがある。

重要なのは**梁端部に余計な欠損をできるだけ設けない**ことだ。S造の既製品の補強方法には、梁端部に大きな孔を設けることを可とするものもあるが、想定外の荷重条件に対して一定の安全性を担保するには、端部には貫通孔を設けないことをお勧めしたい。

3｜孔の大きさ・間隔・配置制限

貫通孔の大きさ、間隔などについては図4に示すとおり。注意が必要なの

※1：RC造の梁貫通補強では、コスト・施工面から「リング型」が普及している（基礎梁の人通孔については、コスト面から「鉄筋型」で行う場合がある）

は112頁図5のように、配管径が同一でも、**断熱材・耐火被覆などの有無で梁の貫通孔径が異なる**という点。構造設計者には配管の必要径ではなく、躯体の貫通孔径を伝えなくてはならない。

長方形の貫通孔は外接円の孔径で貫通補強を行えば問題となることは少ないが、外接円の直径が孔径の制限を超える場合は、別途検討を行う必要がある。そのほか、現在の貫通補強の考え方は、貫通孔の上下2列配置を想定していないことにも注意したい。こうした配置は基本的に不可である。ただし基礎梁などせいの大きい梁（1.5m程度以上）で、無補強で済むような小径の場合に限り、上下の間隔を水平方向に準じて確保すれば可能であろう。

「壁・床の開口」も断面欠損？

設備配管、ダクト、配線などは、梁だけでなく、壁や床を貫通して設けられるが、これらも注意しないと構造性能の低下をもたらすことになる。

1　機械室の壁は開口があると思え

経験の浅い構造設計者は、機械室の四周の壁を耐震壁とした「設備展開が不可能な構造計画」を立ててしまうことがある［112頁図6①］。しかし機械室には、意匠図からは読み取れない開口、まだ決まっていない開口が多数あり、極端な例だが、112頁図6②のような状態で耐震壁などを設けられないこともある。これは、設備設計者から計画の詳細を聞き出す努力をしなかった構造設計者、必要な開口寸法などの情報を構造設計者に伝達しなかった設備設計者、双方のミスといえる。この両者の間に立つのは意匠設計者だ。ぜひその橋渡しをお願いしたい。

2　スラブにも開口がある！

床にも縦系統の配管、ダクト、配線が設置される。長方形のスラブでは、短辺方向に配置されている鉄筋が荷重のほとんどを負担しているが、112頁図7の例ではその鉄筋が切断される可能性がかなり高く、耐力確保のため小梁を追加するなどの対応が必要になる。

図1　断面欠損の有無による強度差

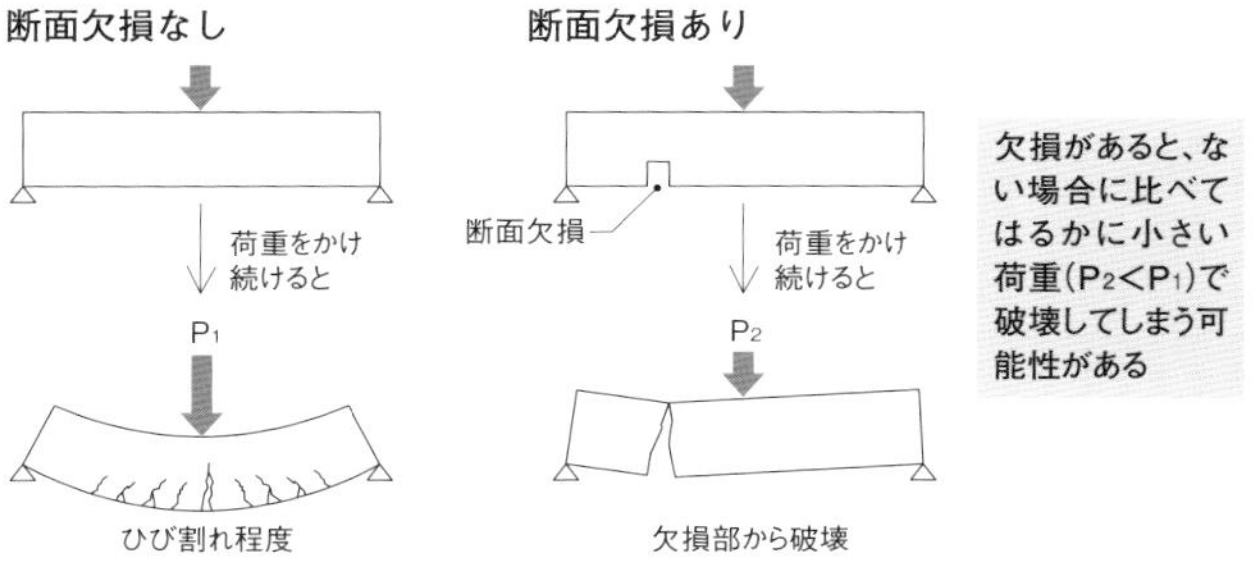

断面欠損なし
断面欠損あり
断面欠損
荷重をかけ続けると
P1
P2
ひび割れ程度
欠損部から破壊
欠損があると、ない場合に比べてはるかに小さい荷重(P2<P1)で破壊してしまう可能性がある

図2　梁貫通部の補強方法

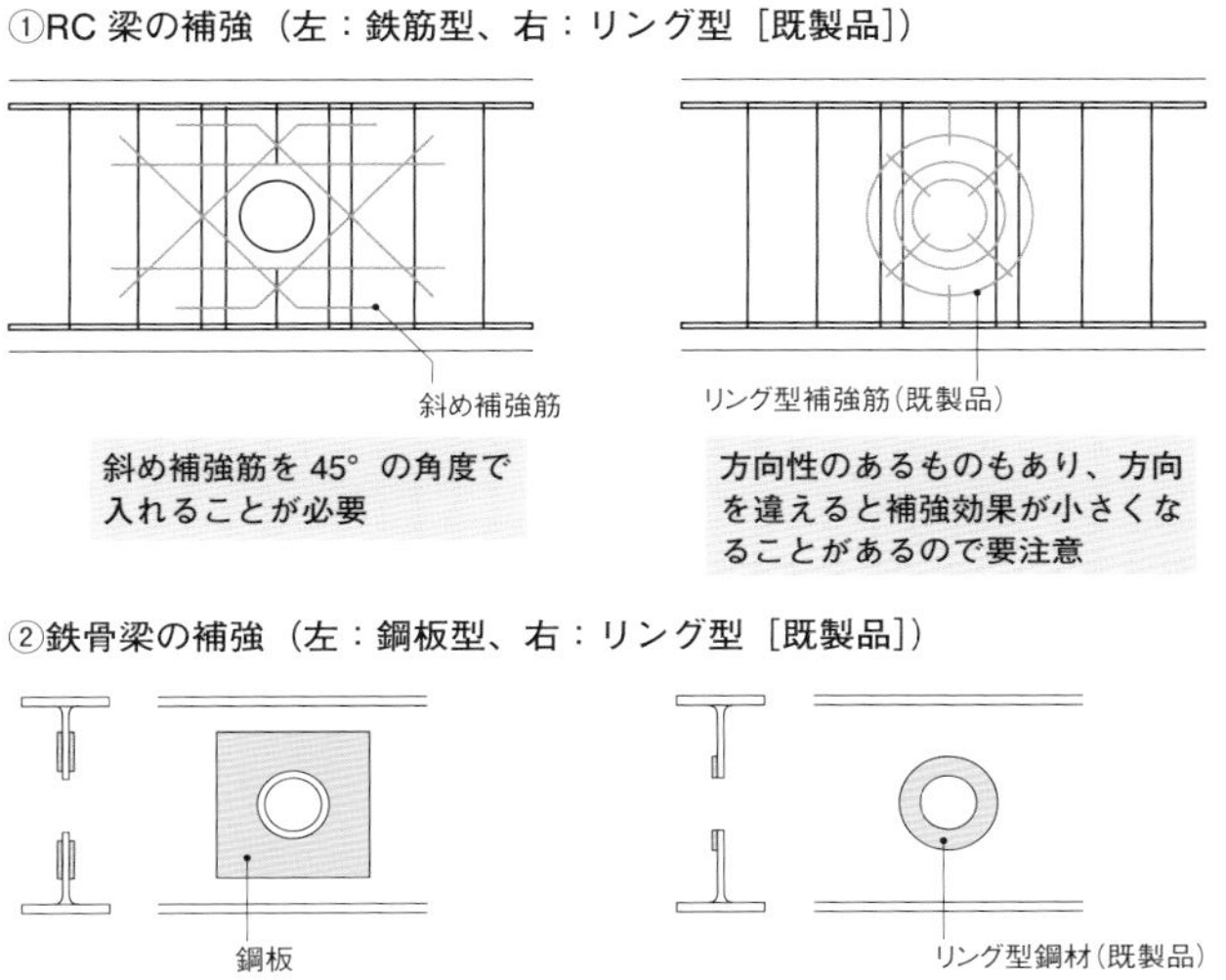

①RC 梁の補強（左：鉄筋型、右：リング型［既製品］）
斜め補強筋
リング型補強筋(既製品)
斜め補強筋を 45°の角度で入れることが必要
方向性のあるものもあり、方向を違えると補強効果が小さくなることがあるので要注意
②鉄骨梁の補強（左：鋼板型、右：リング型［既製品］）
鋼板
リング型鋼材(既製品)

図3　RC梁の地震時のひび割れ

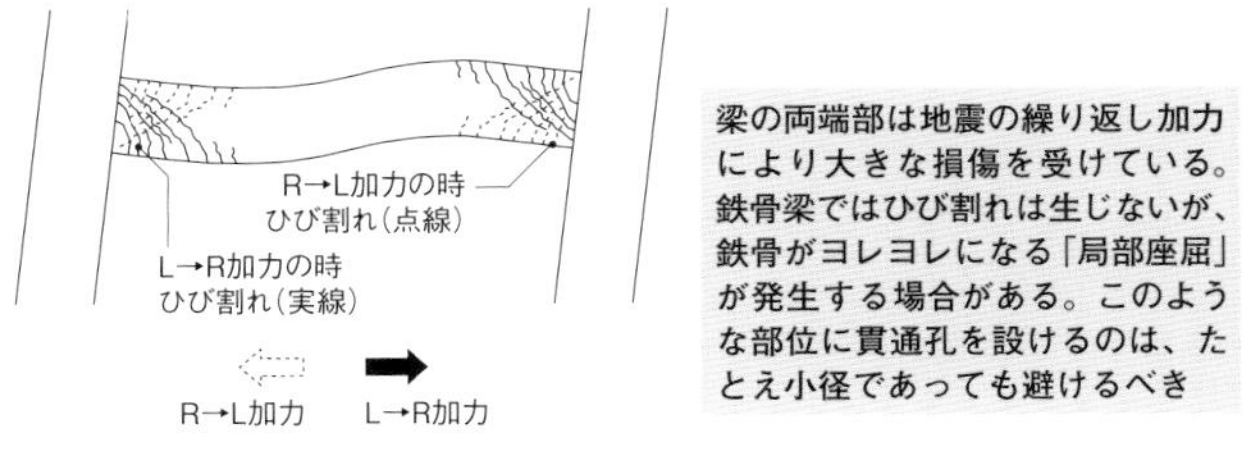

R→L加力の時ひび割れ(点線)
L→R加力の時ひび割れ(実線)
R→L加力
L→R加力
梁の両端部は地震の繰り返し加力により大きな損傷を受けている。鉄骨梁ではひび割れは生じないが、鉄骨がヨレヨレになる「局部座屈」が発生する場合がある。このような部位に貫通孔を設けるのは、たとえ小径であっても避けるべき

図4　複数のスリーブ間隔（例）

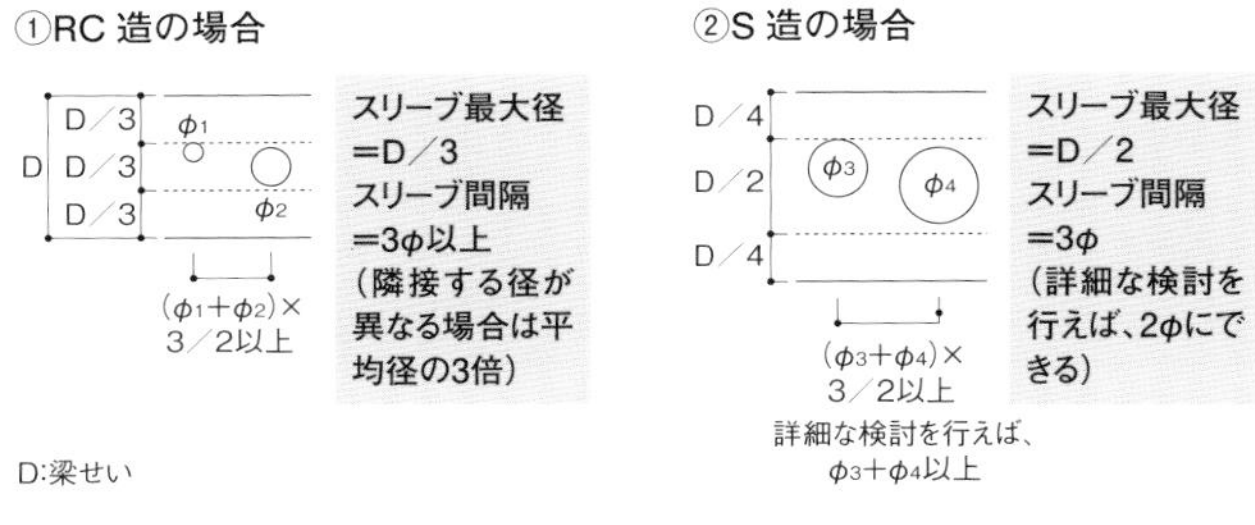

①RC 造の場合
D
D／3
φ1
φ2
(φ1＋φ2)×3／2以上
スリーブ最大径＝D／3
スリーブ間隔＝3φ以上
(隣接する径が異なる場合は平均径の3倍)
②S 造の場合
D／4
D／2
φ3
φ4
(φ3＋φ4)×3／2以上
詳細な検討を行えば、φ3＋φ4以上
スリーブ最大径＝D／2
スリーブ間隔＝3φ
(詳細な検討を行えば、2φにできる)
D:梁せい

また、耐震壁が隣接する場合、**地震時の水平力**がスラブにより伝達されるが、このような開口があると、伝達できる水平力が減少してしまうので、構造設計者は水平力伝達が可能かどうかのチェックが必要となる。床開口についても、情報の共有が重要といえる。

3｜PS、ELV廻りの盲点

PS、EPS、エレベータの最下階も要注意。図8の例ではフーチングのレベルを下げる必要が生じる。エレベータはピット深さ、オーバーヘッド寸法を確認し、構造部材と干渉しないことをチェックする。

「設備機器の重量」はプラス基礎

設備機器を載せることになるスラブ・小梁は、機器本体だけでなく**架台**となる基礎の重量を考えたうえで設計する。たとえば、1m角の置き基礎に200kgの機器を設置するケース【図9】。このときの基礎重量は360kgとなり、機器より重くなる。合計は560kg。基礎の情報についても設備設計者に確認することが大切だ。また、建物規模、設備方式にもよるが、**配管内を通る水**などの重量も大きくなる場合があり、注意が必要である。

余談だが、意匠・設備設計者と構造設計者の間で情報の取り違えもある例に「○階の梁」というのがある。2階の天井内にある梁を思い浮かべながら、「2階の梁にスリーブを開けたい」といったとしよう。構造設計者は1階の天井内にある梁（構造上の2階の梁）にスリーブをあけるだろう【※2】。情報共有はもちろん、伝達内容が相手の必要とする情報になっているかにも留意する必要がある。［内山晴夫］

図5｜設備の配管径と構造の貫通孔の関係

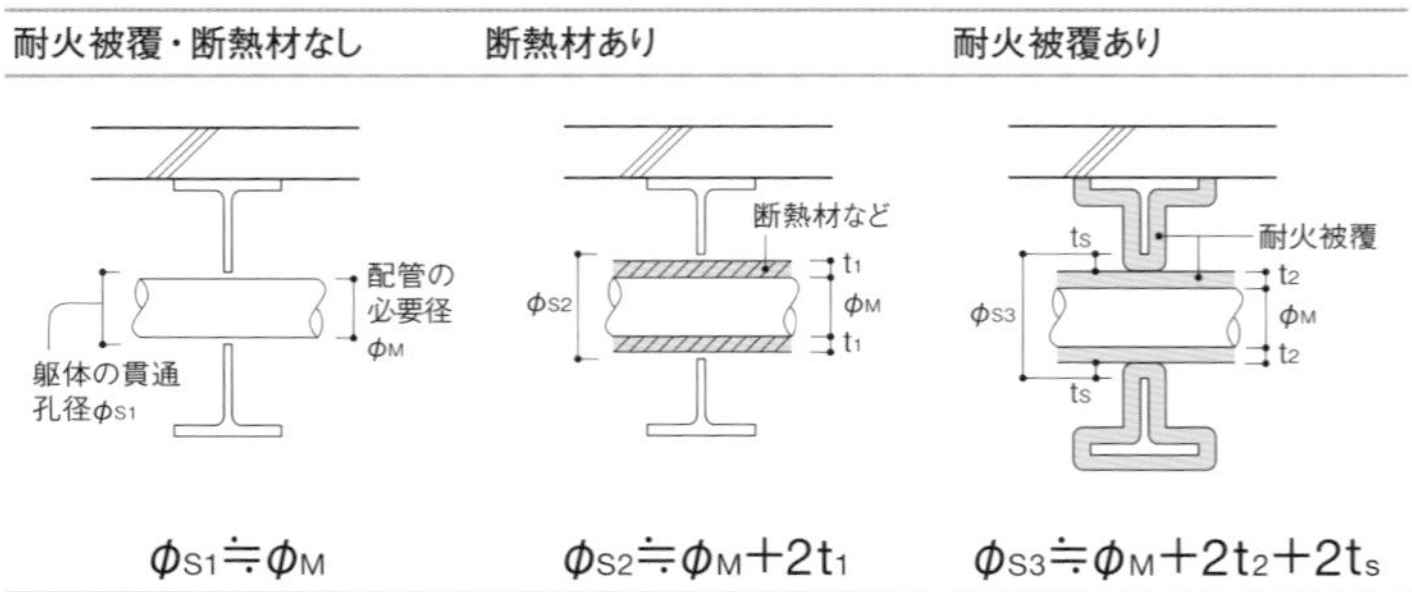

耐火被覆・断熱材なし
断熱材あり
耐火被覆あり
配管の必要径
φM
躯体の貫通孔径φS1
断熱材など
φS2
t1
φM
t1
ts
耐火被覆
φS3
t2
φM
t2
ts
φS1≒φM
φS2≒φM+2t1
φS3≒φM+2t2+2ts

図6｜機械室の壁開口

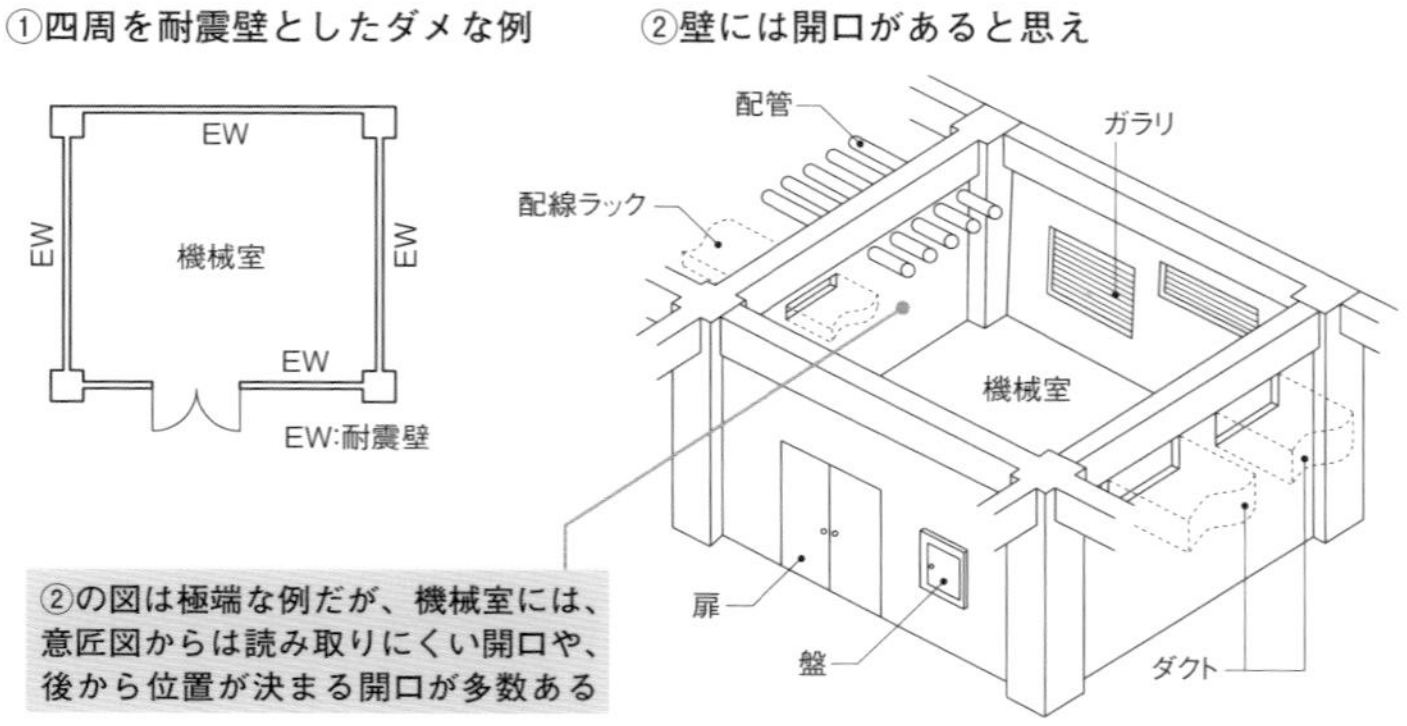

①四周を耐震壁としたダメな例
②壁には開口があると思え
EW
EW
機械室
EW
EW
EW:耐震壁
配管
ガラリ
配線ラック
機械室
扉
盤
ダクト
②の図は極端な例だが、機械室には、意匠図からは読み取りにくい開口や、後から位置が決まる開口が多数ある

図7｜床開口と梁の架け方

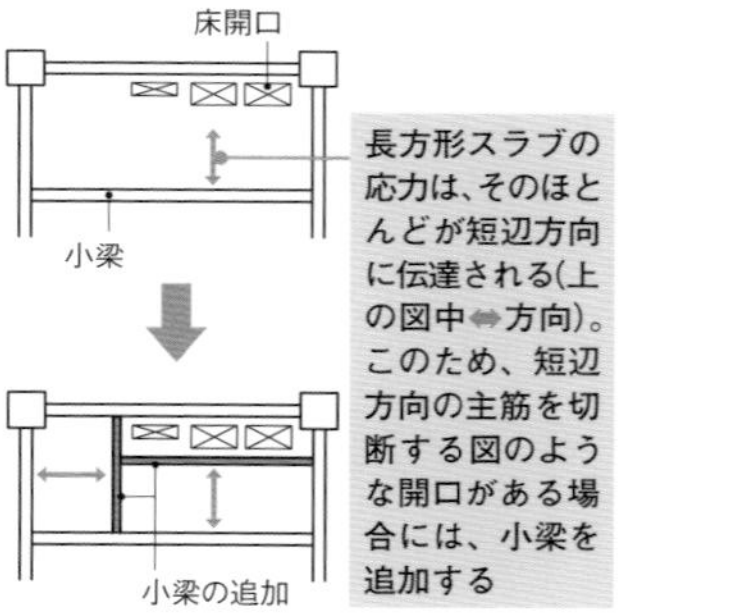

床開口
小梁
小梁の追加
長方形スラブの応力は、そのほとんどが短辺方向に伝達される(上の図中⇔方向)。このため、短辺方向の主筋を切断する図のような開口がある場合には、小梁を追加する

図9｜設備機器重量

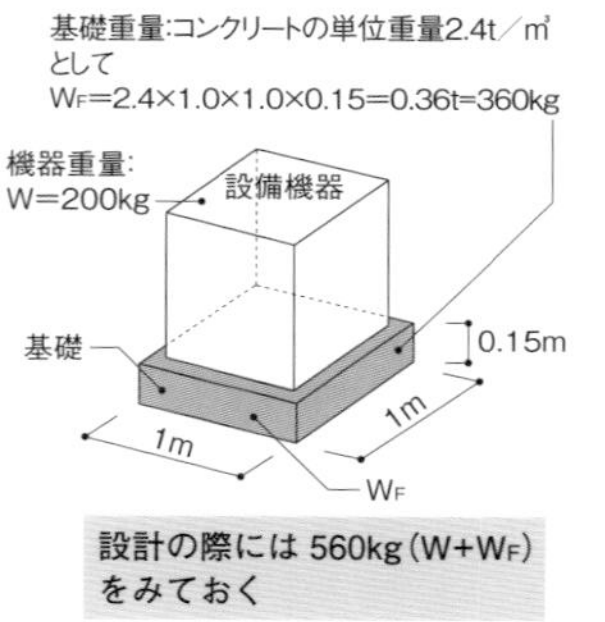

基礎重量:コンクリートの単位重量2.4t/㎡として
WF=2.4×1.0×1.0×0.15=0.36t=360kg
機器重量:
W=200kg
設備機器
基礎
0.15m
1m
1m
WF
設計の際には 560kg (W+WF) をみておく

図8｜設備・構造材の干渉

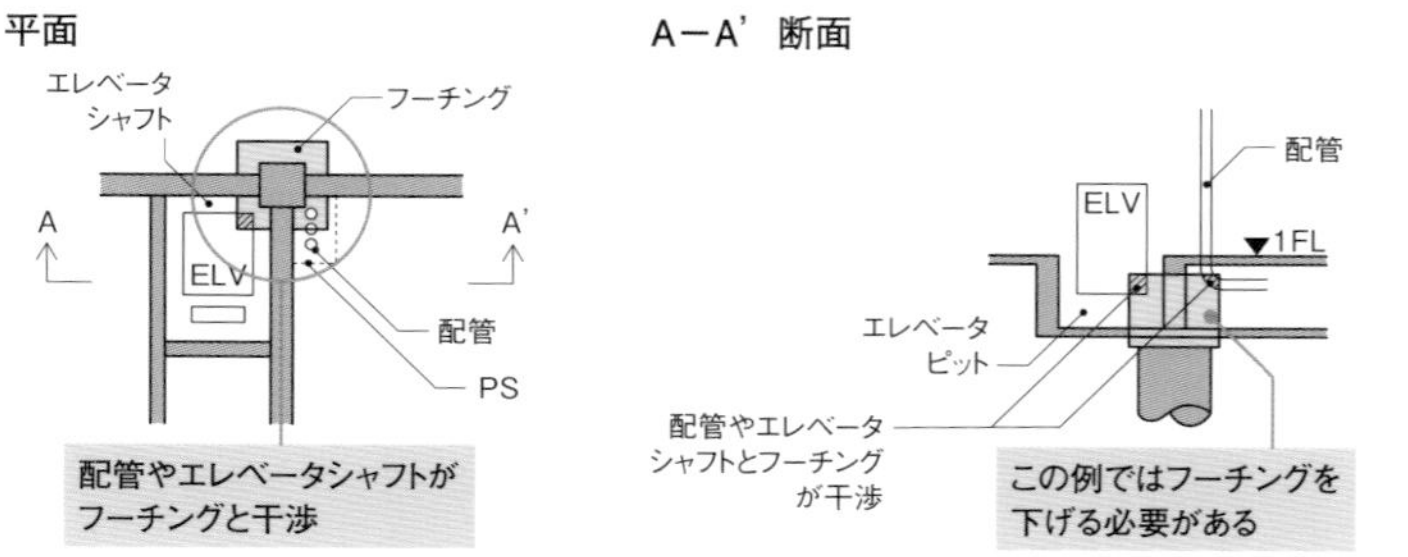

平面
A−A' 断面
エレベータシャフト
フーチング
A
A'
ELV
配管
PS
配管やエレベータシャフトがフーチングと干渉
配管
ELV
▼1FL
エレベータピット
配管やエレベータシャフトとフーチングが干渉
この例ではフーチングを下げる必要がある

※2:「2階の天井内にある梁」は、構造的には「3階の梁」という

COLUMN

配管に有利な逆梁を使いこなす

普通の梁（順梁）では梁の上端とスラブ上端がそろっているが、梁下端とスラブ下端がそろっているものを「逆梁」と呼ぶ【図1】。集合住宅の外部に面した部分でよく見かけるこの逆梁には、建築計画上、採光面のメリット【図2①】がある。一方、狭いバルコニーに逆梁を設けると、使い勝手に影響するので要注意だ。なお、室内側に柱型が出ないことをメリットとする見解もあるが、それは順梁でも柱と外壁の位置を検討すれば可能である。一般建築物でも、車路など高さが必要な部分で逆梁が部分的に採用される場合がある。

逆梁はココに注意する

逆梁の基本的な構造性能は順梁と変わらないが、設計にあたって考慮すべき点がある。

1｜直交する梁との関係

直交方向は通常順梁となるので、図3に示すように45°方向加力を考えた場合は、柱内法長さが短くなり、短柱となる可能性がある。短柱の程度にもよるが、十分なせん断補強をすれば耐力はまず確保できるものの、通常、45°方向が設計で想定されることは少ない。したがって、構造設計者がどのように判断しているのかを確認しておく必要がある。

2｜最上階の納め方

最上階も逆梁の場合、柱は逆梁の上端まで伸ばす【図4①】。梁を載せるだけでは主筋を柱と定着できないので、NGである【図4②】。

3｜施工性

逆梁は順梁とレベル差があるので、スラブの上面にコンクリート打継ぎ面をつくり、逆梁をその後打設する。そのため、打継ぎ面の処理、後打ち部の鉄筋の清掃などが必要となる。また最上階には柱型が出るので、防水層の立上り面も凸状となり、施工手間がやや増える【図4①】。

4｜S造の逆梁の納まり

図5①のような鉄骨梁とスラブの取り合わせは、逆梁だけではなくレベル差処理でも行われており問題は少ないが、施工手間は増加する。図5②は頭付きスタッドの使い方に問題があり、不可である。

［内山晴夫］

図1｜逆梁と普通の梁（順梁）

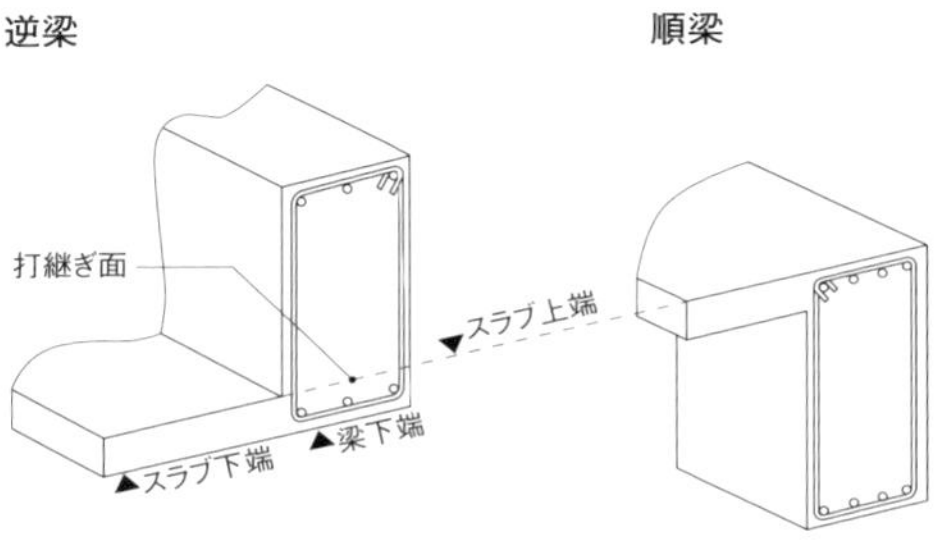
逆梁
順梁
打継ぎ面
▼スラブ上端
▲梁下端
▲スラブ下端

図2｜逆梁のメリット

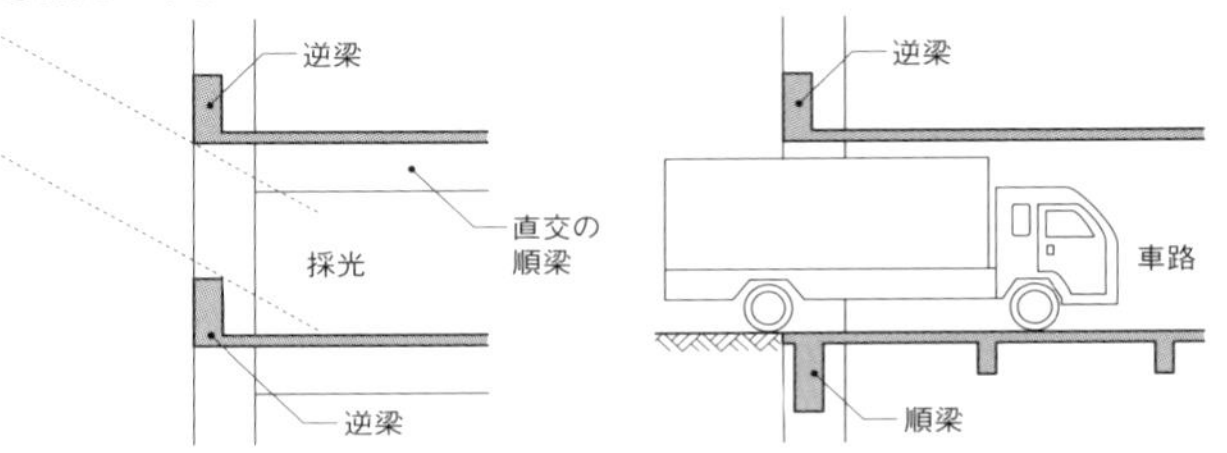
①採光の確保
逆梁
直交の順梁
採光
逆梁
②有効高さの確保
逆梁
車路
順梁

図3｜短柱検討が必要

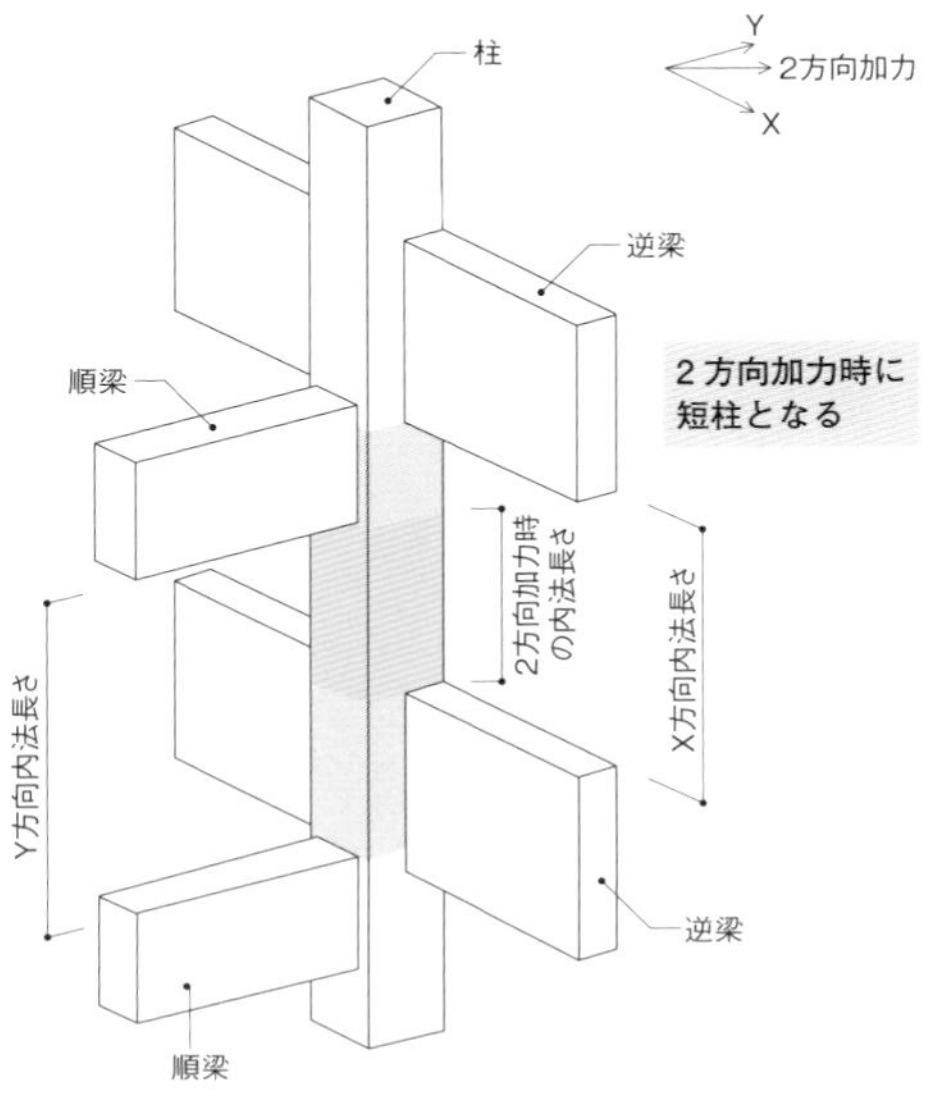
柱
Y
2方向加力
X
逆梁
2方向加力時に短柱となる
順梁
2方向加力時の内法長さ
X方向内法長さ
Y方向内法長さ
逆梁
順梁

図4｜最上階の柱の納め方

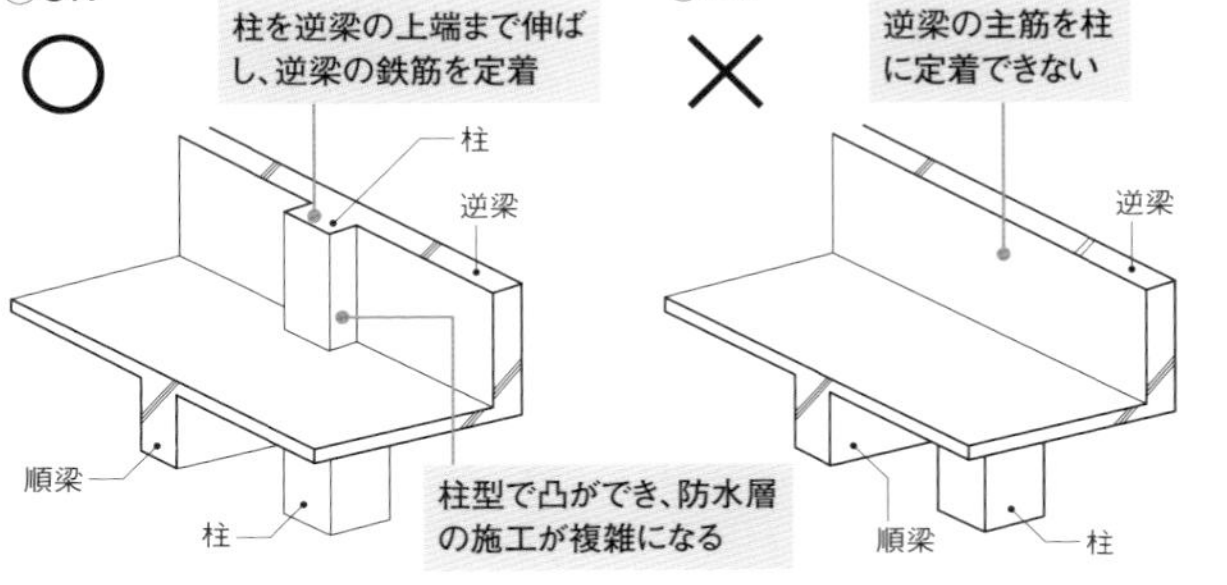
①OK
○
柱を逆梁の上端まで伸ばし、逆梁の鉄筋を定着
柱
逆梁
順梁
柱
柱型で凸ができ、防水層の施工が複雑になる
②NG
×
逆梁の主筋を柱に定着できない
逆梁
順梁
柱

図5｜S造の逆梁

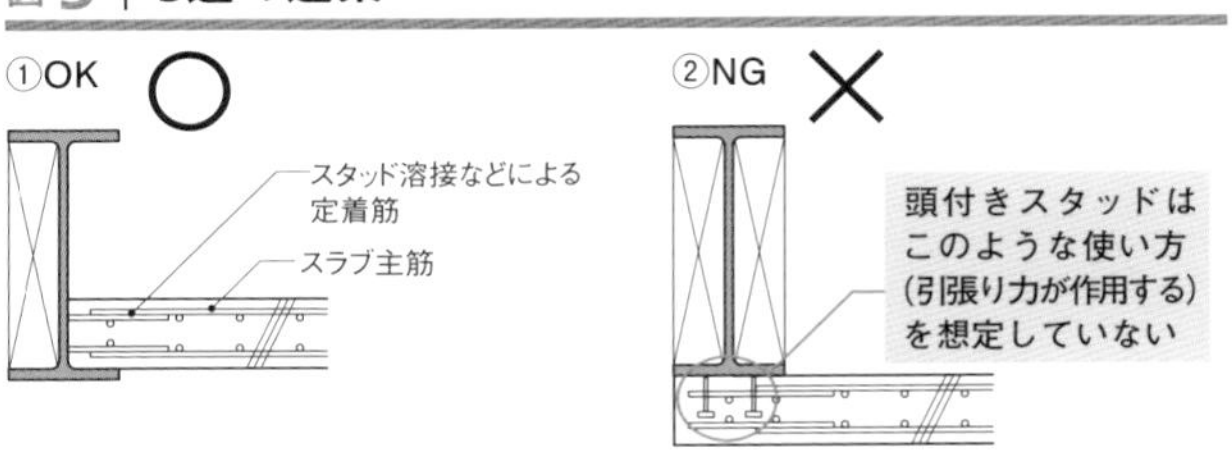
①OK
○
スタッド溶接などによる定着筋
スラブ主筋
②NG
×
頭付きスタッドはこのような使い方（引張り力が作用する）を想定していない

狭小敷地の計画ポイントはどこ？

RC S W

狭小敷地では、構造計画上の配慮はもちろん、施工が困難な工事への対策も要求され、コスト面にも影響します。隣地ギリギリの杭工事では重機の大きさを、鉄骨建方の際には鉄骨の長さを、前もって確認・調整するなどします。

（写真上）大きな杭重機を使えるかを事前に検討し、隣地から50㎝の距離で施工した（写真下）電線をかわし、隣地ギリギリで施工した事例。小断面部材に分割可能な構造計画が要求された

狭小敷地における構造計画では、さまざまな設計条件が付加される。建築計画・意匠的な面では、小さな建築面積で最大限の床面積を確保する必要があるため、構造部材をできるだけ小さくしたいという要望が大きくなる。施工面では、資材の運搬・搬入の事情から構造種別や工法に制約が生じ、それらの選択の仕方により構造コストに大きな差が生じる。厳しい条件をうまくプラスに転じさせ、発展的な構造計画に結び付けたい。

塔状比にまつわる注意事項

狭小敷地の建物の特徴は、**塔状比**（＝建物高さ／建物幅［短辺方向］）が大きくなること［図1］。塔状比が大きいと地震時に上階の揺れが大きくなり、基礎の浮き上がりによる転倒の可能性が高まるので、**塔状比4以下**を目安としたい。塔状比が4超の場合は、上階の揺れが大きくなることを考慮し、地震力［※1］を1・25倍以上に割増す必要がある。必然的に構造部材は大きくなり、また建物の転倒に抵抗するための基礎も大がかりになる。塔状比4超の建物は、構造コストの面からも不利になる。

狭小敷地では、平面の制約から**柱**を建物4隅の**4本のみ**として設計することが多い。その場合も**地震力を1・25倍以上に割増し**しなくてはならない。これは、45°方向からの地震入力に対して柱に大きな軸力が加わるほか、4本中1本が損傷すると建物が一気に不安定になるためである。

なお塔状比が4を超えて、かつ4本柱となる場合は、地震力を1・25倍×1・25倍＝1.5倍超とすることになる。ただし、これらは塔状比が大きい建物や4本柱の建物が構造的に著しく弱いことを意味しているわけではない。一定の構造的配慮を行えば、通常と同じ構造耐力の確保は可能なので、選択肢として除外する必要はない。

塔状比が大きい場合に、もう1つ注意が必要になるのが、**振動の問題**だ。重量の大きいRC造では問題にならないが、S造や木造など軽量構造の場合、**強風**や**交通振動**によって室内で揺れを

図1 塔状比の求め方

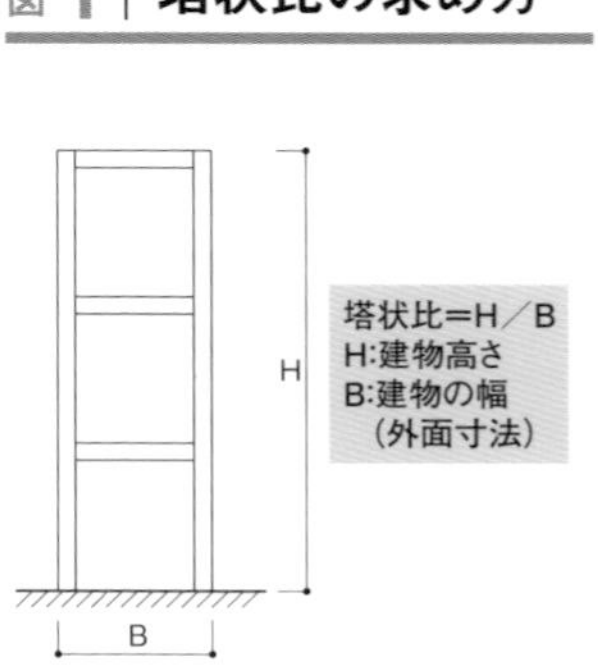
H
B
塔状比＝H／B
H:建物高さ
B:建物の幅
（外面寸法）

※1:標準せん断力係数0.2

感じることがある。設計時における振動の予測は非常に難しいが、筆者は塔状比が大きい建物や交通量が多い大通りに面した建物を設計する場合、地震時や風荷重時の水平変形クライテリアを厳しくしている【※2】。

構造プランは豊富にある

狭小敷地において、筆者が2〜3階建ての建物の構造計画を行った例を模式的にいくつか紹介する【図2】。

1 S造の構造計画

①はシンプルな4本柱のラーメン構造。4隅に柱型が出る以外はプランに制約を与えず、4面に自由に開口を取りやすいのが特徴だ。②は柱を密に並べたブレース構造。柱断面が小さくなるため、室内を有効に使うことができる。柱と胴縁のサイズは近似し、両者を兼ねた設計も可能だ。③はさらに室内面積を大きく取りたいときに有効な鋼板構造。壁厚を最も薄くできるが、鉄骨量が多く、施工の難易度も上がるため、費用対効果に注意が必要となる。

2 RC造の構造計画

④は壁とスラブによる1方向ラーメン構造。2面に全面開口を確保できるが、壁とスラブは柱と梁という扱いで配筋するため、帯筋やあばら筋が必要となり、鉄筋量が増えてしまう。⑤はラーメン構造と壁式構造の中間のようなもの。壁に内包するL形の柱にすることで、大きな柱型が出てこない。

以上のように狭小敷地では構造部材をできるだけ外に追い出して、室内を有効に使おうと試みるケースが多い。

一方、それとは逆の発想で中心部に大きな1枚の壁を配置し、床を外に向けて跳ね出したのが⑥。中心の壁は厚くなるが、4面に大開口を設けることができる。また、構造が中心部に集約しているので、基礎が隣地と干渉しにくいというメリットもある。

3 木造の構造計画

木造は狭小敷地では制約を受けることが多く、特に間口が小さな場合には、開口を取ることが困難になる。一般に4分割法による壁量計算では、建物外周部に壁が多く配置される計画となりがちだが、偏心率計算を行うことにより、⑦のように短辺の壁を内部に集約させ、外周部に大開口を設けることは可能だ。⑧は一部にリブ状の柱を設け、短辺をラーメン構造とすることで2面を開放的にしている。⑨は壁を放射線状に配置することで、外周部に壁のない構造を可能にしている。

基礎・地業工事費の割合が高い

コストで特に注意が必要になるのは、**基礎・地業工事**。筆者は、狭小敷地で杭や地盤改良工事を行う場合は、必ず事前に施工業者にヒアリングしたうえで、敷地条件に最も適した工法を決める。たとえば、単に杭工事のコストだけを比較すれば高い工法でも、残土処理が少なく工期が短くなる場合は、結果として安くなることも多い。

地盤改良では表層改良【※3】が最も簡易な方法とされているが、狭小敷地では掘削時にオープンカットにできず、山留めが必要となるケースが多い。そのため柱状改良【※4】や鋼管杭を用いたほうが割安になることがある。直接基礎が可能な地盤でも、根入れが深くなる場合は、同様の理由で柱状改良や杭基礎としたほうがコストダウンになることもある。［小西泰孝］

図2 狭小敷地の構造計画バリエーション

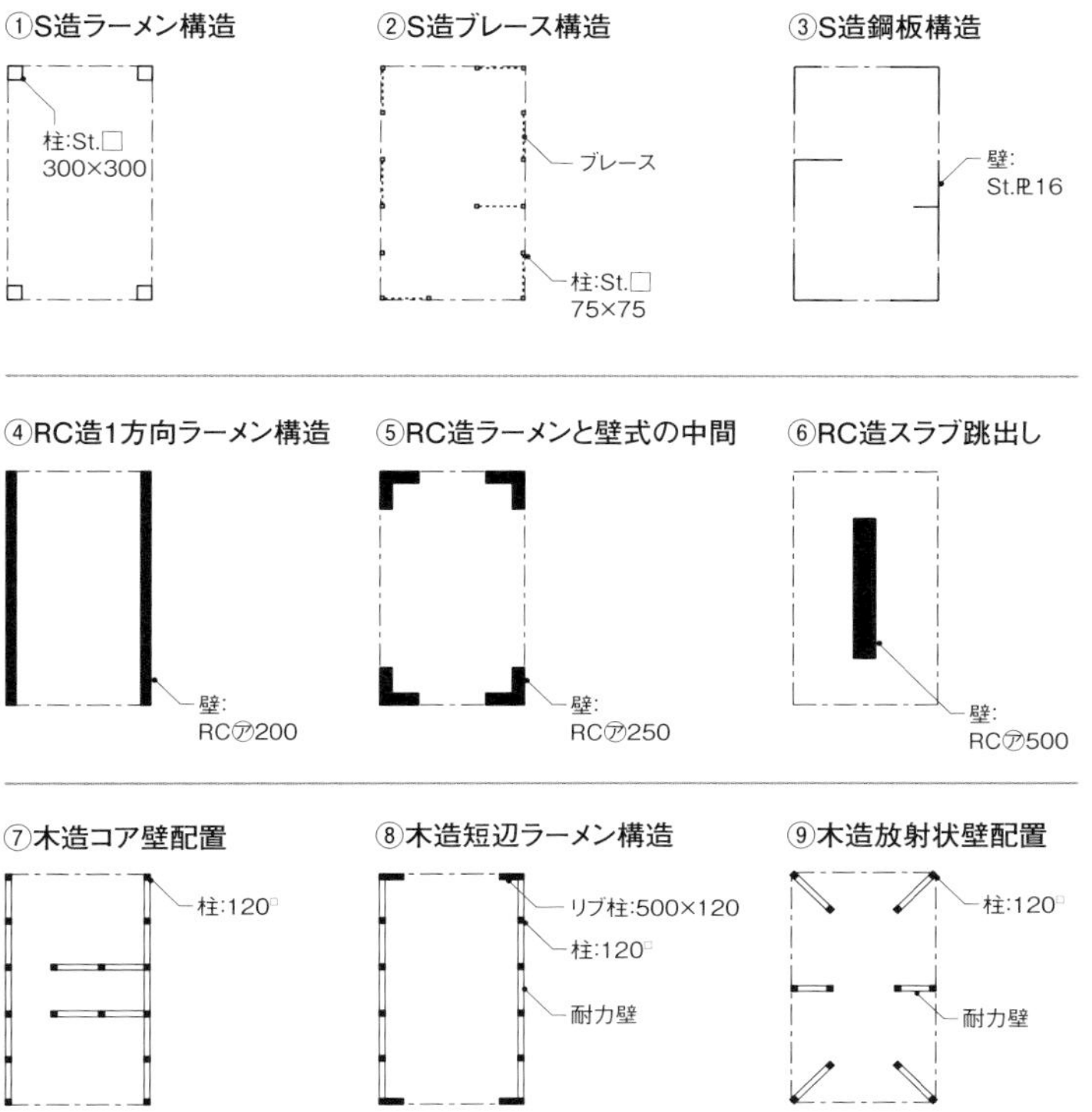
①S造ラーメン構造
柱:St.□ 300×300
②S造ブレース構造
ブレース
柱:St.□ 75×75
③S造鋼板構造
壁: St.PL16
④RC造1方向ラーメン構造
壁: RC㋐200
⑤RC造ラーメンと壁式の中間
壁: RC㋐250
⑥RC造スラブ跳出し
壁: RC㋐500
⑦木造コア壁配置
柱:120□
⑧木造短辺ラーメン構造
リブ柱:500×120
柱:120□
耐力壁
⑨木造放射状壁配置
柱:120□
耐力壁

※2:たとえば、S造の場合、1/200の変形制限に対して1/300程度で設計する
※3:浅層混合処理工法
※4:深層混合処理工法

RC造 狭小敷地を跳ね出しで制す

data

名称：キリの家
意匠：武井誠　鍋島千恵／TNA
構造：小西泰孝／小西泰孝建築構造設計
写真：阿野太一

境界線での施工的なムダを排除

狭小敷地では、隣地境界あるいは道路境界で構造の施工的な制約を大きく受ける。境界線ギリギリでの基礎、構造壁、柱の施工は困

難で、一定距離のセットバックが必要となり、建築規模が小さくなってしまう。また、建物外周にボリュームのある構造部材を配置すると、内部空間の窮屈さがより強調され、建築計画に大きな影響を与える。このような境界線での施工的不合理を排除し、かつ周囲に開いた空間を得るために、主体構造を建物中心に集約させたのが「キリの家」である。建物中心に配置されたＲＣ造の独立壁は、負担荷重に応じて壁の厚さが上階にいくほどに薄くなる。幹（壁）と枝（スラブ）だけで自立する極めてシンプルな構造である。

　構造的に有効に使えるものは何でも使いたい気持ちが、狭小敷地ではより強まる。ここでは、外周のスチールサッシュの縦胴縁計８本と片持スラブの先端部をピン接合することで、スラブの長期応力と変形を抑え、かつ地震時の水平変形を１／２に低減させている。

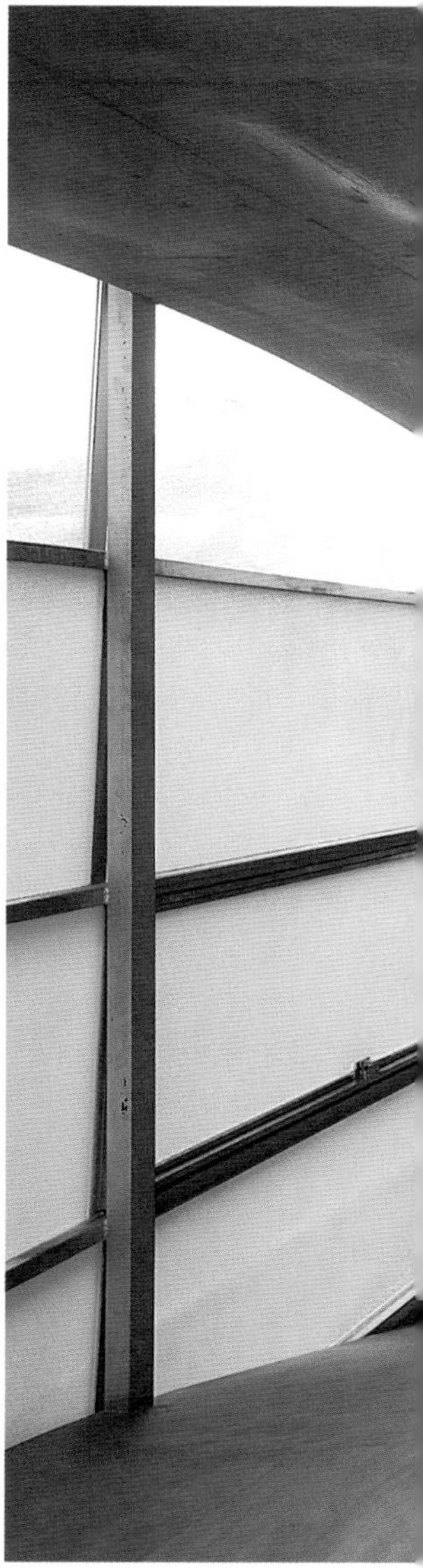

独立壁は、太さ（厚さ）を脚部から頂部に57.5cm～25cmで変化させ、そこから各階の床スラブ（厚さ150mm）が枝のように跳ね出している。主体構造を建物中心に集約させることで、外周面はスチールサッシュのみとすることが可能となる

敷地は周辺に住宅が隣接し、資材搬入が大きく制限される旗竿敷地。構造は、部材を細分化しやすいRC造とし、長尺物はサッシュ部材のみにとどめた

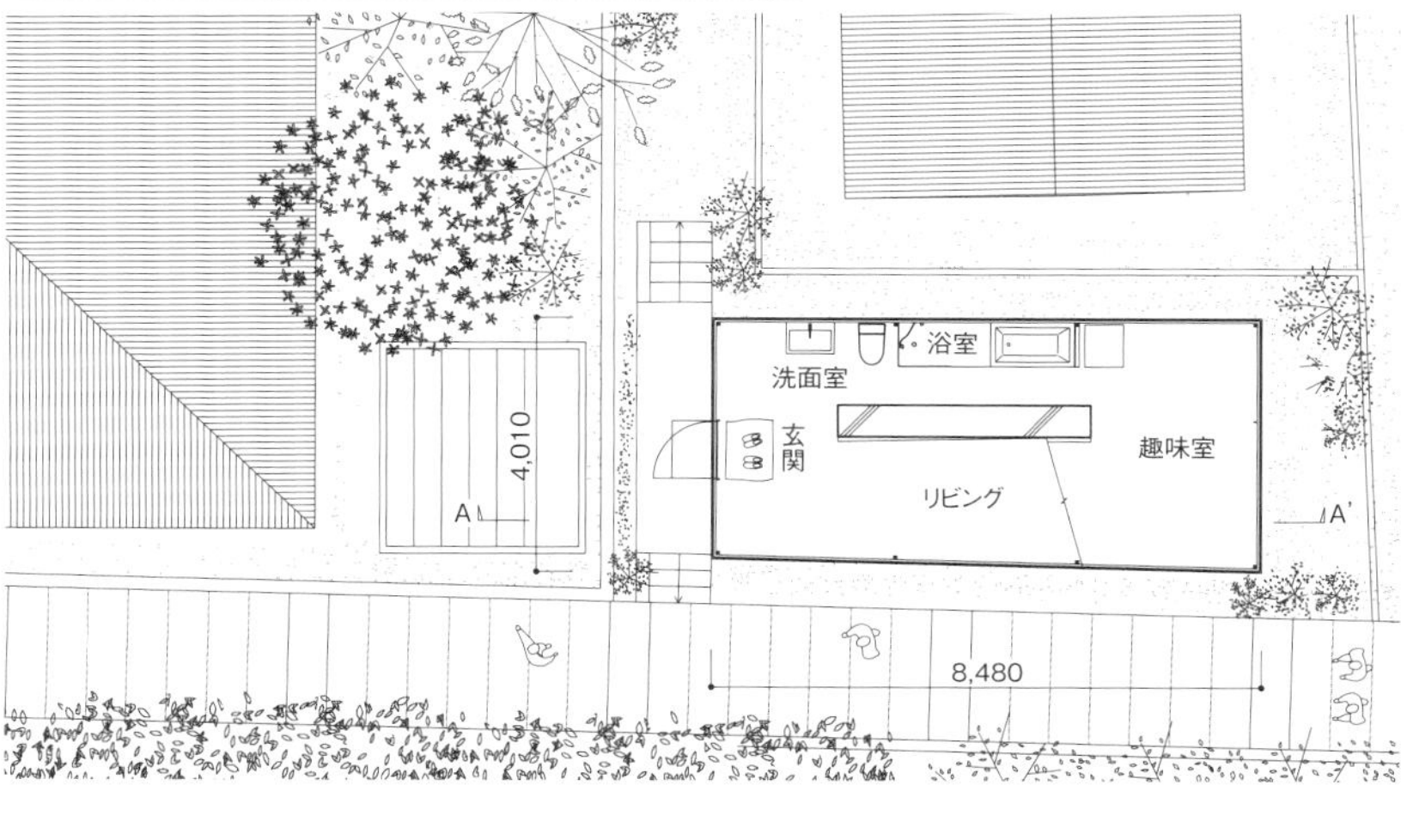

配置図［S=1：200］

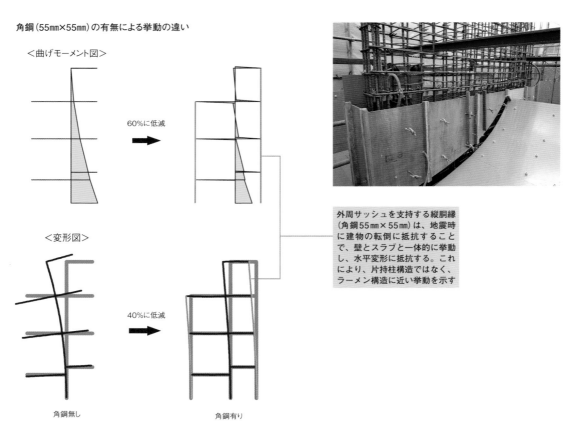

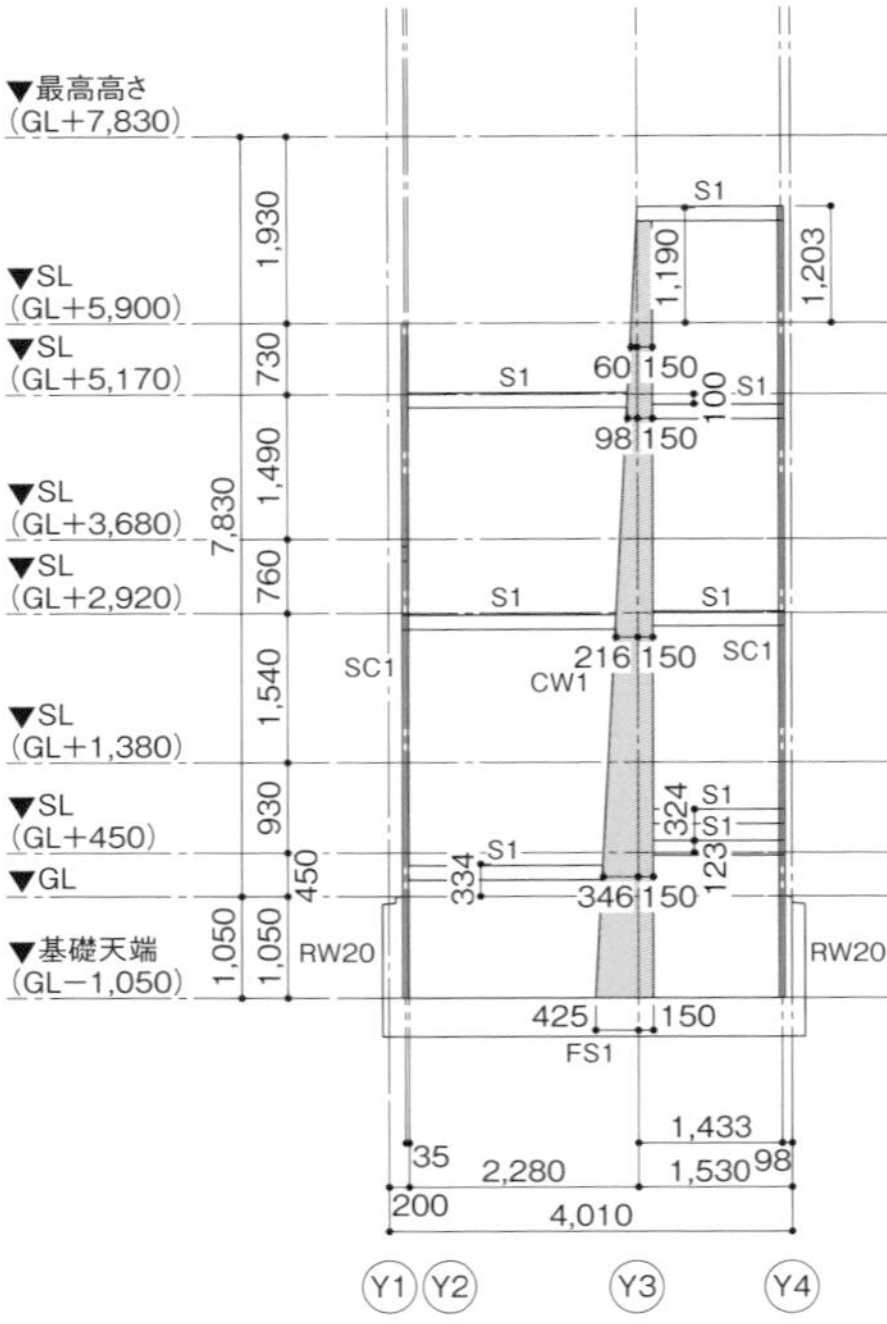
▼最高高さ (GL+7,830)
▼SL (GL+5,900)
▼SL (GL+5,170)
▼SL (GL+3,680)
▼SL (GL+2,920)
▼SL (GL+1,380)
▼SL (GL+450)
▼GL
▼基礎天端 (GL−1,050)
S1
SC1
CW1
RW20
FS1
Y1 Y2 Y3 Y4

(X2+3,694) 通軸組図[S=1：150]

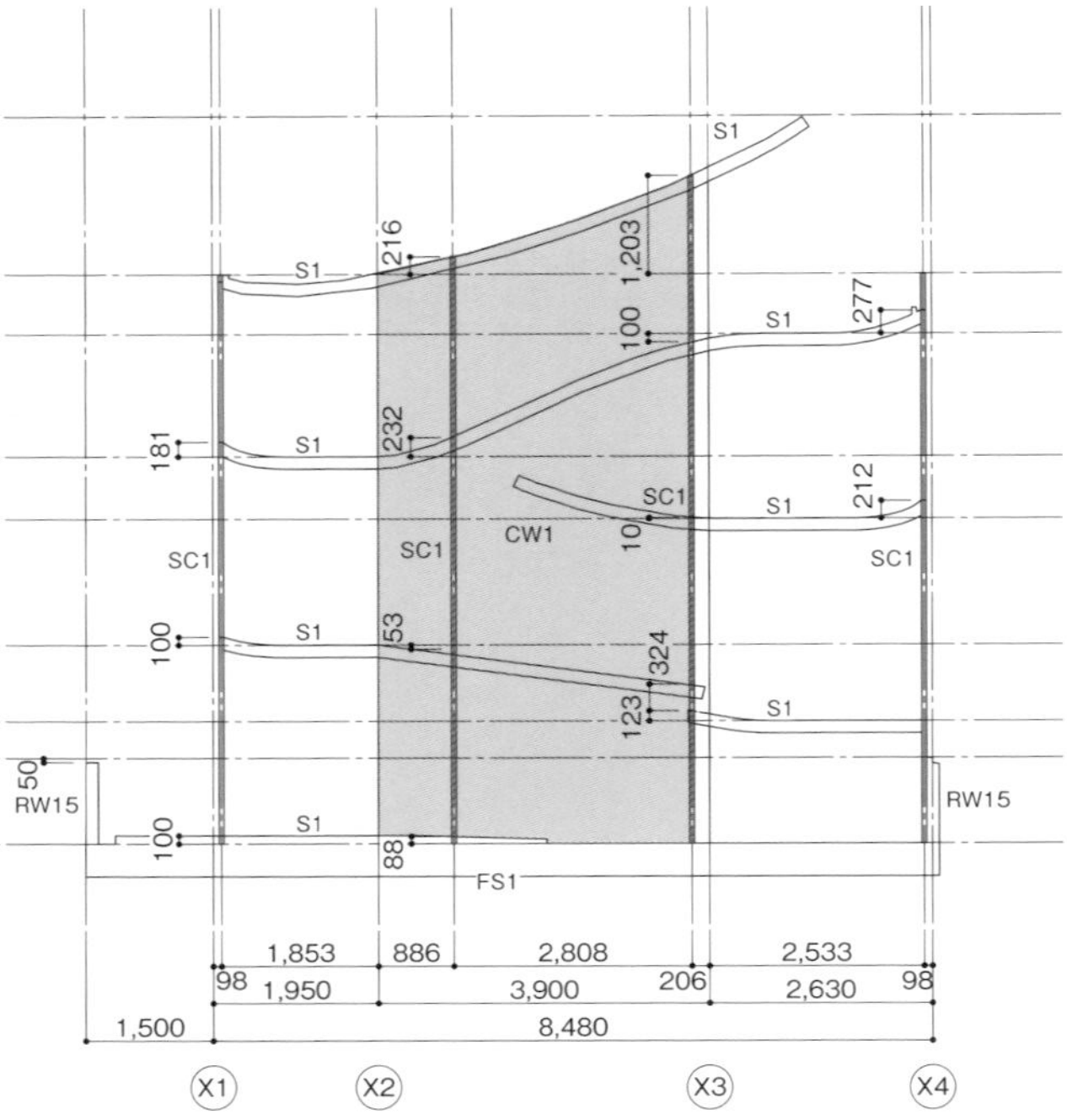
S1
SC1
CW1
RW15
FS1
X1 X2 X3 X4

(Y3 〜 Y4) 通軸組図[S=1：150]

角鋼(55mm×55mm)の有無による挙動の違い

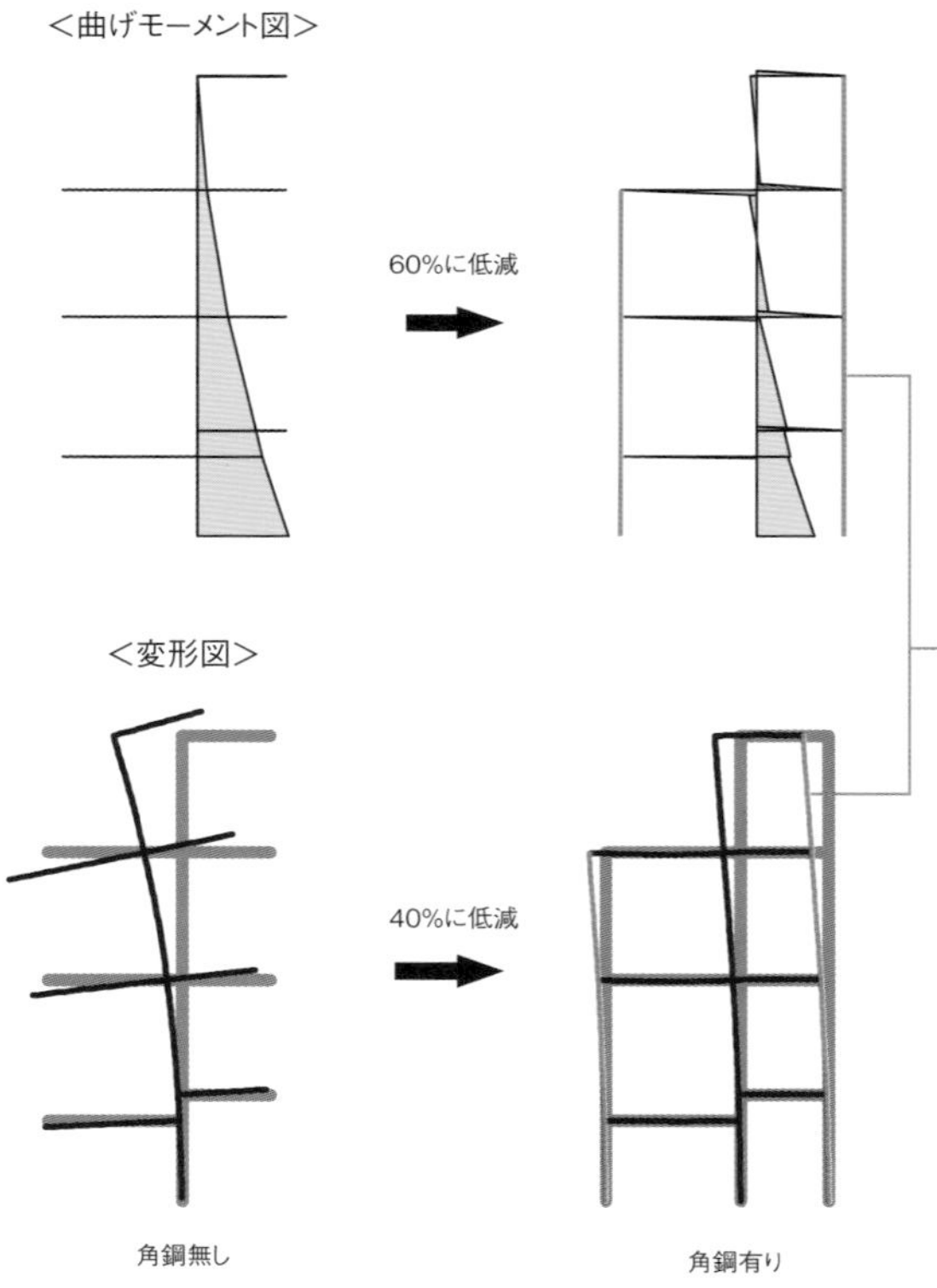
<曲げモーメント図>
60%に低減
<変形図>
40%に低減
角鋼無し
角鋼有り

外周サッシュを支持する縦胴縁(角鋼55mm×55mm)は、地震時に建物の転倒に抵抗することで、壁とスラブと一体的に挙動し、水平変形に抵抗する。これにより、片持柱構造ではなく、ラーメン構造に近い挙動を示す

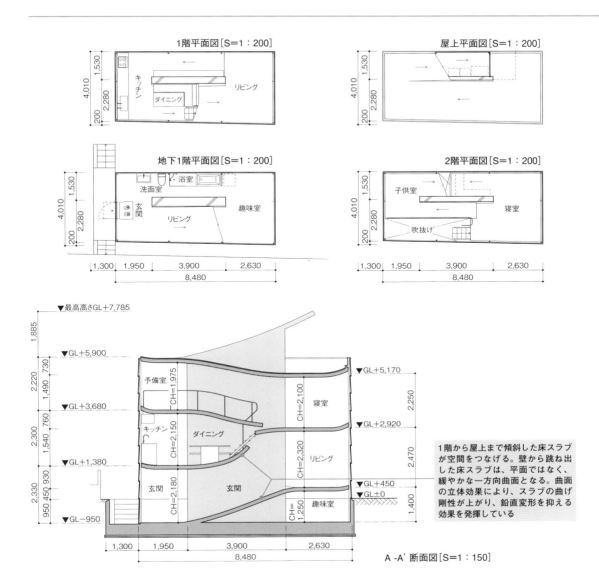

1階平面図［S=1：200］

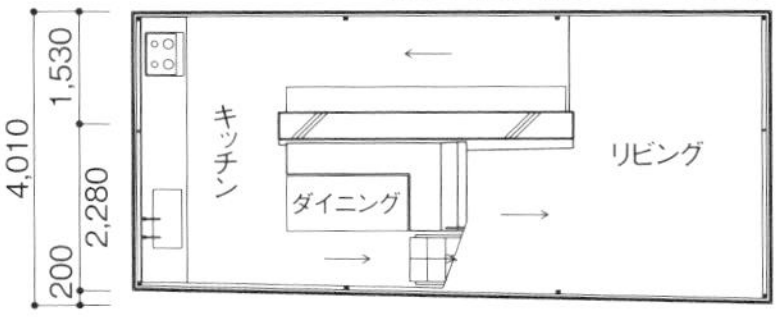
キッチン
ダイニング
リビング
1,530
2,280
200
4,010

屋上平面図［S=1：200］

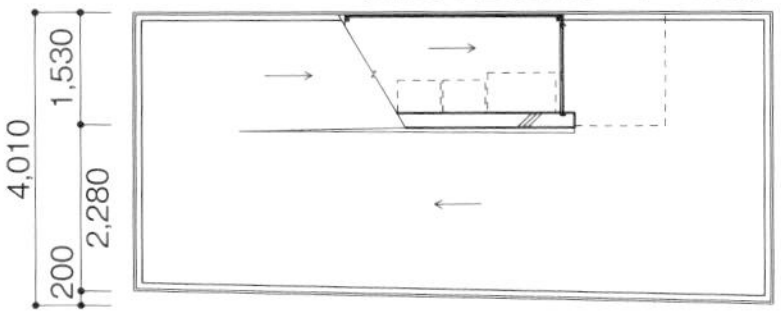
1,530
2,280
200
4,010

地下1階平面図［S=1：200］

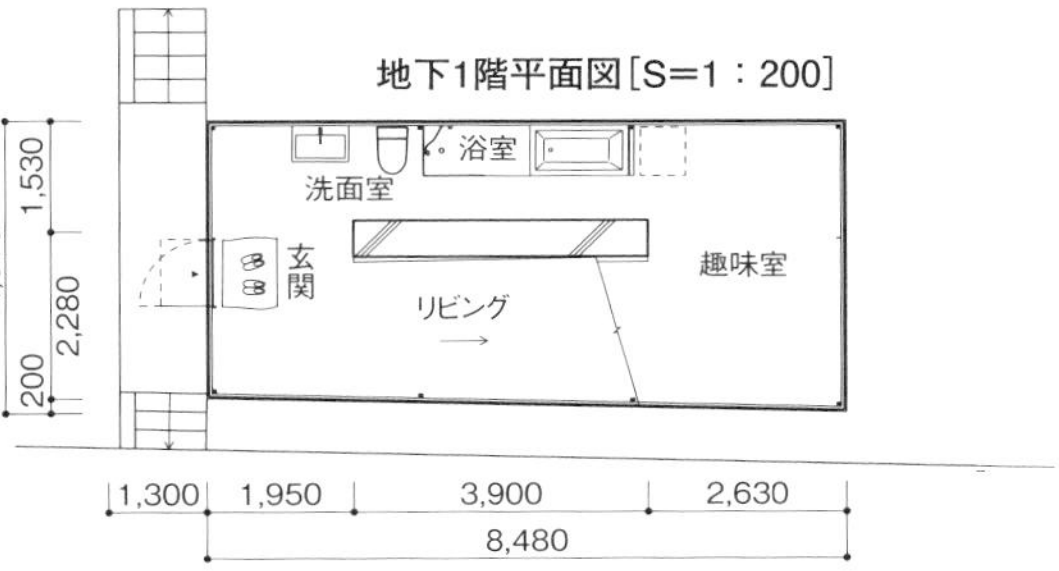
浴室
洗面室
玄関
リビング
趣味室
1,530
2,280
200
4,010
1,300
1,950
3,900
2,630
8,480

2階平面図［S=1：200］

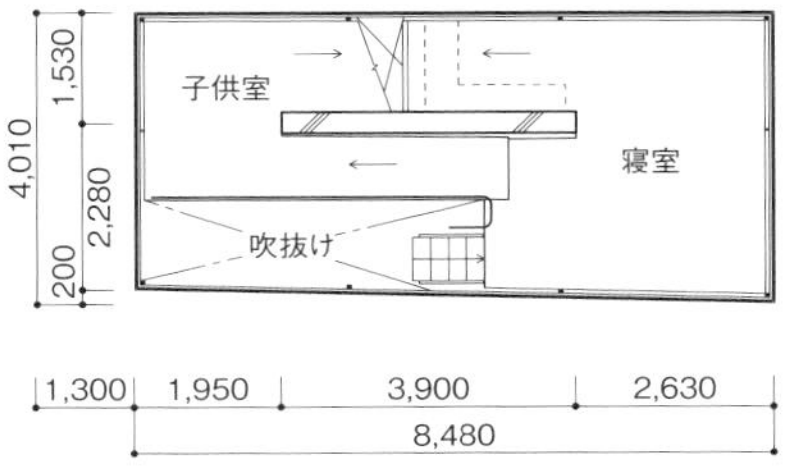
子供室
寝室
吹抜け
1,530
2,280
200
4,010
1,300
1,950
3,900
2,630
8,480

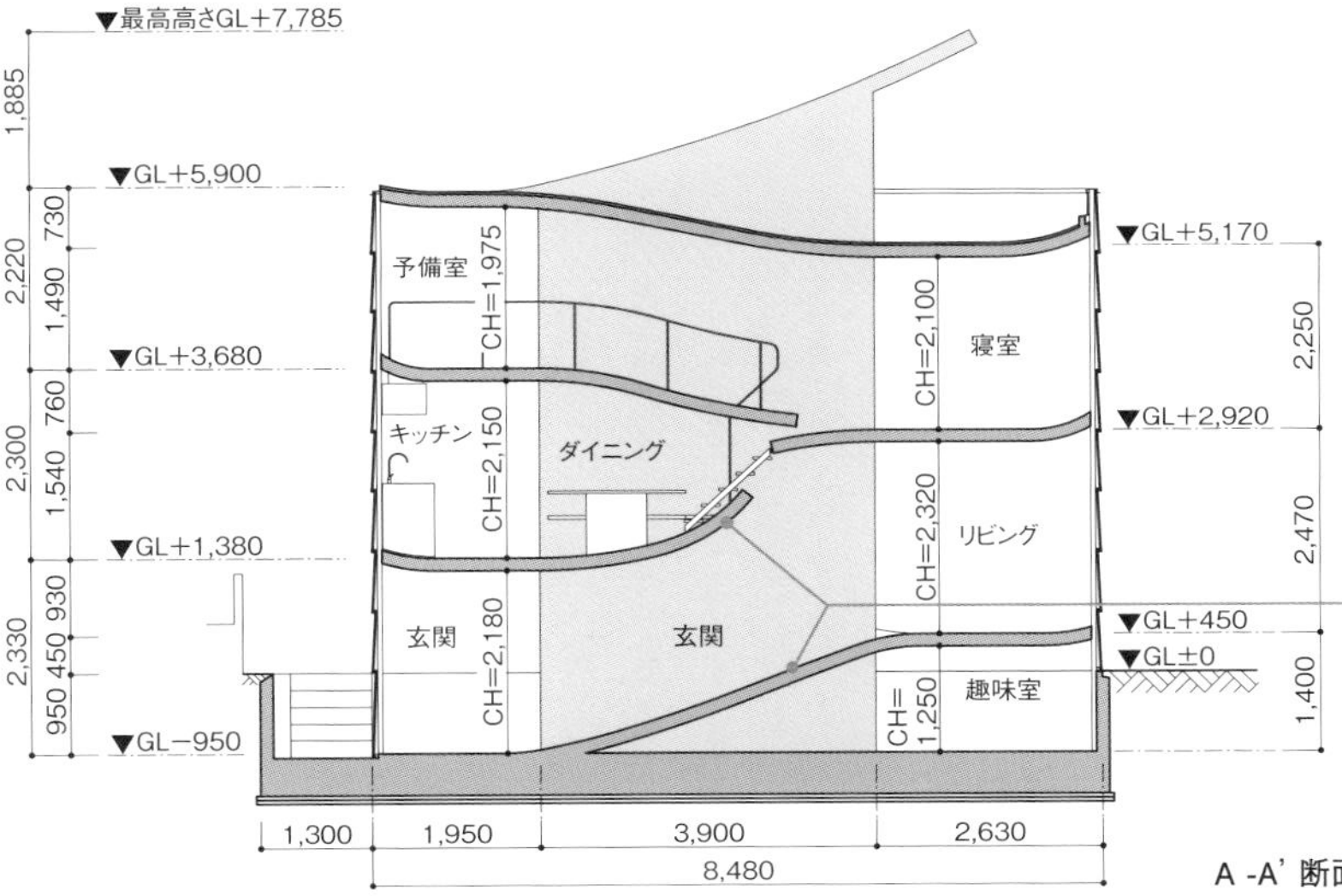
▼最高高さGL＋7,785
▼GL＋5,900
▼GL＋3,680
▼GL＋1,380
▼GL−950
▼GL＋5,170
▼GL＋2,920
▼GL＋450
▼GL±0
予備室
CH=1,975
キッチン
CH=2,150
ダイニング
玄関
CH=2,180
玄関
CH=2,100
寝室
CH=2,320
リビング
CH=1,250
趣味室
1,885
2,220
730
1,490
2,300
760
1,540
2,330
930
450
950
2,250
2,470
1,400
1,300
1,950
3,900
2,630
8,480

A -A' 断面図［S=1：150］

1階から屋上まで傾斜した床スラブが空間をつなげる。壁から跳ね出した床スラブは、平面ではなく、緩やかな一方向曲面となる。曲面の立体効果により、スラブの曲げ剛性が上がり、鉛直変形を抑える効果を発揮している

2階寝室からキッチンを見る

敷地条件から生まれる工法

data

名称：DAYLIGHT HOUSE
意匠：保坂猛／保坂猛建築都市設計事務所
構造：大野博史／オーノJAPAN
写真：藤井浩司／Nacasa & Partners Inc.

敷地条件から生まれるデザイン

DAYLIGHT HOUSEの敷地は、建物によって囲われた、極端にいうと谷底のようなところに位置している。そのため、

開口部をすべてトップライトに集約化した本計画は、敷地条件から導き出された解決方法となっている。

集成材や合板などの小片木質部材を接着剤などで一体化した木質材料のことを、エンジニアリングウッドと呼ぶ。無垢材に比べて安定した材料特性が得られ、特殊な寸法にも対応できるなどの特徴がある。

その中には、厚み38㎜、幅1280㎜の製造が可能で、柱や梁として十分な強度、剛性をもつLVLという材料がある。本計画では、トップライトを構成する垂れ壁にこのLVLを用い、梁の機能を持たせることとした。

そのほか、当敷地は前面道路の幅員も約2mと狭いため、資材運搬、搬入の解決策として、LVL梁を3mの風車状に配置し、それぞれがピン接合で成立する「持ち合い構造」を採用している。

天井部分のグリッドがLVL梁。構造部材と二次部材、仕上げ材を一体化し、施工の簡略化を計っている

敷地は周辺地盤から一段低い位置にあり、前面道路も2m幅員しかない。周辺建物に埋もれるような計画敷地であったため、大型の重機を配置することは難しく、必然的に部材の軽量化、施工の簡素化、部材運搬、搬入の容易化が求められた。運搬可能な部材長さは4m程度しかなかった

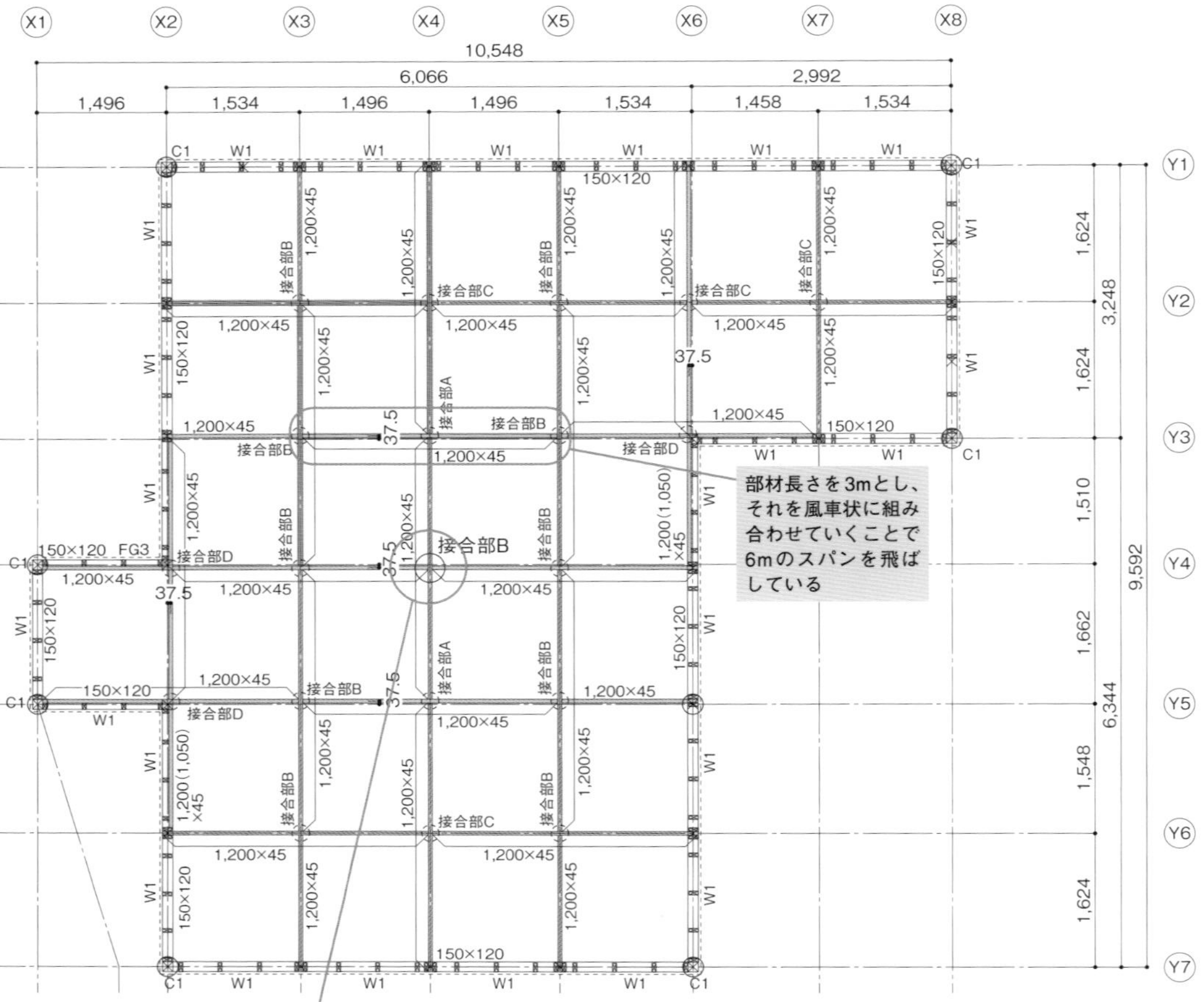

LVL伏図[S=1：100]

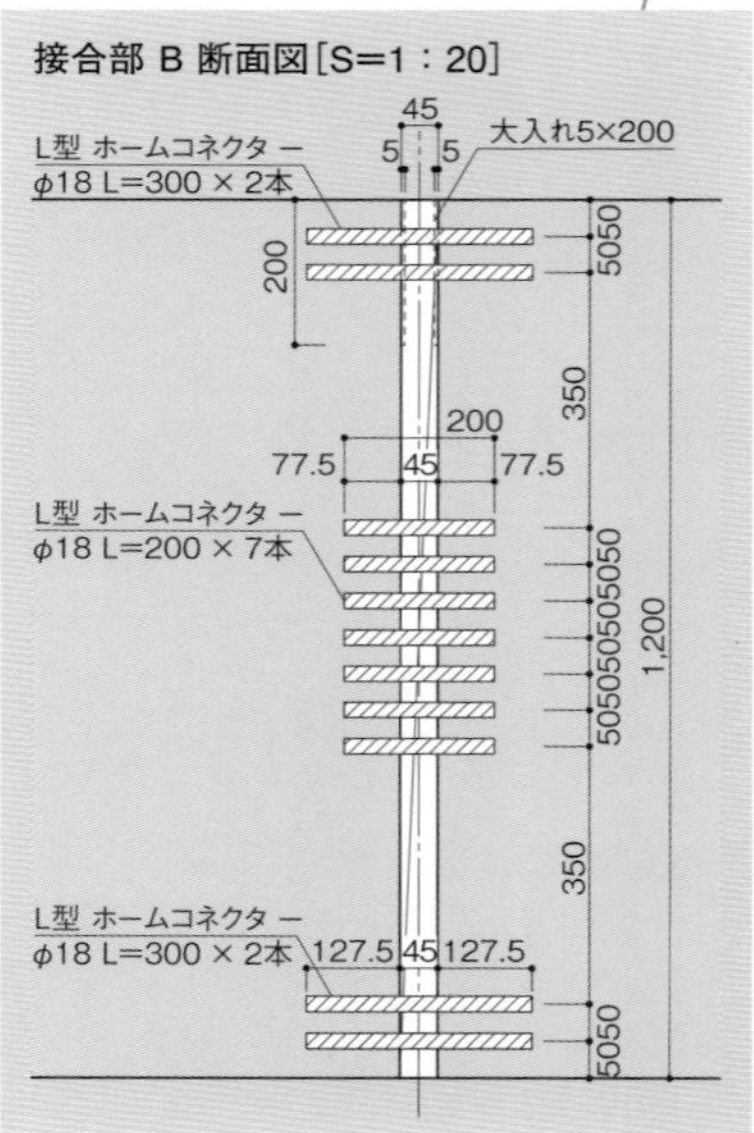

木造の梁の場合、剛接合を実現するためには木を鋼板で挟んだりする必要があるが、この風車状組によって、接合部はピン接合が可能となった。ボルトを部材に差し込みせん断力を伝える納まりのため、構造部材はそのままトップライトの垂れ壁に利用することが可能である

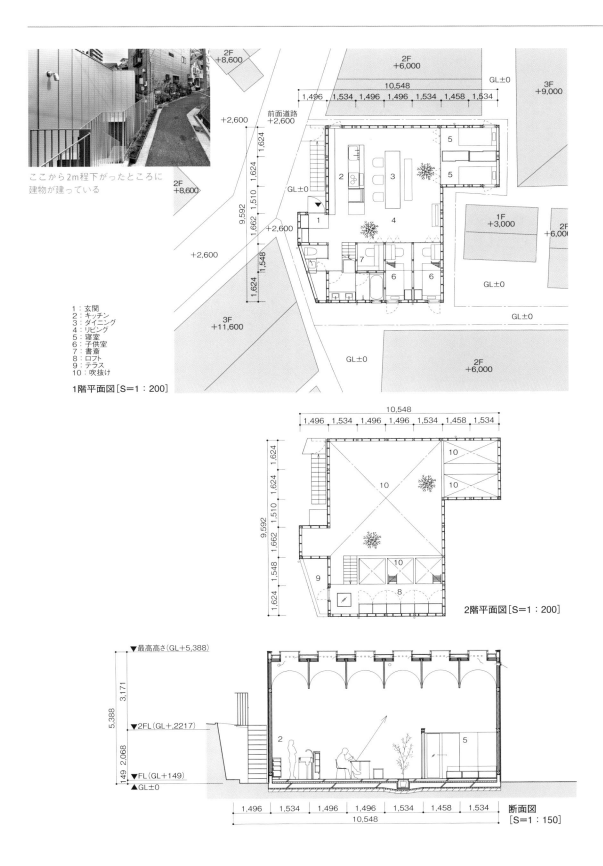

ここから2m程下がったところに建物が建っている

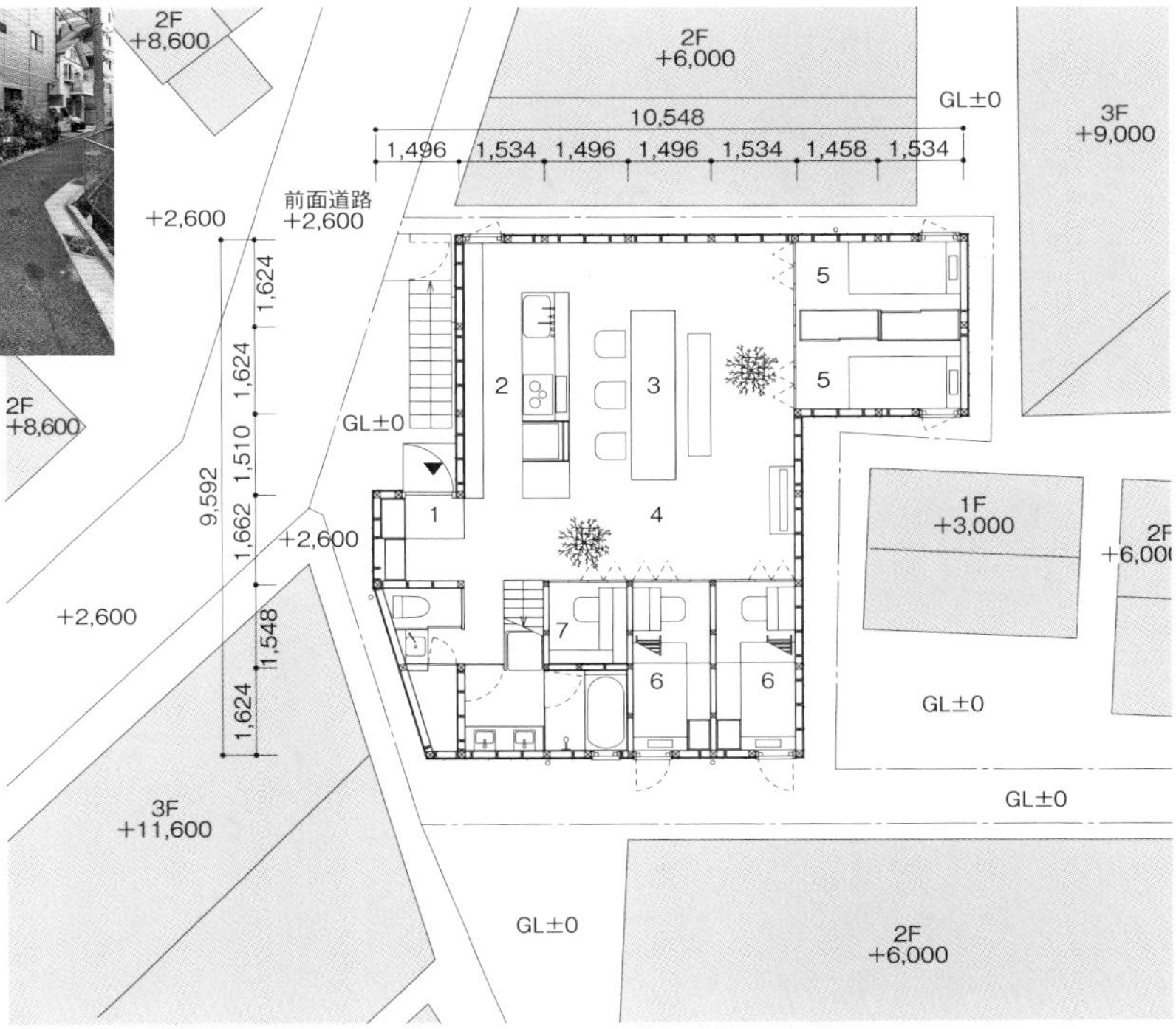
2F +8,600
2F +6,000
GL±0
3F +9,000
10,548
1,496 1,534 1,496 1,496 1,534 1,458 1,534
+2,600
前面道路 +2,600
1,624
1,624
1,510
1,662
1,548
1,624
9,592
GL±0
2F +8,600
+2,600
+2,600
1F +3,000
2F +6,000
GL±0
GL±0
3F +11,600
GL±0
2F +6,000

1：玄関
2：キッチン
3：ダイニング
4：リビング
5：寝室
6：子供室
7：書斎
8：ロフト
9：テラス
10：吹抜け

1階平面図［S＝1：200］

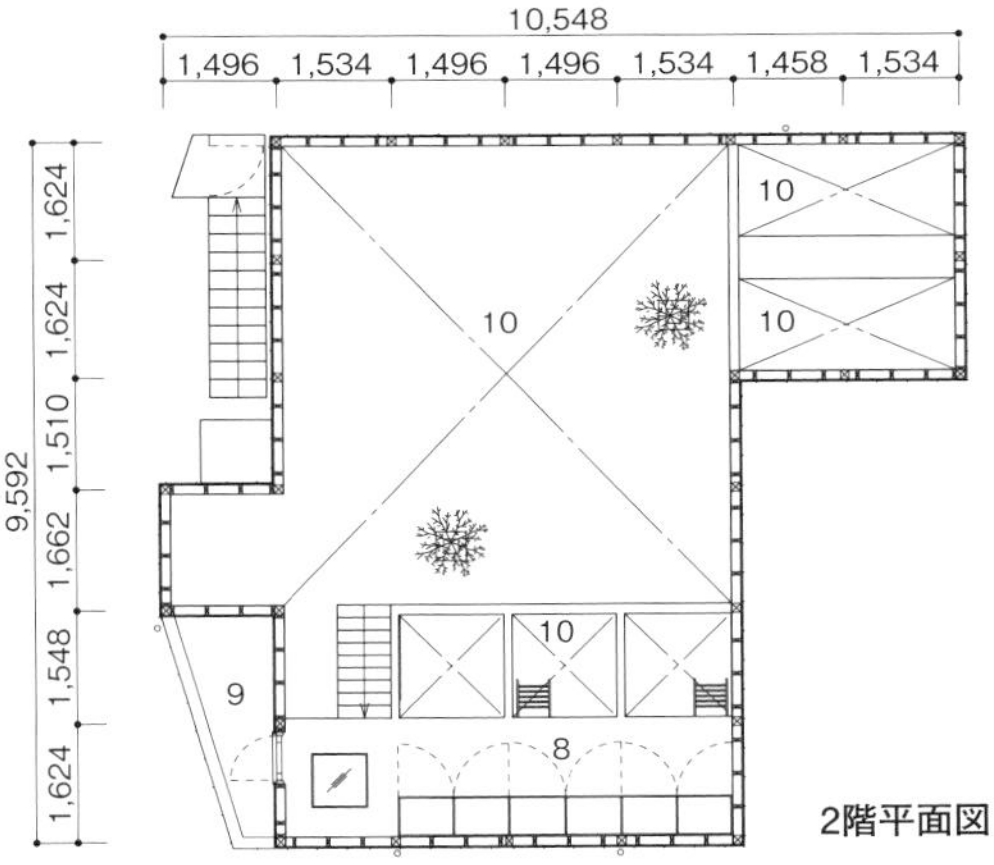
10,548
1,496 1,534 1,496 1,496 1,534 1,458 1,534
9,592
1,624
1,624
1,510
1,662
1,548
1,624

2階平面図［S＝1：200］

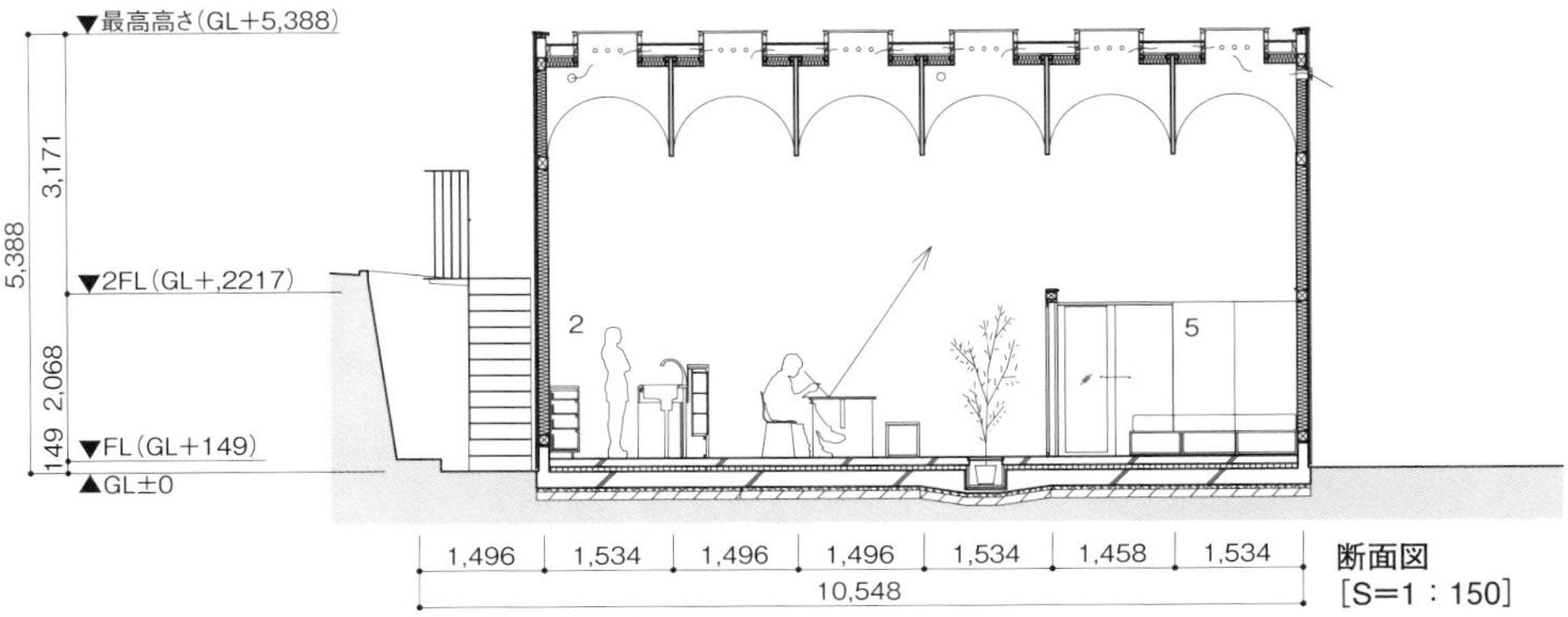
▼最高高さ（GL+5,388）
▼2FL（GL+,2217）
▼FL（GL+149）
▲GL±0
5,388
3,171
2,068
149
1,496 1,534 1,496 1,496 1,534 1,458 1,534
10,548

断面図
［S＝1：150］

RC S W

地盤調査のチェックポイントは3つ

地盤調査とは建物や工作物の基礎地業設計・工事が安全かつ経済的にできるように地盤情報を適切な調査によって得ることです。

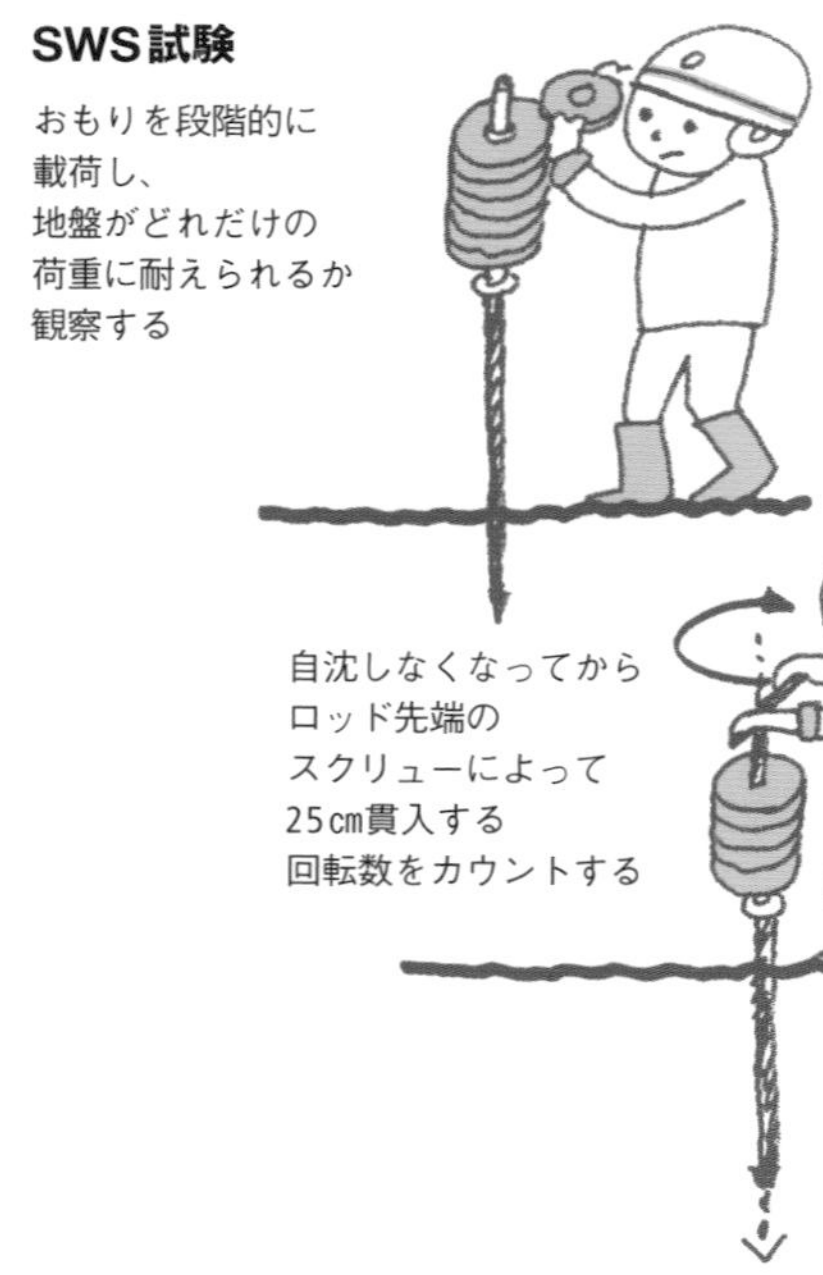
SWS試験
おもりを段階的に載荷し、地盤がどれだけの荷重に耐えられるか観察する
自沈しなくなってからロッド先端のスクリューによって25cm貫入する回転数をカウントする

地盤調査計画では、計画建物の規模・敷地状況などの諸条件を踏まえて、着目すべき地盤情報【表1】を見定め、これらを取得するための地盤調査項目を決定していく。このとき重要なのが、**地盤調査と基礎地業工事**のコストのバランスを考えて調査項目を決めることである。地盤調査と基礎地業工事のコストは、単独ではなくトータルで考えるのがよい【図】。地盤調査費用を切り詰めたため、詳細な基礎設計をするのに必要な地盤情報が不足し、その結果、過剰な基礎をつくらねばならなくなったという話をよく聞く。

地盤調査の構成

地盤調査は、①**資料調査**、②**現地踏査**、③**試験調査**の3つで構成される。資料調査と現地踏査【※】は、表2に示すように、地質工学の専門家でない設計者でも実施できる。試験調査計画を立てるための予備調査的な意味合いが強いが、試験調査では得にくい大局的な地盤情報を把握するための非常に重要な調査である。

資料調査で一般的に用いられる資料は、①地形分類（山地、台地、低地、人工地形など）情報を得るための「**土地条件図**」、②地層構成を推測するための敷地内または「**近隣柱状図**」、③液状化の可能性を探るための「**液状化マップ**」である。計画地域の資料が必ずしもそろうとは限らないが、いずれも地質調査会社やネット検索によって調べることができる。

現地踏査では、**地形・既存構造物の沈下・地層の露出**（露頭）などの状況を現地で目視確認し、地層構成・盛土や切土の状況、沈下特性などを推測していく。たとえば、「隣の建物が不同沈下を起こしてコンクリートに大きなクラックが生じている状況から、沈下検討のための試験調査を計画する」「既存擁壁のレベルから地山の深さを推測する」などの判断を現地踏査で行う。

試験調査は、前述の資料調査と現地踏査の結果に加え計画建物の規模や特性を踏まえて、各種試験によって詳細な地盤情報を得るために行うものである。代表的な試験調査には、**ボーリング**（機械式、ハンドオーガー）、**サウンディング**（標準貫入試験、SWS試験、孔内水平積荷試験）、**土質試験**（物理、力学、化学）、**原位置試験**（平板積荷試験、杭の積荷試験、現場透水試験）などがある。必要な地盤情報が取得できるように各調査法を組み合わせて計画・実施する。同じ地盤情報を得るために複数の方法があるが、それぞ

※：現地踏査とは、実際に現地に赴いて目視により種々の状況確認を行うことで地盤情報を得る調査

表1｜地盤調査によって得られる地盤情報

項目	地盤情報
地形	地形分類、局部地形
地層構成	粘性土・砂質土・礫などの層厚・深さなど
地下水位	地下水位のレベル
液状化のしやすさ	地震の規模・強さと液状化程度の関係
土の物理的特性	密度、含水比、粒径など
土の力学的特性	支持力、沈下性、変形性、透水性、斜面安定性など
土の化学的特性	pH、有機炭素物含有量など

図｜地盤調査と基礎地業工事のコストイメージ

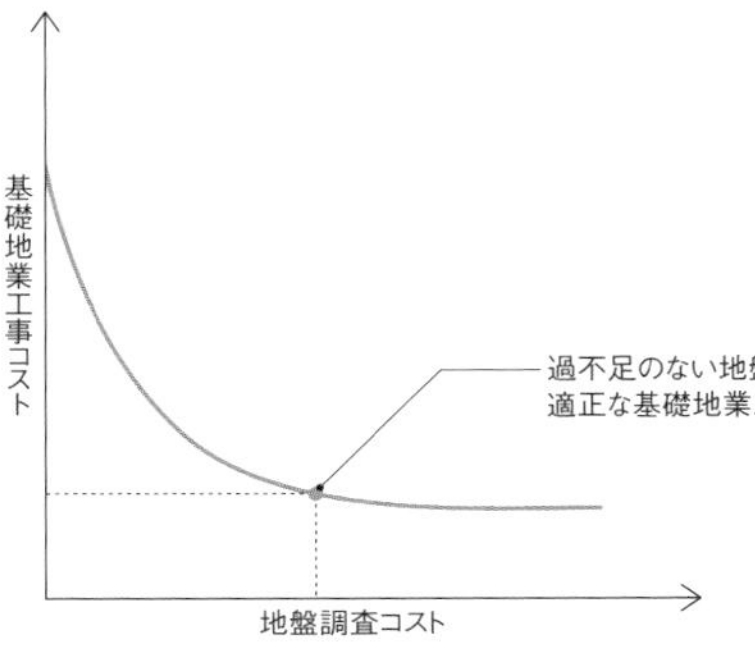
過不足のない地盤調査と
適正な基礎地業工事
コストアップしても、調査
の目的に応じて補足調査
を考える必要がある

表2｜資料調査と現地踏査で取得できる情報

調査方法		地盤情報						
		地形分類	局部地形	地層構成	地下水位	液状化	沈下性状	切土・盛土
資料調査	土地条件図	○	△	△	△	△	△	△
	近隣柱状図	△	×	○	○	△	△	△
	液状化マップ	×	×	×	×	○	×	×
現地踏査		○	○	△	△	×	○	△

表中の記号は、各地盤情報が得られる情報量の目安を示す。
○：多く得られる　△：あまり得られない　×：まったく得られない

れの守備範囲に留意する必要がある。

たとえば**SWS試験**では、N値が10を超えるような地盤では**貫入不能**になることが多い。N値が30以上の硬質地盤を支持層とする杭を設計する場合、SWS試験では地盤情報は得られないので、**標準貫入試験**を行うのがよい。

平板載荷試験（原位置試験）は、直径30cmの載荷板を使って地盤の強度と変形を直接的に、また確実に測定する方法である。ただし**載荷板下数十cmの挙動しか把握できない**ため、これ以上の層厚の挙動が問題になる場合には不向きである。その場合は対象層の土をサンプリングして**土質試験**を行うのがよい。

試験調査の計画例

試験調査の組み合わせは、諸条件によって無限に考えられる。代表的な調査計画をみてみよう。

〈計画例〉

地形［台地、傾斜］／液状化可能性［なし］／計画建物［地上3階RC造］

土地条件図と近隣データによる資料調査から、敷地は台地上にあり、表層付近からローム層が出ることが予想され、これを支持層とした直接基礎が想定できる。現地踏査により敷地に高低差があり、支持層の傾斜が予想される。近隣柱状図では、GLマイナス0～1.5m：表土、GLマイナス1.5m～6m：ローム層、GLマイナス6m～：砂礫層。

RC造2階程度までの規模であれば、試掘によってローム層を確認し、常用地耐力表を使って50kN／㎡の地耐力で設計することも考えられる。ただし、この計画のように地上3階建てRC造をベタ基礎で計画した場合、必要地耐力は80～100kN／㎡となるため、何らかの力学特性を調べる試験を追加する必要がある。ローム層での平板載荷試験も考えられるが、平板載荷試験では深さ数十cmまでの挙動しか調べられないので、ベタ基礎を想定した試験としてはふさわしくない。そこで、以下のような試験調査項目とした。

・地層構成情報を得るための機械式ボーリング（杭も想定し、深さは10m）
・基本的な強度特性を得るための標準貫入試験
・支持層となるローム層レベルの傾斜を確認するためのSWS試験4～6カ所程度
・ローム層の物理試験（土粒子の密度試験、含水比試験、湿潤密度試験）
・ローム層の力学試験（三軸圧縮試験）

以上で、25万～30万円程度の調査費用になる。

［山田憲明］

RC S W

基礎形状と杭・地盤改良の使い分け

基礎工法は、直接基礎と杭基礎に大別できますが、それぞれに種々の工法があります。適切な基礎計画を行うには、過不足のない地盤調査によって、必要な地盤情報を取得しておくことが重要です。

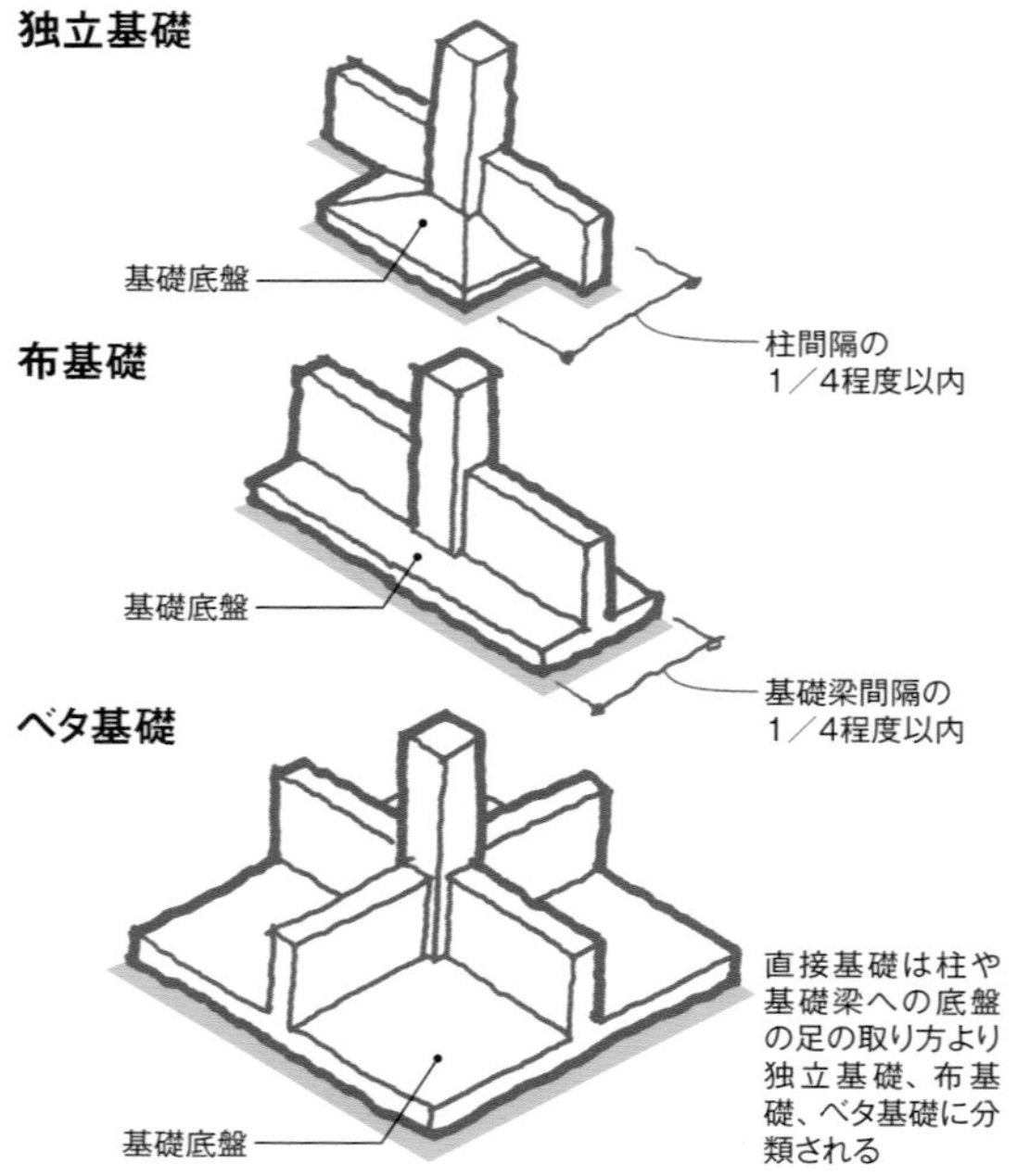

独立基礎
基礎底盤
柱間隔の1／4程度以内
布基礎
基礎底盤
基礎梁間隔の1／4程度以内
ベタ基礎
直接基礎は柱や基礎梁への底盤の足の取り方より独立基礎、布基礎、ベタ基礎に分類される
基礎底盤

直接基礎と地盤改良

基礎工事にかかるコストや工期を考えれば、まずは**直接基礎**の可能性を探る。直接基礎は柱や基礎梁への底盤の取り付き方により**独立基礎**・**布基礎**・**ベタ基礎**に分類される。

直接基礎の計画では、建物面積に対する**底盤必要面積**（＝負担重量／地耐力）の割合が重要で、一般に対応できる必要面積割合は、独立＜布＜ベタ基礎の順に大きくなる。目安としては、底盤幅が柱間スパンの1／4〜1／3程度で済めば独立基礎、基礎梁間隔の1／4程度で済めば布基礎、これを超える底盤面積が必要になる場合はベタ基礎で計画するのがよい。建物面積だけで必要底盤面積を確保できない場合は、建物外周ラインから底盤を跳ね出して接地面積をかせぐこともある。

支持層が地表面から深く、底盤から支持層までの距離が大きい場合は、底盤位置を下げて直接支持層に載せるか、何らかの地盤改良を行う。底盤から支持層までの軟弱地盤の強さ・固さを向上させて、上部構造からの荷重を支持層まで確実に伝達できるようにする。

土は**土粒子**・**水**・**空気**の3つから構成される。**地盤改良**とは、このうちの水と空気を除去・固化することにより、強度特性と沈下特性を改善することである。**支持力向上**・**圧密沈下防止**・**液状化防止**など、目的によって種々の工法がある［表1］。固化工法の地盤改良工事で最も発生しやすい事故は、固まりにくい腐植土などの土の未固化による不同沈下なので、コア採取などによる品質管理が重要である。

杭基礎による支持

以上が直接基礎の設計の考え方だが、次の場合は直接基礎で対応できず**杭基礎**になる。

・建物重量を支持できる支持層が深く、基礎底盤レベルを下げたり地盤改良では対応できない場合
・液状化による建物の不同沈下のリスクを低くしたい場合（液状化防止の地盤改良との併用が望ましい）
・建物が崖、あるいはその近接地に建ち、斜面の安定性が確保できない場合
・部分地下、不整形な建物形状による接地圧の著しい不均一や、部分地下の存在または地山の傾斜による支持層厚の不均一などの要因により、直接基礎で計画すると不同沈下が予想される場合

表1｜地盤改良工法の種類

地盤改良工法		説明	適用深さ	適用土質	コスト
置換工法	砕石置換	軟弱土を砕石で置換する	～2m	すべて	低い
	ラップルコンクリート	軟弱土をコンクリートで置換する	～2m	すべて	高い
固結工法	浅層混合処理工法（表層地盤改良）	軟弱地盤にセメント系固化材と水を添加・混合撹拌して固結させる	～2m	腐植土、ガラの多い埋土以外	低い
	深層混合処理工法（柱状地盤改良）		～8m		高い
密杭工法	松杭工法	松杭を細かいピッチで打つ	～5m	ガラの多い埋土以外	低い
	小径鋼管杭工法	小径鋼管杭を細かいピッチで打つ	～10m程度	ガラの多い埋土以外	低い
締固工法	ランマー・振動ローラー	タンピングランマーや振動ローラーによって空気を抜く	表層のみ	層厚の薄い砂質土	非常に低い
	サンドコンパクションパイル工法	砂杭などを打って周囲土の空気や水を抜く	～数十m	すべて	低い
脱水工法	ドレーン工法	ドレーンを設けて脱水する	～20m程度	すべて、特に粘性土	高い

図1｜支持杭先端の拡底方法

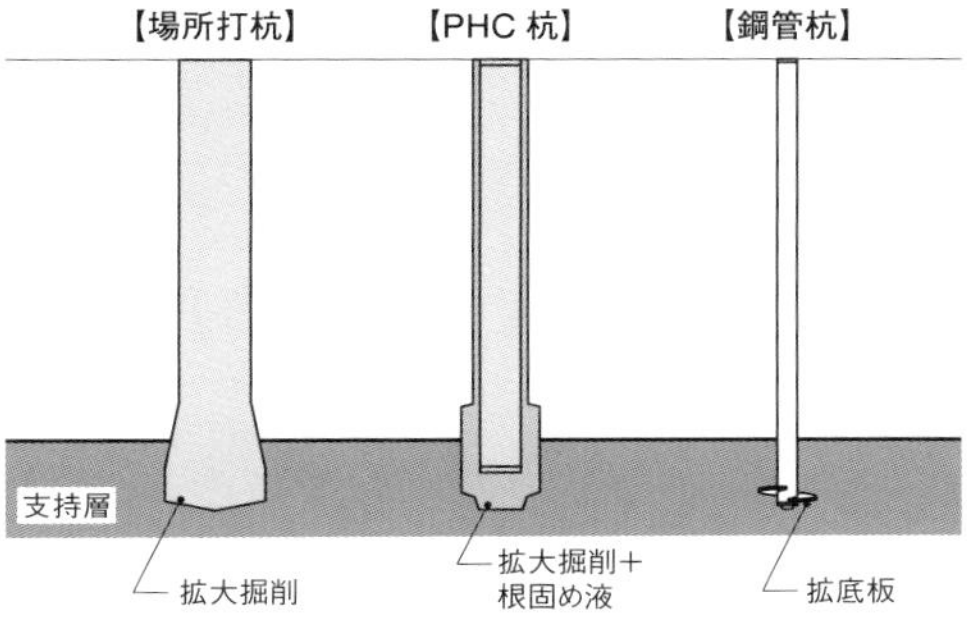
【場所打杭】
【PHC杭】
【鋼管杭】
支持層
拡大掘削
拡大掘削＋根固め液
拡底板

表2｜杭工法の種類

杭工法			狭小地の施工	騒音・振動	地中障害物対応
場所打ちコンクリート杭	アースドリル工法		×	○	○
	オールケーシング工法		×	△	○
	リバースサーキュレーション工法		×	△	○
	ミニアースドリル工法		△	○	△
	BH工法		△	○	△
	深礎工法		○	○	○
既成杭	PHC杭	打込み工法	×	×	×
		埋込み工法（プレボーリング・中掘・回転）	×	○	△
	鋼管杭	打込み工法	×	×	×
		回転圧入工法	○	○	△

図2｜杭頭部の補強方法

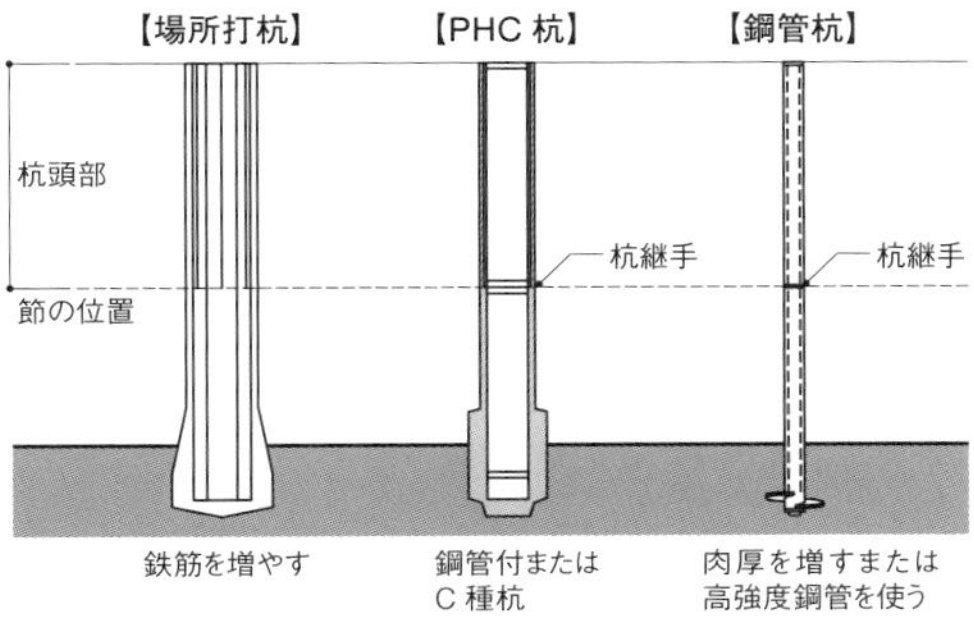
【場所打杭】
【PHC杭】
【鋼管杭】
杭頭部
節の位置
杭継手
杭継手
鉄筋を増やす
鋼管付またはC種杭
肉厚を増すまたは高強度鋼管を使う

杭は、掘削孔に鉄筋を入れて現場で直接つくる**場所打ちコンクリート杭**（場所打ち杭）と、工場で製作した杭を現場で打ち込んだりして設置する**既成杭**とに大別できる［表2］。

杭の計画に関し考慮すべき主な力は、常時かかる**鉛直力**と地震時や土圧によってかかる**水平力**。いずれの力に対しても、杭を支持する地盤と杭自体の強度が確保できるように計画する。

鉛直力に対しては杭自体よりも**地盤の強度によって設計が決まる**ことが多い。地盤は、建物の鉛直力に対し、杭先端直下の強固な地盤の反力によって得られる先端支持力と、杭と周囲地盤との間に生じる摩擦力で得られる周面摩擦力とで抵抗する。どの杭も両方の抵抗機構を多少は含むが、主に先端支持抵抗を期待する杭を**支持杭**、主に周面摩擦抵抗を期待する杭を**摩擦杭**と呼ぶ。支持杭では、先端の支持力が大きく発現するように、拡大掘削・根固め・拡底プレート溶接などにより杭先端を拡底させる様々な工法が開発されている［図1］。摩擦杭ではより大きな摩擦抵抗力が得られるように、大半が杭中間部に節をつけている。

一方、**水平力**に対しては、特に杭頭部に大きな曲げ応力が生じ、**杭自体の強度が問題**になることが多い。杭頭部の強度を効率的に向上させるにはさまざまな方法がある。場所打ち杭では杭頭のみ鉄筋を増やす、鋼管では肉厚の大きいもしくは強度の高い鋼管を使用する、**PHC杭**［※］では杭頭部に大きなプレストレスをかけたC種や鋼管を巻いた杭を使用する、などである［図2］。特に既成杭では、条件に合った杭を組み合わせてつなげることで、コストダウンを図ることができる。

最近では、ベタ基礎と杭基礎を組み合わせたパイルドラフト工法が採用され始めた。ベタ基礎底盤の支持抵抗も評価できるので、杭工事のコストダウンに一定の効果がある。［山田憲明］

※：プレストレスト高強度コンクリートパイル・・・圧縮強度80N／㎜^{2}以上の高強度コンクリートを遠心締固めによって製造したコンクリート杭。有効プレストレス量の小さい順にA種、B種、C種に区別される

RC S W

液状化にどう対処する?

液状化発生の可能性があると判定された場合は、何らかの対策を考えることになります。液状化対策は、液状化自体を抑制する方法と、液状化が起こっても上部構造に影響が出ないようにする方法に大別できます。

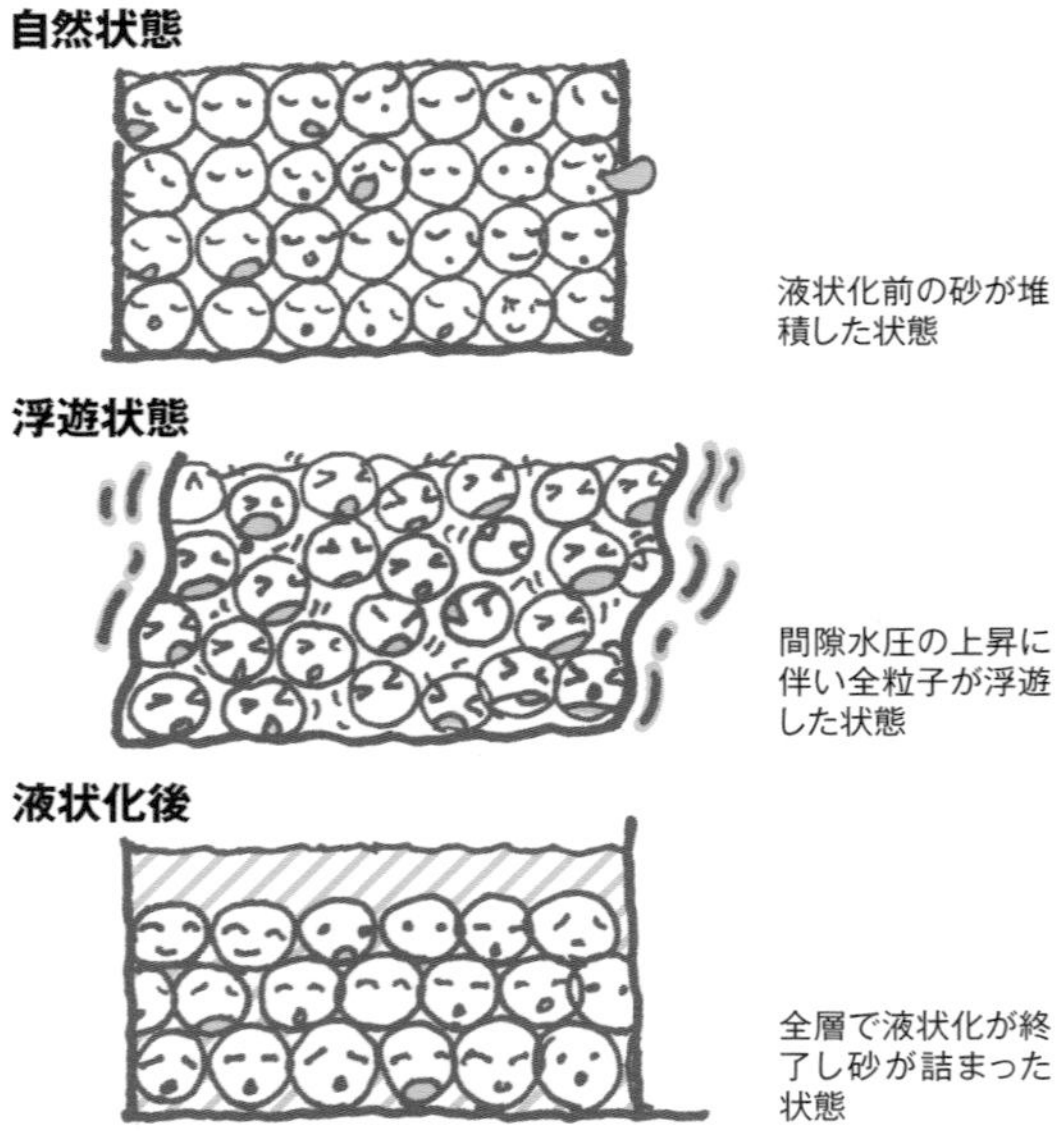
自然状態
液状化前の砂が堆積した状態
浮遊状態
間隙水圧の上昇に伴い全粒子が浮遊した状態
液状化後
全層で液状化が終了し砂が詰まった状態

地震動によって接触し合っていた砂粒子の接点の摩擦力が失われ、浮遊状態になることで液状化する

液状化はどうやって起こる?

土（粘土・シルト・砂・礫など）は**土粒子**と**間隙**（空気・水）で構成され、このうち**砂**は、土粒子間で押し合う力（有効応力）が常に働いていることで固体としての強度（せん断強度）を保っている。ところが間隙部分に水が飽和している**飽和砂質土**では、地震によって大きく揺すられると間隙水圧が上昇する一方、有効応力が減少してやがてゼロになり、固体としての状態を失って液体のような振る舞いをする。これが**液状化**である。液状化すると鉛直・水平方向に激しく流動するほか、間隙水が地表面に排水される際に噴水・噴砂がみられるなど、さまざまな現象が起こる。また、液状化が収まった後には、排水された水量分だけ地盤沈下が生じる。

液状化が起こるための土の必要条件とは、①**間隙が大きい**、②**揺れが大きい**、③**間隙水圧が高い**、である。これらの条件を満たしやすい、すなわち液状化が起こりやすい地盤は、**表1**に示す特徴をすべて併せ持つ砂質地盤である。反対に、どれかひとつでも当てはまらないような地盤では液状化が起こる可能性は低いといえる。当然、地震の大きさ（加速度・マグニチュード）は液状化のしやすさに直接影響する。

液状化が生じると種々の地盤特性が変化し、さまざまな建物被害を引き起こす[**表2**]。いったん液状化が生じた地盤では、再び液状化が生じる可能性が高いことも理解する必要がある。

液状化するかしないかはどうやって調べる?

これまでいくつかの液状化判定方法が提案されているが、一般的な方法としては、時松孝次・吉見吉昭の両氏が提案した**簡便法**がある[**図1**]。簡便法を行うには、地層構成と地下水位を調べるための**ボーリング**、N値を調べるための**標準貫入試験**、細粒土含有率を調べるための**粒度試験**といった試験調査が最低限必要となる。地形などにより液状化発生の可能性が極めて低いと判断できる場合は、このような試験調査による液状化判定は省略される[**表3**]。

戸建住宅などの小規模建物では、高額な試験調査費用をかけて液状化判定を行うことが困難な場合が多い。そこで、**スウェーデン式サウンディング**（SWS）**試験**や、**地下水位**によってさらに簡易な液状化判定を試みる方法も提案されている。また小規模建物で

図1 | 簡便法による液状化の条件

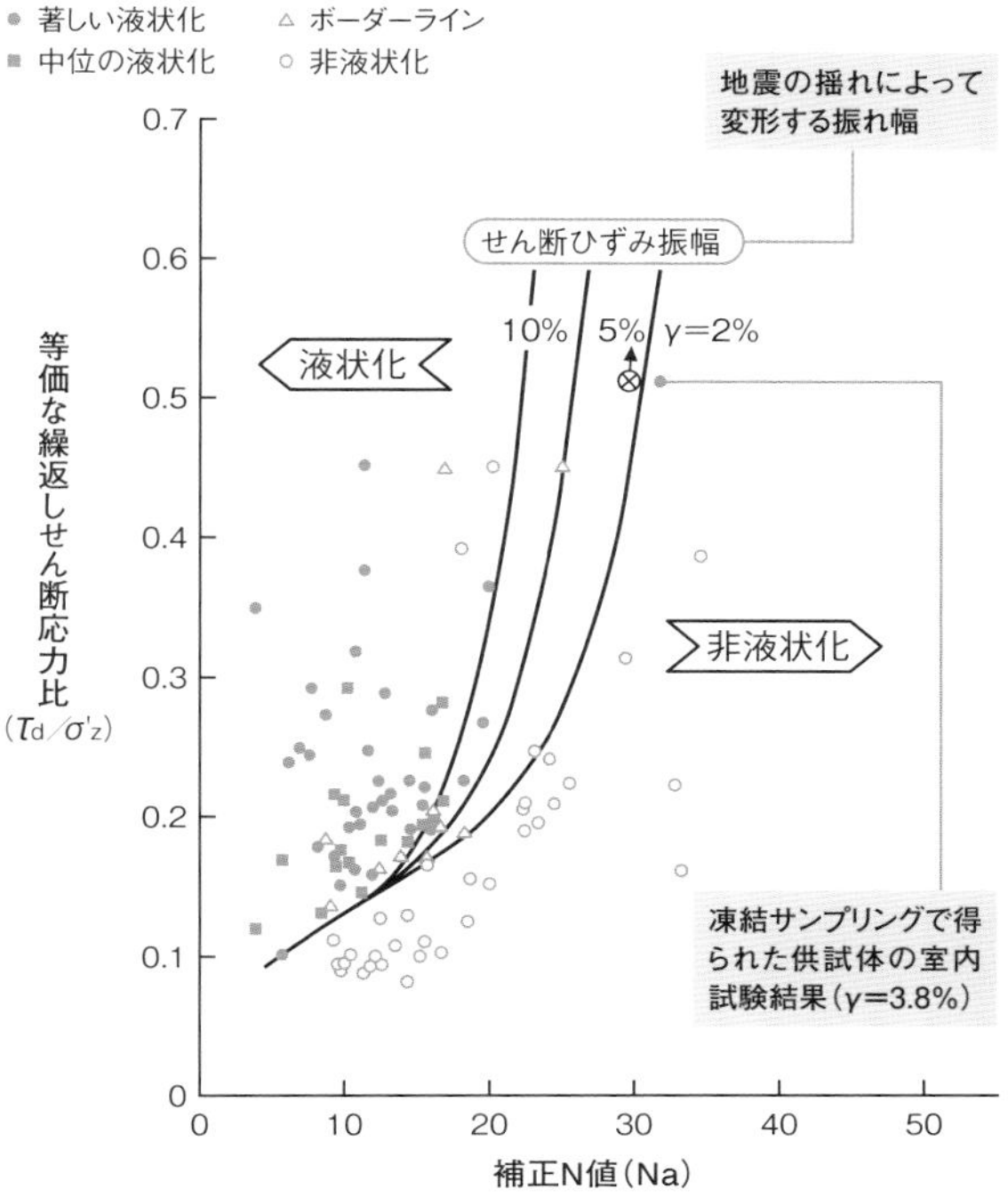

● 著しい液状化
△ ボーダーライン
■ 中位の液状化
○ 非液状化
地震の揺れによって変形する振れ幅
せん断ひずみ振幅
10%
5%
γ=2%
液状化
非液状化
等価な繰返しせん断応力比(τd/σ'z)
0.7
0.6
0.5
0.4
0.3
0.2
0.1
0
0
10
20
30
40
50
補正N値(Na)
凍結サンプリングで得られた供試体の室内試験結果(γ=3.8%)

対象層ごとにせん断応力と液状化に対する抵抗値を求め、対象層の液状化可能性指数を評価する方法である

表1 | 液状化が起こりやすい砂質地盤

次の条件をすべて満たす地盤
・深さが20m以浅の沖積層
・砂質土で粒径が比較的均一な中砂
・地下水で飽和している
・N値がおおむね15以下

表2 | 液状化による建物被害

液状化による地盤特性の変化	液状化による建物被害
鉛直支持力の低下	→直接基礎の建物の全体・局部沈下
水平抵抗力の低下	→地震時曲げ応力増大による杭頭部の損傷
浮力の増加	→地下構造物の浮き上がり
水圧の増加	→擁壁の転倒
流動性の増大	→斜面崩壊、建物の流動

表3 | 地形による液状化のしやすさ

液状化の可能性	地形
非常に大きい	埋立地、盛土地、旧河道、旧池沼、ポイントバー(蛇行洲)、砂泥質の河原、人工海浜、砂丘間低地、堤間低地、湧水地
大きい	自然堤防、湿地、砂洲、後背湿地、三角洲、干拓地、緩扇状地、デルタ型谷底平野
小さい	扇状地、砂礫質の河原、砂礫洲、砂丘、海浜、扇状地型谷底平野
なし	山地、丘陵地、段丘、台地

図2 | 液状化対策工法

【サンドコンパクションパイル工法】

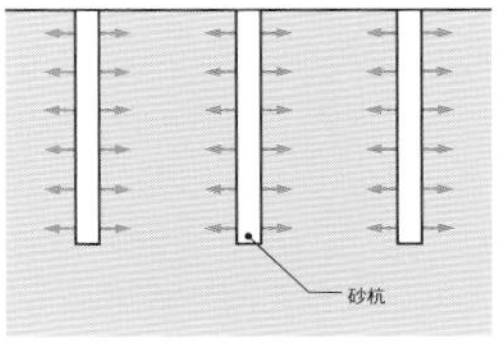

砂杭

鋼管(ケーシング)を地中に貫入させ、所定の深さに達したらケーシング内に砂を補給しながら、引き上げる。その後、貫入と締め固めにより砂杭を形成し、周囲の地盤を締め固める工法

【ドレーン工法】

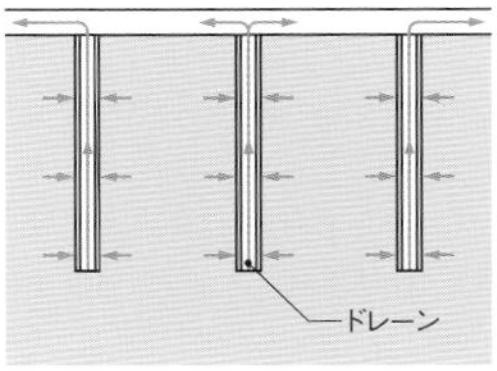

ドレーン

砂や、砂利などの透水性の高い材料を使った柱を、ある間隔で配置することによって、排水距離を短縮し、地震動による間隙水圧の上昇を抑制する工法

【連続地中壁によるせん断変形抑制工法】

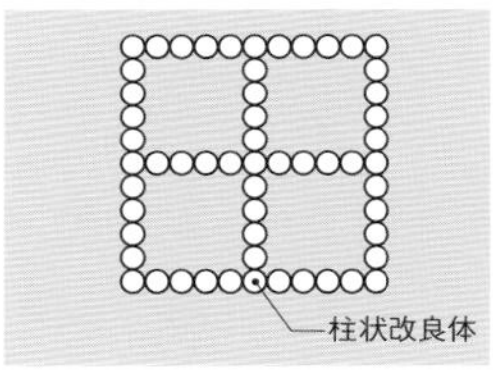

柱状改良体

柱状改良体などによってつくる壁体により、地盤を囲み、地震時の地盤のせん断変形を抑制する工法

は経験的に、表層におおむね3m以上の非液状化層があれば深い層で液状化しても被害が軽微だと考えられている。

いずれにしても液状化判定は、想定する地震の大きさや地形条件など多くの不確定要素を含んでいる。あくまで目安にすぎないことを理解したうえで、基礎地業計画にフィードバックするべきであろう。

液状化すると判定されたら?

液状化を抑制するには液状化発生要因を地盤改良などによって取り除いてやればよい。液状化が起こるための土の必要、条件を1つでも外すことができれば、液状化は防ぐことができる。液状化発生を抑制する工法[図2]は、直接基礎・杭基礎どちらの場合にも適用できるが、戸建住宅のような小規模建物では改良範囲が限定されるため抑制効果は落ちる。

液状化が起こっても上部構造に影響が出ないようにする方法としては、液状化に伴う地盤の水平抵抗力低下を考慮した**杭設計**がある。液状化の起こらない強度な土層まで支持杭を打つことが一般的に行われている。支持層が深い場合には工事コストがかかるが、より確実な方法であるため建物規模によらず効果を期待でき、小規模建物にも適している。[山田憲明]

RC
S
W

震度いくつで建物は倒れるの？

建築基準法にもとづいて行う構造設計では、「震度5クラスの中地震では損傷しないこと」「震度6クラスの大地震では人命を守るために倒壊しないようにすること」を目標としています。

東北地方太平洋沖地震による被害。外壁などが脱落しても建物自体は倒壊しないというのが構造設計の基本

震度6強で構造体が一部損壊

現在、日本における**構造設計基準**は、

①**中小地震時**：弾性的な挙動（建物の構造は無被害）

②**大地震時**：塑性変形を許容する（建物の構造に一部損傷は生じるが倒壊はしない）

という考え方で定められている。

ここでいう中小地震とは地震動最大加速度［※1］で80～250ガル、大地震は250～400ガル程度とされる［※2］。一方、いわゆる震度（気象庁震度階級［※3］）は、周囲の状況や震度計による観測値［※4］をもとにしており、完全には一致しないがおおよそ「中小地震＝震度5強まで、大地震＝震度6強程度以上」といわれている。つまり、「震度5強までの中小地震では、柱梁などの骨組は損傷せず微細なひび割れ程度に留まる。震度6強程度以上の大地震では、骨組にも一部損傷を生じるが倒壊はしない。これを最低限の目標にするのが耐震設計である」といえる。

気象庁による震度と地震の加速度・建築基準法（以下、建基法）との関係は**表**のとおり。ある震度が観測された場合、その周辺で実際にどのような現象や被害が発生するかも示している。

これらはあくまで目安であり、地盤の状況、液状化の有無、地震波の特性（周期の長短）、建物の振動特性など「諸条件」が複雑に関係し、想定以下の震度で建物に損傷が生じる場合もある。

どこまで余力をもたせるか

建基法で規定されているのは、大地震時に倒壊しないという、**最低限の耐震強度の基準**である。倒壊しないといっても、損傷は免れないし、再使用のためには修復が必要になり、コストが莫大になることもある。修復が不可能で、「解体・建替え」を余儀なくされるケースもあるだろう。また、大空間の天井や屋上設備機器などは構造計算基準が設けられているが、具体的な構造計算基準がない仕上材や非構造部材もある。

前述の「諸条件」を考慮しても、耐震性能には余力をもつことが望ましい。一般的には、**災害時に応急活動の拠点となる施設**（病院、消防署など）は、建基法で定められた耐震設計基準の**1.5倍**、被災者などを受け入れる**学校などの施設**は、**1・25倍**の余力が求められる。被害を極力小さく抑えたいなら、より性能の高い耐震構造や、制振構造・免震構造を検討したい［**図**］。

特に**免震構造**は、地震による建物の

タイトル写真：TIS & PARTNERS

※1：地震の加速度を示す。地震の揺れの強さを表わす指標の1つで、単位はガル。観測点ごとに値が異なる（一方、地震の規模を表わすマグニチュードの値は1つ）

※2：「構造設計一級建築士テキスト」より

※3：気象庁が発表している、地震の揺れ方の強さを表わす指標の1つ。震度階級には0、1、2、3、4、5弱、5強、6弱、6強、7と全部で10階級ある

表｜気象庁による震度と地震の加速度・建築基準法との関係

	加速度の目安（ガル）	震度	人の体感・行動	屋内の状況	屋外の状況	木造建物[*]の被害状況	RC造建物[*]の被害状況	建築基準法
中小地震	80～	5弱	大半の人が恐怖感を覚え、物につかまりたいと感じる	電灯などは激しく揺れ、棚にある食器類、書棚の本が落ちることがある。固定していない家具が移動することがあり、不安定なものは倒れることがある	まれに窓ガラスが割れて落ちることがある	—	—	無被害
	～250	5強	大半の人が、物につかまらないと歩くことが難しいなど、行動に支障をきたす	棚にある食器類や書棚の本で、落ちるものが多くなる。テレビが台から落ちることがある。固定していない家具が倒れることがある	窓ガラスが割れて落ちることがある	—	—	
大地震	250～	6弱	立っていることが困難になる	固定していない家具の大半が移動し、倒れるものもある。ドアが開かなくなることがある	壁のタイルや窓ガラスが破損、落下することがある	壁などに軽微なひび割れ・亀裂がみられることがある	壁、梁、柱などの部材に、ひび割れ・亀裂が入ることがある	一部損傷は生じるが倒壊しない
	～400	6強	立っていることができず、はわないと動くことができない。揺れにほんろうされ、動くこともできず、飛ばされることもある	固定していない家具のほとんどが移動し、倒れるものが多くなる	壁のタイルや窓ガラスが破損、落下する建物が多くなる	壁などにひび割れ・亀裂がみられることがある	壁、梁、柱などの部材に、ひび割れ・亀裂が多くなる	
	400以上	7		固定していない家具のほとんどが移動したり倒れたりし、飛ぶこともある	壁のタイルや窓ガラスが破損、落下する建物がさらに多くなる	壁などのひび割れ・亀裂が多くなる。まれに傾くことがある	壁、梁、柱などの部材に、ひび割れ・亀裂がさらに多くなる。1階、中間階が変形し、まれに傾くものがある	

ここでいう無被害とは、「構造体」が損傷しないということ

木造はRC造に比べ変形が大きく、地震で壁にひび割れが入った場合には構造体まで損傷していることが多い。大地震時には柱脚金物の破損も見られる

震度7には上限がない

気象庁HP「震度階級解説表」（http://www.jma.go.jp/jma/kishou/know/shindo/kaisetsu.html）をもとに作成

*：耐震性の高い建物（現行の耐震基準を満たすものなど）

図｜耐震構造・免震構造・制振構造

①3構造の違いをイメージする

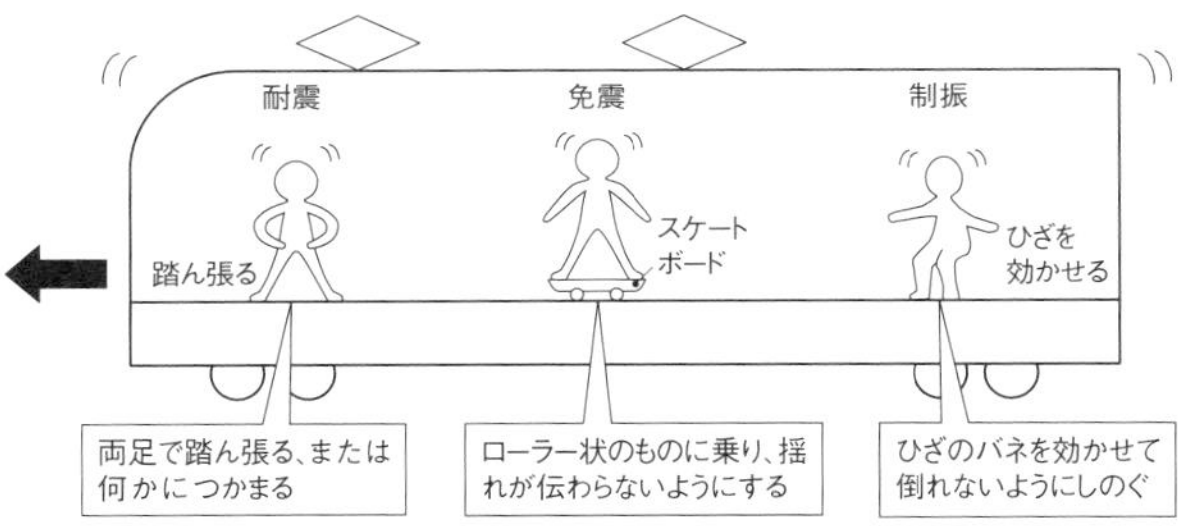

耐震
免震
制振
踏ん張る
スケートボード
ひざを効かせる
両足で踏ん張る、または何かにつかまる
ローラー状のものに乗り、揺れが伝わらないようにする
ひざのバネを効かせて倒れないようにしのぐ

揺れる電車内で倒れないようにするためにどうするかを図のようにイメージすると、3構造の違いが分かりやすい。通常の耐震設計による耐震構造は、地震力に強度で抵抗する構造。一方、地震時の揺れを伝えにくくする構造が免震構造、制御するのが制振構造

②3構造の特徴

	耐震構造	免震構造	制振構造
構造	地震力に強度で抵抗する構造	基礎と上部構造の間に免震装置を設け、地震時の地盤の揺れを上部構造に伝えにくくする構造	上部構造体に振動エネルギーを吸収する機構を設け、建築物の振動を制御させる構造
	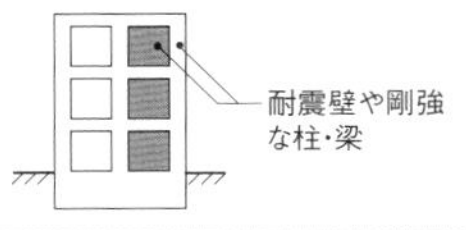耐震壁や剛強な柱・梁	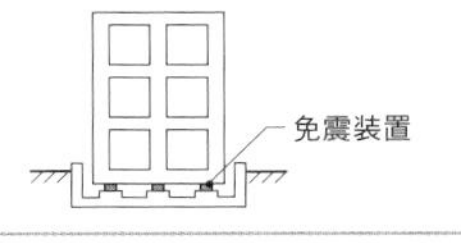免震装置	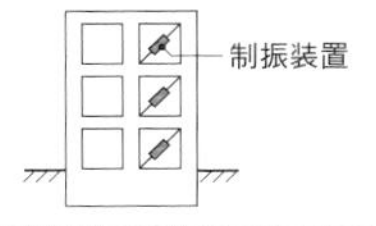制振装置
適用	一般的な建物	揺れが少なく、家具などの転倒も少ない。損傷も少なく地震後すぐ使用できるので、病院や官庁施設に採用が多い	超高層やS造のように大きく変形する建物に適しており、地震や強風による揺れを制揺装置で吸収する
建物内の揺れ	地面の2～4倍	地面の0.5～1.5倍	地面の1～3倍

揺れを少なくするため、建物にも人にも優しい構造だ。大地震時に建物に被害が生じないよう、また、地震直後も問題なく使用できるよう設計することも可能である。イニシャルコストは、耐震構造に比べ高くなることが多いものの、ライフサイクルコスト（大地震時の補修費などがかからないなど）も含めて比較検討すると採用が妥当なケースもある。［川村大樹］

※4：加速度から求められる計測震度

RC
S
W

津波や竜巻の現実的な対策は・・・

建物にはさまざまな外力が働いています。外力は荷重とも呼ばれ、鉛直方向に働く荷重や水平方向に働く荷重など、作用している方向に違いがあります。また、絶えず働いている荷重（長期荷重）や、一時的に作用している荷重（短期荷重）など作用時間による違いなどもあります。

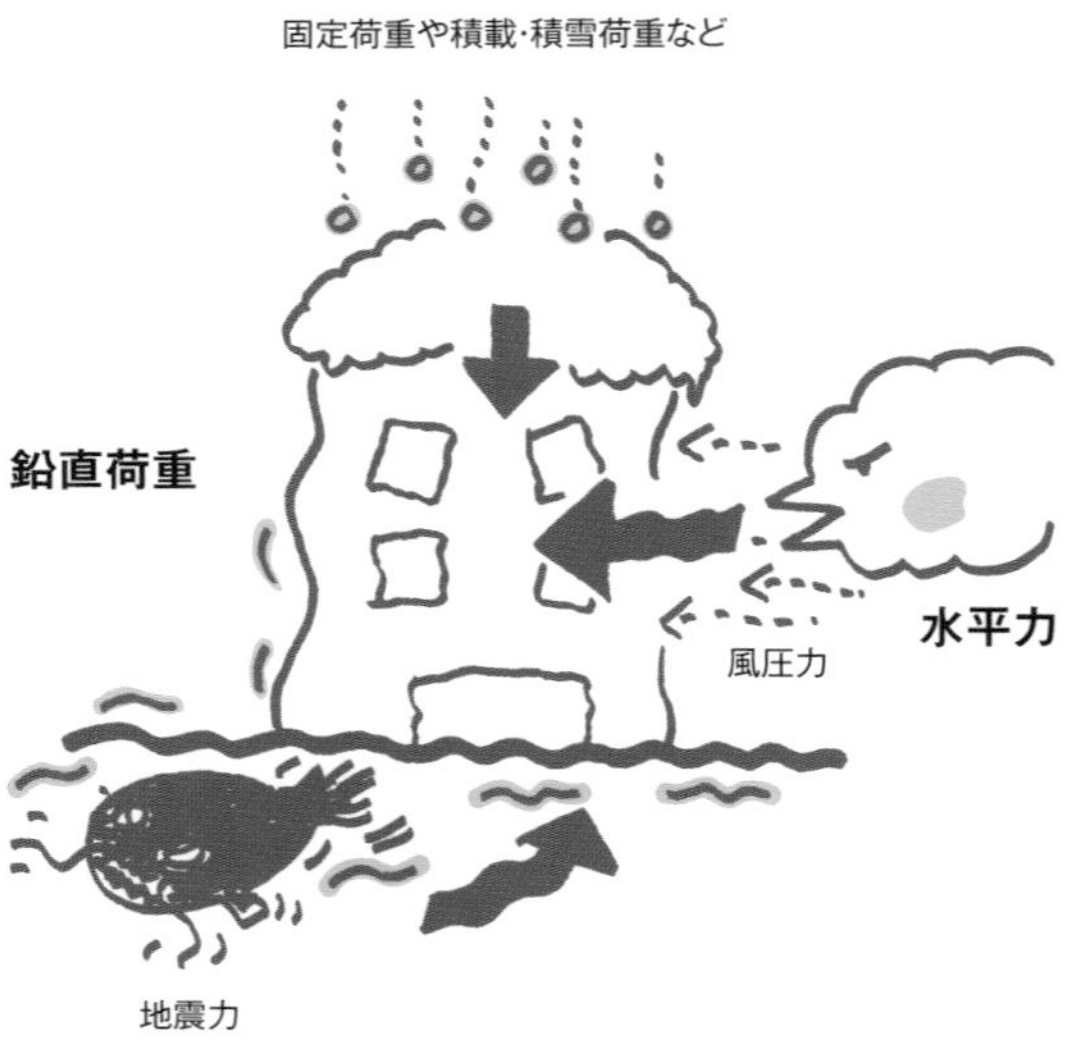
固定荷重や積載・積雪荷重など
鉛直荷重
水平力
風圧力
地震力

建物には、鉛直方向や水平方向にかかる荷重などが働く。これらの荷重に耐えるように建物の骨組をつくる

基本となる荷重

建物を構成する柱・梁・床・仕上げなどの**固定荷重**や、そこに載る人や家具などの**積載荷重**は、地球の重力により鉛直方向の力（荷重）が生じる。これを**鉛直荷重**という。鉛直荷重は**長期的に働く荷重**だ。多雪区域ではさらに、**積雪**による鉛直荷重も考慮する。

一方、**水平方向**にかかる力（水平力）には**地震**や**風**による荷重がある。**地震力は建物重量に関係**し、重い建物ほど地震力は大きくなる。以前は水平震度という概念を用い、建物重量に0.2を掛けて地震力を算出していたが、厳密にいうと、上の階ほどかかる地震力は大きい。現在では、上階ほど大きくなる地震層せん断力分布（Ai分布）係数を用い、各階の地震層せん断力係数Ciを求める **［※1］**。なお、1階部分のせん断力係数（標準せん断力係数）は0.2となる。

風荷重は、風速から算出する。風速が早いほど、建物に生じる荷重（水平力）は大きくなる。また、海岸線のように何も障害物がないところや、都市部のように建物が林立して風を遮るようなところなど、風の強さが場所により変わるので、**地表面粗度区分**という考え方で風荷重の大きさを考慮する。

特殊な荷重への対処法

東北地方太平洋沖地震では地震による津波で多くの被害が生じ、現在でも復旧活動が行われている。また、地球温暖化の影響か、昨今は日本でも多くの竜巻の被害が報告され始めている。

このような想定外の荷重を設計で考慮することは可能か？　津波や竜巻についてはいまだ研究途上。設計手法は確立されておらず、各設計者に委ねられているのが実状だ。完全な対応はできないものの、設計者の持っている技術力を駆使し、できるだけの対応はするべきだと筆者は考えている。

津波に関しては、２０１１年12月に「津波防災地域づくりに関する法律」や「津波浸水想定を設定する際に想定した津波に対して安全な構造方法等を定める件（国交省告示１３１８号）」などが制定され、避難施設の要件や、津波の高さに応じた波圧の計算方法などが規定された。また、土木分野では護岸を目的とした「**耐波工学**」というものがある。そこでは速度と高さから波の強さを算出する式などが提案されている。これらの資料を参考に、ある程度の水準の建物を設計することは可能だが、通常の業務のなかで波のことを十分考え設計する時間や金銭的余裕

※1：ある階より上の部分に作用する地震力の合計（地震層せん断力）を、その階より上の重量の合計Wiで割った値

は、なかなかない。

　そこで、簡単に考えられるのは、公開されている「津波の予想高さ」【※2】を目安にして設計する方法。木造は、津波に弱く、多くの建物が流されている。RC造であれば、津波にも比較的強いので、津波高さが3m程度であれば、1階部分をRC造として、2階から上を木造にすることで、人的被害を減らすことができる【図①】。

　6m程度の津波が予想される地域では、RC造の2階建てとして屋上に逃げられるようにすると人命の安全性を確保できるだろう。津波が屋上まで来るのが予想される地域で、屋上手摺にロープを備え付け、人が流されない強度で設計したいという依頼もあった。

　竜巻については、さらに設計は難しい。家や車を持ち上げるほどの竜巻に対して、住宅では安全性を確保することは難しく、地下室をつくって対処する。日本では、アメリカほど大きな被害はまだ少ないが、だんだんと増えてきているようにも思われる。

　竜巻については設計規準がないのが現状だ。地震の震度階級のように、竜巻も被害のレベルの規準（藤田スケール）が一般的に用いられる【表】。日本で発生している竜巻は、F3程度まで。風速としては70～92m／sで、住宅が破壊されるクラスだ。風速が分かっているならそれに合わせて設計できるのではと思う方もいるだろう。確かに設計は可能だが、莫大な費用がかかり、非現実的である。

　そこで、竜巻対策としては、津波と同様、設計の「考え方」で対応する。**竜巻にも強い構造はRC造**。建物重量が重いので持ち上がる可能性が低い。また、吹き上げられて飛んできたものが建物に当たっても、損傷は木造やS造より少なくて済む。

　木造住宅で竜巻対策をとるなら、できるだけ基礎部分を重くし、引寄せ金物で基礎と木造の構造体を緊結する。または屋根の小屋組が被害を受けることが多いので、母屋や垂木が飛ばないようにひねり金物などでしっかりと緊結する必要がある【図②】。

　津波や竜巻、大地震などすべての災害について絶対的な安全性を確保するのは不可能――これを認識することが設計では重要だ。また同時に、対処方法を考え工夫すれば、安全性を上げることができることも知っておきたい。

［江尻憲泰］

図｜津波や竜巻への対策

①津波対策

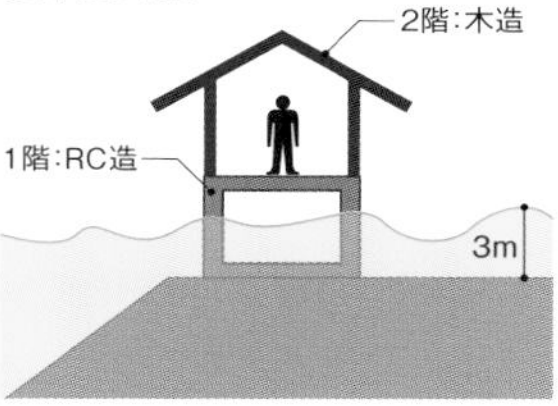
2階：木造
1階：RC造
3m

予想される津波高さが3mであれば、1階部分を津波に強いRC造とするだけでもよい。重たいRC造であれば津波に流されず、人は2階に避難できる

②竜巻対策

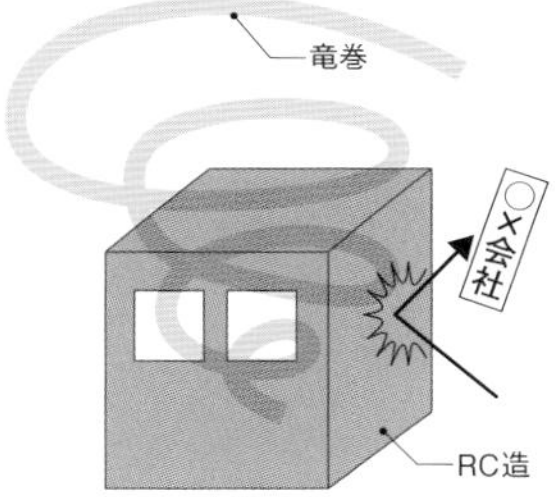
竜巻
○×会社
RC造

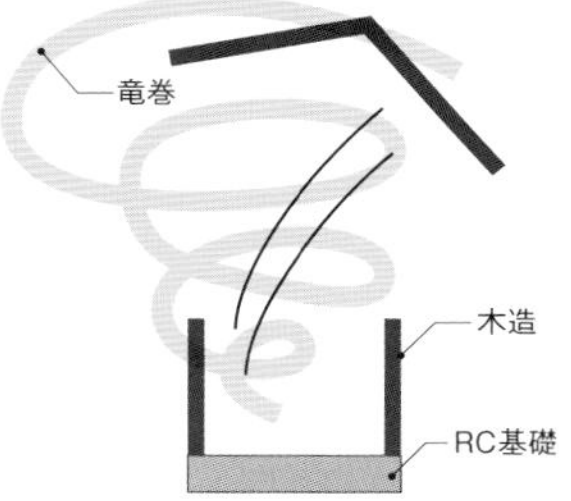
竜巻
木造
RC基礎

竜巻により建物が持ち上がる危険性はRC造が最も低い。飛来物によるダメージも少ない

木造の場合、基礎と上部構造、柱と小屋組を金物などで緊結するほか、基礎自体を重くするなどする

表｜竜巻の規準（「藤田スケール」をもとに作成）

	想定する風速	被害の状況
F0	17～32m／s（約15秒間の平均）	テレビのアンテナなどの弱い構造物が倒れる。小枝が折れ、根の浅い木が傾くことがある。非住家が壊れるかもしれない
F1	33～49m／s（約10秒間の平均）	屋根瓦が飛び、ガラス窓が割れる。ビニールハウスは被害甚大。根の弱い木は倒れ、強い木も幹が折れたりする。走っている自動車が横風を受けると、道から吹き落とされる
F2	50～69m／s（約7秒間の平均）	住家の屋根がはぎとられ、弱い非住家は倒壊する。大木が倒れ、ねじ切られる。自動車が道から吹き飛ばされ、列車が脱線することがある
F3	70～92m／s（約5秒間の平均）	壁が押し倒され住家が倒壊する。非住家はバラバラになって飛散し、S造でもつぶれる。列車は転覆し、自動車は持ち上げられて飛ばされる。森林の大木でも、大半が折れるか倒れるかし、引き抜かれることもある
F4	93～116m／s（約4秒間の平均）	住家がバラバラになって辺りに飛散し、弱い非住家は跡形なく吹き飛ばされてしまう。S造でもペシャンコ。列車が吹き飛ばされ、自動車は何十メートルも空中飛行する。1トン以上ある物体が降ってきて、危険このうえない
F5	117～142m／s（約3秒間の平均）	住家は跡形もなく吹き飛ばされるし、立木の皮がはぎとられてしまったりする。自動車、列車などが持ち上げられて、とんでもないところまで飛ばされる。数トンもある物体がどこからともなく降ってくる

日本でこれまで観測された竜巻（F0～F3）

既存の風速計で竜巻の風速の実測値を得ることは困難。このため、被害の状況から風速を大まかに推定する藤田スケールが考案された

※2：国土交通省のハザードマップポータルサイトでは、各自治体が公開している津波などの防災マップを一覧できる（http://disaportal.gsi.go.jp）

RC
S
W

建物の安全率はどう考えるべき？

RC造の建物を計画する際、Aさん（構造設計者）はできるだけひび割れが少なくなるよう部材断面を大きくして設計します。一方、Bさん（同）は、引張りに弱いコンクリートを鉄筋で補うというRC造の原則にそって鉄筋の多い小断面で設計します。さて、AさんとBさんの設計、どちらが安全率の高い構造になるでしょうか？

AさんとBさん、どちらの設計のほうが安全な構造を実現できるのか？

「**安全率**」とは定義があるようでない、あいまいな言葉だ。上記の設問に対する答えも「どちらともいえない」が正解。Aさんの建物は断面が大きくひび割れは少ないが、その分重くなり地震力も大きくなる。一方、Bさんの建物は地震力が小さく、鉄筋が粘る建物だがひび割れは生じやすい。どのような設計思想で建物を構造設計するかによって、安全に対する見方は変わる。一律に比較することは難しい。

安全率、ここだけは確認したい

とはいえ、建物の安全率を考えるうえで確認すべき点はいくつかある。たとえば設計荷重や断面の検定値、たわみ、層間変形角。構造設計者の設計思想の片鱗が構造計算書に表れる部分ともいえる。なお、大半の建物は許容応力度計算で安全性を確認するが、この許容応力度は材料の降伏点に安全率を加味して設定されている【図1】。そもそもの設計で目安とする値に安全率が含まれていることも知っておきたい。

1｜設計荷重を確認する

設計荷重には**固定荷重**と**積載荷重**がある。固定荷重とは、床や柱や梁などの構造躯体や仕上荷重のこと。構造設計者は意匠図の仕上表を見て固定荷重を決めるが、ぎりぎりの数値とする場合もあれば、仕上げの変更を見込んだゆとりのある数値とする場合もある。計算書の固定荷重と実際の仕上荷重を比較すると余裕度（安全率）が分かる【図2①】。

一方、積載荷重は部屋の用途に応じて、床や小梁を設計する際の荷重、柱や大梁を設計する際の荷重、地震に対して建物を設計する際の荷重が定められている【※1】。部屋の用途により荷重の分布は異なるので、安全率を考慮した値となっている。なお、特殊な用途の居室では、構造設計者が荷重分布を考慮して設定することもある。

2｜断面検定値を確認する

検定値は、鉛直荷重や水平力により生じた応力を部材の許容応力で除した値。**1.0以下であれば安全**であると判定される。この数字が0に近いほど、設計時の応力に対する余裕がある。この余裕度を安全率とみることもできる。

ただし、これには注意が必要だ。というのも検定値は、**長期の荷重や中小地震に対するもの**。つまり、大地震に対しては、検定値が1.0ぎりぎりでも粘って耐える建物もあれば、柱が折れて瞬時に倒れてしまう建物もあるのだ。そのため、意匠設計者が数値だけを見て判断するのは難しい。構造の専門家

※1：令85条

図1 | 許容応力度は安全率をみて決定される

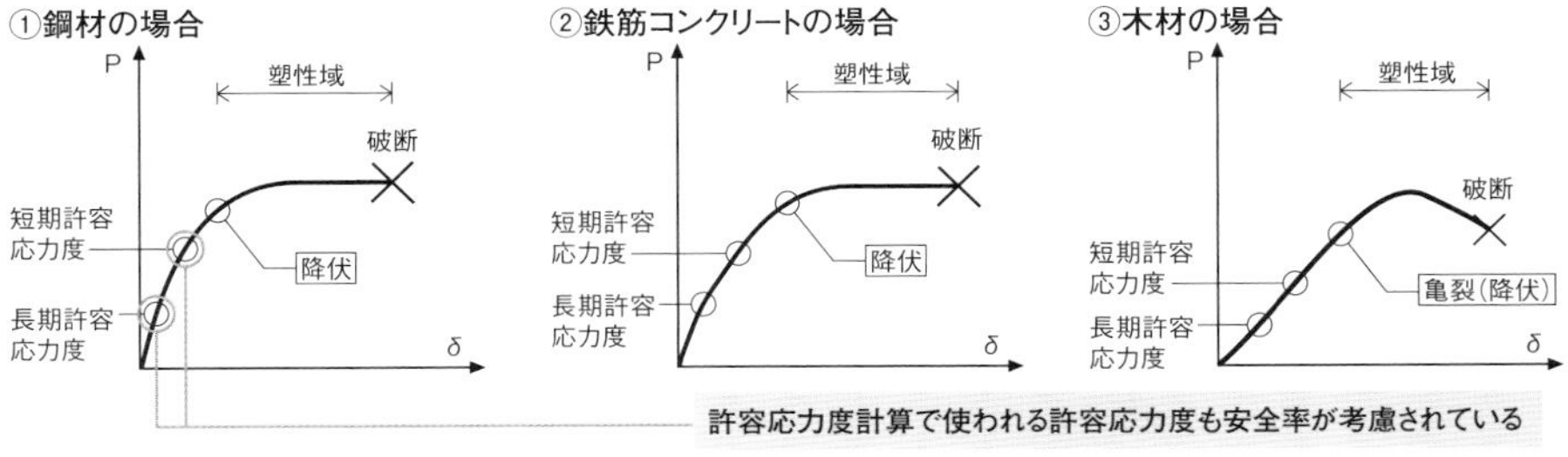
①鋼材の場合
②鉄筋コンクリートの場合
③木材の場合
P
δ
塑性域
破断
短期許容応力度
長期許容応力度
降伏
亀裂(降伏)
許容応力度計算で使われる許容応力度も安全率が考慮されている

図2 | 構造計算書のココをチェックする

①荷重計算表から余裕度を把握

場所	部位	厚さ(cm)	重量	合計
2階〜9階 居室	仕上げ(タイル・フローリング)		700	7,450 →7,500
	間仕切		500	
	RCスラブ	25.0	6,000	
	天井		250	

もし天井が板張り(170N／㎡=板㋐60+捨板㋐60+吊材㋐50)であれば、80N／㎡のゆとりとなる。そのほか固定荷重は令84条を参照のこと

②検定比図で検定値を確認

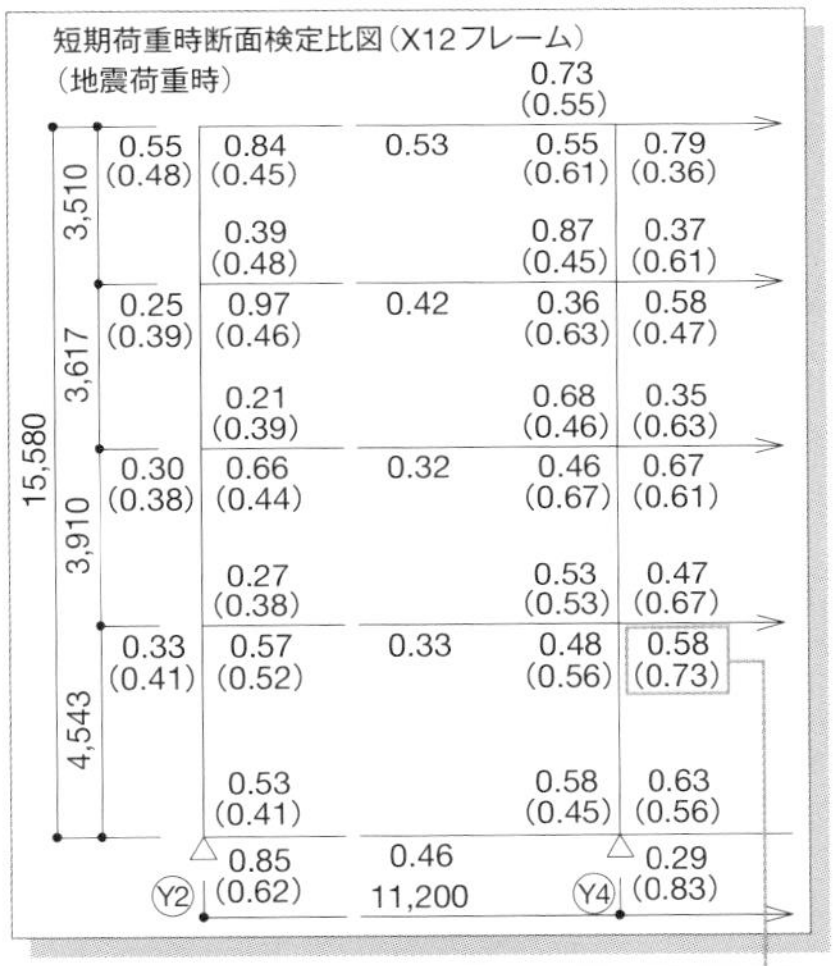
短期荷重時断面検定比図(X12フレーム)
(地震荷重時)
0.73
(0.55)
0.55 (0.48)
0.84 (0.45)
0.53
0.55 (0.61)
0.79 (0.36)
0.39 (0.48)
0.87 (0.45)
0.37 (0.61)
0.25 (0.39)
0.97 (0.46)
0.42
0.36 (0.63)
0.58 (0.47)
0.21 (0.39)
0.68 (0.46)
0.35 (0.63)
0.30 (0.38)
0.66 (0.44)
0.32
0.46 (0.67)
0.67 (0.61)
0.27 (0.38)
0.53 (0.53)
0.47 (0.67)
0.33 (0.41)
0.57 (0.52)
0.33
0.48 (0.56)
0.58 (0.73)
0.53 (0.41)
0.58 (0.45)
0.63 (0.56)
0.85 (0.62)
0.46
11,200
0.29 (0.83)
Y2
Y4
3,510
3,617
3,910
4,543
15,580

短期荷重時断面検定比図で、曲げモーメントとせん断力の検定値の余裕を確認(カッコ内はせん断力検定値)

③層間変形角をチェック

計算ルート
指定ルート　X方向：ルート1　Y方向：ルート3
【RC造】
(1)式=Σ2.5αAw+Σ0.7αAc+Σ0.7αAw`
(2)式=Σ1.8αAw+Σ1.8αAc

判定条件	X方向	Y方向
	判定値	判定値
高さ(H≦20m)	15.280	15.280
高さ(H≦31m)	15.280	15.280
(1)式／ZWAi≧1.00	1.090	0.474
(1)式／ZWAi≧0.75	1.090	0.474
(2)式／ZWAi≧1.00	1.470	1.014
塔状比≦4.00	0.57	0.77
層間変形角≦1／200	1／7,056	1／1,333
剛性率≧0.60	0.824	0.703
偏心率≦0.15	0.207	0.05
Qu／Qun≧1.00	—	1.43

構造計算書の「計算ルート」について記された頁で層間変形角の余裕度を確認

にまかせたほうがよいが、参考までに見方を付け加えておく【図2②】。壁が多い建物は、検定値に十分なゆとりがないと安全率が低くなる傾向がある。一方、壁が少ない建物では、検定値が1.0ぎりぎりでも大地震に対する安全性が確保されていることが多い。

3　たわみを確認する

構造計算書の断面算定部分に、部材のたわみが記載されている。建築基準法では**たわみ角**（＝たわみ量／スパン）を1／250以下とすることになっている【※2】。一般には、たわみ角が小さければ小さいほど、安全性が高いと判断される。**たわみ**は直接安全性にかかわるものではないが、大きいと窓やドアが開かなくなるなど**使用上の障害が生じ、居住性を損なう**。そのため余裕をみることが重要となる。

補足だが、「床のたわみが大きいと、歩いただけで振動する」など、たわみを振動の目安として話すことがある。大ざっぱな話としてはよいが、専門家の発言としては知識不足といえる。人の感覚は、計算値のように直線的ではなく複雑なもの。たわみは小さくなると逆に振動を感じやすくなる。また重い床がたわんでいる場合、上部に人が載ってもたわみはそれほど大きくならずに振動もしないことがある。

4　層間変形角を確認する

建物の地震時の性能を確認するうえで重要となるのが、層間変形角（＝各層の変形量／層の高さ）だ。層間変形角は建築基準法で1／200以下と定められているが【※3】、小規模建物には緩和規定があり、1／120で設計されていることがある。地震時に建物のゆがむ量が多いと外壁が壊れたり家具が倒れたりすることからも、層間変形角は小さいほどよいとされる【※4】。**層間変形角は構造だけでなく、意匠上の納まりなどにも関係する**ので、重要なチェックポイントといえる【図2③】。

［江尻憲泰］

※2：平12建告1459号
※3：令82条2
※4：超高層ビルなどは、外壁材が大きな変形に追従するように設計されているので、大きな層間変形角も許容できる

RC
S
W

同じ震度で被害のばらつき、なぜ？

地震による被害は、同じ町内においても大小さまざま。写真は地盤沈下の例ですが、歩道が右手方向に沈下し、一部隆起しています。ところが左手の車道部分や奥の住宅街にはまったく被害はありませんでした。これには表層地盤が大きく関係しています。

古来より地震と共に生きてきた日本人。被害に遭うたび、最新の知見にもとづいて建物の構造形式に改良を加え、よりどころとなる法律や基準を修正してきた。それでも繰り返される地震被害は、地震発生のメカニズムから地震の伝達経路、建物への入力・応答に至るその過程にいまだ解明できない複雑さが含まれることを示している。

同じ地震を受けたはずの町内の建物に、まったく異なる被災状況がみられるのも、地震被害の複雑性を表わす事例の1つ。ここではなぜこうした事態が起こるのか、解説したい。

建物が揺れやすいタイミング（周期）

ピアノなどを演奏する際、リズムを合わせるために用いるメトロノーム。揺れやすくした周期で正しく動くように調整された器具である【図1①】。リズムを刻むその周期は、振り子についたおもりの位置を変えることで調整が可能だ。おもりの位置を先端にすればゆっくりと、根元近くに移動すれば素早くリズムを刻む。つまり、おもり（建物でいうところの重心）の位置によって揺れやすい周期が変化する。これは建築にも当てはまる【図1②】。重心が建物先端のほうに移動する超高層建物ではゆっくりとした揺れを生じ、重心が地面に近い低層住宅では素早い揺れを生じる。また、揺れるタイミングは建物硬さでも変わる。同じ長さの棒（同じ重心の棒）であっても、軟らかい棒はゆっくりと、硬い棒は比較的素早く揺することで棒の先端が大きく振れることは、簡単に確認できるだろう【※1】。

このように、**重心位置**（建物が高いか低いか）や**硬さ**（RC造か木造か）などは、建物の形態や素材の多様性、外観の違いや室内に置かれる家具（おもり）の違いによって異なる。よって建物の「**揺れやすい周期**」は同じものが2つとなく、各建物における固有のもの（固有周期）といえる。

地盤が揺れやすいタイミング（周期）

建物だけではなく地盤にも「**揺れやすいタイミング**」がある。地盤を構成する地層（粘土層や砂層、またそれらのなかでも比較的硬い層や軟らかい層など）の数や種類・厚みの影響で、地盤のもつ揺れやすい周期も、やはりほかに1つとして同じものがない。たとえ同一町内であっても、極端にいえば隣地であっても、自身の土地とまったく異なる地層構成となっていることは

タイトル写真：光貴基礎コンサルタント

※1：建物は、振動解析において棒の先端におもりを付けたようなモデルとして解される。おもりは建物総重量、棒は建物の硬さを表す

図1 ｜ 揺れは高さと硬さで変わる

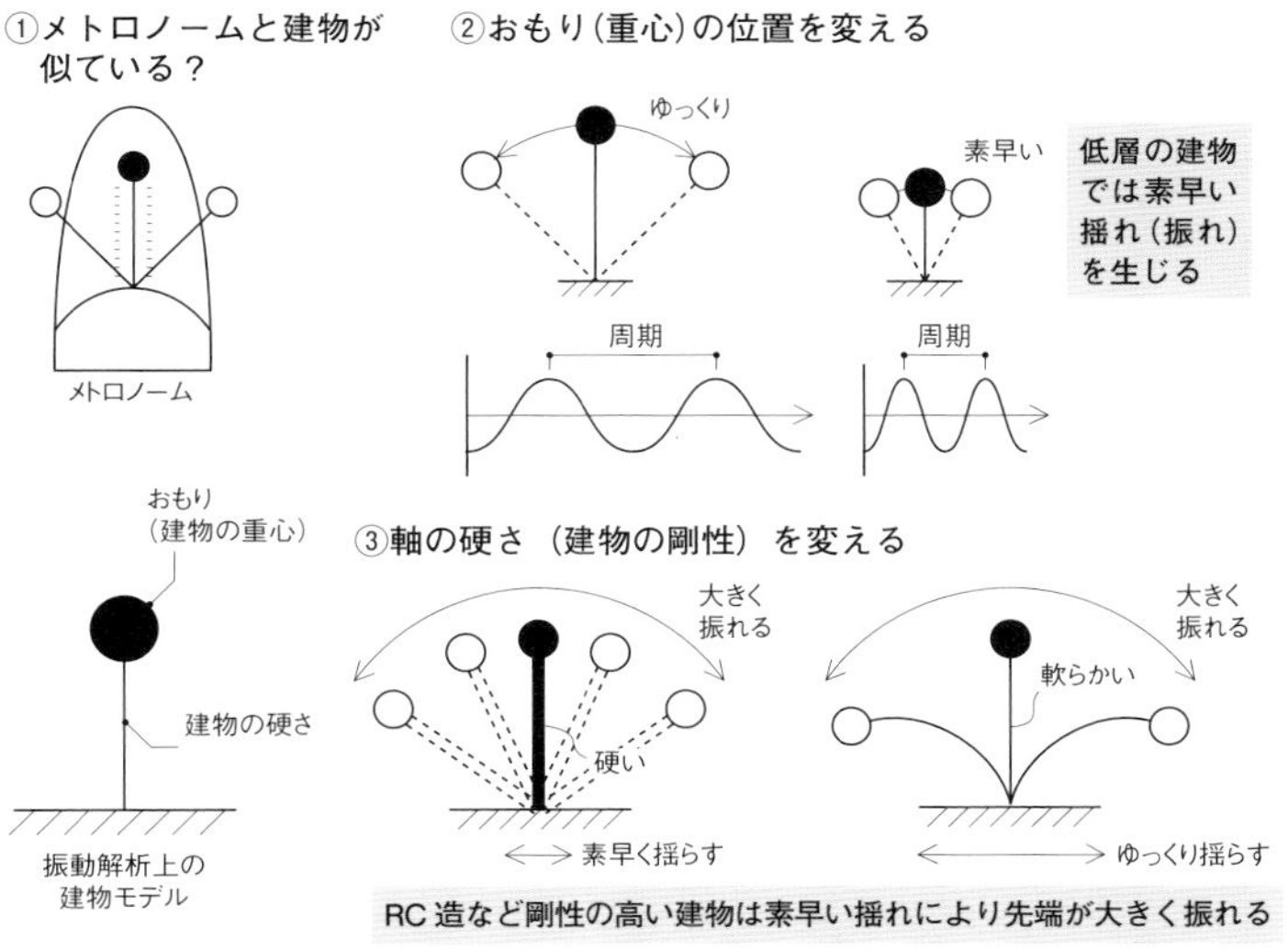

①メトロノームと建物が似ている？
メトロノーム
おもり（建物の重心）
建物の硬さ
振動解析上の建物モデル
②おもり（重心）の位置を変える
ゆっくり
素早い
低層の建物では素早い揺れ（振れ）を生じる
周期
周期
③軸の硬さ（建物の剛性）を変える
大きく振れる
硬い
素早く揺らす
大きく振れる
軟らかい
ゆっくり揺らす
RC造など剛性の高い建物は素早い揺れにより先端が大きく振れる

図2 ｜ 地震動の地表面までの伝わり方

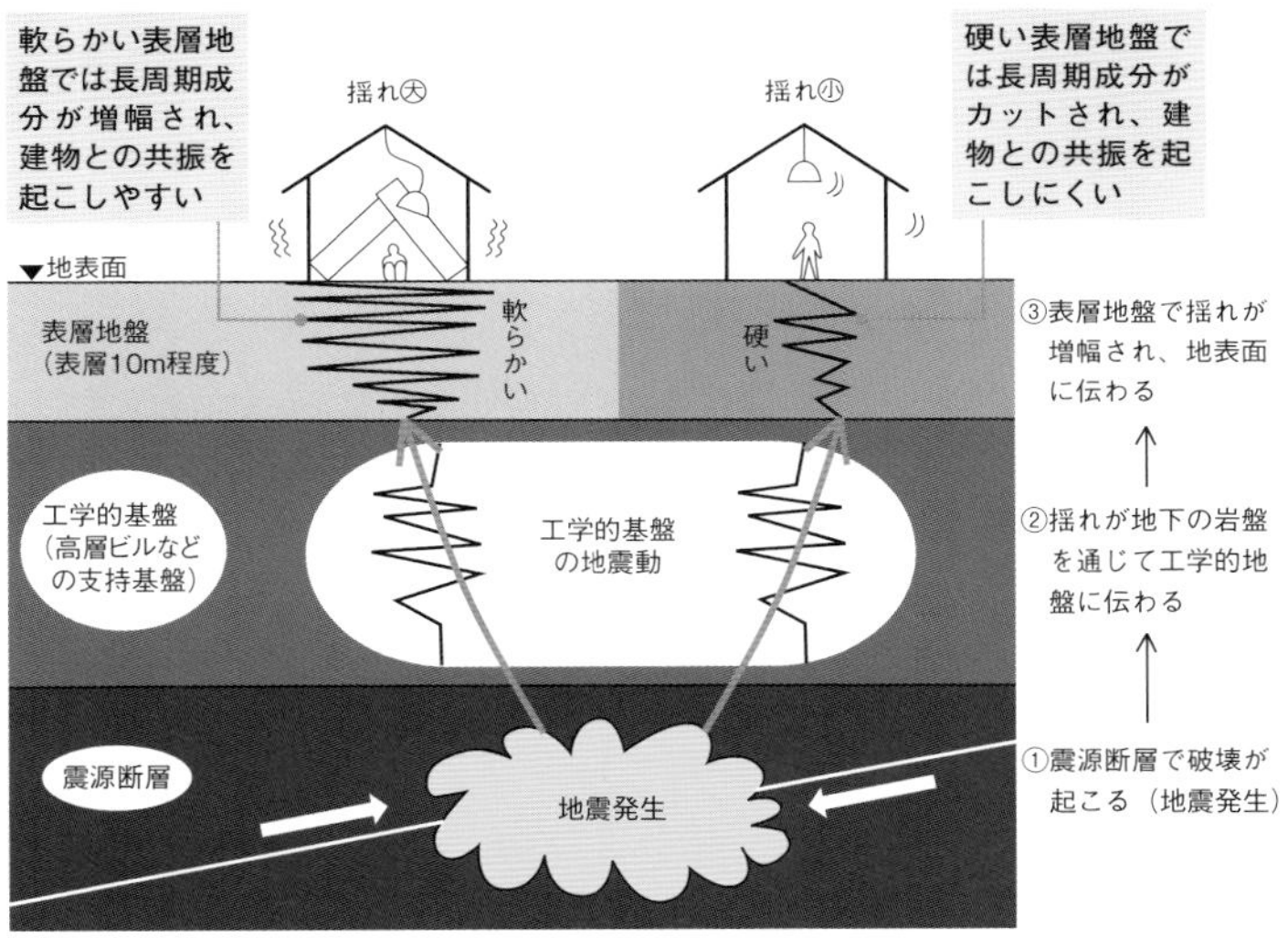

軟らかい表層地盤では長周期成分が増幅され、建物との共振を起こしやすい
硬い表層地盤では長周期成分がカットされ、建物との共振を起こしにくい
揺れ㊥
揺れ㊥
▼地表面
表層地盤（表層10m程度）
軟らかい
硬い
③表層地盤で揺れが増幅され、地表面に伝わる
工学的基盤（高層ビルなどの支持基盤）
工学的基盤の地震動
②揺れが地下の岩盤を通じて工学的地盤に伝わる
震源断層
地震発生
①震源断層で破壊が起こる（地震発生）

珍しいことではない。地震により、1軒先から地盤が液状化したなどといった事例はその典型的な例である。

地震とは、こうした複雑な構成を持つ地盤中で生じる自然現象である。長い年月をかけ、プレート運動などで地盤に蓄えられたストレスは、地震発生の瞬間、あるポイントで限界点を迎える。限界を迎えたそのポイントは破壊し、ズレを生じ、それにつられるように付近の地盤も連鎖的に破壊していく。**地震波**は岩盤の硬さや破壊の拡散速度に応じて、当初は実に**多様な周期の波動の集合体**として形成される（瞬間的な破壊は周期の短い波を、ゆっくりとした破壊は周期の長い波を発生させる、と考えると分かりやすい）。こうした波動の集合体は、地盤（建物が建つような地表面にほど近い表層地盤）の中を伝搬していく過程で、地盤のもつ揺れやすい周期帯の成分を増幅し、やがて建物への入力地震動へと転換される［図2］。

地震被害が生成される仕組み

こうして生まれた「**ある特定の周期の振動成分を強く含んだ地震動**」は、その入力対象である建物の振動特性（揺れやすさ）に応じ、固有の応答を生じさせる。柔らかい建物に強く素早い振動をいくら与えても、その応答は小さく被害は限定的だが、それほど強くないゆっくりとした揺れを与えると建物は大きく横に触れ、内部では家具の転倒、仕上材の破壊、構造体でのクラック発生など多大な被害が発生する。東北地方太平洋沖地震では震源から遠い大阪のワールドトレードセンター（超高層ビル：256m）で多大な損害［※2］が生じた理由は、まさに地盤による特定周期成分の増幅、増幅周期と建物周期の共振（揺れるタイミングの一致）などが一因であると考えられる。こうした可能性は超高層ビルに限ったものではない。比較的緩い地盤に建つ木造家屋でも同様の可能性が指摘されている。実際に兵庫県南部地震での木造家屋の被害例として、表層地盤の特性がもたらした事例が見受けられた。

さまざまな要因により発生する地震被害を未然に防ぐことは難しい。しかし、敷地の地盤が軟弱であることが地盤調査で分かっていれば、RC造または木造の壁量を通常より多く確保し、剛性の高い構造とすることで、地盤と建物の揺れやすい周期帯をずらせる。このように被害を低減する方法があることを、設計者の責任としてぜひ知っておいてほしい。

［森部康司］

※2：長周期振動（周期約数秒～数十秒のゆっくりした揺れ。表層地盤では減衰しにくいため、遠くまで伝わる）によって、10分間ほどビルが揺れた。最上階では短辺方向137cm、長辺方向86cmの最大振幅が生じた

RC

S

W

耐震診断の流れやコストを知りたい

地震国日本では、大地震で被害が生じるたび、建築基準法などの耐震規定が改定されてきました。既存の建物は建設当時の基準で設計されているため、現在の基準に照らして十分な耐震性能を有していないものがあります(既存不適格建築物)。耐震診断では、建物の耐震性能(強度)が現在の基準に比べてどの程度あるのかを判断します。

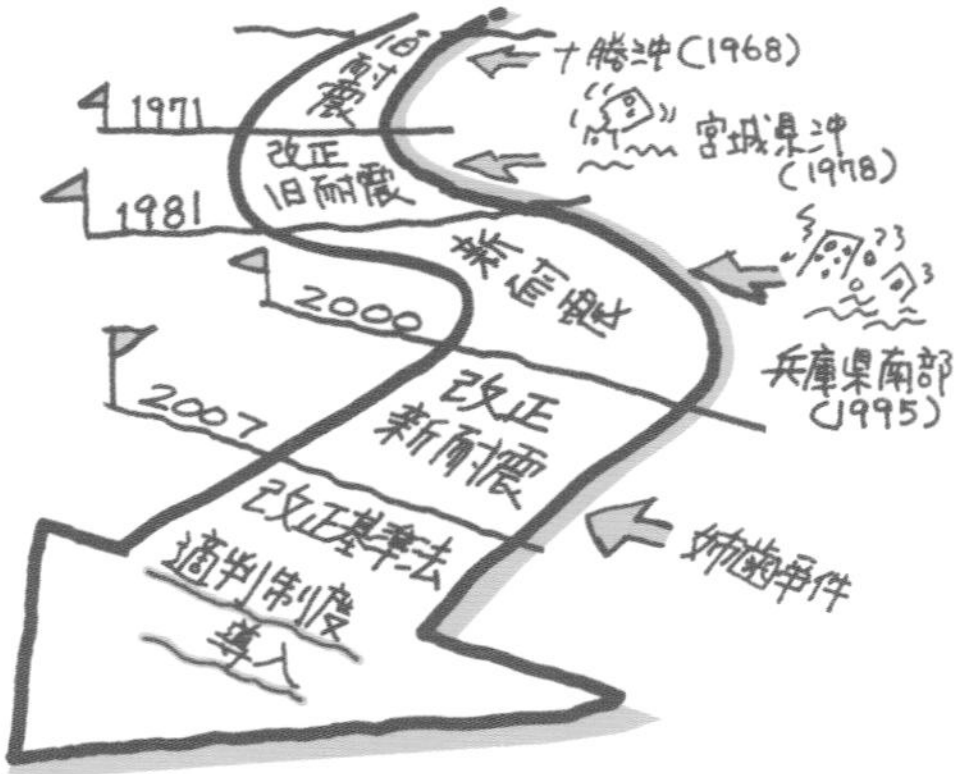

地震や事件のたびに、建築基準法は改正されてきた

過去の大地震により既存不適格建物に甚大な被害が生じたことから、「**耐震改修促進法**」が成立し、既存不適格建築物の耐震診断・改修が努力義務となった。対象は主に昭和56年の新耐震設計基準以前に建築された建物である。

そのほか、公共性の高い建物や、災害時の活動において重要となる道路沿いの建物などに対し、自治体や省庁などが耐震診断を義務化、推進している例もある。東京都は、特定緊急輸送道路の沿道建築物で旧耐震基準によるものに、耐震診断を義務付けた[※1]。約5千棟が対象になるというが、耐震改修への公的補助も実施されており、申請件数は大幅に増加しているようだ。

増築時に必要な耐震診断・改修

増築面積が既存建物の延べ面積の1/20かつ50㎡以下であれば、既存部分の構造計算を現行法で行う必要はないが[※2]、**耐震診断**を行い、強度不足の場合は補強する。またその際、増築部と既存部分との間には、エキスパンションジョイントを設け構造的に分離しなくてはならない。なお、構造的に一体で増築する場合は、既存部分についても、現在の基準に適合させる(耐震改修・補強する)必要がある。

いまどきの耐震診断を知る

耐震診断は、木造の小住宅を除き、一般に構造設計者が行うことが多い。**現地調査・材料調査・既存図面**などで現況を把握し、診断(計算)を行う。

診断の流れと期間は、建物規模、診断次数(精度)、補助金の有無などで異なるが、おおむね図のとおり。

費用は、建物規模、構造種別・形式などで異なるが、500円~3千円/㎡程度。時給換算だと、設計者の場合、5千~1万円/時間が一般的だ。なお、調査に必要な書類などの有無は、診断期間・コストに大きく影響する[表1]。

特に、**構造図**がない場合は、図面復元のために、構造部材の形状・材料強度・配筋などの詳細な調査が必要となり、コスト・作業時間とも大幅に増える。なお、コスト削減のために、調査項目を省略して耐震診断を行うことも可能だが、精度が低くなり、耐震性能として不足する傾向が高いので、注意を要する。

そのほか、耐震診断は原則として、既存不適格建築物を対象とするので、構造計算方法は現行法によるものと異なる。「**中小地震時**(震度5強程度まで)**には無被害、大地震時**(震度6強程度)**には倒壊しない**」を目的とする

図・表2中写真:TIS & PARTNERS

※1:東京における緊急輸送道路沿道建築物の耐震化を推進する条例[2011年3月18日公布]

※2:「1/2超の増改築」に関しては、既存部分も含め建築物全体として耐久性等関係規定及び準ずる基準に適合することと定められている

現行法に対し、耐震診断では、**主に大地震時が対象**となる。つまり、耐震診断基準で耐震強度を満足する建物は、大地震に対しては現行法による建物と同程度の耐震性能をもつが、中小地震時には少なからず損傷を受ける場合があるのである。耐震改修・補強［表2、※3］について依頼主へ説明を行う場合は、この点にも十分に気をつけたい。［川村大樹］

図 ｜ 耐震診断フロー

予備調査 ｜ **下記の有無を確認**（1～2週間）

- ・既存図面
- ・確認済証、検査済証
- ・既存構造計算書
- ・増改築の履歴

↓

現地調査 ｜ **調査項目を選択・実施**（1週間程度）

- ・図面との整合性調査
- ・劣化状況調査（ひび割れなど）
- ・形状調査
- ・鉄筋レーダー探査［写真①］
- ・レントゲン調査
- ・コンクリートコア採取［写真②］［＊1］
- ・鉄筋採取［写真③］［＊2］
- ・鉄骨採取［＊2］
- ・コンクリート中性化試験
- ・調査個所の補修

↓

室内試験 ｜ **試験項目を選択・実施**（3～4週間）

- ・コンクリート圧縮試験
- ・コンクリート中性化試験
- ・鉄筋引張り試験
- ・鉄骨引張り試験

↓

構造計算 ｜ **耐震診断基準による計算**（4週間～12週間）

↓

耐震性能の評価 ｜ **評価、補強必要性の判断**

注：耐震評定（第三者機関による耐震診断や耐震改修設計の内容の妥当性の判定）を取得する場合、上記に1～3カ月間程度追加
＊1：ある程度騒音を伴う
＊2：騒音を伴う

①鉄筋レーダー探査

RC内の鉄筋の有無・位置・かぶりを確認。コア採取時の鉄筋切断を防ぐためにも行う

②コンクリートコア採取

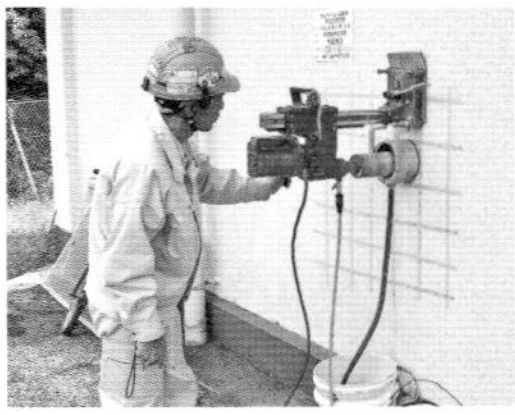

構造体より円筒形のコアを採取。試験で現状の強度を把握し、中性化の深さを測定する

③鉄筋採取

RCをはつり、鉄筋の径・かぶり・さびの状況を確認。採取鉄筋で試験で引張り強度を把握

表1 ｜ コストアップ要因

①既存意匠図がない
→形状調査が必要になる

②既存構造図がない
→形状、配筋調査が必要になり、大幅コストアップ

③構造計算書がない
→構造図があればなくてもよいが、若干コストアップ

④確認済証や検査済証がない
→補助金利用の場合は要確認（利用不可の可能性がある）

⑤内装仕上げが複雑
→コアや鉄筋採取後、復旧工事費がかさむ

⑥仮設工事が必要
→仮設なしでコア採取などができない場合に行う。仮設費用が必要

⑦評定取得の必要がある
→評定審査手数料、評定対応費用が必要。調査項目増の可能性もある

表2 ｜ 耐震補強工法

耐震工法名	主な対象構造			居ながら補強［＊］	コスト	備考
	RC	S	SRC			
鉄骨ブレース	○		○	×	○	外観デザインに大きく影響。内部に設置する場合は、プランニングの調整が必要
アウトフレーム	○		○	○	△	内部プランへの影響は少ない
鋼板格子耐震壁	○	○	○	○	△	内部プランへの影響は少ない。透過性が高い
RC耐震壁増設	○		○	×	○	開口を埋める必要があり、プランへの影響大
炭素繊維補強 鋼管巻き補強	○		○	×	○	既存柱の強度によっては、有効でない場合もある
制振ブレース	○	○	○	△	×	建物の状態により、有効な補強が可能。揺れの制御
免震構造	○	○	○	○	×	上部架構の大がかりな工事をせずに補強が可能。ただし基礎の工事費用大
減築	○	○	○	×	△	上部架構の重量を減らし、地震力を小さくする

＊：建物内部に住人がいるなか補強工事を行う「居ながら補強」は、工期がかかるうえ、工法選択の余地も狭まる
注：各耐震補強工事による効果の大小は、新設した耐震部材が負担する耐力の違いによってそれぞれ大きく異なる

アウトフレーム

鋼板格子耐震壁

RC耐震壁増設

※3：耐震補強を行うことで、現在の基準と同等以上の耐震強度とすることが可能である。補強方法は、耐震強度のレベル、コスト、居ながらの工事かどうか（騒音、粉塵などの考慮）、補強後の使用状況、建物の構造形式・規模、デザインなどさまざまな内容に応じて決定される

[鉄・SUS・アルミ] メンバーリスト

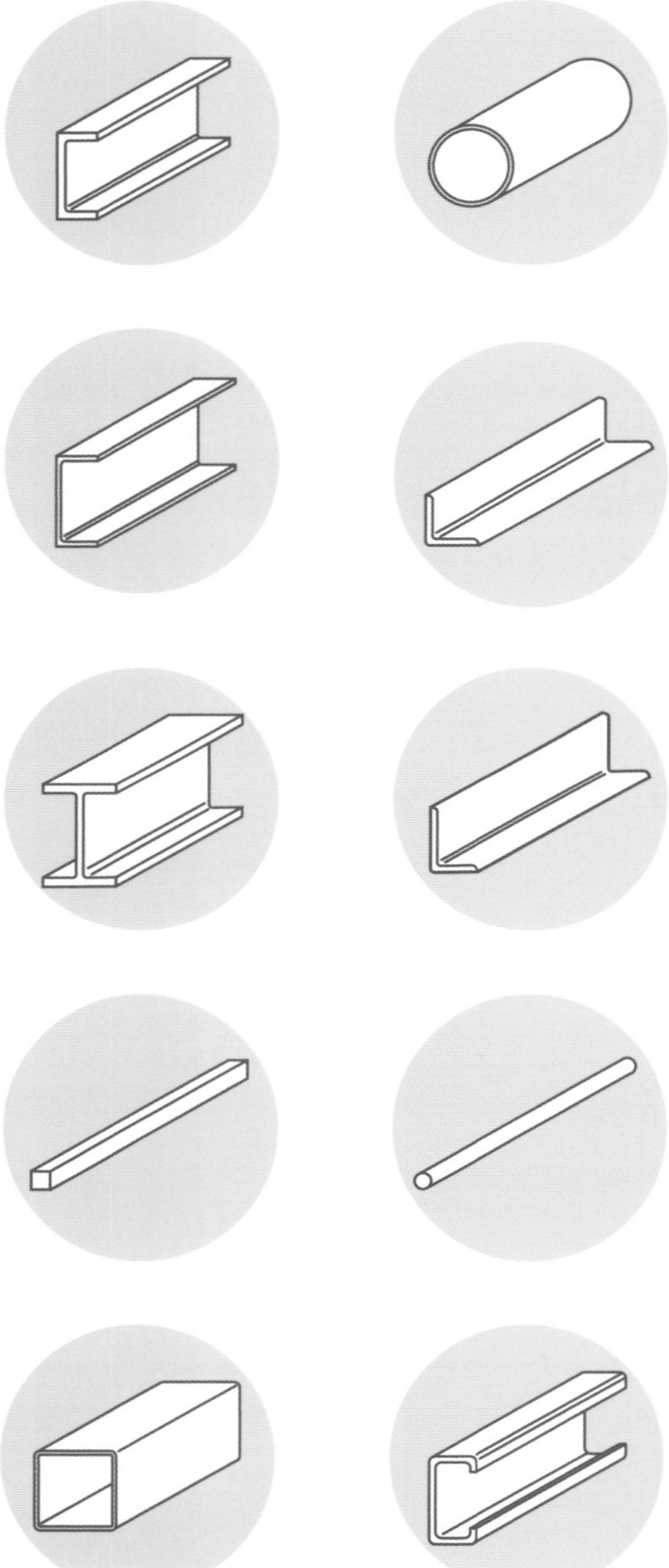

H 形鋼［St-H］

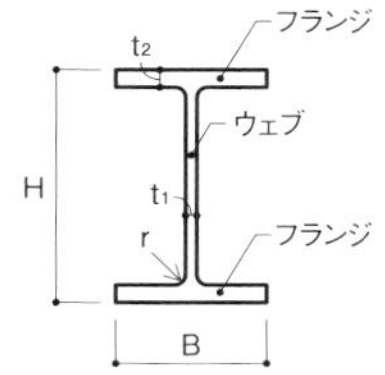

ポイント

柱や梁として用いられる。ボルトを使ったジョイント部は厚みが出るため、壁厚や床厚の設定に留意する必要がある

定尺：6〜12m

系列	H×B (mm)	$t_1 \times t_2$ (mm)	r (mm)	単位重量 (kg/m)	流通性
広幅	100×100	6×8	8	16.9	◎
	125×125	6.5×9	8	23.6	◎
	150×150	7×10	8	31.1	◎
	175×175	7.5×11	13	40.4	○
	200×200	8×12	13	49.9	○
	250×250	9×14	13	71.8	○
	300×300	10×15	13	93.0	○
	350×350	12×19	13	135.0	○
	400×400	13×21	22	172.0	○
中幅	150×100	6×9	8	20.7	○
	200×150	6×9	8	29.9	○
	250×175	7×11	13	43.6	○
	300×200	8×12	13	55.8	○
	350×250	9×14	13	78.1	○
	400×300	10×16	13	105.0	○
	450×300	11×18	13	121.0	○
	500×300	11×18	13	125.0	○
	600×300	12×20	13	147.0	○
細幅	150×75	5×7	8	14.0	○
	175×90	5×8	8	18.0	○
	200×100	5.5×8	8	20.9	◎
	250×125	6×9	8	29.0	◎
	300×150	6.5×9	13	36.7	○
	350×175	7×11	13	49.4	○
	400×200	8×13	13	65.4	○
	450×200	9×14	13	74.9	○
	500×200	10×16	13	88.2	○
	600×200	11×17	13	103.0	○

※JIS G 3192を参考に作成

熱間圧延軽量 H 形鋼［St-H］

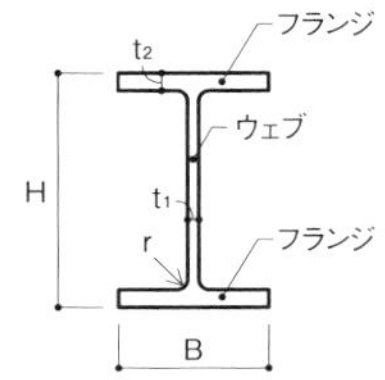

r＝5

ポイント

優れた断面性能で鋼材重量を削減する

定尺：6〜12m

H×B (mm)	$t_1 \times t_2$ (mm)	単位重量 (kg/m)	流通性
100×100	3.2×4.5	9.35	○
150×75	3.2×4.5	8.84	◎
150×100	3.2×4.5	10.60	○
175×90	3.2×4.5	10.50	◎
200×100	3.2×4.5	11.90	◎
200×100	3.2×6.0	14.10	○
200×150	3.2×4.5	15.40	○
250×125	3.2×4.5	14.90	○
250×125	4.5×6.0	20.20	○
300×150	3.2×4.5	17.90	○
300×150	4.5×6.0	24.30	○

等辺山形鋼 アングル・R 付き [St-L]

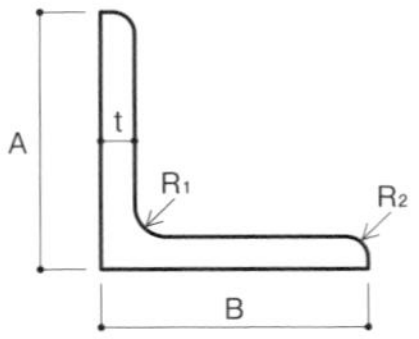

ポイント

材が大きくなるほど厚みも増すようなラインナップとなっている。端部にはRがついているものの、カットすることで角出しとなる

定尺：5.5m

A×B (mm)	t (mm)	R_1 (mm)	R_2 (mm)	単位重量 (kg/m)	流通性
20×20	3	4.0	2.0	0.885	△
25×25	3	4.0	2.0	1.120	△
30×30	3	4.0	2.0	1.360	○
30×30	5	4.0	3.0	2.160	○
40×40	3	4.5	2.0	1.830	○
40×40	5	4.5	3.0	2.950	○
45×45	4	6.5	3.0	2.740	○
45×45	5	6.5	3.0	3.380	○
50×50	4	6.5	3.0	3.060	○
50×50	5	6.5	3.0	3.770	○
50×50	6	6.5	4.5	4.430	○
60×60	4	6.5	3.0	3.680	△
60×60	5	6.5	3.0	4.550	△
65×65	5	8.5	3.0	5.000	○
65×65	6	8.5	4.0	5.910	○
65×65	8	8.5	6.0	7.660	○
70×70	6	8.5	4.0	6.380	△
75×75	6	8.5	4.0	6.850	○
75×75	9	8.5	6.0	9.960	○
75×75	12	8.5	6.0	13.000	○
80×80	6	8.5	4.0	7.320	△
90×90	6	10.0	5.0	8.280	○
90×90	7	10.0	5.0	9.590	○
90×90	10	10.0	7.0	13.300	○
90×90	13	10.0	7.0	17.000	○
100×100	7	10.0	5.0	10.700	○
100×100	10	10.0	7.0	14.900	○
100×100	13	10.0	7.0	19.100	○
120×120	8	12.0	5.0	14.700	○
130×130	9	12.0	6.0	17.900	◎
130×130	12	12.0	6.5	23.400	◎
130×130	15	12.0	6.5	28.800	◎
150×150	12	14.0	7.0	27.300	◎
150×150	15	14.0	10.0	33.600	◎
150×150	19	14.0	10.0	41.900	◎
175×175	12	15.0	11.0	31.800	△
175×175	15	15.0	11.0	39.400	△
200×200	15	17.0	12.0	45.300	○
200×200	20	17.0	12.0	59.700	○
200×200	25	17.0	12.0	73.600	○

不等辺山形鋼 アングル・R 付き [St-L]

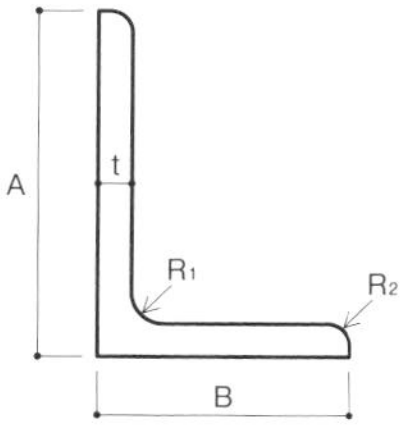

ポイント

不等辺のため、長手で強度を得ることができる。辺が長いので複数のボルトを留めることが可能

定尺：5.5m

A×B (mm)	t (mm)	R_1 (mm)	R_2 (mm)	単位重量 (kg/m)	流通性
90×75	6	8.5	4.0	7.56	△
90×75	9	8.5	6.0	11.00	○
100×75	7	10	5.0	9.32	◎
100×75	10	10	7.0	13.00	◎
100×75	13	10	7.0	16.50	○
125×75	7	10	5.0	10.70	◎
125×75	10	10	7.0	14.90	◎
125×75	13	10	7.0	19.10	○
125×90	10	10	7.0	16.10	○
125×90	13	10	7.0	20.60	○
150×90	9	12	6.0	16.40	◎
150×90	12	12	8.5	21.50	◎
150×90	15	12	8.5	26.50	○
150×100	9	12	6.0	17.10	○
150×100	12	12	8.5	22.40	○
150×100	15	12	8.5	27.70	○

溝形鋼チャンネル [St- コ]

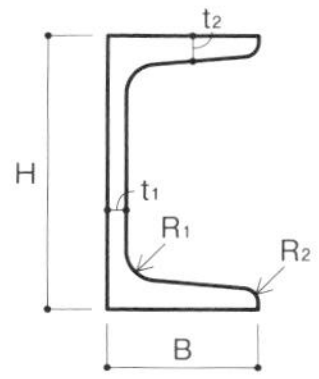

定尺：5.5m

ポイント

コの字型によりねじれに強く、カーテンウォール状サッシの下地などに用いられる

H×B (mm)	t_1 (mm)	t_2 (mm)	R_1 (mm)	R_2 (mm)	単位重量 (kg/m)
75×40	5.0	7.0	8.0	4.0	6.92
100×50	5.0	7.5	8.0	4.0	9.36
125×65	6.0	8.0	8.0	4.0	13.40
150×75	6.5	10.0	10.0	5.0	18.60
	9.0	12.5	15.0	7.5	24.00

リップ溝形鋼 C チャンネル [St-C]

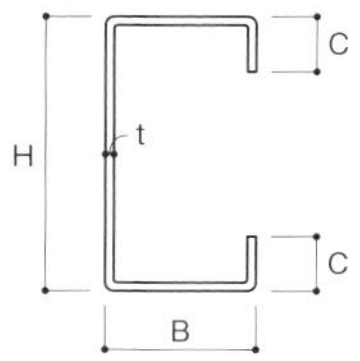

定尺：6m

ポイント

薄いためビスで留められる。母屋や壁下地など、合板を留める下地に用いられることが多い

H×B×C (mm)	t (mm)	単位重量 (kg/m)
60×30×10	1.6	1.63
	2.3	2.25
75×45×15	1.6	2.32
	2.0	2.86
	2.3	3.25
100×50×20	1.6	2.88
	2.3	4.06
	3.2	5.50
	4.0	6.71
	4.5	7.43

H×B×C (mm)	t (mm)	単位重量 (kg/m)
120×40×20	3.2	5.50
120×60×20	2.3	4.78
	3.2	6.51
120×60×25	4.5	9.20
125×50×20	2.3	4.51
	3.2	6.13
	4.0	7.50
	4.5	8.32

平鋼［St-FB］

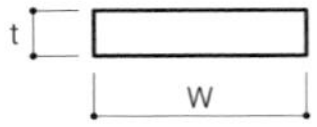

ポイント

手摺材から階段、柱、サッシの補強材など、単純な形だけに幅広い用途で用いられる。溶接によって組み合わせることで、T型、L型の形状も自由に制作可能となる

定尺：5.5〜12.5m

t (mm)	W (mm)	単位重量 (kg/m)
4.5	25	0.88
	32	1.13
	38	1.34
	44	1.55
	50	1.77
	65	2.30
	75	2.65
	90	3.18
	100	3.53
	125	4.42
	150	5.30
6	25	1.18
	32	1.51
	38	1.79
	44	2.07
	50	2.36
	65	3.06
	75	3.53
	90	4.24
	100	4.71
	125	5.89
	150	6.36
	180	8.48
	200	9.42
	230	10.8
	250	11.8
8	25	1.57
	32	2.01
	38	2.39
	44	2.76
	50	3.14
	65	4.08
	75	4.71
	90	5.65
	100	6.28
	125	7.85
	150	9.42
	180	11.3
	200	12.6
	230	14.4
	250	15.7
9	25	1.77
	32	2.26
	38	2.68
	44	3.11
	50	3.53
	65	4.59
	75	5.30
	90	6.36
	100	7.06
	125	8.83
	150	10.6
	180	12.7
	200	14.1
	230	16.2
	250	17.7
12	25	2.36
	32	3.01
	38	3.38
	44	4.14
	50	4.71
	65	6.12
	75	7.06
	90	8.48
	100	9.42
	125	11.8
	150	14.1
	180	17.0
	200	18.8
	230	21.7
	250	23.6
16	25	3.14
	32	4.02
	38	4.77
	44	5.53
	50	6.28
	65	8.16
	75	9.42
	90	11.3
	100	12.6
	125	15.7
	150	18.8
	180	22.6
	200	25.1
	230	28.9
	250	31.4
19	38	5.67
	44	6.56
	50	7.46
	65	9.69
	75	11.2
	90	13.4
	100	14.9
	125	18.6
	150	22.4
	180	26.8
	200	29.8
	230	34.3
	250	37.3
22	50	8.64
	65	11.2
	75	13.0
	90	15.5
	100	17.3
	125	21.6
	150	25.9
	180	31.1
	200	34.5
	230	39.7
	250	43.2
25	50	9.81
	65	12.8
	75	14.7
	90	17.7
	100	19.6
	125	24.5
	150	29.4
	180	35.3
	200	39.2
	230	45.1
	250	49.1

次ページに続く

t (mm)	W (mm)	単位重量 (kg/m)
28	75	16.5
	90	19.8
	100	22.0
	125	27.5
	150	33.0
	180	39.6
	200	44.0
	230	50.6
	250	55.0
32	75	18.8
	90	22.6
	100	25.1
	125	31.4
	150	37.7
	180	45.2
	200	50.2
	230	57.8
	250	62.8
36	75	21.2
	90	25.4
	100	28.3
	125	35.3
	150	42.4
	180	50.9
	200	56.5
	230	65.0
	250	70.6

t (mm)	W (mm)	単位重量 (kg/m)
40	75	23.6
	90	28.3
	100	31.4
	125	39.2
	150	47.1
	180	56.5
	200	62.8
	230	72.2
	250	78.5
45	75	26.5
	90	31.8
	100	35.3
	125	44.2
	150	53.0
	180	63.6
	200	70.6
	250	88.3

※JIS G 3194を参考に作成

鋼管パイプ［St-P］

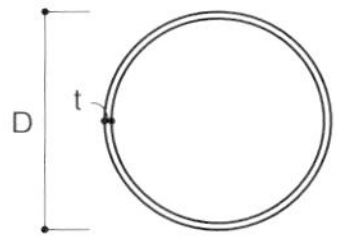

ポイント

曲げることが可能。手摺や家具の脚などに用いられることが多い

定尺：4、5.5m

D (mm)	t (mm)	単位重量 (kg/m)
6.0	1.0	0.123
8.0	1.0	0.173
9.0	1.0	0.197
9.5	1.0	0.210
10.0	1.0	0.222
12.0	1.0	0.271
	1.6	0.410
12.7	1.0	0.289
	1.2	0.340
	1.6	0.438
15.9	1.2	0.435
	1.6	0.564
19.1	1.2	0.530
	1.6	0.690
21.7	1.9	0.928
22.2	1.2	0.621
	1.6	0.813
25.4	1.2	0.716
	1.6	0.939
	2.0	1.150
27.2	1.6	1.190
28.6	1.2	0.811
	1.6	1.070
31.8	1.2	0.906
	1.6	1.190
	2.0	1.470

D (mm)	t (mm)	単位重量 (kg/m)
34.0	1.6	1.280
38.1	1.2	1.090
	1.6	1.440
	2.0	1.780
42.7	1.2	1.230
	1.6	1.620
45.0	1.6	1.710
50.8	1.6	1.940
60.4	1.6	2.320
63.5	1.6	2.440
76.3	1.6	2.940
	2.0	3.660
89.1	2.8	5.960
	3.2	6.780
	3.5	7.390
	4.2	8.790
101.6	3.2	7.760
	3.5	8.470
	4.2	10.100
114.3	3.5	9.560
	4.5	12.200
	6.0	16.000
139.8	3.5	11.800
	4.0	13.400
	4.5	15.000

角形鋼管 正方形 [St-□]

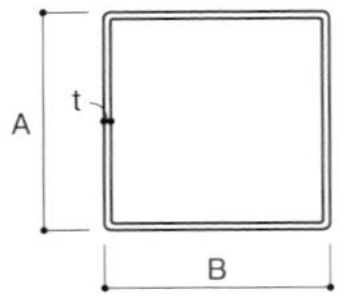

ポイント

棒鋼に比べ、角形鋼板(角出し、R付きにかかわらず)は薄いため軽い。ビスをもむことができる

定尺：6〜12m

A×B (mm)	t (mm)	単位重量 (kg/m)
50×50	1.6	2.38
	2.3	3.34
	3.2	4.50
60×60	1.6	2.88
	2.3	4.06
	3.2	5.50
75×75	1.6	3.64
	2.3	5.14
	3.2	7.01
	4.5	9.55
80×80	2.3	5.50
	3.2	7.51
	4.5	10.3
90×90	2.3	6.23
	3.2	8.51
100×100	2.3	6.95
	3.2	9.52
	4.0	11.7
	4.5	13.1
	6.0	17.0
	9.0	24.1
	12.0	30.2
125×125	3.2	12.0
	4.5	16.6
	5.0	18.3
	6.0	21.7
	9.0	31.1
	12.0	39.7
150×150	4.5	20.1
	5.0	22.3
	6.0	26.4
	9.0	38.2
175×175	4.5	23.7
	5.0	26.2
	6.0	31.1
200×200	4.5	27.2
	6.0	35.8
	8.0	46.9
	9.0	52.3
	12.0	67.9

角形鋼管 長方形［St-□］

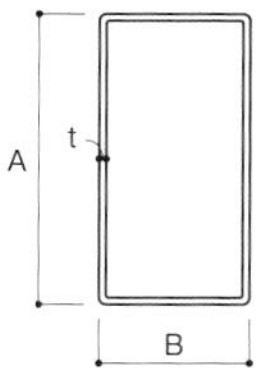

ポイント
長方形断面につき、長手の強度を使いながら薄く仕上げられる

定尺：5.5～12m

A×B (mm)	t (mm)	単位重量 (kg/m)
50×20	1.6	1.63
	2.3	2.25
50×30	1.6	1.88
	2.3	2.62
60×30	1.6	2.13
	2.3	2.98
	3.2	3.99
75×20	1.6	2.25
	2.3	3.16
75×45	1.6	2.88
	2.3	4.06
	3.2	5.50
80×40	1.6	2.88
	2.3	4.06
	3.2	5.50
90×45	2.3	4.60
	3.2	6.25
100×20	1.6	2.88
	2.3	4.06
100×40	1.6	3.38
	2.3	4.78
	4.2	8.32
100×50	1.6	3.64
	2.3	5.14
	3.2	7.01
	4.5	9.55
125×40	1.6	4.01
	2.3	5.69
125×75	2.3	6.95
	3.2	9.52
	4.0	11.7
	4.5	13.1
	6.0	17.0
150×75	3.2	10.8
150×80	4.5	15.2
	5.0	16.8
	6.0	19.8
150×100	3.2	12.0
	4.5	16.6
	6.0	21.7
	9.0	31.1
200×100	4.5	20.1
	6.0	26.4
	9.0	38.2

角パイプ 角出し 正方形 [St-□]

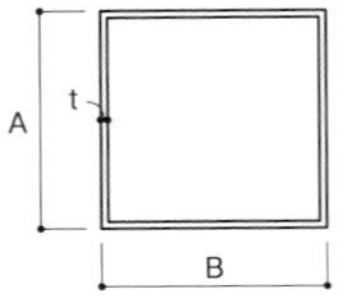

A×B (mm)	t (mm)	単位重量 (kg/m)
9×9*	1.0	0.289
11×11	1.2	0.435
13×13	1.2	0.530
13×13	1.6	0.690
16×16	1.6	0.813
19×19	1.6	0.939
21×21	1.6	1.070
25×25	1.6	1.280
28×28	1.6	1.440
32×32	1.6	1.620
38×38	1.6	1.940
45×45	1.6	2.320

ポイント

小さいのが特徴。細くつくりたい造作サッシ枠の下地などに用いられる

定尺：5.5m（*のみ4.0m）

角パイプ 角出し 長方形 [St-□]

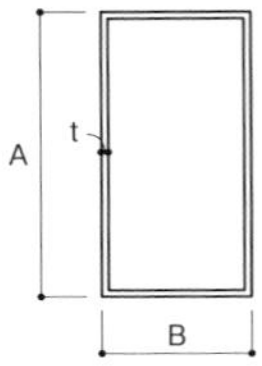

A×B (mm)	t (mm)	単位重量 (kg/m)
22×10	1.2	0.621
25×12	1.6	0.939
28×18	1.6	1.19
32×14	1.6	1.19
40×16	1.6	1.44
40×25	1.6	1.62
50×26	1.6	1.94
60×30	1.6	2.32
70×25	1.6	2.44

ポイント

スモール角と呼ばれ、正方形と同様、角形鋼管とは区別される

定尺：5.5m

棒鋼 角 [St-R]

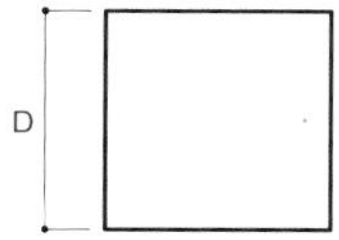

ポイント

無垢材のため、断面積が大きく、パイプに比べ強度がある。重量が大きくなるため、施工方法について考慮する必要がある

定尺：5.5m

D (mm)	D (mm)
9.5	38.0
13.0	44.0
16.0	50.0
19.0	55.0
22.0	65.0
25.0	75.0
28.0	90.0
32.0	100.0

棒鋼 丸 [St-R]

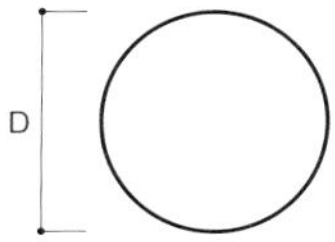

ポイント

指定時は「St-R 13φ」というように直径で示す。無垢のためパイプなどに比べ、重量が大きくなり、施工方法について考慮する必要がある

定尺：5.5m

D (mm)	D (mm)
6.0	46.0
9.0	48.0
12.0	50.0
13.0	55.0
16.0	60.0
19.0	65.0
22.0	70.0
25.0	75.0
28.0	80.0
32.0	85.0
36.0	90.0
38.0	95.0
42.0	100.0
44.0	

平板 [St-PL]

ボンデ鋼板

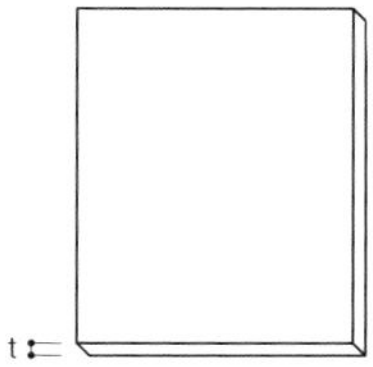

縞鋼板

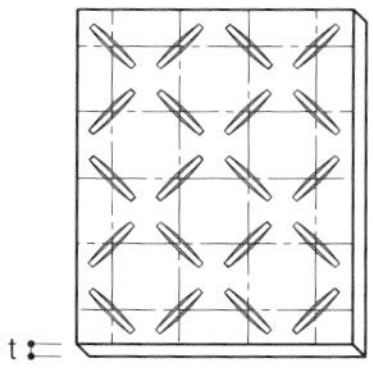

ポイント

平板のサイズはメーカーによって異なることが多いため、確認を要する。6mm以上のものは溶接が可能

ボンデ鋼板[電気亜鉛めっき鋼板]

t (mm)
1.0
1.2
1.6
2.3
3.2
4.0
4.5
5.0
6.0

溶融亜鉛めっき鋼板

t (mm)
0.25
0.27
0.30
0.35
0.40
0.50
0.60
0.80
1.00
1.20
1.40
1.60
1.80
2.00
2.30
2.80
3.20
4.00
4.50
6.00

縞鋼板

t (mm)
2.3
3.2
4.5
6.0
8.0
9.0
10.0

コールテン鋼

t (mm)
1.0
1.2
1.6
2.0
2.3
3.2
4.5
6.0

等辺山形鋼アングル［SUS-L］

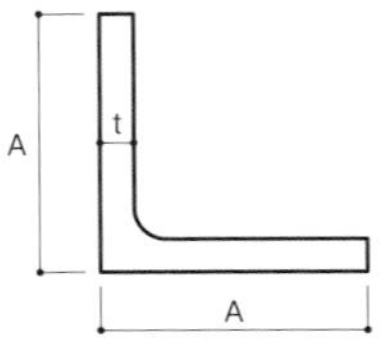

ポイント

意匠上、角出しを使うことが多いが、R付とする場合もある。薄物は外部に面したガラスの端部のカバーなどにも使われることが多い

定尺：4m

t (mm)	A×A (mm)
1.0	9×9
	10×10
	12×12
	13×13
	16×16
	19×19
	25×25
1.2	19×19
	25×25
	30×30
	32×32
1.5	30×30
	32×32
3	20×20
	25×25

t (mm)	A×A (mm)
3、4、5、6	30×30
	35×35
	40×40
	45×45
3、4、5、6、8、9、10	50×50
4、6	55×55
5、6、8、9、10	60×60
	65×65
5、6、7、8、9	70×70
5、6、8、9、10、12	75×75
6、8、9、10、12	80×80
	90×90
	100×100

不等辺山形鋼［SUS-L］

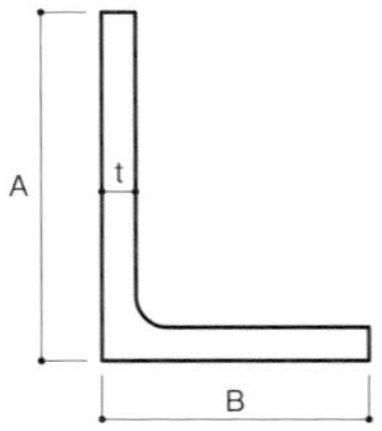

ポイント

長手部分を複数のボルトにて留めることができる

定尺：6m

t (mm)	A×B (mm)
4	45×30
6	50×30
	65×50
	75×50
	75×65
	100×75
	125×75
7	75×50
	100×75
9	75×50
	90×75
	100×75
	125×75
	150×90
12	150×90

平鋼［SUS-FB］

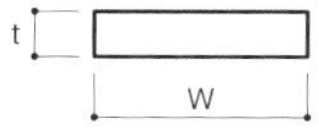

t (mm)	W (mm)
2	6、8、10、12、15、20、25、30、32、40、50
3	3、6、8、9、10、12、13、15、16、19、20、22、25、30、32、35、38、40、42、45、50、60、65、75、100、110、120、125、130、140、150
4	4、9、10、11、13、15、16、19、20、22、25、30、32、35、38、40、45、50、60、65、75、90、100
5	5、8、9、10、12、13、15、16、19、20、22、25、30、32、35、38、40、50、60、65、75、90、100、130、150
6	6、9、10、12、13、15、16、18、19、20、22、25、30、32、35、38、40、42、45、50、60、65、70、75、90、100、110、120、125、130、140、150
7	7、20
8	8、10、16、25、30、32、38、40、45、50、65、75、100
9	9、13、15、16、19、20、22、25、30、32、35、38、40、45、50、55、60、65、75、90、100、125、150、200、250、300
10	10、15、19、20、25、30、32、35、38、40、50、65、75、100、125、150、200、250、300
12	12、14、15、16、19、20、25、28、30、32、35、38、40、45、50、65、70、75、90、100、125、150、200、250、300

ポイント

アルミより強度があり、スチールよりも水に強いため、厚みを生かした床見切りや手摺など強度と耐候性が必要な部位に適している

定尺：2、3、4、6m

丸パイプ［SUS-P］

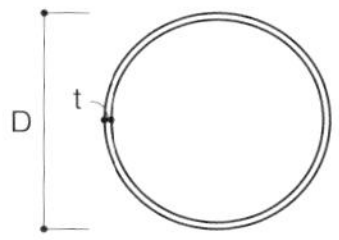

D (mm)	t (mm)
5.0	0.8、1.0
6.0	0.8、1.0
7.0	0.8、1.0
8.0	0.8、1.0
9.0	0.8、1.0
10.0	0.8、1.0
12.0	0.8、1.0
13.0	0.8、1.0、1.2、1.5
13.8	1.2、1.5
14.0	0.8、1.0
15.0	0.8、1.0
16.0	0.8、1.0、1.2、1.5、2.0
17.3	1.5、2.0
19.0	0.8、1.0、1.2、1.5、2.0
21.7	1.0、1.2、1.5、2.0、3.0
22.0	0.8、1.0、1.2、1.5、2.0
25.0	0.8、1.0、1.2、1.5、2.0、3.0
25.4	1.0、1.2、1.5、2.0
27.2	1.0、1.2、1.5、2.0、3.0
30.0	1.5、2.0
32.0	1.0、1.2、1.5、2.0、3.0
34.0	1.0、1.2、1.5、2.0、3.0
38.0	1.0、1.2、1.5、2.0、3.0
42.7	1.2、1.5、2.0、3.0

ポイント

外部の手摺やハンガーパイプに用いられている。径の小さいものは2次排水や結露化の水抜きパイプとして用いられる

定尺：4、5、6m

等辺角パイプ［SUS-□］

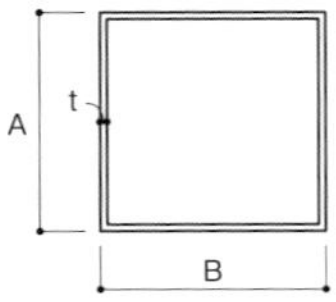

ポイント

薄物のため、化粧材や造作サッシなどに用いられる

定尺：4、5、6m

A×B (mm)	t (mm)
7×7	1.0
9×9	1.0、1.2
10×10	1.0、1.2
12×12	1.0、1.2
13×13	1.0、1.2
14×14	1.0、1.2
16×16	1.0、1.2、1.5
19×19	1.0、1.2、1.5、2.0
20×20	1.2、1.5
21×21	1.0、1.2、1.5
22×22	1.0、1.2、1.5
24×24	1.0、1.2、1.5
25×25	1.2、1.5
25.4×25.4	1.2、1.5.
28.6×28.6	1.0、1.2、1.5
30×30	1.2、1.5、2.0
32×32	1.2、1.5、2.0
35×35	1.2、1.5
38.5×38.5	1.2、1.5、2.0
40×40	1.5、2.0
41×41	1.2、1.5、2.0
46×46	1.5、2.0
50×50	1.5、2.0、3.0
60×60	1.5、2.0、3.0
75×75	2.0、3.0
80×80	3.0、4.0、
90×90	3.0、4.0
100×100	2.0、3.0、4.0、5.0、6.0、9.0

不等辺角パイプ［SUS-□］

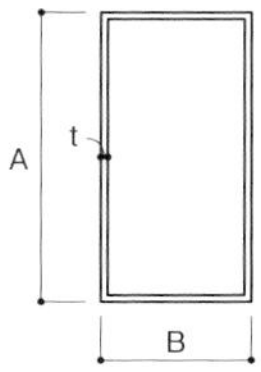

ポイント

流通材のラインナップはメーカーごとにばらつきがあるため、特に確認をする必要がある

定尺：4、5、6m

A×B (mm)	t (mm)
6×12	1
6×25	1.2、1.5
6×30	1.2、1.5
6×40	1.2、1.5
6×50	1.2、1.5
6×65	1.5
6×75	1.5
6×100	1.5
9×25	1.5
9×30	1.5
9×40	1.5
9×50	1.2、1.5
9×65	1.2、1.5
9×75	1.5
9×100	1.5
10×40	1.5
12×50	1.2、1.5
12×65	1.5
12×75	1.5
12×100	1.5
19×10	1.0、1.2
22×12	1.0、1.2、1.5
24×14	1.0、1.2、1.5
25×12	1.2、1.5
30×20	1.2、1.5
30×25	1.2、1.5

A×B (mm)	t (mm)
32×16	1.0、1.2、1.5
40×18	1.0、1.2、1.5
40×20	1.2、1.5、2.0
40×25	1.2、1.5、2.0
50×20	1.2、1.5、2.0
50×25	1.5、2.0
50×30	1.5、2.0
51×26	1.2、1.5、2.0
60×25	1.5、2.0
60×30	1.5、2.0、3.0、4.0
60×40	1.5、2.0
61×32	1.5、2.0
65×18	1.2、1.5
70×25	1.5、2.0
70×30	1.5、2.0
75×45	1.5、2.0、3.0、4.0
80×40	1.5、2.0、3.0、4.0
90×30	1.5、2.0、3.0
90×50	1.5、2.0、3.0、4.0
100×40	2.0、3.0、4.0
100×50	2.0、3.0、4.0、5.0、6.0
120×60	2.0、3.0
125×75	2.0、3.0、4.0、5.0、6.0
150×50	2.0、3.0
150×75	3.0、4.0、5.0、6.0
150×100	3.0、4.0、5.0、6.0、9.0

山形鋼アングル・角出し［Al-L］

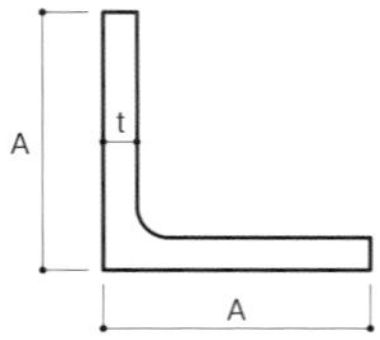

ポイント

ステンレスよりも光沢がないため、15×45を床見切として使用すると、白い内壁仕上げになじみやすい

定尺：4m

A×B (mm)	t (mm)
9×9	1.0
9×20	1.5
9×25	1.5
9×30	1.5
9×40	1.5
10×10	1.2
10×15	1.9
10×25	1.5
10×30	1.5
10×40	1.5
10×50	2.0
12×12	1.0、1.2
13×13	1.2
13×35	2.5
15×15	1.0、1.5、2.0、3.0
15×18	1.8
15×20	1.5、1.8
15×25	1.5
15×30	1.5、2.0
15×45	1.5
19×19	1.0、1.2、1.5
20×20	2.3、3.0
20×30	1.0、2.0、3.0
20×40	0.8、2.0、3.0
20×50	2.0
25×25	1.0、1.2、2.0、2.5、3.0、4.0
25×50	2.0、3.0
30×30	0.8、1.2、1.5、2.0、3.0、5.0
35×35	2.0、3.0
38×38	1.0、1.2、1.5、
40×40	2.0、3.0、4.0、5.0
45×45	1.5
50×50	1.5、2.0、3.0、4.0、5.0

平鋼［Al-FB］

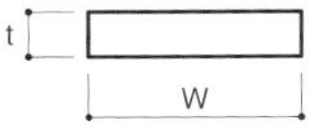

t (mm)	w (mm)
2	10、15、20、25、30、40、50、67、88
3	10、15、20、25、30、35、40、50、60、70、100、112
4	12、20、25、30
5	20、25、30、40、50

ポイント

軽く、さびに強いため外部と内部の両方で多様な場面で使用できる

定尺：4m

溝形鋼チャンネル・角出し［Al-匚］

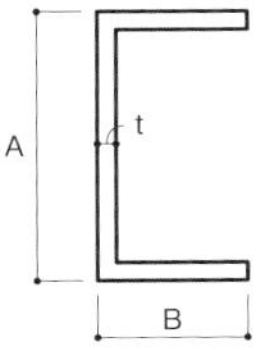

A×B (mm)	t (mm)	内法 (mm)
5.5×8	1.0	3.5
6.5×9	1.0	4.5
7.5×10	1.0	5.5
7.5×25	1.0	
8.5×10	1.0	6.5
10×10	1.6	6.8
10×15	1.2	7.6
10×10	1.0	8.0
12×12	2.0	
11×5	1.0	9.0
12×10	1.0	10.0
15×15	2.0	11.0
14×10	1.0	12.0
15×24	1.5	
18×10	2.0	14.0
18×12	1.0	16.0
20×20	2.0	
20×12	1.5	17.0

A×B (mm)	t (mm)	内法 (mm)
22×12	2.0	18.0
22×13	1.0	20.0
24×10	1.5	21.0
25×25	2.0	
25×15	1.5	22.0
30×30	2.4	25.2
30×15	2.0	26.0
35×20	2.4	30.2
35×20	2.0	31.0
38×20	1.9	34.2
40×20	3.0	34.0
40×20	2.0	36.0
40×30	2.0	
50×25	3.0	44.0
50×20	2.5	45.0
60×30	3.0	54.0
75×40	3.2	68.6
100×50	5.0	90.0

ポイント

ステンレスに比べて強度が弱いため、注意して使用する必要がある

定尺：4m

エキスパンドメタル

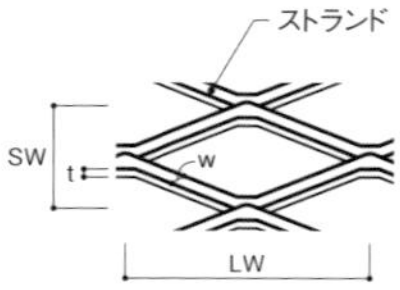

ポイント

端部の処理を行い、安全性を確保する。荷重が掛かるとたわむため、面材として用いる場合、大きさと強度を確認する必要がある

スチール

呼称	メッシュ寸法(mm)		ストランド寸法(mm)		単位重量
	SW	LW	t	W	
XG-11(4.5)	34	135.4	4.5	7.0	14.50
XG-12(6.0)			6.0	7.0	19.40
XG-13(6.0)			6.0	9.0	24.90
XG-14(8.0)			8.0	9.0	33.20
XG-21(4.5)	36	101.6	4.5	7.0	13.70
XG-22(6.0)			6.0	7.0	18.30
XG-23(6.0)			6.0	9.0	23.60
XG-24(8.0)			8.0	9.0	31.40
XS-31(1.2)	12	30.5	1.2	1.5	2.36
XS-32(1.6)			1.6	2.0	4.19
XS-33(2.3)			2.3	3.0	9.03
XS-41(1.6)	22	50.8	1.6	2.0	2.28
XS-42(2.3)			2.3	2.5	4.10
XS-43(3.2)			3.2	3.5	8.00
XS-51(1.6)	25	61.0	1.6	2.5	2.51
XS-52(2.3)			2.3	3.0	4.33
XS-53(3.2)			3.2	4.0	8.05
XS-61(2.3)	34	76.2	2.3	3.0	3.19
XS-62(3.2)			3.2	4.0	5.91
XS-63(4.5)			4.5	5.0	10.40
XS-71(2.3)	50	152.4	2.3	3.5	2.53
XS-72(3.2)			3.2	4.0	4.02
XS-73(4.5)			4.5	5.0	7.06
XS-81(3.2)	75	203.2	3.2	4.0	2.68
XS-82(4.5)			4.5	5.0	4.71
XS-83(6.0)			6.0	6.0	7.54

ステンレス

呼称	メッシュ寸法(mm)		ストランド寸法(mm)	
	SW	LW	t	W
XS-31	12	30.5	1.2	1.5
XS-32			1.5	1.8
XS-33			2.0	2.0
XS-42	22	50.8	2.0	2.0
XS-43			3.0	3.0
XS-62	34	76.2	3.0	3.0
XS-63			4.0	4.0
XG-21	36	101.6	4.5	5.0
XG-22			6.0	6.0

ボルト・ナット

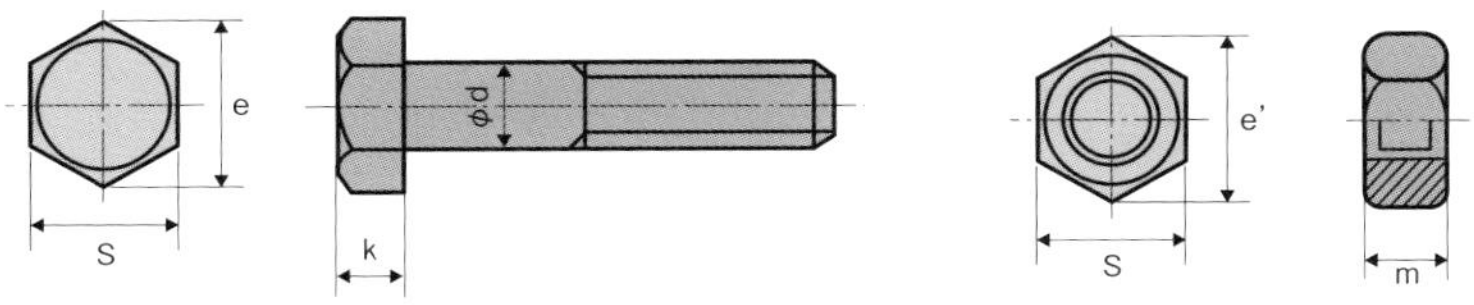

ポイント

くぎやビスに比べて頭の部分が大きいため、クリアランスを確保しておく必要がある

d（ねじの呼び）	ピッチ	k（基準寸法）	s（基準寸法）	e（ボルト-最小）	e'（ナット-最小）	m（基準寸法）
M3	0.5	2.0	5.5	6.01	6.01	2.4
M4	0.7	2.8	7.0	7.66	7.66	3.2
M5	0.8	3.5	8.0	8.79	8.79	4.7
M6	1.0	4.0	10.0	11.05	11.05	5.2
M8	1.25	5.3	13.0	14.38	14.38	6.8
M10	1.5	6.4	16.0	17.77	17.77	8.4
M12	1.75	7.5	18.0	20.03	20.03	10.8
(M14)	2.0	8.8	21.0	23.35	23.35	12.8
M16	2.0	10.0	24.0	26.75	26.75	14.8
M20	2.5	12.5	30.0	33.63	32.95	18.0
M24	3.0	15.0	36.0	39.98	39.55	21.5
M30	3.5	18.7	46.0	50.85	50.85	25.6
M36	4.0	22.5	55.0	60.79	60.79	31.0

ステンレス・アルミについては、各社（下記）カタログを参照いたしました
ステンレス：新家工業株式会社
アルミ：ニッカル商工株式会社、中島アルミ株式会社

注：リストの金属材について、常時在庫があるとは限りませんので、事前にご確認のうえご活用ください

執筆・監修者プロフィール
黒崎 敏／株式会社APOLLO一級建築士事務所
担当STAFF：三上哲哉、北野英樹、前田幸矢

執筆者プロフィール［五十音順］

朝川剛［あさかわ・たけし］日建設計
１９６９年東京都生まれ。'91年京都大学工学部建築学科卒業。'93年京都大学大学院工学研究科建築学専攻修了。同年日建設計に入社。２０１７年東京電機大学未来科学部建築学科准教授、慶伊朝川一級建築事務所主宰

飯嶋俊比古［いいじま・としひこ］飯島建築事務所
１９４８年神奈川県生まれ。'70年関東学院大学工学部建築学科卒業。'72年名古屋大学大学院工学研究科修士課程修了。'75年同博士課程修了。同年飯島建築事務所設立。'78年工学博士。'81年、株式会社に組織変更。代表取締役

内山晴夫［うちやま・はるお］久米設計
１９５６年岩手県生まれ。'80年北海道大学工学部建築工学科卒業。'82年同大学大学院工学研究科建築工学専攻修了。'82年久米建築事務所（現久米設計）入社、２０１５年札幌支社長、現在に至る

江尻憲泰［えじり・のりひろ］江尻建築構造設計事務所
１９６２年東京都生まれ。'86年千葉大学工学部建築学科卒業。'88年同大学大学院修士課程修了。同年青木繁研究室入所。'96年江尻建築構造設計事務所設立。現在、日本女子大学家政学部住居学科教授、長岡造形大学・千葉大学非常勤講師

大野博史［おおの・ひろふみ］オーノJAPAN
１９７４年大分県生まれ。'97年日本大学理工学部建築学科卒業。'98年ユーゴスラビアＥＮＥＲＧＯＰＲＯＪＥＫＴ海外研修。２０００年日本大学大学院修士課程修了。同年池田昌弘建築研究所に入社。'05年オーノＪＡＰＡＮを設立

岡本憲尚［おかもと・のりひさ］
岡本構造研究室・SAM
１９５２年静岡県生まれ。'75年日本工業大学工学部建築学科卒業。'82年岡本建築構造研究室設立

加藤征寛［かとう・ゆきひろ］MID研究所
１９７６年群馬県生まれ。'98年東京理科大学工学部建築学科卒業。同年構造設計集団〈ＳＤＧ〉入社。２００４年ＭＩＤ研究所設立。現在、ＮＰＯ法人ｔｅａｍ Ｔｉｍｂｅｒｉｚｅ理事、東京理科大学非常勤講師

川村大樹［かわむら・たいき］川村構造設計室
１９７５年神奈川県生まれ。'98年千葉大学工学部建築学科卒業。２０００年千葉大学大学院自然科学研究科デザイン科学専攻修了。同年ＴＩＳ ＆ ＰＡＲＴＮＥＲＳに入社、'06年取締役就任。'15年川村構造設計室設立

木下洋介［きのした・ようすけ］木下洋介構造計画

1978年神奈川県生まれ。2001年東京工業大学工学部建築学科卒業。'03年同大学大学院修士課程修了。同年金箱構造設計事務所に入社。'11年に木下洋介構造計画設立

栗田紀之［くりた・のりゆき］建築環境ワークス協同組合、きがまえ研究室

1964年愛媛県生まれ。'87年東京大学工学部建築学科卒業。'89年同大学大学院修士課程修了。'93年同大学大学院博士課程単位取得満期退学。'96年博士（工学）。'93〜'97年東京工芸大学助手。'99年3DWORKS（現きがまえ研究室）設立。2002年建築環境ワークス協同組合設立。現在、建築環境ワークス協同組合専務理事、きがまえ研究室代表、東京理科大学非常勤講師

小西泰孝［こにし・やすたか］小西泰孝建築構造設計

1970年千葉県生まれ。'95年東北工業大学工学部建築学科卒業。'97年日本大学大学院理工学研究科修士課程修了。同年佐々木睦朗構造計画研究所入社。2002年小西泰孝建築構造設計設立

鈴木啓［すずき・あきら］鈴木啓／ASA

1969年神奈川県生まれ。'94年東京理科大学理工学部建築学科卒業。'96年同大学理工学研究科建築学専攻修了後、同年佐々木睦朗構造計画研究所入社。2001年池田昌弘建築研究所入社。'02年鈴木啓／ASA設立

萩生田秀之［はぎうだ・ひでゆき］KAP

1977年東京都生まれ。2000年明治大学理工学部建築学科卒業。'02年同大学大学院理工学研究科博士前期課程修了。'03年空間工学研究所に入社。'10年よりKAP、'19年より共同代表取締役

森部康司［もりべ・やすし］昭和女子大学

1976年愛知県生まれ。'99年名古屋大学工学部建築学科卒業。2001年同大学大学院修士課程修了。'01年オーク構造設計入社。'06年より昭和女子大学に着任、同大学准教授。'06〜'16年森部康司研究室。'16年よりyAt構造設計事務所

山田憲明［やまだ・のりあき］山田憲明構造設計事務所

1973年東京都生まれ。'97年京都大学工学部卒業後、同年増田建築構造事務所入社。同社チーフエンジニアを経て、2012年山田憲明構造設計事務所設立

RC×S×木　構造デザイン入門

2021年10月6日　初版第1刷発行

発行者　澤井聖一

発行所　株式会社エクスナレッジ
〒106-0032
東京都港区六本木7-2-26
https://www.xknowledge.co.jp/

問合せ先
編集部　TEL 03-3403-1381／FAX 03-3403-1345
info@xknowledge.co.jp
販売部　TEL 03-3403-1321／FAX 03-3403-1829